Constituição, Sistemas Sociais e Hermenêutica

Programa de Pós-Graduação
em Direito da UNISINOS

MESTRADO E DOUTORADO
Anuário 2008
n. 5

Área das Ciências Jurídicas
Anuário do Programa de Pós-Graduação em Direito

UNIVERSIDADE DO VALE DO RIO DOS SINOS

Reitor: Pe. Marcelo Fernandes de Aquino, S.J.
Vice-Reitor: Pe. José Ivo Follmann, S.J.

Diretora da Unidade Acadêmica de Pesquisa e Pós-Graduação
Ione Maria Ghislene Bentz

Coordenador do Programa de Pós-Graduação em Direito
José Luis Bolzan de Morais

Corpo Docente PPGDIREITO
Alfredo Santiago Culleton, Álvaro Filipe Oxley da Rocha,
André Luís Callegari, Antônio Carlos Nedel,
Darci Guimarães Ribeiro, Jânia Maria Lopes Saldanha,
José Carlos Moreira da Silva Filho, José Luis Bolzan de Morais,
Lenio Luiz Streck, Leonel Severo Rocha, Ovídio Araújo Baptista da Silva,
Sandra Regina Martini Vial, Têmis Limberger, Vicente de Paulo Barretto,
Wilson Engelmann e Wladimir Barreto Lisboa.

C758　Constituição, sistemas sociais e hermenêutica: programa de pós-graduação em Direito da UNISINOS: mestrado e doutorado / orgs. Lenio
Luiz Streck, José Luis Bolzan de Morais; Vicente de Paulo Barreto ... [et al.].　Porto Alegre:　Livraria do Advogado Editora;　São
Leopoldo: UNISINOS, 2009.
270 p.; 23 cm.

ISBN 978-85-7348-617-9

1. Direito. 2. Teoria do Direito. I. Streck, Lenio Luiz, org II. Morais,
José Luis Bolzan, org.

CDU 34

Índices para o catálogo sistemático
Direito
Teoria do Direito

(Bibliotecária responsável: Marta Roberto, CRB-10/652)

Constituição, Sistemas Sociais e Hermenêutica

Programa de Pós-Graduação
em Direito da UNISINOS

MESTRADO E DOUTORADO
Anuário 2008
n. 5

Lenio Luiz Streck
José Luis Bolzan de Morais
Organizadores

Porto Alegre, 2009

© dos autores, 2009

Capa, projeto gráfico e diagramação
Livraria do Advogado Editora

Revisão
Rosane Marques Borba

Direitos desta edição reservados por
Livraria do Advogado Editora Ltda.
Rua Riachuelo, 1338
90010-273 Porto Alegre RS
Fone/fax: 0800-51-7522
editora@livrariadoadvogado.com.br
www.doadvogado.com.br

Área das Ciências Jurídicas
Programa de Pós-Graduação em Direito
Universidade do Vale do Rio dos Sinos
Av. Unisinos, 950
93022-000 São Leopoldo RS
Fone/fax (51) 3590-8148
ppgd@unisinos.br
www.unisinos.br

Impresso no Brasil / Printed in Brazil

Sumário

Apresentação
Lenio Luiz Streck e *José Luis Bolzan de Morais* 7

I – HERANÇA E SIMBOLISMO DA CONSTITUIÇÃO DE CÁDIZ
Vicente de Paulo Barretto 9

II – HERMENÊUTICA JURÍDICA NOS 20 ANOS DA CONSTITUIÇÃO:
condições e possibilidades para a obtenção de respostas corretas
Lenio Luiz Streck 19

III – A JURISPRUDENCIALIZAÇÃO DA CONSTITUIÇÃO. A CONSTRUÇÃO
JURISDICIONAL DO ESTADO DEMOCRÁTICO DE DIREITO – II
José Luis Bolzan de Morais 41

IV – POLÍTICAS PÚBLICAS E O DIREITO À SAÚDE: a busca da
decisão adequada constitucionalmente
Têmis Limberger 53

V – DA FUNDAMENTAÇÃO À PROTEÇÃO DOS DIREITOS HUMANOS:
a tradição e a linguagem como condição de possibilidade para a sua
perspectiva universal e multicultural
Wilson Engelmann 71

VI – DA FUNÇÃO À ESTRUTURA
Ovídio A. Baptista da Silva 89

VII – ACESSO AOS TRIBUNAIS COMO PRETENSÃO À TUTELA JURÍDICA
Darci Guimarães Ribeiro 101

VIII – DO FUNCIONALISMO PROCESSUAL DA AURORA DAS LUZES ÀS
MUDANÇAS PROCESSUAIS ESTRUTURAIS E METODOLÓGICAS DO
CREPÚSCULO DAS LUZES: A revolução paradigmática do sistema processual
e procedimental de controle concentrado da constitucionalidade no STF
Jânia Maria Lopes Saldanha 113

IX – UMA NOVA FORMA PARA A OBSERVAÇÃO DO DIREITO GLOBALIZADO:
policontexturalidade jurídica e estado ambiental
Leonel Severo Rocha 135

X – A SUPERAÇÃO DO MÉTODO JURÍDICO POSITIVISTA E O REENCONTRO
DO DIREITO COM O DIREITO
Antônio Carlos Nedel 167

XI – A LEI NATURAL NA MORAL E NA POLÍTICA: a contribuição de Scotus
Alfredo Santiago Culleton 177

XII – DEMOCRACIA: liberdade, igualdade e poder
Sandra Regina Martini Vial 189

XIII – A FUNDAMENTAÇÃO DO DIREITO NA DEMOCRACIA:
entre moralidade, utilidade e legislação
Wladimir Barreto Lisboa 207

XIV – OS CAMPOS SOCIAIS E AS DINÂMICAS JURÍDICA,
POLÍTICA E MIDIÁTICA
Álvaro Filipe Oxley da Rocha 221

XV – A EXPANSÃO DO DIREITO PENAL: uma aproximação à tipificação
do crime organizado
André Luís Callegari 239

XVI – A REPERSONALIZAÇÃO DO DIREITO CIVIL A PARTIR DO PENSAMENTO
DE CHARLES TAYLOR: algumas projeções para os direitos de personalidade
José Carlos Moreira da Silva Filho 253

Apresentação

Com a edição do Anuário do Programa de Pós-Graduação em Direito da Universidade do Vale do Rio dos Sinos (PPGD/UNISINOS), de 2008, demarca-se mais um momento na trajetória de sucesso deste projeto consolidado de ensino de alto nível, hoje consolidado não apenas pela ultrapassagem de sua primeira década, mas pelos resultados colhidos ao longo de sua história.

Assim, como já salientado na edição anterior, "pode-se constatar que a proposta inovadora, instalada em 1997, conseguiu não apenas se consolidar mas, principalmente, oferecer um novo e sofisticado caminho para a compreensão do fenômeno jurídico".

A estrutura do PPGD não só privilegia a (re)construção do conhecimento jurídico desde perspectivas que dão ao estudante – mestrando e doutorando – a possibilidade de perceber o Direito em sua inteireza e na confluência de saberes múltiplos, como também permitem ao profissional das diversas funções jurídicas melhor influenciar e agir para a (re)refundação de uma sociedade livre, justa e solidária, como indica e exige nossa Constituição Cidadã de 1988.

A partir de sua área de concentração – o Direito Público – desdobrada em duas linhas de pesquisa – (1) Constituição, Hermenêutica e Realização de Direitos e (2) Sociedade, Novos Direitos e Transnacionalização – permite aos pós-graduandos, não é excessivo repetir, desenvolverem uma reflexão crítica que problematiza o Direito desde um conjunto de construções teóricas que se notabilizam pela realização de pesquisas inovadoras, contribuindo, assim, para o desenvolvimento científico da área, bem como viabilizando o desenvolvimento de práticas jurídicas inovadoras e que contribuem para a construção do Estado Democrático de Direito que pauta a ordem constitucional pátria desde 1988.

E tal perspectiva vem demonstrada nos trabalhos ora publicados, nos quais vislumbra-se a unidade da proposta do PPGD/UNISINOS, bem como a projeção e o espectro que é aberto a partir das pesquisas desenvolvidas por seus docentes, ora expressas em textos que resultam parcialmente destes trabalhos.

Esta é a marca do PPGD/UNISINOS, a qual tem atraído estudantes do País e do exterior que aqui buscam uma possibilidade de formação que lhes dê algo mais do que um saber estandardizado.

Somados estrutura curricular, corpo docente, infra-estrutura, pesquisa e condições de trabalho, além de uma gama ampla de convênios nacionais e internacionais, fazem do PPGD/UNISINOS um centro de excelência e de formação de novos quadros profissionais para uma sociedade que exige agentes capazes e comprometidos.

Na abertura desta segunda década de história, o PPGD/UNISINOS assume-se, mais ainda, como um projeto voltado ao futuro. Um futuro que se mostra muitas vezes difícil e que exige capacidades inovadoras. É para isto que o PPGD/UNISINOS está mirando. Pretendendo contribuir para construir esta nova sociedade que todos precisamos.

E, um pouco deste trabalho está nas páginas que seguem. Boa leitura.

Os Organizadores

— I —

Herança e simbolismo da Constituição de Cádiz

VICENTE DE PAULO BARRETTO[1]

Sumário: Raízes Políticas; Características Ideológicas; Influências na constituição brasileira de 1824; A herança contemporânea do ideário gaditano.

Por que razão os textos constitucionais e sua história não devem ficar nas mãos dos juristas e historiadores do direito? Não seriam eles os depositários fiéis da interpretação mais coerente e do relato crítico-histórico mais conseqüente das tradições políticas, que resultaram na elaboração dos diferentes sistemas constitucionais? Por que não deixar as constituições do passado deitadas em berço esplêndido e reservarmos as nossas energias para construir o projeto de estado justo, livre e democrático, que nos propõem a maioria das constituições vigentes?

Talvez, porque, em primeiro lugar, existam diferentes tipos ou qualidades de constituições. Algumas, na verdade a sua maioria, refletem arranjos político-institucionais que correspondem a determinado momento histórico e, por essa razão, podem ser classificadas como constituições ou leis contingentes. Atendem a um momento histórico no processo de construção de uma nação ou estado. Essas constituições encontram-se no espaço epistemológico e histórico que suscita e desperta a atenção do constitucionalista.

Outras constituições ou leis fundamentais escapam do mundo restrito dos doutrinadores e intérpretes do direito e apelam para o fato de que existe mais para se pensar sobre uma Constituição e sua influência do que podemos detectar a olho nu. Quando um juiz escapa de sua estrita função jurisdicional e procura tornar a sua atividade mais consciente teoricamente ou quando um jurista reflete sobre o texto constitucional recorrendo a valores e critérios, que se encontram para além do texto positivo, um novo modelo de pensamento jurídico toma forma. Alguns textos constitucionais remetem-nos a esse salto de qualificação hermenêutica, obrigando para a sua leitura, e conseqüente aplicação, o recurso à filosofia moral, à epistemologia, à teologia, à estética, com vistas a superar aquilo que os teóricos do direito chamam de "impasses normativos". Impasses esses peculiares à sociedade tecnocientífica contemporânea e ao estado democrático de direito, que se constituem em obstáculos na realização do projeto político-institucional estabe-

---

[1] Professor no PPG em Direito da UNISINOS.

lecido no texto constitucional. Essas constituições podem ser consideradas, justamente, como "textos históricos do direito constitucional",[2] isto porque pretendem proclamar e assegurar ideais e valores, que se constituem nos fundamentos da sociedade e do estado.

Entre esses textos permanentes e seminais encontra-se a Constituição de 1812, chamada de Constituição de Cádiz, ou apelidada pelo povo de "La Pepa". Essa permanência deve-se não somente, ou principalmente, em virtude de sua influência política e doutrinária na América Espanhola e, de forma indireta, no constitucionalismo brasileiro do início do século XIX. Ocorre a sua contemporaneidade, no século XXI, pelo conjunto de valores que soube formular institucionalmente e da previsão de mecanismos constitucionais que objetivassem os seus princípios.

A Constituição de 1812 permanece, assim, não tanto pela forma de estado e organização de governo, que foi pioneira na época, estabelecendo um estado de direito, que viria servir como alternativa à monarquia absoluta. No seu texto e, principalmente, no seu ideário que se incorporou na tradição liberal da América Latina, foram institucionalizados valores e princípios, que se tornaram essenciais no estado democrático de direito da contemporaneidade.

Promulgada pelas *Cortes Generales de España,* no dia 19 de março de 1812, em Cádiz – no dia de São José e, por essa razão, apelidada popularmente de "La Pepa" – representou no seu primeiro momento o brado de resistência do povo às tropas de Napoleão Bonaparte, que avançavam rapidamente em território espanhol. Esteve oficialmente vigente por dois anos, até o dia 24 de março de 1914, quando ocorreu o retorno do Rei Fernando VII para a Espanha. Curiosamente, foi utilizada posteriormente, nos períodos do Triênio Liberal (1820-1823), bem como durante o breve período de 1836-1837, sob o governo progressista que preparava a Constituição de 1837.

A primeira das peculiaridades de "La Pepa" residiu, precisamente, em seu breve tempo de vigência, o que evidencia como a constituição gatidana é mais relevante pelos seus fundamentos, herança e significado do que propriamente pela estrutura constitucional, também, pioneira sob esse aspecto, mas logo superada por novos modelos constitucionais. Permanece contemporânea, portanto, e por isso pode ser considerado um marco na história constitucional mundial, porque, em primeiro lugar incorpora o projeto liberal como alternativa ideológica e institucional ao absolutismo e, em segundo, assinala a necessidade da participação popular nos assuntos de governo. E para que isto possa ocorrer, denuncia "a causa de corrupção e despotismo", ainda determinante na cultura ibero-americana, como sendo a ignorância e o analfabetismo do povo, que cria condições propícias para o florescimento das tiranias. Cabe, assim, recordar as circunstâncias políticas nas quais foi promulgada a Constituição de Cádiz, para que se possa delinear a natureza peculiar do seu simbolismo, no início do século XXI.

---

[2] MIRANDA, Jorge *Textos Históricos do Direito Constitucional.* Madrid: Imprensa Nacional – Casa da Moeda, 1990.

Raízes Políticas

Em 1808, após a resistência da cidade de Madrid ante a invasão francesa, a população espanhola organizou-se nas diferentes regiões do país em agrupamentos de resistência, as chamadas *Juntas*. Sua finalidade era a unificação da força política e militar para resistir e expulsar os invasores do território espanhol com a maior eficiência possível. Assim, no mesmo ano, se formou a *Junta Suprema Central Gubernativa*, com sede em Sevilha, que tinha como principal função dirigir a guerra e organizar a reconstrução do estado espanhol.

Basicamente, dois caminhos poderiam ser seguidos: consolidar as bases absolutistas tradicionais, enfraquecidas pelas guerras napoleônicas e fatores internos, ou promulgar uma Constituição, que estabelecesse o estado de direito com a divisão de poderes e a garantia de direitos e liberdades públicas no país. Optou-se pelo caminho da constituinte, que, reunida sob a forma de Corte Geral se trasladou para local seguro onde se poderia debater o conteúdo do que seria a primeira carta constitucional espanhola. Primeiro, a constituinte espanhola estabeleceu-se na Cidade de San Fernando, e logo, após os avanços das tropas inimigas francesas, instalou-se em Cádiz, onde, finalmente, foi promulgada.

No texto constitucional, a forma de governo escolhida seguiu sendo a monárquica, porém, com limitações específicas para o exercício do poder real, que em certas ocasiões é equiparado ao poder das Cortes. Elaborada e promulgada sob a ameaça das tropas de Napoleão, que nomeara o seu irmão José Bonaparte, como rei da Espanha, a Constituição e a guerra contra os franceses serviram como referenciais importantes na afirmação da identidade patriótica espanhola. A promulgação da Constituição, sem a presença do rei, manifestou a vontade de um povo que queria demonstrar a si mesmo e aos invasores franceses, que podia se governar e defender como nação. Tornou-se um símbolo de resistência e uma arma psicológica que objetivou a união do povo espanhol na guerra contra os avanços napoleônicos.

Dois anos após a sua promulgação, quando ocorre a derrota francesa na Guerra Peninsular e a conseqüente retomada do trono por Fernando VII, a Constituição começa a receber questionamentos veementes por parte do movimento absolutista e demais forças conservadoras do país. Mesmo tendo sido obrigado a jurar o cumprimento da carta em sua nova posse, o Rei Fernando VII, em ato repressivo, manda encarcerar líderes liberais e põe término à vigência da lei-maior, restabelecendo o poder autoritário em mãos do soberano sem necessidade da aprovação popular.

Características Ideológicas

A Constituição de Cádiz foi um dos primeiros exemplos de institucionalização constitucional do liberalismo clássico no mundo inteiro. Ideologicamente, essa constituição recebe forte influência ideológica dos ideais revolucionários franceses de 1789, entre os quais a constituição gaditana irá privilegiar o papel da sociedade civil, como agente determinante da natureza do estado moderno. Ainda que tenha mantido a monarquia, a Constituição de Cádiz consagrou a tripartição das esferas publicas, fazendo com que o soberano, mesmo que ainda irresponsável por seus atos, tivesse o seu campo de atuação institucional limitado pela carta.

Por outro lado, o texto constitucional gaditano permitiu que se institucionalizasse a transposição entre o absolutismo e o estado liberal de direito, o que se concretizou através do compromisso formal entre os absolutistas e liberais de governarem em harmonia. Assim, estabeleceram-se medidas dividindo os poderes entre as cortes e o soberano, como por exemplo, o poder da iniciativa legislativa. Entre outras estipulações, a Constituição de Cadiz estabeleceu a independência do poder judiciário e, principalmente, a proteção da propriedade privada e da livre concorrência industrial, sem qualquer interferência dos desmandos da realeza.

Influências na constituição brasileira de 1824:

A Constituição de 1812, ainda que tenha tido vigência reduzida, tornou-se uma fonte de inspiração ideológica e contribuiu, não somente para a formação dos estados nacionais na América Latina, que, durante as primeiras décadas do século XIX se libertaram do jugo espanhol, mas também para a organização do estado brasileiro depois da independência de Portugal, em 1822. Essa influência ideológica e institucional ocorreu de forma sutil na Constituição brasileira de 1824. Inicialmente, a inspiração dos ideais gaditanos alimentou os debates que antecederam à Constituinte de 1823, dissolvida pelo então Príncipe-Regente D. Pedro, e que procuraram definir o modelo de estado nacional que se pretendia para o Império brasileiro. Durante os debates do processo constituinte, convocado pelo monarca, o modelo gaditano serviu, então, como critério para a ordenação constitucional do novo estado brasileiro, principalmente, no que se referia à divisão dos poderes. Essa questão da limitação dos três poderes é que se apresentou, desde o início dos trabalhos constituintes convocados pelo monarca e proclamador da independência, como o maior obstáculo no estabelecimento do estado liberal no Brasil. Em torno da divisão dos poderes é que se definiria a institucionalização das idéias liberais emergentes na Europa e consagradas na Constituição de 1812.

A Constituinte brasileira, entretanto, foi uma assembléia convocada pelo próprio monarca, sendo que ele próprio acompanhou os seus trabalhos, conclamando os constituintes a fazerem uma constituição digna do Brasil e dele próprio. O Príncipe-Regente D. Pedro era um típico representante de monarca, que vivenciava a transição do absolutismo para o estado constitucional, e, portanto, avesso às propostas de limitação do poder do soberano. A crise com os constituintes terminou por provocar a dissolução da Constituinte.

Mesmo assim, ao dissolver a Assembléia Constituinte, D. Pedro I convocou um Conselho de dez juristas para a redação a portas fechadas da primeira Constituição brasileira, que foi outorgada por decreto imperial. O projeto constitucional de autoria do Conselho de juristas serviu como estrutura de base da Constituição do Império do Brasil, de 24 de março de 1824, sendo que o monarca, então intitulado Imperador do Brasil, mantinha as suas atribuições por meio da criação de um quarto Poder: o chamado Poder Moderador. Exercido pelo soberano e situado constitucionalmente em instância própria para a solução do conflito entre os demais Poderes – Executivo, Legislativo e Judiciário, o Poder Moderador iria, assim, na prática constitucional, filtrar a influencia do Iluminismo e do constitucionalismo revolucionário, inclusive o espanhol.

Ou seja, o projeto liberal propagado pela Revolução Francesa de 1789 e pela Constituição de 1812 esbarrou, num primeiro momento, no espírito absolutista do monarca, que impediu a institucionalização dessas idéias pela via constituinte, para num segundo momento estabelecer um estado liberal, através de decreto de autoria do monarca que promulgou a Constituição de 1824.

De qualquer forma, encontram-se outras similitudes entre os dois textos constitucionais, tais como a instituição do catolicismo como religião oficial do Estado, a proteção de direitos individuais, como liberdade de opinião, inviolabilidade de domicilio, abolição de torturas e penas cruéis, proibição de prisões arbitrárias, tópicos referentes à cidadania, como a definição do cidadão nato, o sufrágio indireto exclusivamente masculino e a proteção plena da propriedade privada.

A influência ideológica do constitucionalismo gaditano nas origens do pensamento constitucional brasileiro ocorreu, entretanto, no contexto da progressiva afirmação nacional brasileira frente à metrópole portuguesa. O ideário gaditano refletiu sob forma institucionalizada um modelo político-institucional, que correspondeu a ideais políticos que sofreram perseguições, no Brasil, desde as últimas décadas do século XVIII. Diversos movimentos nacionalistas contra Portugal, como a Inconfidência Mineira, ocorrida, entre 1788 e 1789, e a Inconfidência Carioca, em 1794, inspirados nos ideais iluministas, já tinham procurado se opor ao domínio português, sendo que a Constituição de Cadiz viria trazer para o processo de amadurecimento do movimento da independência brasileira a relevante contribuição da definição de um sistema político-constitucional inspirado nesses ideais.

O pensamento político, que exercia o papel de idéia-força nesses movimentos de liberação de Portugal, advogava a criação de um estado republicano, inclinando-se de maneira pouco definida para um governo burguês-popular, anti-aristocrático e favorável ao livre jogo da economia. Esses movimentos insurrecionais se inspiravam no modelo da Revolução norte-americana, assim como nos ideais do Iluminismo. O texto constitucional de Cádiz veio, portanto, preencher uma lacuna ideológica no processo de libertação de Portugal, sendo que circulava na época no Brasil e em Portugal como parâmetro referencial político-institucional e ideal inspirador de republicanos e monarquistas reformistas.

Herança e simbolismo da Constituição de Cádiz

Podemos examinar a influencia gaditana no pensamento constitucional brasileiro sob as duas formas que se manifestaram. A primeira delas, correspondente à leitura radical-republicana do texto de 1812, que teve o seu momento principal na Revolução Pernambucana de 1817, contra o colonizador português; a segunda dessas formas, manifestou-se durante o processo de transformação da monarquia em Portugal, que culminou com a Revolução de Porto, em 24 de agosto de 1820. Esse acontecimento teve profundas repercussões no futuro da metrópole portuguesa e no Brasil. Convocada as Cortes de Lisboa, para que se elaborasse uma constituição, voltou a Portugal, o rei D. João VI, a Portugal, deixando no Brasil o seu filho o Príncipe-Regente, D. Pedro. Essa manifestação de influência das idéias liberais em Portugal foi antecedido pelas tentativas de liberalização da monarquia portuguesa, ainda em terras brasileiras, realizadas, junto a D.João VI, por seus ministros, Silvestre Pinheiro Ferreira e o Duque de Palmela; este último tinha na Constituição de Cadiz uma de suas principais referências políticas.

O debate sobre a reforma da monarquia portuguesa, que ocorreu na metrópole e no Brasil, estabeleceu referenciais ideológicos para os movimentos nacionalistas brasileiros, que se explicitariam depois da proclamação da independência brasileira, em 1822, na elaboração do Projeto da Assembléia Constituinte e na Constituição de 1824. As soluções propostas para a modernização política da monarquia portuguesa, tiveram nos supramencionados ministros de Dom João, os seus principais formuladores. Ambos, Silvestre Pinheiro Ferreira e o Duque de Palmela, sustentavam a necessidade da modernização político-institucional da monarquia portuguesa, como a solução mais segura frente a onda de democratismo, que incendiava a imaginação política da época. Silvestre Pinheiro Ferreira estava mais preocupado em assegurar a continuidade, dentro do estado de direito das características do sistema monárquico português; enquanto o Duque de Palmela era francamente partidário da adoção de um modelo de monarquia constitucional nos moldes ingleses.

Na realidade, os dois momentos da influência gaditana no constitucionalismo brasileiro nasceram de duas vertentes ou leituras específicas do ideário institucionalizado na Constituição de Cádiz: a vertente republicana e a vertente monarquista. Ambas repercutiriam na história política e constitucional brasileira, convertendo-se em fontes ideológicas alternativas das duas principais forças políticas dominantes na história do Império Brasileiro, os liberais e os conservadores. E foi, precisamente, no seio do Partido Liberal, que iria vicejar durante todo o Império, o ideário republicano, como projeto alternativo à monarquia, e que acabaria por se impor como regime político do Brasil, em 1889.

A herança contemporânea do ideário gaditano

O ideário gaditano, entretanto, pode ser analisado como fonte ideológica do projeto constitucional de 1812 e, também, como antecessor das raízes do estado liberal e democrático contemporâneo. Esse ideário encontra-se desenvolvido nos chamados *Catecismos Políticos* espanhóis, herdeiros dos *Catechismes* revolucionários franceses da época da Revolução Francesa de 1789, propagando-se o modelo por diversos países europeus e americanos, como na Itália e no México.

Os *Catecismos* serviram para expressar o compromisso liberal com a educação, considerada como meio através dos quais as populações submetidas a diferentes formas de tirania, graças à ignorância, poderiam exercer plenamente os seus direitos e liberdades. Não bastava para os liberais espanhóis estabelecer um estado de direito, se o povo não conhecesse os seus direitos e obrigações.

O debate e aprovação do Título IX da Constituição de Cádiz, dedicado à "Instrução Pública", mostra esse entendimento dos liberais em estabelecer bases sólidas para a construção de uma sociedade liberal. Tratava-se de integrar na construção da nação o povo, conscientizando-o da necessidade da participação política e institucional.

O projeto gaditano não se reduzia a substituir a monarquia absoluta por meio de uma revolução, como a francesa, e estabelecer um estado liberal pela força das armas. A proposta subjacente ao ideário gaditano e que se constituiu na base político-institucional da Constituição de Cádiz, pressupunha a limitação constitucional do poder do monarca, o estabelecimento dos poderes harmônicos e independentes e, para sustentar de forma conseqüente esse aparato constitucional, uma população consciente dos seus direitos e deveres cívicos, sendo esse projeto institucionalizado por um processo constituinte.

A idéia de se utilizar catecismos para se fundar uma sociedade consciente politicamente buscou a sua fórmula na pedagogia católica, onde se destinavam a ensinar de memória os fundamentos da religião através de um sistema de perguntas e respostas. Esse sistema, como demonstra Ruiz de Azúa,[3] era familiar ao povo e nada melhor do que continuar utilizando um método pedagógico de comprovada eficácia para se ensinar as novas "ideas principales de política, ignoradas de muchos por estar escritas em grandes volúmenes"[4] y para que "estas reglas de conducta se impriman de manera em su memória (de los ninños) que jamás puedan borrarse".[5]

A Constituição de Cádiz foi inovadora nesse sentido. O texto constitucional gaditano conferiu à educação pública e religiosa *status* constitucional, que foi estabelecida no Título IX sobre a "Instrução Pública". A atividade de ensino, a ser desenvolvida por "escolas de primeiras letras" (art. 366 da Constituição de 1812) e por "número adequado de Universidades e outros estabelecimentos de instrução que se julguem convenientes para o ensino de todas as ciências, letras e belas-

---

[3] RUIZ DE AZÚA, Miguel. "Introducción" in *Catecismos Políticos Españoles*. Madrid: Comunidad de Madrid, 1989, p. 5

[4] Como assinala Ruiz de Azúa, ib. p. 10: "Así reza el título *Catecismo político que contiene ideas principales ignoradas por muchos por estar escritas em grandes vólumenes*", por D. R. V. y F., Barcelona, Imprenta Ignácio Estivill, S. A., custodiado em la Biblioteca Nacional.

[5] *Instrucción familiar, política y moral...* por Don José Sabau y Blanco, Madrid, Imprenta Ibarra, 1912, p. 49, *apud* Ruiz de Azúa.

artes" (art. 367 da Constituição de Cádiz) seriam realizados em todas as cidades da Espanha. O ensino, porém, deveria atender à necessidade de apresentar, nas escolas de primeiras letras, "uma breve exposição das obrigações cívicas" (art. 366). Nas universidades e estabelecimentos literários, também, a "Constituição Política da Monarquia deverá ser explicada" (art.368 da Constituição de Cádiz).

A preocupação do constituinte de Cádiz com o problema da educação refletiu a herança revolucionária francesa, mas, somente, a Constituição de Cádiz considerou importante o suficiente para consagrar no seu texto um título próprio sobre a instrução pública. Esse entendimento de que a educação é uma condição de possibilidade para que se possa garantir o regime das liberdades e da limitação do poder, a que se pretende o estado liberal, somente, posteriormente, foi consagrado por outras constituições. Nesse sentido, a Constituição de Cádiz assegurou a primeira manifestação do processo de democratização do estado liberal, estabelecendo como um direito de todos os cidadãos à instrução pública, concepção essa que não era contemplada no ideário liberal português e brasileiro. A democratização do projeto liberal resultou de um lento processo social, político e econômico, que se realizou pelas demais nações européias durante o século XIX e pelas nações ibero-americanas durante o século XX.

Os catecismos políticos tiveram, portanto, papel determinante na sedimentação no pensamento liberal espanhol do tema da educação. Isto porque não foram textos produzidos especificamente para justificar ou explicar a Constituição. Foram textos que antecederam a promulgação da Constituição e que contribuíram para esclarecer o próprio constituinte. O período constituinte de Cádiz foi propício ao aparecimento de catecismos políticos, civis, religiosos. A eficiência desse processo educativo fez com que os catecismos perdurassem na Espanha pelo período de vigência da Constituição e durante todo o século XIX até o século XX. As próprias constituições espanholas, por exemplo, de 1837, 1845, 1869 e 1876, tiveram catecismos que explicavam os seus princípios, o funcionamento das instituições, os direitos e obrigações do cidadão.

Tendo em vista essas duas faces da Constituição de Cádiz – a de ser, por um lado, tipicamente liberal no sentido de tratar da estrutura do estado, do funcionamento dos poderes e dos direitos e liberdades políticas e civis e, por outro, entender como essencial uma cidadania consciente politicamente – a herança e o simbolismo do texto gaditano torna-se contemporâneo e importante na América Latina. A Constituição espanhola de 1812 expressa um simbolismo político e social, pois remete a valores que se encontram nas raízes das democracias contemporâneas e que se constituem na fonte de uma herança liberal e de afirmação de direitos e liberdades. Destaca-se a Constituição de Cádiz do projeto original do liberalismo do início do século XIX, inclusive, da proposta liberal brasileira, consagrada na Constituição do Império do Brasil de 1824, porque aponta para uma efetiva democratização da sociedade e do estado, através da educação, pressuposto da igualdade no seio de uma sociedade democrática.

Essa dimensão social do projeto gaditano tornou-se durante o século XIX e XX o fator de democratização do estado liberal no Brasil. Especificamente, o papel da educação na construção da cidadania democrática constitui na atual Constituição de 19889 o pressuposto, muitas vezes esquecido por governantes, para a realização do seu objetivo final, o estado democrático de direito chamada. A Constituição brasileira de 1988, chamada, a propósito, de "Constituição Cidadã", porque voltada para a consagração de direitos sociais em *status* constitucional, equivalente aos direitos e liberdades individuais, característicos do estado liberal clássico, tem como seu fundamento moral[6] a necessária formação, através do sistema educacional, da consciência cívica da cidadania, como queriam os gaditanos. O ideário gaditano representa, portanto, uma herança e um simbolismo, que contribuem para conter as ondas de autoritarismo e populismo, ameaças constantes para as liberdades e a democracia na história dos países ibero-americanos.

---

[6] WALKER, Graham. *MoralFoundations of Constitutional Thought*. Princeton: Princeton University Press, 1990.

— II —

Hermenêutica jurídica nos 20 anos da Constituição: condições e possibilidades para a obtenção de respostas corretas

LENIO LUIZ STRECK[1]

Sumário: 1. Da justeza dos nomes do "Crátilo" à linguagem como condição de possibilidade: por que o direito estaria imune às transformações da filosofia?; 2. A hermenêutica como uma questão definitivamente paradigmática; 3. Elementos conclusivos: condições e possibilidades da hermenêutica (constitucional) no Estado Democrático de Direito: a ligação umbilical com a resposta correta; Referências.

1. Da justeza dos nomes do "Crátilo" à linguagem como condição de possibilidade: por que o direito estaria imune às transformações da filosofia?

Há uma angústia que assombra o homem desde a aurora da civilização. Afinal, como atravessar esse "abismo gnosiológico" que separa o homem das coisas? Como se dá nome às coisas? Por que algo é? Desde o início, houve um compromisso da filosofia com a verdade; a filosofia sempre procurou esse olhar que desvendasse o que as coisas são. Talvez a obra que melhor simbolize essa procura angustiante seja *Crátilo*, escrito por Platão no ano de 388 a.C. Efetivamente, trata-se do primeiro grande livro de filosofia da linguagem. Nele, além de Sócrates, há mais dois personagens: Hermógenes, que representa os sofistas, e *Crátilo*, que representa Heráclito (pré-socrático que, justamente com Parmênides, inaugura a discussão acerca do "ser" e do "pensar", e do *logos* superando o *mythos*). *Crátilo* é um tratado acerca da linguagem e, fundamentalmente, uma discussão crítica sobre a linguagem. São contrapostas duas teses/posições sobre a semântica: o naturalismo, pela qual cada coisa tem nome por natureza (o *logos* está na *physis*), tese defendida no diálogo por Crátilo,[2] e o convencionalismo, posição sofística

---

[1] Doutor em Direito do Estado (UFSC); Pós-Doutor em Direito Constitucional e Hermenêutica (Universidade de Lisboa); Professor Titular da UNISINOS/RS.

[2] Concordo com Garcia-Roza quando diz que Platão atribui ao personagem Crátilo um ponto de vista sobre a adequação das palavras às coisas *que não expressa adequada e suficientemente o pensamento de Heráclito*. Com efeito, se os pré-socráticos – mormente Heráclito – descobriram o ser, e Platão e Aristóteles o esconderam, a posição de Crátilo não pode corresponder, *stricto sensu*, à de Heráclito. Cfe. GARCIA-ROZA, Luiz Alfredo. *Palavra e verdade na filosofia antiga e na psicanálise*. Rio de Janeiro: Jorge Zahar Editor, 1990, p. 67. Frise-se,

defendida por Hermógenes, pela qual a ligação do nome com as coisas é absolutamente arbitrária e convencional, é dizer, não há qualquer ligação das palavras com as coisas.

O Crátilo representa o enfrentamento de Platão à sofística. Os sofistas – que podem er considerados os primeiros positivistas – defendiam o convencionalismo, isto é, de que entre palavras e coisas não há nenhuma ligação/relação. Claro que, com isso, a verdade deixava de ser prioritária. O discurso passava a depender de argumentos persuasivos. A palavra (ou os signos) não tinha as características, por exemplo, a elas atribuídas, já no século XX, por Saussure, pelas quais, embora admitida a convencionalidade (arbitrariedade), já no momento seguinte essa relação torna-se (i)mutável (isto é, embora a imutabilidade fosse um atributo necessário ao funcionamento da linguagem, esta também teria que sofrer mutações), além da linearidade. Os sofistas provocaram, assim, no contexto da Grécia antiga, um *rompimento paradigmático*, levando "a cabo una revolución espiritual en sentido estricto, desplazando el eje de la reflexión filosófica desde la physis y el cosmos hasta el hombre y hasta lo que concierne la vida del hombre en tanto que miembro de una sociedad. Se comprende entonces que los temas dominantes de la sofística fuesen la ética, la política, la retórica, el arte, la lengua, la religión, la educación, es decir lo que hoy llamaríamos la cultura del hombre. Por lo tanto, cabe afirmar con exactitud que gracias a los sofistas se inicia el período humanista de la filosofía antigua".[3] Por isso, *Platão é o primeiro a sair a campo para um enfrentamento* que, mais do que filosófico, tem um forte componente político.

Tomo Platão – e seu "Crátilo" (e seu contexto político) – para demonstrar essa busca pelo conhecimento. Afinal, ali, quatro séculos antes da era cristã, já se discutia a "justeza dos nomes". Isto é, quais as condições de possibilidade para que os objetos tenham determinados nomes e não outros? Como funciona a relação do sujeito com o objeto? Qual é o papel da linguagem? Verdade ou método? Essas perguntas atravessam os séculos, experimentando diferentes respostas, representadas por diferentes "princípios epocais", que igualmente fizeram a longa travessia de duas metafísicas, chegando, nesta quadra do tempo, ao universo de posturas e teorias filosóficas que representam as posições hoje consideradas como pós-metafísicas.

---

ainda, que, em Heráclito, a dualidade *physis* e *logos* é mantida numa unidade de tensão, *sendo o* logos *aquilo que originariamente desnuda o ser e o sentido*. Para tanto, ver: CORETH, Emerech. *Questões fundamentais de hermenêutica*. São Paulo: Editora da USP, 1973, p. 27, citando BOEDER, H. *Grund und Gegenwart als Frageziel der frühgriechischen Philosophie*. Den Haag: M. Nijhoff, 1962, principalmente p. 73 e segs, e LOHMANN, J. *Zur Begegnung von griechischen und frühgriechichen Logosdenken*. Lexis IV, Lahr i. B., 1954.

[3] Cfe. REALE, Giovane; ANTISERI, Dario. *História del pensamiento filosófico y científico. I – Antigüedad y Edad Media*. Barcelona: Editorial Herder, 1995, p. 75, que lembram, ainda, que, durante muito tempo, os historiadores da filosofia aceitaram de forma acrítica os juízos de Platão e Aristóteles acerca dos sofistas. Conseqüentemente, sua importância foi infravalorizada, sendo considerada como um componente da decadência do pensamento filosófico grego. *Somente em nosso século foi possível efetuar uma revisão mais sistematizada dos juízos sofísticos, com a conseqüente revalorização radical desse movimento, do ponto de vista histórico e filosófico*. Atualmente, todos compartem das conclusões de W. Jaeger, *no sentido de que os sofistas são um fenômeno tão necessário como Sócrates e Platão*; mais ainda, estes, sem aqueles, resultam de todo impensáveis.

Cada época organizou sua concepção de fundamento.[4] Na metafísica clássica, o *eidos* platônico, a *ousia* aristotélica e o *ens creatur* aquiniano; na metafísica moderna, o *cogito* decartiano, o *eu transcendental* kantiano, o *eu absoluto* hegeliano e o último princípio epocal dessa era, a *vontade do poder* de Nietzsche [e o direito "soube" recepcionar muito bem essa perspectiva nietzscheana: veja-se, nesse sentido, como até hoje a interpretação continua sendo "um ato de vontade (do poder)", questão já bem presente na teoria kelseniana para justificar o "decisionismo", assim como nas teorias pragmatistas, que trabalham com a hipótese do "grau zero de sentido", transformando a interpretação do direito em uma espécie de "estado de exceção hermenêutico"]. Por fim, Heidegger fala da era da técnica como um novo princípio epocal, em que se abandona qualquer possibilidade conteudística; é o triunfo do *procedimento*. Nela, não há modo-de-ser no mundo. No campo do direito, todas essas questões permanece(ra)m difusas, em um misto de objetivismo e subjetivismo. Se a primeira "etapa" do *linguistic turn* foi recepcionada (principalmente) pelas concepções analíticas do direito, proporcionando consideráveis avanços no campo da teoria do direito, o segundo "giro" (que adiciona o mundo prático à filosofia, que se pode denominar de giro lingüístico-ontológico) ainda não conseguiu seduzir suficientemente os juristas para levá-los a superar as perspectivas meramente epistemo-procedurais do direito. Uma vez que passamos da epistemologia para a hermenêutica[5] (fundada na ontologia fundamental), é razoável pensar (e esperar) que essa ruptura paradigmática deveria ter uma ampla recepção nessa complexa área do conhecimento que é o direito, mormente se partimos da concepção de que há uma indissociável ligação entre o positivismo jurídico – que tanto queremos combater – e o esquema sujeito-objeto.

Em Heidegger e Wittgenstein, essas questões ficam extremamente bem delineadas, embora sob perspectivas diferenciadas. A utilização da filosofia hermenêutica e da hermenêutica filosófica dá-se na exata medida da ruptura paradigmática introduzida principalmente por Heidegger (e também por Wittgenstein) nos anos 20-30 do século XX, a partir da introdução do mundo prático na filosofia, circunstância que aproxima os dois filósofos.

Portanto, mormente a partir de Ser e Tempo, mais do que um *linguistic turn*, o que ocorreu foi um giro lingüístico-ontológico.[6] Essa alteração radical na

---

[4] Trata-se do ser em vista da fundamentação do ente. Por isso, cada época possui o seu fundamento. Cf. HEIDEGGER, Martin. Tempo e Ser. Tradução de Ernildo Stein. In: *Conferências e Escritos Filosóficos*. São Paulo: Nova Cultural, 2005, p. 256-257

[5] Não é mais possível pensar – e a assertiva é de Rorty – que existe um conjunto especial de termos nos quais todas as contribuições à conversação deveriam ser colocadas. Para a epistemologia, ser racional é encontrar o conjunto apropriado de termos para os quais todas as contribuições deveriam ser traduzidas, se for necessário que a concordância se torne possível. A epistemologia encara os participantes como unidos no que Michael Oakeshott (*On the Character of a Modern European State*) chama uma *universitas* – um grupo unido por interesses mútuos para alcançar um fim comum. A hermenêutica os encara como unidos no que ele chama de *societas* – pessoas cujos caminhos através da vida se reuniram, unidas antes pela civilidade que por uma meta comum e muito menos por um terreno comum. Cf. RORTY, Richard. *A filosofia e o espelho da natureza*. Rio de Janeiro: Relume-Dumará, 1994, p. 314.

[6] A linguagem deixa de ser uma terceira coisa que se interpõe entre um sujeito e um objeto. Na verdade, ela passa à condição de condição de possibilidade. Nas felizes palavras de Heidegger (Cf. Martin Heidegger,

estrutura do pensamento proporcionou a ruptura com os paradigmas metafísicos clássico e moderno. Veja-se que Heidegger, buscando superar Dilthey e Husserl, desloca a questão da hermenêutica em direção da ontologia (a faticidade, o modo-de-ser-no-mundo), deixando para trás o "plano epistemológico" (nível cognitivo e perceptivo em que se moviam Husserl e Dilthey). E com isso se supera a meto-dologia como "uma terceira coisa" com objetivo de dar certeza ao conhecimento. Essa autêntica "revolução copernicana" não foi apenas relevante para o direito, mas para a totalidade da estrutura do pensamento da humanidade. A partir daí, já não se fala em *fundamentum inconcussum* – eis a presença dos princípios epocais – e, sim, no *compreender* e nas suas condições de possibilidade.

Nesse sentido, há uma pergunta que se torna condição de possibilidade: *por que o direito estaria "blindado" às influências dessa revolução paradig-mática?* Aliás, talvez por assim se pensar – e a dogmática jurídica e até mesmo algumas posturas que se pretendem críticas apostam na presença da filosofia no direito tão-somente como "capa de sentido" – é que o direito continua até hoje refém, de um lado, do objetivismo e, de outro, do solipsismo próprio da filosofia da consciência. Ou seria possível conceber o direito isolado das transformações ocorridas na filosofia (da linguagem)?[7]

É preciso compreender que o direito, na medida em que não está imune/blindado contra as transformações ocorridas no campo filosófico, é um fenômeno inserido em uma intersubjetividade racional (chamada por *Schnädelbach* de "ra-

---

"dichterisch wohnet der Mensch...", in *Vorträge und Aufsätze*. Pfullingen, Günther Neske, 1954, p. 184): Der Mensch gebärdet sich, als sei er Bildner und Meister der Sprach, wänhren doch sie die Herrin des Menschen bleibt. Wenn dieses Herrschatsverhältnis sich umkehrt, dann verfällt der Mensch auf seltsame Machenschaften. Die Srprache wird zum Mittel des Ausdrucks kann die Sprache zum blossen Druckmittel herabsinken. Dass man auch bei solcher Benutzung der Sprache noch auf die Sorgfalt des Sprechens hälts, ist gut. Dies allein hilft uns jedoch nie aus der Verkehrung des wahren Herrschaftsverhältnisses zwischen der Sprache und dem Mens-chen. Denn eigentlich spricht die Sprache. Der Mensch spricht erst und nur, insofern er der Sprache entspricht, indem er auf ihren Zuspruch hört. Unter allen Zusprüchen, die wir Menschen von uns her nie zum Sprechen bringen dürfen, ist die Sprache der höchste und der überall erste. (O homem atua como se fosse o criador e o dono da linguagem, quando esta é a sua dona e senhora. Quando esta relação de domínio é invertida, o homem sucumbe a estranhas coações. A linguagem, desse modo, transforma-se em um meio de expressão. Quando é expressão, a linguagem pode degenerar em mera impressão. Ainda quando o uso da linguagem não seja mais do que isto, é importante que cada um seja cuidadoso com a própria fala. Porém, isto somente não pode retirar-nos da inversão, da confusão sobre a verdadeira relação de domínio entre a linguagem e o homem. Pois de fato é a linguagem que fala. O homem começa a falar e o homem somente fala na medida em que responde à linguagem e se corresponde com ela, e isto somente enquanto ouve a linguagem dirigir-se a ele e a concorrer com ele. A linguagem é o mais alto e em qualquer lugar é o mais importante destes sentimentos que nós, seres humanos, nunca poderemos articular unicamente a partir de nossos próprios meios).

[7] Assim, penso que os críticos (refiro-me especialmente àqueles advindos da filosofia e da sociologia) que olham de "soslaio" o crescimento do uso da hermenêutica filosófica (fenemenologia hermenêutica) no direito deveriam observar melhor esse fenômeno, buscando uma maior aproximação com o direito, assim como – e isso é facilmente perceptível – cada vez fazem mais os juristas. Essa aproximação/imbricação, a toda evidência, não é para transformar a filosofia em um discurso otimizador do direito, *mas, sim, alçá-la à condição de possi-bilidade*. Nesse sentido, aliás, é que cunhei a expressão "filosofia *no* direito", para diferenciá-la da tradicional "filosofia "*do* direito"). Afinal, o direito é um fenômeno bem mais complexo do que se pensa. Em definitivo: o direito não é uma mera racionalidade instrumental. Isso implica reconhecer que fazer filosofia no direito não é apenas pensar em levar para esse campo a analítica da linguagem ou que os grandes problemas do direito estejam na mera interpretação dos textos jurídicos.

zão hermenêutica") e que deve ser sempre primeiramente produzida e garantida em processos de compreensão. Por isso, "compreender sentido" não é apenas uma conseqüência, *mas o fundamento da própria razão*. Visto assim, o problema hermenêutico não é apenas universal, mas, ao mesmo tempo, fundamental, isto é, sua solução já reside no âmbito da constituição de entendimento e razão e, desse modo, no campo avançado do problema do conhecimento, que Kant acreditava poder abordar com os meios dos conceitos do entendimento e da razão garantidos. Se, como tal, não existe razão sem compreensão de sentido, então, *o problema do sentido se situa sistematicamente antes do problema do conhecimento*, pois devem ser pressupostos já como resolvidos, em todas as produções de conhecimento, os problemas da compreensão hermenêutica.[8] No campo do conhecimento do direito, a questão é saber, de efetivo, *de que modo um processo lógico-argumentativo pode "acontecer" sem a pré-compreensão*. É possível interpretar para depois compreender? Por que isolar o conhecimento jurídico do fenômeno da compreensão?

Ora – e o socorro vem novamente de *Schnädelbach* – , o peso filosófico do tema "compreender" reside no fato de que, sob as condições do historicismo emergente, em sua forma uniformizalizada e fundamentalizada, ele toca a autocompreensão da própria razão e, com isso, obriga a ser levada em consideração esta autocompreensão em qualquer teoria da razão – não apenas na teoria da razão hermenêutica: a transcendentalização da razão histórico-hermenêutica significa, ao mesmo tempo, uma historicização da filosofia transcendental. Em síntese, *o que é nosso objeto não pode ser pensado independentemente do modo como nos aparece*. Este é o "teorema" fundante do compreender que se insere na revolução copernicana representada pela inserção do mundo prático na filosofia. Aplicado à problemática da compreensão, isso tudo quer significar que as condições históricas, sob as quais nosso modo de compreender possui/adquire um significado constitutivo para aquilo que nós cada vez compreendemos e para o fato de que não há razão para excluir quaisquer condições de compreensão – sejam as da *ratio*, da intuição e da inspiração – *criam uma situação teorética nova,* na medida em que qualquer penetração no sentido transcendental de nossas condições históricas de compreensão do sentido como tal atinge não apenas o elemento histórico e, com isso, qualquer situação de comunicação.[9]

À margem de tais transformações, a hermenêutica jurídica predominante no universo jurídico de *terrae brasilis* (doutrina e na jurisprudência) continua refém de um pensamento que aposta, de um modo ou de outro, numa espécie de "construção" do seu objeto de conhecimento ou de teorias dualistas que acreditam na possibilidade de o direito ser pensado independentemente do nosso modo próprio de ser no mundo, no qual o fenômeno (jurídico) nos aparece. Por tais razões, assume absoluta relevância o rompimento paradigmático na hermenêutica pro-

---

[8] Cf. SCHNÄDELBACH, Herbert. Compreender. Epílogo. In: STEIN, Ernildo. *Racionalidade e Existência. O ambiente hermenêutico e as ciências humanas.* Ijuí: Unijuí, 2008, pp. 127 e segs.

[9] Idem, ibidem.

porcionada por *Wahrheit und Method*, de Hans-Georg Gadamer, exatamente pela circunstância de que a hermenêutica não mais será uma "questão de método", passando a ser filosofia. E isso faz a diferença.

Com efeito, a hermenêutica jurídica praticada no plano da cotidianidade do direito deita raízes na discussão que levou Gadamer a fazer a crítica ao processo interpretativo clássico, que entendia a interpretação como sendo produto de uma operação realizada em partes (*subtilitas intelligendi, subtilitas explicandi, subtilitas applicandi*, isto é, primeiro compreendo, depois interpreto, para só então aplicar).

A impossibilidade dessa cisão – tão bem denunciada por Gadamer – implica a impossibilidade de o intérprete "retirar" do texto "algo que o texto possui-em-si-mesmo", numa espécie de *Auslegung,* como se fosse possível reproduzir sentidos; ao contrário, para Gadamer, fundado na hermenêutica filosófica, o intérprete sempre atribui sentido (*Sinngebung*). Mais ainda, essa impossibilidade da cisão – que não passa de um dualismo metafísico – afasta qualquer possibilidade de fazer "ponderações em etapas", circunstância, aliás, que coloca a(s) teoria(s) argumentativa(s) como refém(ns) do paradigma do qual tanto tentam fugir: a filosofia da consciência. O acontecer da interpretação ocorre a partir de uma fusão de horizontes (*Horizontenverschmelzung),* porque compreender é sempre o processo de fusão dos supostos horizontes para si mesmos.

Volta-se, como um eterno retorno, à questão apontada anteriormente a partir de Schnädelbach: o problema do sentido do direito se situa antes do problema do conhecimento (o jurista não "fabrica" o seu objeto do conhecimento); a compreensão, pela sua "presença antecipada", é algo que não dominamos; o sentido não está à nossa disposição. Por isso é que não interpretamos para compreender e, sim, compreendemos para interpretar. A interpretação, como bem diz Gadamer, é a explicitação do compreendido. Com isso, são colocados em xeque os modos procedimentais de acesso ao conhecimento. Se a filosofia é hermenêutica (Heidegger) e a hermenêutica é filosófica (Gadamer), é porque estão superados os dualismos metafísicos que atravessaram dois milênios.

Dito de outro modo, a hermenêutica assim compreendida vem para romper com a relação sujeito-objeto, representando, assim, uma verdadeira revolução copernicana. Coloca em xeque, assim, os modos procedimentais de acesso ao conhecimento. E isso tem conseqüências. Sérias.

2. A hermenêutica como uma questão definitivamente paradigmática

Embora o ceticismo de parcela considerável da comunidade jurídica, é impossível negar as conseqüências da viragem lingüístico-ontológica para a interpretação do direito. Está-se a tratar de uma ruptura paradigmática que supera séculos de predomínio do esquema sujeito-objeto. Passamos, pois, do fundamentar para o compreender. Afinal, de terceira coisa que se interpõe entre um sujeito e um objeto, a linguagem passa a condição de condição de possibilidade. Para Gadamer, não faz sentido pensar em uma ligação pura entre o conhecimento e o objeto a ser conhecido, através de uma linguagem com papel meramente instrumental.

Palavras e conceitos não são instrumentos à disposição de um sujeito cognoscente. É nesse sentido que a hermenêutica filosófica, para além dos objetivismos e subjetivismos (e pragmatismos em geral), abre um novo espaço para a compreensão do direito e tudo o que representa a revolução copernicana proporcionada pelo novo constitucionalismo. Em outras palavras, essa segunda revolução (a superação do papel instrumentalista da linguagem) é condição de possibilidade para o acontecer (*Ereignen*) da primeira (o novo constitucionalismo no interior do qual o direito assume um elevado grau de autonomia e proporciona uma co-originariedade entre direito e moral).

É exatamente nesse contexto que exsurgem as possibilidades da superação do positivismo pelo (neo)constitucionalismo. O direito assume um caráter marcadamente hermenêutico, em conseqüência de um efetivo crescimento no grau de deslocamento do pólo de tensão entre os poderes de Estado em direção à jurisdição (constitucional),[10] diante da impossibilidade de o Legislativo (a lei) poder antever todas as hipóteses de aplicação e do caráter compromissório da Constituição, com múltiplas possibilidades de acesso à justiça. Assim, na medida em que o direito é uma ciência prática, o centro da discussão inexoravelmente sofre um deslocamento em direção ao mundo prático, que, até o advento do Estado Democrático de Direito, estava obnubilado pelas conceitualizações metafísico-positivistas, sustentadas por uma metodologia com evidentes matizes metafísico-dualístico-representacionais. Definitivamente, a realidade, os conflitos sociais e a cotidianidade das práticas dos atores sociais não estavam no rol das preocupações do positivismo e de suas derivações.

Com efeito, em um universo que calca o conhecimento em um fundamento último e no qual a "epistemologia" é confundida com o próprio conhecimento (problemática presente nas diversas teorias do discurso e nas perspectivas analíticas em geral), não é difícil constatar que a hermenêutica jurídica dominante no imaginário dos operadores do direito no Brasil (*perceptível a partir do ensino jurídico, da doutrina e das práticas dos tribunais*) continua sendo entendida como um (mero) saber "operacional" (talvez por isso os juristas se denominam uns aos outros de "operadores do direito"). Domina, no âmbito do campo jurídico, o modelo assentado na idéia de que "o processo/procedimento interpretativo" possibilita que o sujeito (a partir da certeza-de-si-do-pensamento-pensante, enfim,

---

[10] Isso, à evidência, acarreta um dilema: se ocorre um aumento no espaço de poder do Judiciário (ou justiça constitucional *stricto sensu*), em face dos instrumentos de controle de constitucionalidade, ocorre uma redução do espaço da legislação. Consequentemente, corre-se o risco de substituir o legislador pelo juiz. Mas, na medida em que o constitucionalismo se transforma em um paradigma, parece evidente que a concretização da Constituição, nas vezes em que o Judiciário é chamado para esse fim, implica a necessidade de um efetivo controle das decisões. Trata-se, destarte, de uma "questão hermenenêutica".

da subjetividade instauradora do mundo) alcance o "exato sentido da norma", "o exclusivo conteúdo/sentido da lei", "o verdadeiro significado do vocábulo", "o real sentido da regra jurídica", etc.

Sem pretender simplificar o problema, é possível dizer que o saber dogmático-jurídico ainda continua refém de uma metodologia que não ultrapassou nem sequer a filosofia da consciência, bastando, para tanto, verificar o papel de protagonista dado ao juiz pelas teorias instrumentais do processo. O conjunto de técnicas trazidas pela expressiva maioria da doutrina tende a objetificar o direito, impedindo o questionar originário da pergunta pelo sentido do direito em nossa sociedade, soçobrando, com isso, a força normativa da Constituição. Não se pode desconsiderar que esse problema filosófico-paradigmático continua presente nos diversos ramos do direito, mormente na problemática relacionada à jurisdição e o papel destinado ao juiz. Desde Oskar von Büllow – questão que também pode ser vista em Anton Menger e Franz Klein –, a relação publicística está lastreada na figura do juiz, "porta-voz avançado do sentimento jurídico do povo", com poderes para além da lei, tese que viabilizou, na seqüência, a Escola do Direito Livre. Essa aposta solipsista está lastreada no paradigma representacional, que atravessa dois séculos, podendo facilmente ser percebida, na seqüência, em Chiovenda, para quem a vontade concreta da lei é aquilo que o juiz afirma ser a vontade concreta da lei; em Carnellutti, de cuja obra se depreende que a jurisdição é "prover", "fazer o que seja necessário"; também em Couture, para o qual, a partir de sua visão intuitiva e subjetivista, chega a dizer que "o problema da escolha do juiz é, em definitivo, o problema da justiça"; em Liebman, para quem o juiz, no exercício da jurisdição, é livre de vínculos enquanto intérprete qualificado da lei; já no Brasil, afora a doutrina que atravessou o século XX (v.g., de Carlos Maximiliano a Paulo Dourado de Gusmão), tais questões estão presentes na concepção instrumentalista do processo, cujos defensores admitem a existência de escopos metajurídicos, estando permitido ao juiz realizar determinações jurídicas, *mesmo que não contidas no direito legislado*, com o que o aperfeiçoamento do sistema jurídico dependerá da "boa escolha dos juízes" (*sic*) e, conseqüentemente, de seu ("sadio") protagonismo. Sob outra perspectiva, esse fenômeno se repete no direito civil, a partir da defesa, por parte da maioria da doutrina, do poder interpretativo dos juízes nas cláusulas gerais, que "devem ser preenchidas" com amplo "subjetivismo" e "ideologicamente"; no processo penal, não passa despercebida a continuidade da força do "princípio" da "verdade real" e do "livre convencimento"; já no direito constitucional, essa perspectiva é perceptível pela utilização descriteriosa dos princípios, transformados em "álibis persuasivos", fortalecendo, uma vez mais, o protagonismo judicial.

Um exame da doutrina e da jurisprudência do direito aponta para a continuidade do domínio da idéia da indispensabilidade do método ou do procedimento para alcançar a "vontade da norma", o "espírito de legislador", a "melhor resposta", etc. No mais das vezes, continua-se a acreditar que o ato interpretativo é um ato cognitivo (daí a prevalência do sujeito solipsista) e que "interpretar a lei é retirar da norma tudo o que nela contém" (*sic*) – aqui ainda se está no paradigma anterior (realismo filosófico) –, circunstância que bem denuncia a problemática metafísica nesse campo de conhecimento. Na verdade, é possível perceber certa imbricação – consciente ou inconsciente – dos paradigmas metafísicos clássico e moderno no interior da doutrina brasileira (e estrangeira). Dito de outro modo: de um lado, há o "mito do dado" (metafísica clássica), em que cada coisa tem uma essência e por isso tem um sentido. Pensa-se, assim, que o intérprete é capaz de extrair da coisa sua essência, transportando-a para a sua mente, formando o conceito daquela coisa; daí que, quando o intérprete pensa sobre essa coisa, esta passa a existir como um conceito de caráter universal. Isso ocorre mediante uma abstração: da essência para a universalidade. Desse modo, há um algo que é "dado à nossa mente", como se pode perceber nas súmulas (e também na construção de conceitos *prêt-à-pôrters* que recheiam os manuais jurídicos). As súmulas "carregariam", assim, a substância de determinados casos. Transportada (ess)a essência (substância) para a mente, forma-se o conceito, que é representado pelo enunciado sumular, que passa a ser "o dado". Conseqüentemente, o intérprete fica assujeitado a esse dado, isto é, a esse conceito de caráter universal[11] (pensemos nisso também na aplicação da repercussão geral pelo STF e da nova Lei dos Recursos – 11.672, pelo STJ). Mas, por mais paradoxal que possa parecer, somos também metafísicos modernos, porque, antes da formação do "mito do dado", ocorre a primazia do sujeito solipsista. Sua consciência é que instaura o mundo (o conhecimento é uma representação acurada, somente tornada possível por processos mentais especiais e intelegível por intermédio de uma teoria geral da representação, como bem lembra Rorty). É desse sujeito (agora assujeitador) que se "constrói" o objeto do conhecimento (pensemos em Kelsen e as razões pelas quais, para ele, era necessário dualizar ser e dever ser e porque a teoria pura só poderia se consolidar como uma meta-linguagem sobre uma linguagem objeto). Nesse contexto, não é difícil perceber que "filosofia da consciência" (paradigma representacional) e "discricionariedade judicial" (que leva à arbitrariedade) representam faces da mesma moeda.

Talvez por tudo isso é que, mesmo hoje, em plena era do tão festejado giro-lingüístico-ontológico, de um modo ou de outro, o pensamento jurídico continua

---

[11] Nesse sentido, vale trazer a lume crítica feita pelo grande jurista gaúcho Alfredo Augusto Becker, em carta dirigida ao Ministro do STF Luiz Gallotti, em 2 de dezembro de 1964, menos de um ano após a institucionalização das súmulas no Brasil: "Se, no nosso tempo, a imagem suplanta o texto – observa René Huyghe – é porque a vida sensorial tende a ocupar o lugar que a vida intelectual preenchia. E assim como o texto escrito veio substituir o método milenar da transmissão oral, fenômeno análogo ocorre atualmente na substituição gradual do texto pela imagem". E, tantos anos atrás, Becker já antevia a estandardização em que se transformaria o direito: "Outro fenômeno contemporâneo é o da contração dos textos e a substituição do Verbo por um Sinal. Um exemplo: a Súmula do Supremo Tribunal Federal substituiu as longas exposições doutrinárias. Substituiu até mesmo a citação dos textos legais aplicáveis ao caso. Por sua vez, o próprio texto da Súmula é substituído por um Signo: a cifra aritmética (do enunciado, pois ela admite que ele seja 'enunciado' pela simples indicação de seu respectivo número). A embriogenia da Súmula do nosso Supremo tribunal Federal é descrita e analisada por um Professor de Psicologia das Artes Plásticas do Colégio de França (René Huyghe, *Dialogue avec Le Visible*, Paris, 1955, p.6). A civilização da imagem suprimiu o amadurecimento da idéia no espaço de um raciocínio e estabeleceu a ligação direta sensação-ação". In: Carta inédita de Alfredo Augusto Becker ao Ministro Luiz Gallotti, 2 de dezembro de 1964.

a reproduzir o velho debate "formalismo-realismo". Mais ainda, e na medida em que o direito trata de relações de poder, tem-se, na verdade, em muitos casos, uma *mixagem* entre posturas "formalistas" e "realistas", isto é, por vezes, a "vontade da lei" e a "essência da lei" devem ser buscadas com todo o vigor; em outras, há uma ferrenha procura pela solipsista "vontade do legislador"; finalmente, quando nenhuma das duas orientações é "suficiente", *põe-se no topo a "vontade do intérprete"*, colocando-se em segundo plano os limites semânticos do texto, fazendo soçobrar até mesmo a Constituição.

O resultado disso é que aquilo que começa com uma subjetividade "criadora" de sentidos (afinal, quem pode controlar a "vontade do intérprete"?, perguntariam os juristas), acaba em decisionismos e arbitrariedades interpretativas, isto é, em um "mundo jurídico" em que cada um interpreta como (melhor) lhe convém...! Enfim, o triunfo do sujeito solipsista, o *Selbstüchtiger*. Para ser mais simples: de um lado há uma objetividade textual, que torna o intérprete refém de um mundo de essências (pensemos na força das súmulas e dos verbetes jurisprudenciais, por exemplo), e, de outro, uma subjetividade que assujeita o texto, pelo qual o texto jurídico é "apenas a ponta do *iceberg*" (prestemos, pois, muita atenção: quando um jurista afirma isso, está-se diante de um positivista).

Desse modo, a dogmática jurídica (tradicional), enquanto reprodutora de uma cultura estandardizada, torna-se refém de um pensamento metafísico, esquecendo-se daquilo que a hermenêutica filosófica representa nesse processo de ruptura paradigmático. Esse esquecimento torna "possível" separar o direito da sociedade, enfim, de sua função social. Dito de outro modo, o formalismo tecnicista que foi sendo construído ao longo de décadas "esqueceu-se" do substrato social do direito e do Estado. E esqueceu-se, fundamentalmente, do grau de autonomia que o direito alcançou no paradigma do Estado Democrático de Direito.

Ou seja, transformado em uma mera instrumentalidade formal, o direito deixou de representar uma possibilidade de transformação da realidade, à revelia do que a própria Constituição estatui: a construção do Estado Democrático (e Social) de Direito. A toda evidência, esta circunstância produzirá reflexos funestos no processo de compreensão que o jurista terá acerca do papel da Constituição, que perde, assim, a sua substancialidade.

Mesmo algumas posturas consideradas críticas do direito, embora tentem romper com o formalismo normativista (para o qual a norma é uma mera entidade lingüística), acabam por transferir o lugar da produção do sentido do objetivismo para o subjetivismo; da coisa para a mente/consciência (subjetividade assujeitadora e fundante); da ontologia (metafísica clássica) para a filosofia da consciência (metafísica moderna). É possível, desse modo, perceber uma certa imbricação – consciente ou inconsciente – dos paradigmas metafísicos clássico e moderno no interior da doutrina brasileira (e estrangeira).

Daí a minha insistência: *trata-se de um problema paradigmático*. Os juristas não conseguem alcançar o patamar da viragem lingüístico/hermenêutica, no interior da qual a linguagem, de terceira coisa, de mero instrumento e veículo de conceitos, passa a ser condição de possibilidade. Permanecem, desse modo, prisioneiros da relação sujeito-objeto (problema transcendental), refratária à relação sujeito-sujeito (problema hermenêutico). Sua preocupação é de ordem metodológica e não ontológica (no sentido heideggeriano-gadameriano). A revolução copernicana provocada pela viragem lingüístico-hermenêutica tem o principal mérito de deslocar o *locus* da problemática relacionada à "fundamentação" do processo compreensivo-interpretativo do "procedimento" para o "modo de ser".

Como decorrência – embora não seja esta a preocupação fulcral destas reflexões –, a ausência de uma adequada compreensão do novo paradigma do Estado Democrático de Direito torna-se fator decisivo para a inefetividade da Constituição. Acostumados com a resolução de problemas de índole liberal-individualista e com posturas privatísticas, que ainda comandam os currículos dos cursos jurídicos (e os manuais jurídicos), os juristas (compreendidos *lato sensu*) não conseguiram, ainda, despertar para o novo. O novo continua obscurecido pelo velho paradigma, sustentado por uma dogmática jurídica entificadora. Dizendo de outro modo: ocorreu uma verdadeira revolução copernicana na filosofia, no direito constitucional e na ciência política, que ainda não foi suficientemente recepcionada pelos juristas brasileiros.

Mas, nada do que foi dito pode dar azo a que se diga que a hermenêutica é relativista.[12] Pensar assim seria fazer uma leitura às avessas de Gadamer e dos pressupostos que sustentam a hermenêutica filosófica. Portanto, nada do que foi dito até aqui pode significar que o intérprete venha a dizer "qualquer coisa sobre qualquer coisa". Ao contrário, é a partir da hermenêutica filosófica que falaremos da possibilidade de respostas corretas ou, se assim se quiser, de respostas hermeneuticamente adequadas a Constituição (portanto, sempre será possível dizer que uma coisa é certa e outra é errada; há pré-juízos falsos e pré-juízos verdadeiros).

Essa questão assume especial relevância exatamente se examinada no plano das rupturas paradigmáticas, isto é, não devemos esquecer o grau de autonomia alcançado pelo direito (leia-se, pelas Constituições) no Estado Democrático de Direito, a ponto de podermos considerar ultrapassada a dicotomia direito-moral. Dizendo de outro modo, esse grau de autonomização do direito traz consigo a co-originariedade com a moral, que, na verdade, institucionaliza-se no direito. Neste ponto assiste razão a Habermas. A produção democrática do direito dispensa o

---

[12] Para evitar malentendidos sobre o tema, como, por exemplo, que estamos jogados em mundo de subjetividades e de relativismos ou que o sujeito "morreu" (quando, na verdade, o que morreu foi a subjetividade assujeitadora, o sujeito consciente, solipsista), vale lembrar a advertência de Contardo Calligaris, depois de reconhecer o peso das motivações, intuições, afetos e que boa parte de nossos raciocínios são *wishful thinking* (meditações motivas pelo desejo), aponta para duas "saídas": é possível desistir da verdade, considerando que o mundo é um vasto teatro em que as subjetividades se enfrentam e que o que importa é apenas a versão de quem ganha a luta (retórica ou armada); ou então, talvez seja possível amprara a verdade, preservá-la de nossas próprias motivações. Podemos, por exemplo, desconfiar de nossas idéias, sobretudo quando nos sentimos particularmente satisfeitos com o entendimento da realidade que elas nos proporcionam. Pois a verdade (com o curso de ação que, eventualmente, ela "impõe") é geralmente pouco gratificante e de acesso trabalhoso. In: Raciocínios "motivados". Caderno E8- Ilustrada. São Paulo, Folha de São Paulo, 22.02.2007.

"uso" de uma moral corretiva, como pretendem, por exemplo, algumas teorias argumentativas, em especial a de Alexy e Günther.

Destarte, a discussão alcança o patamar da democracia. Não teria sentido que, nesta quadra da história, depois da superação dos autoritarismos/totalitarismos surgidos no século XX e no momento em que alcançamos esse (elevado) patamar de discussão democrática do direito, viéssemos a "depender" da discricionariedade dos juízes na discussão dos assim denominados "casos difíceis". Dito de outro modo, seria substituir a democracia pela "vontade do poder" (entendido como o último princípio epocal da modernidade) dos juízes. A produção democrática do direito – que é esse *plus* normativo que caracteriza o Estado Democrático de Direito – é um salto para além do paradigma subjetivista.

É nesse sentido que, ao ser anti-relativista, a hermenêutica funciona como uma blindagem contra interpretações arbitrárias e discricionariedades e/ou decisionismos por parte dos juízes. Mais do que isso, a hermenêutica será antipositivista, colocando-se como contraponto à admissão de múltiplas respostas advogada pelos diversos positivismos (pensemos, aqui, nas críticas de Dworkin a Hart). Nesse sentido, lembro que a noção de "positivismo" é entendida, neste texto e no restante de minhas obras, a partir de sua principal característica: a discricionariedade, que ocorre a partir da "delegação" em favor dos juízes para a resolução dos casos difíceis (não "abarcados" pela regra).[13] A *holding* da discussão

---

[13] Todas as minhas críticas à discricionariedade estão fundadas no conceito "forte" cunhado por Dworkin em suas críticas ao positivismo, especialmente o de Hart (que, como já referi, são extensíveis, *v.g.*, à Kelsen, Ross e a Alexy, os quais, de um modo ou de outro, também apostam no poder discricionário do juiz). Em face da vagueza e da ambigüidade das palavras da lei e da relevante circunstância de que direito é poder, no mais das vezes, a discricionariedade descamba em arbitrariedade, soçobrando os limites ôntico-semânticos do texto minimamente "condensados" pela tradição. Mas não confundamos essa discussão – tão relevante para a teoria do direito – com a separação feita pelo direito administrativo entre atos discricionários e atos vinculados, ambos diferentes de atos arbitrários. Trata-se, sim, de discutir o grau de liberdade de escolha dado ao intérprete (juiz) face à legislação produzida democraticamente, com dependência fundamental da Constituição. E esse grau de liberdade – chame-se-o como quiser – acaba se convertendo em um poder que não lhe é dado, uma vez que a "opção" escolhida pelo juiz deixará de lado outras "opções" de outros interessados, cujos direitos ficaram à mercê de uma atribuição de sentido, muitas vezes decorrentes de discursos exógenos, não devidamente filtrados na conformidade com os limites impostos pela autonomia do direito. Daí a necessária advertência: não é correto trazer o conceito de discricionariedade administrativa para o âmbito da interpretação do direito (discricionariedade judicial). Também não se trata da distinção entre a "discricionariedade na *civil law*" e na *common Law*. Para os limites desta discussão, não se compreende a discricionariedade interpretativa (ou discricionariedade judicial) a partir da simples oposição entre ato vinculado e ato discricionário, mas sim tendo como ponto específico de análise o fenômeno da interpretação, onde – e isso parece óbvio – seria impróprio falar de vinculação. Ora, toda interpretação é um ato produtivo; sabemos que o interprete atribui sentido a um texto e não reproduz sentidos nele já existentes. Tem sido muito comum aproximar – embora que de forma equivocada – aquilo que se menciona como discricionariedade judicial daquilo que a doutrina administrativa chama de *ato administrativo discricionário*. Nota-se, de plano, que há aqui uma nítida diferença de situações: no âmbito judicial, o termo discricionariedade se refere a um espaço a partir do qual o julgador estaria legitimado a *criar* a solução adequada para o caso que lhe foi apresentado a julgamento. No caso do administrador, tem-se por referência a prática de um ato autorizado pela lei e que, por este mesmo motivo, mantêm-se adstrito ao princípio da legalidade. Ou seja, o ato discricionário no âmbito da administração somente será tido como legítimo se de acordo com a estrutura de legalidade vigente (aliás, o contexto atual do direito administrativo aponta para uma circunstancia no interior da qual o próprio conceito de ato discricionário vem perdendo terreno, mormente em países que possuem em sua estrutura judicial, um Tribunal especificamente Administrativo). O que se está a tratar é daquilo que está convalidado pela tradição da teoria do direito, isto é, a experiência interpretativa "conhece" um conceito de

encontra-se nas críticas dirigidas a Herbert Hart por Ronald Dworkin, para quem o juiz não possui discricionariedade para solver os *hard cases*.

Insisto e permito-me repetir: *antes de tudo, trata-se de uma questão de democracia*. Por isso, deveria ser despiciendo acentuar ou lembrar que a crítica à discricionariedade judicial não é uma "proibição de interpretar". Ora, interpretar é dar sentido (*Sinngebung*). É fundir horizontes. E direito é um sistema de regras e princípios, "comandado" por uma Constituição. Que as palavras da lei (*lato sensu*) contêm vaguezas e ambigüidades e que os princípios podem ser – e na maior parte das vezes são – mais "abertos" em termos de possibilidades de significado, *não constitui nenhuma novidade* (até os setores que primam pela estandardização do direito e que praticam uma espécie de "neopentecostalismo jurídico", já perceberam essa característica "lingüística" dos textos jurídicos). O que deve ser entendido é que a aplicação desses textos (isto é, a sua transformação em normas) não depende de uma subjetividade assujeitadora (esquema sujeito-objeto), como se os sentidos a serem atribuídos fossem fruto da vontade do intérprete, como que a dar razão a Kelsen, para quem *a interpretação a ser feita pelos juízos é um ato de vontade* (sic).

O "drama" da discricionariedade aqui criticada é que esta transforma os juízes em legisladores. E mais do que transformar os juízes em legisladores, o "poder discricionário" propicia a "criação" do próprio objeto de "conhecimento", típica problemática que remete a questão ao solipsismo próprio da filosofia da consciência no seu mais exacerbado grau. Ou seja, concebe-se a razão humana como "fonte iluminadora" do significado de tudo o que pode ser enunciado sobre a realidade. As coisas são reduzidas aos nossos conceitos e às nossas concepções de mundo. As "coisas" ficam à *dis*-posição de um protagonista (no caso, o juiz, enfim, o Poder Judiciário). Veja-se, nesse sentido, recente decisão do Supremo Tribunal Federal, que, em uma de suas Turmas, por maioria de votos, indeferiu habeas corpus em que se alegava falta de demonstração da urgência na produção antecipada de prova testemunhal de acusação, decretada nos termos do art. 366[14] do Código de Processo Penal, ante a revelia do paciente/réu. O STF deixou assentado que *a determinação de produção antecipada de prova está ao alvedrio do juiz, que pode ordenar a sua realização se considerar existentes condições urgentes para que isso ocorra*.[15]

À evidência, isso enfraquece a autonomia do direito conquistada principalmente no paradigma do Estado Democrático de Direito. Isto é: qual é a respos-

---

discricionariedade, utilizado por Herbert Hart em seu *Concept of Law*. E é esse que é praticado e defendido pelo positivismo, confessadamente ou não, até os nossos dias, mesmo em tempos de pós-positivismo.

[14] Art. 366 do CPP: "Se o acusado, citado por edital, não comparecer, nem constituir advogado, ficarão suspensos o processo e o curso do prazo prescricional, *podendo o juiz determinar a produção antecipada das provas consideradas urgentes* e, se for o caso, decretar a prisão preventiva, nos termos do art. 312".

[15] Cf. HC 93.157, 23.09.2008. O Min. Ricardo Lewendowski votou vencido, concedendo a ordem, porque vislumbrou ofensa ao dever de fundamentar as decisões judiciais e às garantias do contraditório e da ampla defesa, uma vez que a decisão que determinou a produção de prova esteve "fundamentada" tão somente no fato de o paciente não ter sido localizado (nas palavras do Ministro, "a decisão fora determinada de modo automático"). Na decisão, o STF fortalece o protagonismo judicial, na medida em que aposta na "boa escolha" discricionária do magistrado.

ta que devemos dar a seguinte questão: depois de conquistarmos a democracia e a produção democrática do direito, por que, nos casos assim denominados "difíceis", iríamos deixar que os juízes os decidissem de forma discricionária? Combater a discricionariedade não significa dizer que os juízes não criam o direito (sem olvidar o relevante fato de que, no mais das vezes, a discricionariedade se transforma em arbitrariedade, soçobrando, assim, o direito produzido democraticamente). Mas não é esse tipo de criação judicial que está em causa no debate Dworkin-Hart e, tampouco, nas críticas que faço ao positivismo à luz da hermenêutica filosófica.

3. Elementos conclusivos: condições e possibilidades da hermenêutica (constitucional) no Estado Democrático de Direito: a ligação umbilical com a resposta correta

A hermenêutica aqui trabalhada e desenvolvida nos meus *Verdade e Consenso* e *Hermenêutica Jurídica e(m) Crise* – forja-se no interior de duas rupturas paradigmáticas: a revolução do constitucionalismo, que institucionaliza um elevado grau de autonomia do direito,[16] e a revolução copernicana provocada pelo *giro-lingüístico-ontológico*. De um lado, a existência da Constituição exige a definição dos deveres substanciais dos poderes públicos que vão além do constitucionalismo liberal-iluminista. De outro, parece não restar(em) dúvida(s) de que, contemporaneamente, a partir dos avanços da teoria do direito, é possível dizer que não existem respostas *a priori* acerca do sentido de determinada lei que exsurjam de procedimentos ou métodos de interpretação. Nesse sentido, *"conceitos" que tenham a pretensão de abarcar, de antemão, todas as hipóteses de aplicação*, nada mais fazem do que reduzir a interpretação a um processo analítico, caracterizado pelo emprego sistemático da análise lógica da linguagem, a partir do descobrimento do significado dos vocábulos e dos enunciados, da distinção entre enunciados analíticos e enunciados empíricos e da diferenciação entre fato e valor, tornando-a refém daquilo que Dworkin chama de "aguilhão semântico".

---

[16] Mais do que sustentáculo do Estado Democrático de Direito, a preservação do acentuado grau de autonomia conquistado pelo direito é a sua própria condição de possibilidade, unindo, conteudisticamente, a visão interna e a visão externa do direito. Trata-se, também, de uma "garantia contra o poder contra-majoritário" (segundo Guastini, as denominadas "garantias *contra* o Poder Judiciário"), abarcando o princípio de legalidade na jurisdição (que, no Estado Democrático de Direito, passa a ser o princípio da constitucionalidade). Parece não haver dúvida de que o direito exsurgido do paradigma do Estado Democrático de Direito deve ser compreendido no contexto de uma crescente autonomização, alcançada diante dos fracassos da falta de controle *da e sobre* a política (aqui compreendida também a economia). A Constituição, nos moldes construídos no interior daquilo que denominamos de constitucionalismo social e compromissório é, assim, a manifestação desse (acentuado) grau de autonomia do direito, devendo ser entendido como a sua dimensão autônoma face às outras dimensões com ele intercambiáveis, como, por exemplo, a política, a economia e a moral (e aqui há que se ter especial atenção, uma vez que a moral tem sido utilizada como a *porta de entrada* dos discursos adjudicadores com pretensões corretivas do direito, levando consigo a política e a *análise econômica do direito*; é nesse contexto em que deve ser vista a "retomada" da moral pelo direito, a partir daquilo que Habermas tão bem denomina de co-originariedade). Essa autonomização dá-se no contexto histórico do século XX, tendo atingido o seu auge com a elaboração das Constituições do segundo pós-guerra.

A hermenêutica filosófica, com os aportes da teoria integrativa de Dworkin, representa, nesse contexto pós-metafísico e pós-positivista, uma blindagem contra interpretações deslegitimadoras e despistadoras do conteúdo que sustenta o domínio normativo dos textos constitucionais. Trata-se de substituir qualquer pretensão solipsista pelas condições histórico-concretas, sempre lembrando, nesse contexto, a questão da tradição, da coerência e da integridade, para bem poder inserir a problemática na superação do esquema sujeito-objeto pela hermenêutica jurídico-filosófica.

Se o desafio de uma metódica jurídica, no interior desse salto paradigmático, tem sido "como se interpreta" e "como se aplica" o texto jurídico, as próprias demandas paradigmáticas do direito no Estado Democrático de Direito apontam para uma terceira questão: a discussão acerca das condições que o intérprete/aplicador possui para encontrar uma resposta que esteja adequada ao *locus* de sentido fundante, isto é, *a Constituição*. Quem está encarregado de interpretar a Constituição a estará concretizando, devendo encontrar um *resultado constitucionalmente justo* (a expressão é de Gomes Canotilho). E esse resultado deve estar justificado, formulado em condições de aferição acerca de estar ou não constitucionalmente adequado.

Em outras palavras, efetivamente há um direito fundamental a que a Constituição seja cumprida.[17] Trata-se de um direito fundamental a uma resposta adequada à Constituição ou, se assim se quiser, uma resposta constitucionalmente adequada (ou, ainda, uma resposta hermeneuticamente correta em relação à Constituição). Essa resposta (decisão) ultrapassa o raciocínio causal-explicativo, buscando no *ethos* principiológico a fusão de horizontes demandada pela situação que se apresenta. Antes de qualquer outra análise, deve-se sempre perquirir a compatibilidade constitucional da norma jurídica com a Constituição (entendida, à evidência, no seu todo principiológico) e a existência de eventual antinomia. Deve-se sempre perguntar se, à luz dos princípios e dos preceitos constitucionais,

---

[17] O acentuado grau de autonomia alcançado pelo direito e o respeito à produção democrática das normas faz com que se possa afirmar que o Poder Judiciário somente pode deixar de aplicar uma lei ou dispositivo de lei nas seguintes hipóteses:

a) quando a lei (o ato normativo) for inconstitucional, vindo a violar uma norma ou princípio da Constituição, caso em que deixará de aplicá-la (controle difuso de constitucionalidade *stricto sensu*);

b) quando for o caso de aplicação dos critérios de resolução de antinomias. Neste caso, há que se ter cuidado com a questão constitucional, pois, v.g., a *lex posterioris*, que derroga a *lex anterioris*, pode ser inconstitucional, com o que as antinomias deixam de ser relevantes;

c) quando aplicar a técnica da interpretação conforme à Constituição (*verfassungskonforme Auslegung*), ocasião em que se torna necessária uma adição de sentido ao artigo de lei para que haja plena conformidade da norma à Constituição. Neste caso, o texto de lei permanece intacto. Trata-se, aqui, da aplicação hermenêutica de diferença (ontológica) entre texto e norma;

d) quando aplicar a técnica da nulidade parcial sem redução de texto (*Teilnichtigerklärung ohne Normtextreduzierung*), pela qual permanece a literalidade do dispositivo, sendo alterada apenas a sua incidência, ou seja, ocorre a expressa exclusão, por inconstitucionalidade, de determinada(s) hipótese(s) de aplicação (*Anwendungsfälle*) do programa normativo sem que se produza alteração expressa do texto legal. Assim, enquanto na interpretação conforme há uma adição de sentido, na nulidade parcial sem redução de texto ocorre uma abdução de sentido;

e) quando for o caso de declaração de inconstitucionalidade com redução de texto, ocasião em que a exclusão de uma palavra conduz à manutenção da constitucionalidade do dispositivo.

Fora dessas hipóteses, parece razoável afirmar que não cabe ao Poder Judiciário se sobrepor ao legislador.

a norma é aplicável àquela situação hermenêutica. Mais ainda, há de se indagar em que sentido aponta a pré-compreensão (*Vor-verständnis*), condição para a compreensão do fenômeno. Para interpretar, é necessário, primeiro, compreender (*verstehen*) o que se quer interpretar. Este "estar diante" de algo (*ver-stehen*) é condição de possibilidade do agir dos juristas: a Constituição.

A decisão constitucionalmente adequada é *applicatio* (superada, portanto, a cisão do ato interpretativo em conhecimento, interpretação e aplicação), logo, a Constituição só acontece enquanto "concretização", como demonstrado por Friedrich Müller a partir de Gadamer. Isso porque a interpretação do direito é um ato de "integração", cuja base é o círculo hermenêutico (o todo deve ser entendido pela parte, e a parte só adquire sentido pelo todo), sendo que o sentido hermeneuticamente adequado se obtém das concretas decisões por essa integração coerente na prática jurídica, assumindo especial importância a autoridade da tradição (que não aprisiona, mas funciona como condição de possibilidade). Não esqueçamos que a constante tarefa do compreender consiste em elaborar projetos corretos, adequados às coisas, como bem lembra Gadamer. Aqui não há outra "objetividade" além da elaboração da opinião prévia a ser confirmada. Faz sentido, assim, afirmar que o intérprete não vai diretamente ao "texto", a partir da opinião prévia pronta e instalada nele. Ao contrário, expressamente, coloca à prova a opinião prévia instalada nele a fim de comprovar sua legitimidade, aquilo que significa, a sua origem e a sua validade.

Nesse sentido, os conceitos jurídicos (enunciados lingüísticos que pretendem descrever o mundo, epistemologicamente) não são o lugar dessa resposta (constitucionalmente adequada), mas essa resposta será o lugar dessa "explicitação", que, hermeneuticamente, não se contenta com uma fundamentação assertórica/semântica, porque nela – nessa resposta – há um elemento *a priori*, sustentado na pré-compreensão e no mundo prático. Em outras palavras, a resposta constitucionalmente adequada, enquanto direito fundamental do cidadão, é a explicitação das condições de possibilidade a partir das quais é possível desenvolver a idéia do que significa fundamentar e do que significa justificar (e, assim, cumprir fielmente o mandamento constitucional constante no art. 93, IX, da CF).

De frisar, por relevante, que o direito fundamental a uma resposta constitucionalmente adequada não implica a elaboração sistêmica de respostas definitivas. Isso porque a pretensão de se buscar respostas definitivas é, ela mesma, anti-hermenêutica, em face do *congelamento de sentidos* que isso propiciaria. Ou seja, a pretensão a esse tipo de resposta sequer teria condições de garanti-la. *Mas o fato de se obedecer à coerência e à integridade do direito, a partir de uma adequada suspensão da pré-compreensão que temos acerca do direito, enfim, dos fenômenos sociais, por si só já representa o primeiro passo no cumprimento do direito fundamental que cada cidadão tem de obter uma resposta adequada à Constituição*. Veja-se, nesse sentido, que Habermas, em seu *Era das transições*,[18]

---

[18] Cf. Habermas, Jürgen. A Era das Transições. Rio de Janeiro, Tempo Brasileiro, 2003.

embora a partir de uma perspectiva não propriamente próxima à hermenêutica, mas, evidentemente anti-relativista – e esse ponto interessa sobremodo à hermenêutica constitucional aqui trabalhada –, afirma que a busca da resposta correta ou de um resultado correto somente pode advir de um processo de autocorreções reiteradas, que constituem um aprendizado prático e social ao longo da história institucional do direito.

A decisão (resposta) estará adequada na medida em que for respeitada, em maior grau, a autonomia do direito (que se pressupõe produzido democraticamente), evitada a discricionariedade (além da abolição de qualquer atitude arbitrária) e respeitada a coerência e a integridade do direito, a partir de uma detalhada fundamentação. O direito fundamental a uma resposta adequada à Constituição, mais do que o assentamento de uma perspectiva democrática (portanto, de tratamento equânime, respeito ao contraditório[19] e à produção democrática legislativa), é um "produto" filosófico, porque caudatário de um novo paradigma que ultrapassa o esquema sujeito-objeto predominante nas duas metafísicas (clássica e moderna).

Portanto, argumentos para a obtenção de uma resposta adequada à Constituição (resposta correta) devem ser de princípio, e não de política.[20] Dito de outro modo, não se pode "criar um grau zero de sentido" a partir de argumentos de política (*policy*), que justificariam atitudes/decisões meramente baseadas em estratégias econômicas, sociais ou morais. O recente julgamento da ADPF n. 144, que tratava da condições para que um candidato possa ser elegível, é um interessante exemplo de resposta correta (adequada à Constituição). Com efeito, a pre-

---

[19] Veja-se: o protagonismo (solipsismo) judicial-processual – que, como já se viu, provém das teses iniciadas por Büllow, Menger e Klein ainda no século XIX – deve soçobrar diante de uma adequada garantia ao contraditório. Decisões de caráter "cognitivista", de ofício ou que, serodiamente, ainda buscam a "verdade real" pretendem-se "imunes" ao controle intersubjetivo e, por tais razões, são incompatíveis com o paradigma do Estado Democrático de Direito. Veja-se, nesse sentido, que a Corte de Cassação da Itália (n. 14.637/02) recentemente anulou decisão fundada sobre uma questão conhecida de ofício e não submetida pelo juiz ao contraditório das partes, chegando a garantir que o recurso deve vir já acompanhado da indicação da atividade processual que a parte poderia ter realizado se tivesse sido provocada a discutir. Em linha similar – e em certo sentido indo além –, o Supremo Tribunal de Justiça de Portugal (Rec. 10.361/01) assegurou o direito de a parte controlar as provas do adversário, implementando a garantia da participação efetiva das partes na composição do processo, incorporando, no *decisum*, doutrina (Lebre de Freitas, *op. cit.*, p. 96), no sentido de que o contraditório deixou de ser a defesa, no viés negativo de oposição ou resistência à atuação alheia, para passar a ser a influência, no sentido positivo do direito de influir ativamente no desenvolvimento do processo. O Supremo Tribunal Federal do Brasil (MS 24.268/04, Rel. Min. Gilmar Mendes) – embora, historicamente, venha impedindo a análise de recursos extraordinários que invoquem o aludido princípio – dá sinais sazonais da incorporação dessa democratização do processo, fazendo-o com base na jurisprudência do *Bundesverfassungsgericht*, é dizer, a pretensão à tutela jurídica corresponde à garantia consagrada no art. 5°, LV, da CF, contendo os seguintes direitos: (a) direito de informação (*Recht auf Information*), que obriga o órgão julgador a informar a parte contrária dos atos praticados no processo e sobre os elementos dele constantes; (b) direito de manifestação (*Recht auf Äusserung*), que assegura ao defensor a possibilidade de manifestar-se oralmente ou por escrito sobre os elementos fáticos e jurídicos constantes do processo; (c) direito de ver seus argumentos considerados (*Recht auf Berücksichtigung*), que exige do julgador capacidade, apreensão e isenção de ânimo (*Aufnahmefähigkeit und Aufnahmebereitschaft*) para contemplar as razões apresentadas. O mesmo acórdão da Suprema Corte brasileira incorpora a doutrina de Dürig/Assmann, sustentando que o dever de conferir atenção ao direito das partes não envolve apenas a obrigação de tomar conhecimento (*Kenntnisnahmesplicht*), mas também a de considerar, séria e detidamente, as razões apresentadas (*Erwägungsplicht*).

[20] Remeto o leitor para o meu *Verdade e Consenso*. 2ª. ed. Rio de Janeiro: Lumen Juris, 2007.

tensão da ADPF proposta pela AMB (Associação dos Magistrados do Brasil) era de que fossem levados em conta os antecedentes para a aferição dos critérios de (in)elegibilidade dos candidatos às próximas eleições municipais. Isto é, candidatos com condenações, mesmo que não transitadas em julgado ou com processos por improbidade em curso, por terem "ficha suja", não poderiam receber o sinal verde da justiça eleitoral. Por maioria de votos, o STF decidiu que o princípio da presunção da inocência não dava azo a outra interpretação, que não a de que o critério final era, efetivamente, o trânsito em julgado de sentença condenatória. Vê-se, assim, que, não obstante os argumentos de política (e de moral) utilizados pela Associação dos Magistrados Brasileiros, com apoio na expressiva maioria da imprensa, o STF esgrimiu decisão contrária, exatamente com fundamento em argumentos de princípio (presunção da inocência). Vingasse a tese da AMB, cada juiz eleitoral ou TRE criaria seu próprio regramento acerca dos limites de cada "ficha" do candidato. Afinal, a quantos processos criminais o candidato deveria estar respondendo para ser inelegível? Bastaria uma condenação em primeiro grau para barrar a candidatura? Que tipos de condutas criminosas (tipos penais) levariam ao impedimento? Na verdade, a tese da OMB faria com que a sociedade ficasse a reboque de argumentações de caráter teleológico do Poder Judiciário, que, assim, propiciariam uma multiplicidade de respostas, gerando a inexorável quebra, não só do princípio da presunção da inocência, como também do princípio da igualdade. Veja-se, também aqui, o problema da discricionariedade judicial. Por tais razões, argumentos de princípio, como bem diz Dworkin, mostram-se superiores aos argumentos fundados na moral individual ou coletiva ou de outros argumentos de política *lato sensu*.

Outro exemplo é o de duas decisões (respostas) do Judiciário envolvendo o crime de "casa de prostituição" (art. 228 do Código Penal, cuja pena vai de 2 a 5 anos). O primeiro caso diz respeito a uma cidade onde determinada pessoa foi denunciada e condenada à pena de 4 anos de reclusão pela prática desse crime. A decisão foi sustentada em argumentos que podem ser considerados "de política" (no sentido de que fala Dworkin), como, por exemplo, de que a conduta dos acusados feriam a moralidade pública (além da tradicional equiparação entre vigência e validade da lei). Não distante dali, ocorreu absolvição em um caso similar, sob o argumento – igualmente de política – de que se tratava de conduta adequada socialmente. Acaso remetidos à instância superior, os dois processos demandam que tipo de resposta? Se houver confirmação das decisões, ocorrerá clara disparidade de respostas. Se o Tribunal decidir sem levar em conta "uma questão de princípio", prevalecerá a argumentação *ad hoc* de cada juiz ou, mesmo que se altere uma das decisões, ainda assim não há garantias de que, no julgamento de um próximo caso tratando de idêntica situação, o Tribunal lançará mão dos princípios da coerência e da integridade (isso sem considerar que, em cada cidade, as decisões proliferem em direções das mais variadas).

A resposta adequada à Constituição exsurge no momento em que – sob os aportes dworkianos – os juízes e tribunais, reconhecendo o pressuposto interpretativo da integridade, procuram apresentar em um *conjunto coerente de princípios sobre os direitos e deveres das pessoas, a melhor interpretação da estrutura política e da doutrina jurídica da sua comunidade.*[21] Note-se que, quando se fala de reconhecimento deste pressuposto interpretativo, está-se a referir que não pode existir concretização do direito que não tenha passado pela estrutura legitimadora da igualdade. Ou seja, no fundo, *a defesa de respostas constitucionalmente corretas na esteira da integridade do direito, tem seu ponto de estofo no fato de que o direito não pode realizar tratamentos diferenciados às pessoas sem que esse tratamento esteja amplamente justificado e adequado aos princípios políticos que regem uma determinada comunidade política.*[22] No caso em tela, já está claro que a concretização diferenciada do direito – à revelia do princípio da igualdade – quando apresentamos duas decisões que apontam para conclusões opostas sobre a melhor interpretação do direito para a condenação ou absolvição pela prática do crime de Casa de Prostituição. Resta demonstrar como, diante da integridade do direito, é possível encontrar a resposta constitucionalmente adequada para a questão.

Uma decisão satisfaz à integridade quando, em sua fundamentação, estão incluídos argumentos de adequação e justificação. Em última análise, a justificação diz respeito ao reconhecimento da igualdade no momento decisional. Ou seja, na demonstração de que não houve um tratamento diferenciado por parte do Estado naquele caso especificamente julgado. Se tal tratamento for inafastável, isto é, o caso em análise necessita – para sua correta resolução – da aplicação de um tratamento diferenciado, a tarefa do julgador é justificar que aquele tratamento diferenciado *não ofende o princípio da igualdade.* No caso das decisões sobre o crime de casa de prostituição, está evidenciado que este argumento justificador não está presente, visto que elas sequer chegam a enfrentar o problema, resolvendo a questão através de um argumento de política – (in)tolerância da sociedade, moral social etc. Para encontrarmos o ambiente justificador correto, precisamos analisar também os problemas de adequação. Dworkin define o argumento de adequação como a "exigência de um limiar aproximado a que a interpretação de alguma parte do direito deve atender para tornar-se aceitável"[23]. Isto significa que esse limiar da adequação deve conseguir mostrar como algo similar a um "histórico da comunidade" demonstra que a interpretação lançada

---

[21] Dworkin, Ronald. *Law's Empire.* Harvard University Press, 1986, p. 305 e segs.

[22] Esse é, sem dúvida, um dos principais motivos pelos quais Dworkin se refere à igualdade como *virtude soberana* Cf. Dworkin, Ronald. *A Virtude Soberana. Teoria e Prática da Igualdade.* São Paulo: Martins Fontes, 2006. É muito significativo o fato de Dworkin referir-se à igualdade como uma *virtude*, e não como um *valor* – a o pensamento jurídico no Brasil reiteradamente faz referência à igualdade e à dignidade da pessoa humana como valores, herança incontestável do neokantismo da escola de Baden. Ora, *virtude* é uma palavra que, na tradição, guarda íntima relação com uma prática, uma ação, ou seja, é virtuoso aquele que pratica ações corretas, que sabe guiar suas decisões seguindo coerentemente os princípios que regem sua vida; ao passo que a idéia de valor está muito mais ligada a uma contemplação, a uma produção cultural do ser humano. No fundo, a idéia de "valores" defendida pelas teorias da argumentação está fundada em um "realismo moral", de cariz ontológico-clássico.

[23] Dworkin, *Law's Empire*, op., cit..

Hermenêutica jurídica nos 20 anos da Constituição:
condições e possibilidades para a obtenção de respostas corretas

37

na fundamentação é a correta, sugerindo que, seguindo suas diretrizes, a comunidade estaria honrando seus princípios. No caso do crime de casa de prostiuição, o argumento de princípio emerge da própria Constituição quando, em seu artigo 19, I, estabelece a laicidade do Estado, com a conseqüente impossibilidade deste se apresentar como defensor de alguma moral religiosa ou sacra. No mais, o contexto no qual está inserida nossa Constituição permite dizer que o Constituinte Originário – representante maior daquilo que podemos chamar aqui de representante histórico da comunidade – consagrou o princípio da secularização do direito (algo que existe, aliás, desde as primeiras luzes da modernidade). Portanto, na teia da integridade do direito, e pela aplicação da *comum-unidade*[24] dos princípios de nossa comunidade política, o art. 228 apresenta-se como não recepcionado pela Constituição.

Em outras palavras, a resposta correta (adequada) tem um grau de abrangência que evita decisões *ad hoc*. Entenda-se, aqui, a importância das decisões em sede de jurisdição constitucional, pelo seu papel de proporcionar a aplicação em casos similares. Haverá coerência se os mesmos princípios que foram aplicados nas decisões o forem para os casos idênticos; mas, mais do que isso, estará assegurada a integridade do direito a partir da força normativa da Constituição.

Daí a aproximação da hermenêutica aqui delineada com algumas das teses de Dworkin, quando este diz que é possível *distinguir boas e más decisões* e que, quaisquer que sejam seus pontos de vista sobre a justiça e o direito a um tratamento igualitário, *os juízes também devem aceitar uma restrição independente e superior*, que decorre da integridade, nas decisões que proferem. Importa acrescentar que *Dworkin*, ao combinar princípios jurídicos com objetivos políticos, coloca à disposição dos juristas/intérpretes um manancial de possibilidades para a construção/elaboração de respostas coerentes com o direito positivo – o que confere uma blindagem contra discricionariedades (se se quiser, pode-se chamar a isso de "segurança jurídica") – e com a grande preocupação contemporânea do direito: a pretensão de legitimidade. E aqui, a toda evidência, parece desnecessária a advertência de que se não está a tratar de simples ou simplista transplantação de uma sofisticada tese do *common law* para o terreno do *civil law*. Há, inclusive, nítida vantagem em falar em princípios – e na aplicação destes – a partir da Constituição brasileira em relação ao direito norte-americano. Do mesmo modo, há uma vantagem na discussão da relação "direito-moral" desde o imenso e intenso catálogo principiológico abarcado pela Constituição do Brasil, questão bem caracterizada naquilo que vem sendo denominado de *institucionalização da moral no direito*, circunstância, aliás, que reforça a autonomia do direito, mormente se não for entendido a partir de uma postura jurisprudencialista (mesmo nesta, há uma grande preocupação para não permitir que a jurisdição substitua a legis-

---

[24] Termo este apresentado por Rafael Tomaz de Oliveira para se referir ao papel dos princípios no contexto da obra de Dworkin. Como ressalta o autor: "a aplicação de um princípio não pode significar a exclusão de outro princípio, mas eles precisam ser pensados segundo os postulados da equidade e da integridade. Ou seja, um princípio nunca *é* isoladamente, mas sempre se manifesta no interior de uma *comum-unidade*" (Cf. *Decisão Judicial e o Conceito de Princípio*. Porto Alegre: Livraria do Advogado, 2008, p. 177-178 (Grifos do original).

lação). Fundamentalmente – e nesse sentido não importa qual o sistema jurídico em discussão –, trata-se de superar as teses convencionalistas e pragmatistas a partir da *obrigação de os juízes respeitarem a integridade do direito e a aplicá-lo coerentemente*. E essa é uma questão fundamentalmente hermenêutica.

Referências

ALEXY, Robert. *Teoría de la argumentación jurídica*. Madrid: CEC, 1989.

BOEDER, H. *Grund und Gegenwart als Frageziel der frühgriechischen Philosophie*. Den Haag: M. Nijhoff, 1962.

CALLIGARIS, Contardo. Raciocínios "motivados". In: *Caderno E8- Ilustrada*. São Paulo, Folha de São Paulo, 22.02.2007.

CORETH, Emerech. *Questões fundamentais de hermenêutica*. São Paulo: Editora da USP, 1973.

DWORKIN, Ronald. *A Matter of Principle*. Cambridge, Mass.: Harvard University, 1985.

————. *Law's Empire*. Cambridge, Mass: Harvard University, 1986.

————. *Taking Rights Seriously*. Cambridge, Mass: Harvard Universiy, 1978.

————. *A Virtude Soberana. Teoria e Prática da Igualdade*. São Paulo: Martins Fontes, 2006.

GADAMER, Hans-Georg. *Wahrheit und Methode. Grundzüge einer philosophischen Hermeneutik I*. Tübingen: Mohr, 1990.

————. *Wahrheit und Methode. Ergänzungen Register. Hermeneutik II*. Tübingen: Mohr, 1990.

GARCIA-ROZA, Luiz Alfredo. *Palavra e verdade na filosofia antiga e na psicanálise*. Rio de Janeiro: Jorge Zahar Editor, 1990.

GÜNTHER, Klaus. *The sense of appropriateness*. Albany: State University of New York, 1993.

HABERMAS, Jürgen. *Direito e democracia I e II*. Rio de Janeiro: Tempo Brasileiro, 1997.

————. *A Era das Transições*. Rio de Janeiro, Tempo Brasileiro, 2003.

HART, Herbert. *O conceito de Direito*. 2.ed. Lisboa: Fundação Calouste Gulbenkian, 1994.

HEIDEGGER, Martin. *Ser e Tempo*. Petrópolis: Vozes, 2007.

————. *Tempo e Ser*. Traduzido por Ernildo Stein. In: *Conferências e Escritos Filosóficos*. São Paulo: Nova Cultural, 2005.

LOHMANN, J. *Zur Begegnung von griechischen und frühgriechichen Logosdenken*. Lexis IV, Lahr i. B., 1954.

OLIVEIRA, Rafael Tomaz de. *Decisão Judicial e conceito de princípio*. Porto Alegre, Livraria do Advogado, 2008.

REALE, Giovane; ANTISERI, Dario. *História del pensamento filosófico y científico. I – Antigüedad y Edad Media*. Barcelona: Editorial Herder, 1995.

RORTY, Richard. *A filosofia e o espelho da natureza*. Rio de Janeiro: Relume-Dumará, 1994.

SCHNÄDELBACH, Herbert. Compreender. Epílogo. In: STEIN, Ernildo. *Racionalidade e Existência. O ambiente hermenêutico e as ciências humanas*. Ijuí: Unijuí, 2008.

STEIN, Ernildo. *Diferença e metafísica*. Porto Alegre: Edipucrs, 2000.

————. *Compreensão e Finitude*. Ijuí: UNIJUÍ, 2004.

STRECK, Lenio Luiz. *Verdade e Consenso. Constituição, Hermenêutica e Teorias Discursivas. Da possibilidade à necessidade de respostas corretas em direito*. 2. ed. Rio de Janeiro: Lumen Juris, 2007.

————. *Hermenêutica Jurídica e(m) Crise. Uma exploração hermenêutica da construção do Direito*. 8. ed. Porto Alegre: Livraria do Advogado, 2008.

— III —

A jurisprudencialização da Constituição. A construção jurisdicional do Estado Democrático de Direito – II*

JOSÉ LUIS BOLZAN DE MORAIS**

No processo de *produção das Constituições* na contemporaneidade há um fenômeno que tem ganho consistência e um cada vez maior espaço acadêmico e midiático, impondo aos juristas, em particular, uma tomada de posição diante do mesmo. Ou seja: vemos vir à tona, com maior força a cada dia, a questão que diz com as formas de pôr em prática os conteúdos presentes nas normas constitucionais, em particular diante de um processo de transição do debate histórica e tradicionalmente político, realizado no âmbito dos espaços tradicionais da democracia representativa – parlamento (Legislativo) e governo (Executivo) – para o *sistema de justiça* – especificamente a *justiça constitucional*.

Diante de tal situação, vemo-nos confrontados com dilemas que transcendem as próprias dificuldades que tem a doutrina jurídico-política para lidar com este ganho de importância da função jurisdicional, por um lado, e, por outro, com a necessidade de enfrentarmos o novo papel dos atores jurídicos neste cenário, onde o espaço jurisdicional e seus atores emergem como figuras esponenciais para responder às pretensões sociais.

Há, aqui, não apenas novidades de caráter doutrinário, inéditas e de difícil compreensão e estabilização para os juristas, como também circunstâncias que põem à prova a capacidade que o mesmo *sistema de justiça e seus atores* têm em assumir-se com um ambiente que se populariza, sem transformar(em)-se em astros "pop". Há uma diferença profunda entre uma *justiça popular(izada)* e uma *justiça "pop"*.[1]

---

* Retomamos, neste trabalho, o debate iniciado em 2002 no âmbito do Projeto de Pesquisa intitulado *A Jurisprudencialização da Constituição,* publicado neste mesmo Anuário. Passados os anos e continuados os trabalhos de pesquisa, agora em sua fase segunda, sob o patrocínio do CNPq e da FAPERGS, necessário se faz sejam reavaliadas algumas das posições antes assumidas, sem abrir mão da coerência do discurso e da opção permanente em favor do papel civilizatório do projeto constitucional como desenvolvimento cultural da humanidade.
** Professor e Coordenador do PPGD/UNISINOS, Doutor em Direito do Estado(UFSC/Universitéde Montpellier I) com pós-doutoramento em direito constitucional pela Universidade de Coimbra, Procurador do Estado do Rio Grande do Sul.
[1] Este não será um tema desenvolvido neste momento. Apenas gostaríamos de deixar anotado que uma popularização do sistema de justiça e seus atores no sentido de tornar o acesso à jurisdição menos difícil em todos os seus detalhes não deve ser confundida com a sua transformação em um ambiente "pop" e midiático, vocaciona-

É com este foco que pretendemos, retomando o debate ao que nomeamos *jurisprudencialização da constituição,* desassossegar – como pretendido por Saramago – corações e mentes, para que possamos pensar as condições e possibilidades de *estarmos em Constituição* – como refere Pablo L. Verdú –, e não apenas *termos* Constituição.

Com isso, neste marco histórico dos 20 anos de *neoconstitucionalismo* no Brasil – tomando a Constituição brasileira de 1988 como parte desta tradição – buscamos fazer algumas anotações acerca das circunstâncias para que se promova uma *otimização* do projeto constitucional nestes *tempos sombrios.*

No trabalho publicado em 2002,[2] em particular, bem como em outros que se seguiram ao longo do período e do desenvolvimento dos projetos de pesquisa que lhes deram origem, operamos, de um lado uma descrição acerca do significado mesmo deste novo *processo de produção* das Constituições contemporâneas ante a proeminência e centralidade da atuação do *sistema de justiça* – constitucional – em um contexto de profundas crises e afetações que se abate sobre a tradição político-jurídico moderna, em particular sobre o modelo de Estado Social e de seu constitucionalismo (dirigente), o que faz da jurisdição um ambiente privilegiado de/para se *fazer* política.

Há que ficar claro que este *fazer política* é aqui assumido como uma nova forma de produção de decisões no âmbito do poder estatal que tem ganho cada vez maior amplitude e consistência em razão de dois fenômenos até mesmo contraditórios: de um lado, o sucesso do Estado democrático em prover a cidadania de melhores vias e meios de acesso ao *sistema de justiça;* de outro, os fracassos ou dificuldades de o Estado Social prover resultados satisfatórios ante suas promessas.

Tais circunstâncias põem em maior evidência as estruturas jurisdicionais quando estas se vêem confrontadas com um crescimento vertiginoso na quantidade das demandas, seja porque os consumidores de justiça aumentaram em número, seja porque há mais e melhores meios e instrumentos para a busca de respostas jurisdicionais para os conflitos sociais, seja, ainda, porque a insatisfação ampliada da cidadania em face dos resultados do Estado Social promove uma nova conflituosidade – aquela que contrapõe as pretensões sociais nascidas do reconhecimento de direitos (antigos, novos e novíssimos) e a insuficiência de sua realização a partir dos sistemas de políticas públicas de caráter prestacional.

É evidente que o trato desta matéria imprescinde de tudo aquilo que vimos tentando enfrentar quando tratamos dos temas afetos à construção de uma Teoria do/para o Estado que considere este complexo conjunto de fatores que modificam profundamente as condições de sua (re)produção, o que nos leva(ria) à reflexão

---

do a uma *espetacularização* dos seus processos e procedimentos e, sobretudo, de seus atores transformados ou assumidos como *estrelas* da mídia.

[2] Ver: BOLZAN DE MORAIS, José Luis e outros. A Jurisprudencialização da Constituição... In: *Anuário do Programa de Pós-Graduação em Direito.* São Leopoldo: EDUNISINOS. 2002. p.

relativa ao tema das *crises*. Porém, esta é uma discussão que já foi posta e que, embora inacabada, não será aqui retomada.

Entretanto, há que ficar claro que, para enfrentar em condições satisfatórias estes temas, é necessário ter presente que não há como se afastar da necessidade que se construa uma Teoria do/para o Estado Constitucional, levando em consideração a impossível disciplinarização destes temas, tratando-os como instâncias que não se comunicam, interpenetram ou se constituem como uma unidade intransponível.

Na primeira versão deste texto, desenhamos um debate que pretendia aceder ao problema desde uma perspectiva que considerava, à época, a impossibilidade de *se esquivar da análise de uma tentativa de implementação dos direitos humanos tendo como cenário o espectro das transformações das relações sócio-econômicas e seus corolários, sobretudo quando visamos instrumentalizar para isso as práticas jurídicas e os operadores do direito por elas responsáveis, em particular se pensamos no conjunto de possibilidades e necessidades que se abrem a partir das estratégias de regionalização dos espaços via integração de países, da globalização econômica, da mundialização dos vínculos sociais, da universalização das pretensões, etc..., mas, mais ainda, quando buscamos reconhecer/rediscutir o papel desempenhado pelos operadores jurídicos, sobretudo relativamente àqueles responsáveis pela tarefa de atribuir sentido aos conteúdos normativos, em particular quando estes estão presentes no texto constitucional e dizem respeito ao catálogo de direitos fundamentais que o mesmo expressa e incorpora, seja através do seu catálogo próprio, seja por meio de suas cláusulas constitucionais abertas.*[3] É preciso ter presente que este cenário de transformações e fragmentações é preocupante, mas, ao mesmo tempo, ele nos desafia a corrigir e a mudar nossos esquemas de conhecimento, nossas categorias conceituais, nossos sistemas até bem pouco tempo justificados e caracterizados como "puros", como acima da realidade (transcendentes) e acima da contingência histórica.[4]

Não é por acaso que, da segunda metade do século XX até agora, primeira década do século XXI, estamos nos deparando com tantas "crises", com tantos

---

[3] Ver: BOLZAN DE MORAIS, José Luis. *Direitos Humanos "Globais (Universais)"! De todos, em todos os lugares*, In PIOVESAN, Flávia (Org.). *Direitos Humanos, Globalização Econômica e Integração Regional. Desafios do Direito Constitucional Internacional*. São Paulo: Max Limonad. 2002. p. 519-542. Também: PIOVESAN, Flávia. *Direitos Humanos e o Direito Constitucional Internacional*. 4.ed. São Paulo: Max Limonad. 2000

[4] Não é novidade para ninguém que o " 'dever-ser' tem que dialogar com o mundo do 'ser' ou então estaremos em meio a uma normatividade sem justiça"; "A visão do direito como ordem heterônoma (como uma utilidade/fim em si mesmo/externo=fora da realidade/forma) abriu as portas para juristas como Kelsen produzirem teorias jurídicas sob a égide do princípio da pureza metódica, o qual está caracterizada por uma concepção do direito como um 'dever-ser' distinto do mundo do 'ser'". Ver: OLIVEIRA JÚNIOR, José Alcebíades de. *Teoria Jurídica e Novos Direitos*. Rio de Janeiro: Lumen Juris, 2000, p.2 e 16-7); também "Conceitos e sistemas jurídicos sempre se referem a outra coisa que não eles mesmos. Pela evolução e pelo exercício do direito, eles apontam para a condição material que define o seu ponto de apoio na realidade social". Ver: NEGRI, Antonio; HARDT, Michael. *Império*. Rio de Janeiro: Record, 2001, p.41; também "A transcendência mostrar-se-á, progressivamente, como descida para o interior da finitude, ou como me permito dizer, como *rescendência*". Ver: STEIN, Ernildo. *Melancolia: Ensaios Sobre a Finitude no Pensamento Ocidental*. Porto Alegre: Movimento, 1976, p.25

debates teóricos a respeito do "fim" ou do esgotamento de diversos instrumentos e instituições, com tantos prefixos "pós" colocados antes de vários conceitos que estavam incluídos na herança da modernidade, o que nos coloca, certamente num período de transição.[5]

Partindo do questionamento acerca das *crises* do/no Estado, como projeto político-jurídico moderno, enfrentamos os dilemas internos ao Estado, sobretudo naquilo que se refere às relações que se estabelecem no interior de sua estrutura organizativa funcional, pontualmente na perspectiva da atuação de seu *sistema de justiça* e, com isso, dos reflexos incidentes no/para o processo democrático.

De lá para cá, muito se fez e outro tanto se disse a respeito deste tema. Porém, há algo que permanece no centro do debate: como *dar conta* de um projeto constitucional marcado por uma identidade dirigente, compromissória e social em seu *dever-ser* ante as circunstâncias nem sempre ótimas para a sua realização, não apenas no que diz com as suas condições materiais, mas, em particular, diante das mudanças que operam uma transformação profunda nos lugares e atores do agir e do fazer político.

E é apenas neste contexto que ganha sentido discutir a *judicialização da política* como uma conseqüência inescapável a um Estado que se apresenta como de *bem-estar,* mas que se executa como de *mal-estar* – não apenas o mal-estar da civilização de que falava Sigmund Freud, mas de um mal-estar *na* civilização (no projeto civilizatório moderno) como tem sido reiterado no período pós-88 no Brasil.

Ora, se os *sucessos* do Estado Social fossem incontestáveis e não contrastáveis, não se enfrentaria o dilema de sua realização nos termos postos pelo constitucionalismo contemporâneo. Se das garantias constitucionais – ou das promessas constitucionais – emergisse a satisfação inexorável das pretensões sociais, este debate não se colocaria, e tudo se resolveria por *políticas públicas prestacionais* e pela satisfação profunda dos seus destinatários. Não haveria dificuldades em se atender e atingir ótimos padrões e todas as expectativas relativas à satisfação das necessidades sociais da população.

Com isso, a conflituosidade que se enfrenta não estaria posta perante os Tribunais, posto que ausente das preocupações sociais em uma *sociedade ótima.* Porém, por desgraça ou por humanidade (?), não se vive neste mundo ideal – não se confunda com idealizado (!) – e é exatamente do tensionamento entre *projeto político-constitucional e projeto político-econômico* que subjaz a fórmula do

---

[5] "A reflexão sobre o direito e a ciência jurídica, portanto, encontra-se em meio a um processo de transição mundialmente observável. As ciências se mistificam e os misticismos se cientificizam; a esfera pública se privatiza e a privada se publiciza; o direito é moralizado e a moral, juridicizada; o 'dever-ser' é visto no plano do 'ser' e o plano do 'ser' observado a partir do 'dever-ser'; as soberanias invadidas pelos mercados comuns e os mercados comuns capitaneados por determinados Estados soberanos; o masculino cada vez mais ressaltado em sua feminilidade e a feminilidade, cada vez mais masculinizada. Com efeito, as certezas e os limites espaço-temporais existenciais estão em crise" Ver: OLIVEIRA JR, José Alcebíades de. Op. Cit. p. 1 Não é por acaso que estamos ouvindo tanto os termos de refundação epistemológica ou de ruptura epistemológica em diversas esferas das ciências.

Estado contemporâneo. Democracia como política e capitalismo como economia não formam um par perfeito. Pelo contrário, são gêmeos da tradição liberal que trilham caminhos distintos.

Neste ambiente emerge um confronto de interesses que deságua na Jurisdição que se torna, assim, o grande ambiente de disputa e definição política na atualidade, embora sem ultrapassar seus próprios limites no sentido de fazer valer para todos os compromissos constitucionais. Em um ambiente de mais *acesso* vive-se um contexto de maior *exclusão* ou de crescente negação de promessas

Com isso, se solidifica a idéia de que não se pode pretender construir uma teoria constitucional no contexto contemporâneo sem que se tenha presente os limites e possibilidades de e para o próprio Estado Constitucional, envolto que está na transformação de suas fórmulas políticas, bem como sujeito – muitas vezes incapaz – diante das mudanças radicais dos modelos econômicos adotados pela economia capitalista, da qual não logrou desassujeitar-se.

Neste contexto, a disputa pela efetivação dos direitos sociais pelo Poder Judiciário passa a ser uma das marcas da contemporaneidade. Experimenta-se, assim, um rearranjo organizacional na forma estatal da modernidade, fruto das próprias dificuldades do Estado Social e se percebe um embate do Estado com ele mesmo, da construção legislativa de promessas à disputa por sua concretização, em um primeiro momento no âmbito da administração (Executivo) envolta, hoje, em projetos de *reforma do Estado* e, posteriormente, diante da insatisfação na sua (ir)realização, nos limites da jurisdição, em busca das *promessas perdidas*, submetida, agora, à exaustão de suas fórmulas.[6]

E, deste quadro surgem e se renovam questionamentos, que vão das clássicas interrogações acerca da eficácia das normas de direitos sociais, visto sob novos ângulos, até as dúvidas acerca da legitimação da jurisdição (constitucional) para intervir nas opções políticas, sejam legislativas, sejam das práticas administrativas.

Ou seja, o debate entre *função de governo* e *função de garantia*, remodelando a clássica tripartição de funções, passando, ainda, pelos limites que demarcariam a extensão destes "direitos" constitucionais, em uma disputa entre o *mínimo*

---

[6] Este embate do Estado com ele mesmo, a tensão entre a construção legislativa e a concretização dos direitos, pode ser lida a partir da análise entre justiça e poder feita por Mirjan Damaska quando contrapõe o perfil reativo do Estado liberal ao perfil ativo desejado para o Estado democrático. Aquele satisfaz-se com uma jurisdição cujo principal objetivo é a resolução de conflitos; e esta carece de uma jurisdição empenhada na implementação de políticas e na concretização de valores constitucionais. O Estado liberal corresponderia a um Estado reativo, enquanto o Estado social ou o Estado democrático, a um Estado ativo, cada um deles delineado um perfil diferente para a função jurisdicional e, conseqüentemente, para a construção da sua jurisdição constitucional e seus instrumentos. Em um Estado cujo perfil seja ativo, a exemplo dos Estados social e democrático, a resolução de conflitos subjetivos são pretextos para que seja possível encontrar a melhor solução para um problema social. Isso implica dizer que o direito, para além do simples texto de lei, tem sua substância moldada pela Constituição. Nesta perspectiva, toda e qualquer decisão deve partir dos princípios constitucionais e da implementação de direitos fundamentais, rompendo com um modelo econômico cujo fundamento não seja o da inclusão social. (Neste sentido, ver DAMASKA, Mirjan R. *The faces of justice and state authority*: a comparative approach to the legal process. Yale: University Press, 2005).

existencial e a *reserva do possível*, margeado pelo *fundamento da dignidade humana* no contexto de um Estado que, apesar de *social*, não rompeu com um modelo econômico cujo fundamento não é, por óbvio, o da inclusão social.[7]

Na verdade, para além dos princípios a serem aplicados, é necessário se compreender *as circunstâncias* do Estado Social como tal e seus *corolários contemporâneos* para, assim, se discutir os vínculos do tema que envolve a realização dos direitos sociais – basta, para isso, estudar o debate que envolve a realização do direito à saúde.[8]

Quando se constitucionaliza o chamado Estado Democrático de Direito, deve-se atentar para o que isso significa e, por conseqüência, para as condições, possibilidades e limites de realização das promessas construídas no/pelo "contrato constitucional" e contidas no bojo da Carta Política que o caracteriza.

Esse novo modelo de Estado com o qualificativo democrático – que o distingue tanto do Estado "Liberal" de Direito quanto do Estado "Social" de Direito[9] –, embora tenha nascido sob o influxo do neoconstitucionalismo, carregando a marca de um projeto de *transformação social* – basta lembrar a Constituição Portuguesa em seu texto original (art. 3º) – atualmente, encontra-se imerso em dilemas para efetivação das promessas constitucionais.

Com efeito, o Estado Democrático de Direito apresenta-se como uma nova fase histórica do Estado de Direito, o qual já havia passado por seu nascedouro como Estado Liberal de Direito e, após, como Estado Social de Direito, marcado pelo enfrentamento dos dilemas irresolvidos, bem como pelas crises enfrentadas por este último, mantém-se adstrito à tradição do liberalismo, em particular ao seu viés econômico pautado pela doutrina e pelas práticas capitalistas, mesmo que não se lhe dê, muitas vezes, a devida atenção!

E tal não é sem conseqüências, posto que, assim sendo, ele se mantém vinculado às *dores e delícias de ser o que é*, para usar a expressão de Caetano Veloso. Um projeto estatal que se vê confrontado com a finalidade de transfor-

---

[7] No Estado brasileiro, várias decisões têm sido tomadas em torno da "suposta" colisão entre o mínimo existencial e a reserva do possível. Cita-se, como exemplo, a discussão estabelecida pelo Supremo Tribunal Federal na ADPF n.º 5, como segue: *ADPF - Políticas Públicas – Intervenção Judicial – "reserva do possível" (transcrições) Min. Celso de Mello. Ementa: Argüição de Descumprimento de Preceito Fundamental. A questão da legitimidade constitucional do controle e da intervenção do poder judiciário em tema de implementação de políticas públicas, quando configurada hipótese de abusividade governamental (...). Considerações em torno da cláusula da "reserva do possível". Necessidade de preservação, em favor dos indivíduos, da integridade e da intangibilidade do núcleo consubstanciador do "mínimo existencial". Viabilidade instrumental da argüição de descumprimento no processo de concretização das liberdades positivas (direitos constitucionais de segunda geração)*.

[8] Neste sentido, são emblemáticas as discussões sobre o fornecimento de medicamentos na rede pública. No RE 566.471, o Ministro Marco Aurélio, em seu voto, vislumbra "repercussão geral" no caso concreto para a admissibilidade do recurso extraordinário, diante do inegável apelo coletivo das discussões em torno do direito à saúde. A ementa do RE traz o seguinte texto: "SAÚDE – ASSISTÊNCIA – MEDICAMENTO DE ALTO CUSTO – FORNECIMENTO. Possui repercussão geral controvérsia sobre a obrigatoriedade de o Poder Público fornecer medicamento de alto custo".

[9] Ver: BOLZAN DE MORAIS, Jose Luis e STRECK, Lenio Luiz. *Ciência política e teoria do estado*. 6ª ed. Porto Alegre: Livraria do Advogado, 2008.

mar a sociedade, sobretudo na perspectiva da inclusão social, como projeto político-constitucional, e, de outro lado, delimitado com as proteções, resguardos e salvaguardas impostos por uma economia capitalista que, não mais podendo excluir totalmente, estabelece limites às possibilidades de concretização de um tal projeto. Ou seja, vive-se sobre a dualidade: política de inclusão vs. economia de exclusão ou, no limite, de semi-inclusão.

Nesse sentido, não se pode almejar do Estado Democrático de Direito mais do que ele pode "dar", nem se supõe que as condições para sua execução e desenvolvimento histórico permaneçam inalteradas diante das crises da própria economia capitalista tradicional – produtiva – mas, e, sobretudo, em face da transformação operada no campo de sua formulação teórica e de suas práticas. Tal reconhecimento conduz a certos dilemas.

O primeiro se refere à *mutação* de suas circunstâncias. Ou, dito de outra maneira, o problema das *crises do Estado*, diante das transformações características da sociedade e da economia liberal – capitalismo – contemporâneas. E aqui se aborda apenas dois aspectos destas crises, as quais vêm esmiuçadas na obra *As Crises do Estado e da Constituição e a transformação espacial dos direitos humanos* ou, mais simplesmente, em *Ciência Política e Teoria do Estado.*[10]

Dentre outras tantas, o Estado contemporâneo se vê confrontado, por um lado, por uma *crise conceitual*, a qual afeta a sua própria formulação como Instituição da modernidade, assentada que estava sobre os pilares dos seus elementos característicos: território, povo e poder soberano. Em linhas gerais, não há mais como entender tais conceitos em suas versões clássicas, se é que ainda são conceitos operacionais para descrever esta experiência institucional.

Falar em soberania em tempos de Império – Negri/Hardt[11] –, de globalizações ou globolocalismos, de estruturas supranacionais ou de cosmopolitismos, parece de uma ingenuidade atroz. E, com a falência deste conceito, soa no mínimo estranho pretender a permanência das idéias de povo e, sobretudo, de território como espaço geográfico delimitado e submetido a uma ordem jurídica autônoma.

Não identificar as insuficiências e as razões dos problemas que hoje enfrentamos, arriscando propostas superficiais é, sim, ingênuo. Mas apresentar soluções possíveis fundadas em uma investigação que vai às raízes da problemática contemporânea e do contexto atual é trilhar o caminho do sagrado ao profano. Que assim como o caminho inverso (a *sacralização*), exige sacrifícios, ou seja, o abandono de alguns mitos e a revisão de outros.

Estas circunstâncias apontam para o *desfazimento de certezas* iluministas, modernas, institucionais, apontando para a fragmentação do *lócus* tradicional do que se convencionou chamar Estado Nacional, da sua política e de suas estraté-

---

[10] BOLZAN DE MORAIS, José Luis. *As crises do estado e da constituição e a transformação espacial dos direitos humanos.* Porto Alegre: Livraria do Advogado, 2002; BOLZAN DE MORAIS, Jose Luis e STRECK, Lenio Luiz. *Ciência política e teoria do estado.* 5. ed. Porto Alegre: Livraria do Advogado, 2006.

[11] HARDT, Michael; NEGRI, Antonio. *Império.* 3. ed. Rio de Janeiro: Record, 2001.

gias de atuação. Por outro lado, permitem reconhecer que *o capitalismo, acaba levando ao extremo uma tendência já presente no cristianismo, generaliza e absolutiza, em todo âmbito, a estrutura da separação que define a religião.*[12]

O grande dilema que parece ser vivido hoje é aquele que contrapõe o descompasso entre as *promessas constitucionais* e as *possibilidades de sua realização*, pois o Estado Social imprescinde de um *poder político forte*, de um lado e, de outro, a desconfiança/descompromisso coletivo e individual com o seu projeto constitucional, naquilo que se identifica como *sentimento constitucional*,[13] o que pode produzir um abandono do Estado Constitucional à sua própria sorte ou, ainda, uma tentativa de (re)apropriação de seus conteúdos privadamente, em particular pelos atores individuais de alguma forma já incluídos, fortalecendo a *exclusão social*. Reconhecendo tais dificuldades, Canotilho salienta:

> (...)ora, o Estado Social só pode desempenhar positivamente as suas tarefas de socialidade se verificarem quatro condições básicas: 1)provisões financeiras necessárias e suficientes, por parte dos cofres públicos, o que implica um sistema fiscal eficiente capaz de assegurar e exercer relevante capacidade de coacção tributária; 2)estrutura da despesa pública orientada para o financiamento dos serviços sociais (despesa social) e para investimentos produtivos (despesa produtiva); 3)orçamento público equilibrado de forma a assegurar o controlo do défice das despesas públicas e a evitar que um défice elevado tenha reflexos negativos na inflação e no valor da moeda; 4)taxa de crescimento do rendimento nacional de valor médio ou elevado.[14]

De outra forma, como também questiona Canotilho, há que se pensar hoje em termos juspublicistas na figura de um *Estado Garantidor*, o qual incorpora a mudança estrutural no cumprimento das tarefas públicas, a questão da reforma da administração pública e a aproximação da idéia de garantia com o problema da *governance*, se apresentando como um *Estado "desconstrutor" de serviços encarregados de prestações existenciais do cidadão e, por outro lado, um Estado "fiador" e "controlador" de prestações dos "serviços de interesse geral" por parte de entidades privadas*. Ou seja, embora pretende assegurar a socialidade, esta fica confiada à execução por meio de serviços privados ou de gestão privada. Com isto, entre outras conseqüências, teríamos uma defasagem entre o Estado constitucionalmente conformado e aquele que se "executa" na prática, em um contexto onde a "escolha" do direito (*law shopping)* aparece dentre as mercadorias que compõem o mix de produtos contemporâneos, pondo em fricção a sua própria *força normativa.*[15]

---

[12] Ver: AGAMBEN, Giorgio. *Profanações*. São Paulo: Boitempo, 2007, p.71. Este mesmo autor deixa expresso que, *porque tende com todas as suas forças não para a redenção, mas para a culpa, não para a esperança, mas para o desespero, o capitalismo como religião não tem em vista a transformação do mundo, mas a destruição do mesmo.* (Ibidem, p. 70.)

[13] VERDÚ, Pablo Lucas. *O sentimento constitucional*: aproximação ao estudo do sentir constitucional como modo de integração política. Rio de Janeiro: Forense, 2004.

[14] CANOTILHO, José Joaquim Gomes. A Governance do terceiro capitalismo e a Constituição Social. In: CANOTILHO, José Joaquim Gomes; STRECK, Lenio Luiz (coords). *Entre discursos e culturas jurídicas*. Coimbra: Coimbra, 2006, p. 147.

[15] CANOTILHO, José Joaquim Gomes. *O Estado Garantidor*. Claros-escuros de um conceito. In: AVELÃS NUNES, Antonio José e COUTINHO, Jacinto Nelson de Miranda (Orgs.). *O Direito e o Futuro*. O futuro do direito. Coimbra: Almedina. 2008 p. 571 e ss.

O que se questiona é: teria, neste quadro, este Estado, *em crise conceitual*, condições para exercer tais tarefas? Olhando ao redor se percebe que, com incidências distintas, experimenta-se um quadro histórico no qual a *potência* estatal se vê confrontada com um tal grau de fragmentação que muito pouco lhe resta para poder desempenhar tais requisitos, forçando permanentemente um processo de reforma (do Estado) sob os auspícios de um *neoliberalismo minimizante* vinculado ao que nomeamos *neocapitalismo* desvinculado das práticas produtivas[16] e voltado à sua auto-reprodução em escala planetária sob os auspícios das novas estratégias financeiras tornadas possível com o advento do mercado global virtual e das tecnologias ou novas práticas de gestão financeira e orçamentárias que deslocam o sentido da ação estatal.

Com isso, resta reconhecer a ocorrência de uma segunda crise, que não vem desconectada da primeira: a *crise estrutural* que diz respeito às condições – ausência delas – de e para o Estado Social continuar mantendo e aprofundando seu projeto includente.

Nessa perspectiva, como um Estado fragilizado pode se constituir em um ambiente de e para a realização dos direitos sociais em permanente desenvolvimento? Sendo o Estado Social este *ajuste precário* entre política de inclusão e economia – capitalismo – de exclusão, este só poderá manter-se estando presentes dois fatores: 1) de um lado, sua capacidade de decidir e impor suas decisões, sempre orientadas para as despesas sociais e produtivas e, 2) de outro, a suportabilidade deste "acordo" inaugural que reuniu (tentou reunir) a liberdade liberal à igualdade socialista – uma economia capitalista voltada à produção de bens e consumo, alicerçada em uma sociedade onde o trabalho se constitua como fator relevante de produção e de incorporação de amplas parcelas da sociedade à própria economia capitalista, bem como a (alguns) de seus resultados – novos produtos, novas tecnologias, novas práticas socioeconômicas etc.[17]

O primeiro desfaz-se ante o que se apresenta como crise conceitual. O segundo, parece, vem perecendo diante da transformação radical promovida pela(s) nova(s) revolução(ões) industrial(is) e tecnológica(s) que, para além de libertar o homem do trabalho – como ansiava Marx e a tradição do(s) socialismo(s) –, desfaz o segundo elemento, ao mesmo tempo em que projeta este homem "livre" da opressão da máquina para a mais absoluta exclusão dos benefícios desta sociedade tecnológica.

O homem livre do trabalho se vê abandonado à sua própria "falta" de sorte, diante de uma autoridade pública fragilizada, bem como de um deslocamen-

---

[16] Ainda, deve-se lembrar que, muitas vezes, as práticas produtivas que se mantêm são desenvolvidas desvinculadas das tradicionais conquistas trabalhistas ou sob a revisão das mesmas, bastando lembrar aqui as estratégias de flexibilização pretendidas ou levadas a cabo, assim como as práticas neo-escravistas implementadas pelas grandes economias atuais – e.g. China.

[17] CANOTILHO, José Joaquim Gomes. A Governance do terceiro capitalismo e a Constituição Social. In: CANOTILHO, José Joaquim Gomes; STRECK, Lenio Luiz (coords). *Entre discursos e culturas jurídicas*. Coimbra: Coimbra, 2006, p. 145-154.

to e pluralização de instâncias de poder – públicas, privadas, sociais, marginais – mesmo em um contexto onde, no espectro constitucional tenhamos a marca de um constitucionalismo cujo projeto vem alicerçado na atuação finalística e integradora da autoridade estatal por intermédio de políticas que o resgatem da pobreza, marginalização e/ou exclusão.[18]

Neste contexto, lateralmente, tem ganho consistência e amplitude o recurso ao *Estado Jurisdição,* na perspectiva de recolocar tudo nos trilhos... – no que se convencionou *judicialização da política,* como já foi dito.

Mas, o Estado Jurisdição é tão Estado quanto o Estado Legislador ou o Estado Administrador. Aliás, uma das marcas características da modernidade estatal é a *unidade do poder político,* sendo a sua organização funcional apenas uma estratégia, também forjada no seio do liberalismo, para a sua funcionalidade e autocontrole recíproco.

Porém, ao que parece, aqui, a alternativa ao projeto civilizatório do Estado apresenta-se como a reinstauração da fragmentação feudal ou da barbárie natural hobbesiana(?).[19] Um Estado fragilizado gerindo um pacto cujos elementos caracterizadores da equação original foram completamente transformados, é anúncio de fracasso, de problemas, de insucessos etc.

O pressuposto da "socialidade" – como diz Canotilho –, apontado anteriormente, se desfaz não apenas com a reprivatização ou apropriação privada do espaço e das prestações públicas – muito sentido naqueles países de modernidade tardia, cujas políticas sociais prestacionais, quando ocorrentes, muitas vezes serviram para *reforçar o caixa dos já incluídos* ao invés de promoverem a integração social dos seus destinatários –, como também com a desconstrução da fórmula de interesse comum entre democracia e capitalismo (de produção), até mesmo porque esta "socialidade" é uma marca da ação civilizatória do Estado – agora fragmentado – agindo por sobre o egoísmo característico do espaço privado e da economia liberal (capitalismo).

Entretanto, importa observar que o deslocamento do poder para o setor privado, não exclui o espaço público. Este foi redefinido, mas não abolido. A "politização da vida nua", para usar novamente a expressão de Agamben, é o aspecto decisivo da modernidade e faz evidenciar o paradoxo da "exclusão inclusiva" e da "inclusão exclusiva",[20] onde pertencimento e inclusão não são sinônimos.

---

[18] A descentralização e fragmentação do poder do Estado contemporâneo é denominada, por André Noël Roth, de regulação social neofeudal. Ver: ROTH, André-Noël. O direito em crise: fim do estado moderno. In: FARIA, José Eduardo (org). *Direito e globalização econômica*: implicações e perspectivas. São Paulo: Malheiros, p. 15-27. Para esta discussão há uma vasta literatura, a qual pode ser consultada nos trabalhos publicados por José Luis Bolzan de Morais nos Anuários do Programa de Pós-Graduação em Direito da UNISINOS, publicados, a partir de 2005, pela Livraria do Advogado.

[19] Para uma leitura original e ampla da obra de Hobbes, ver: RIBEIRO, Renato Janine. *Ao leitor sem medo*: Hobbes escrevendo contra seu tempo. 2. ed. Belo Horizonte: UFMG, 2004.

[20] AGAMBEN, Giorgio. *Homo sacer*: o poder soberano e a vida nua I. Belo Horizonte: Editora UFMG, 2004, p. 29.

Neste quadro paradigmático nos interessa, então, tentar identificar as condições, circunstâncias e potencialidades de uma atitude estatal por intermédio da jurisdição a qual venha ao encontro do projeto constitucional, exercitando a sua própria legitimidade, porém não sem assumir-se comprometidamente com a destinação do próprio projeto constitucional, demarcado este pelo direcionamento de seus fins à satisfação de uma socialidade que se circunscreve à individualização dos benefícios.

Há que se ter presente que estamos em um ambiente liberal, embora desenhado como Estado Democrático de Direito. Neste, considerando-se ainda o contexto contemporâneo de profunda e enigmática *crise* – que tantas vezes se apresenta como *força* –, a questão da realização de suas promessas e fins fica submetida à disputa que lhe é inerente – como antes mencionado – entre a inclusão democrática e a exclusão econômica (capitalista).

E, neste quadro, uma resposta às pretensões sociais sempre acrescidas – veja-se o caso das demandas por saúde – necessariamente passa pela questão do princípio de justiça que substrate tal sociedade.

Talvez só assim, com um acordo circunstancial e temporário acerca do conteúdo deste princípio, sempre passível de revisão e atualização, poderíamos construir respostas adequadas ao conjunto acrescido de demandas que chegam ao Estado-jurisdição buscando a satisfação dos mais e melhores conteúdos peculiares ao Estado Democrático de Direito.

De outra forma estaríamos "vendendo" promessas e, talvez, fazendo regredir as condições e possibilidades mesmas de um avanço no sentido de uma transformação social efetiva e comprometida com os pressupostos do projeto civilizatório plasmado constitucionalmente.

Referências bibliográficas

AGAMBEN, Giorgio. *A linguagem e a morte*: um seminário sobre o lugar da negatividade. Belo Horizonte: Editora UFMG, 2006.

——. *Estado de Exceção*. São Paulo: Boitempo, 2004.

——. *Homo sacer*: o poder soberano e a vida nua I. Belo Horizonte: Editora UFMG, 2004.

——. *Profanações*. São Paulo: Boitempo, 2007.

AVELÃS NUNES, António José. A concepção de estado nos fundadores da ciência econômica. In: COUTINHO, Jacinto Nelson de Miranda; BOLZAN DE MORAIS, Jose Luis e STRECK, Lenio Luiz (Orgs.). *Estudos Constitucionais*. Rio de Janeiro: Renovar, 2007, p. 47-70.

——, António José. Breve reflexão sobre o chamado estado regulador. In: *Revista Seqüência*. n.54. Florianópolis: Fundação Boiteux, p. 09-17.

BARRETO LIMA, Martônio Mont'Alverne. Constituição e Economia: como construir o mito da estabilidade democrática no capitalismo periférico. In: COUTINHO, Jacinto Nelson de Miranda; BOLZAN DE MORAIS, Jose Luis e STRECK, Lenio Luiz (Orgs.). *Estudos Constitucionais*. Rio de Janeiro: Renovar, 2007, p. 281-292.

BAUMANN, Zygmunt. *O mal-estar da pós-modernidade*. Rio do Janeiro: Jorge Zahar, 1998.

BERCOVICI, Gilberto. *Desigualdades regionais, estado e constituição*. São Paulo: Max Limonad, 2003.

——. Dilemas da Concretização da Constituição de 1988. In: *Revista do Instituto de Hermenêutica Jurídica, v. 1, n. 2*, Porto Alegre: Instituto de Hermenêutica Jurídica, 2004, p. 101-120.

BOLZAN DE MORAIS, José Luis. Afinal: quem é o estado? Por uma teoria (possível) do/para o estado constitucional. In: COUTINHO, Jacinto Nelson de Miranda; BOLZAN DE MORAIS, Jose Luis e STRECK, Lenio Luiz (orgs) *Estudos constitucionais*. Rio de Janeiro: Renovar, 2007, p. 151-175.

——. *As crises do Estado e da Constituição e a transformação espacial dos direitos humanos.* Porto Alegre: Livraria do Advogado, 2002.

——. *Costituzione o barbarie.* Lecce: Pensa Editore, 2004.

——. Crise do estado, constituição e democracia política: a "realização" da ordem constitucional! E o povo... In: *Constituição, sistemas sociais e hermenêutica.* Programa de pós-graduação em direito da UNISINOS: mestrado e doutorado. Porto Alegre: Livraria do Advogado; São Leopoldo: UNISINOS, 2006.

——. Democracia e representação política ou como escolher dentre "escolhas já escolhidas"? In: COPETTI NETO, Alfredo; GUBERT, Roberta Magalhães; TRINDADE, André Karma. *Direito e literatura:* reflexões teóricas. Porto Alegre: Livraria do Advogado, 2008, p. 209-226.

——. Do estado social das "carências" ao estado social dos "riscos". Ou: de como a questão ambiental especula por uma "nova cultura" jurídico-política. In: BOLZAN DE MORAIS, Jose Luis e STRECK, Lenio Luiz (orgs) In: *Anuário do Programa de Pós-Graduação em Direito.* Mestrado e Doutorado. Porto Alegre: Livraria do Advogado, 2007.

——; STRECK, Lenio Luiz. *Ciência política e teoria do estado.* 6ª ed. rev. Porto Alegre: Livraria do Advogado, 2008.

——. *As Crises do Estado e da Constituição e a Transformação Espacial dos Direitos Humanos.* Col. Estado e Constituição 1. Porto Alegre: Livraria do Advogado. 2002

——. Reflexões acerca das condições e possibilidades para uma ordem jurídica democrática no século XXI. In: AVELÃS NUNES, Antonio José e COUTINHO, Jacinto Nelson de Miranda (Orgs.). *O Direito e o Futuro. O futuro do direito.* Coimbra: Almedina. 2008, p. 445-470

CANOTILHO, José Joaquim Gomes. A Governance do terceiro capitalismo e a Constituição Social. In: CANOTILHO, José Joaquim Gomes; STRECK, Lenio Luiz (coords). *Entre discursos e culturas jurídicas.* Coimbra: Coimbra, 2006, p. 145-154.

——. Princípios: entre a sabedoria e a aprendizagem. In: *Boletim da Faculdade de Direito.* Vol. LXXXII. Coimbra: Coimbra, 2006, p. 01-14.

——. O Estado Garantidor. Claros-Escuros de um conceito. In: AVELÃS NUNES, Antonio José e COUTINHO, Jacinto Nelson de Miranda (Orgs.). *O Direito e o Futuro. O futuro do direito.* Coimbra: Almedina. 2008, p. 571-576

DWORKIN, Ronald. *Uma questão de princípio.* São Paulo: Martins Fontes, 2000.

——. *A virtude soberana. A teoria e a prática da igualdade.* São Paulo: Martins Fontes.2005

ELY, J. H. *Democracy and Distrust. A Theory of Judicial Review.* Massachusetts: Harvard University Press, 1990

FERRAJOLI, Luigi. "Pasado y futuro del Estado de derecho". In: CARBONELL, Miguel. *Neoconstitucionalismo(s).* Madrid: Trotta, 2003.

FREITAG, Bárbara. *Itinerários de Antígona: A Questão da Moralidade.* Campinas: Papirus, 1992

HARDT. Michael; NEGRI, Antonio. *Império.* 3. ed. Rio de Janeiro: Record, 2001.

HOFFE, Otfried. *Justiça Política : Fundamentacão de uma Filosofia Crítica do Direito e do Estado.* 1. ed. Petropolis : Vozes, 1991

MATTEUCCI, Nicola. *Organización del poder y libertad:* historia del constitucionalismo moderno. Madrid: Trotta, 1998.

NEVES, Marcelo Neves. *Entre têmis e leviatã:* uma relação difícil. O estado democrático de direito a partir e além de Luhmann e Habermas. São Paulo: Martins Fontes, 2006.

STRECK, Lenio Luiz. Bases para a compreensão da hermenêutica jurídica em tempos de superação do esquema sujeito-objeto. In: *Revista Seqüência,* n. 54. Florianópolis: Fundação Boiteux, p. 29-46.

——. *Hermenêutica Jurídica e(m) Crise: Uma Exploração Hermenêutica da Construção do Direito.* 2.ed. revista e ampliada. Porto Alegre: Livraria do Advogado, 2000

STRECK, Lenio Luiz. *Jurisdição constitucional e hermenêutica:* uma nova crítica do direito. 2. ed. rev e ampl. Rio de Janeiro: Forense, 2004.

TIMSIT, Gerard. La régulation. La notion et le phénomène. In: *Revue Française d'Administration Publique,* n. 109, 2004, p. 5-11.

VEGA, Pedro de, Apuntes para una Historia de las Doctrinas Constitucionales del Siglo XX, in *Teoría de la Constitución,* Madri: Editorial Trotta, 2000

VERDÚ, Pablo Lucas. *La constituición em la encrucijada:* palingenesia iuris politici. Madrid: Real academia de ciências morales y políticas, 1994.

——. *O sentimento constitucional:* aproximação ao estudo do sentir constitucional como modo de integração política. Rio de Janeiro: Forense, 2004.

——. *Teoría de la constitución como ciencia cultural.* 2. ed. Madrid: Editorial Dykinson, 1998.

ZAGREBELSKY, Gustavo. *Historia y constitución.* Madrid: Trotta, 2005.

— IV —

Políticas públicas e o direito à saúde: a busca da decisão adequada constitucionalmente

TÊMIS LIMBERGER*

Sumário: 1. Introdução;2. O dogma da impossibilidade de revisão judicial dos atos da administração, sob o manto da discricionariedade administrativa; 3. Direitos sociais no Brasil e em países que realizaram o Estado Social – trajetórias distintas; 4. O controle judicial e sua perspectiva constitucional; 5 . Conceito de política pública, desde o prisma jurídico, com ênfase no direito à saúde; 6. A busca de critérios dentro da escolha adequada constitucionalmente, estudos preliminares; 7. Considerações finais.

1. Introdução

Os direitos não são um dado, mas um construído. Pode-se formular esta idéia a partir do pensamento de Hannah Arendt, que concebe os direitos humanos a partir da construção da igualdade e a cidadania como o direito a ter direitos. O primeiro direito humano é o *direito da ter direitos*. Isto significa pertencer, pelo vínculo da cidadania, a algum tipo de comunidade juridicamente organizada e viver numa estrutura onde vige o princípio da legalidade, evitando-se o surgimento de um novo *estado totalitário de natureza*.[1] Dentro desta perspectiva, quando se comemoram 20 anos da promulgação da Constituição Cidadã, a questão principal não é mais a declaração de novos direitos, mas a busca pela efetividade dos mesmos. Aí se insere o direito à saúde, que por ser um direito social, requer a disponibilidade orçamentária para sua implementação. O direito à saúde teve a sua trajetória de construção nestas duas décadas, em que pese muito ainda ter de ser feito.

No Brasil, devido à falta de planejamento, são dispendidas elevadas quantias quando se trata da implementação dos direitos sociais. Ao invés de haver uma atitude de prevenção, gasta-se muito mais na reparação. Pode-se pensar na questão da educação, moradia, segurança, transporte, trabalho, previdência social,

---

* Doutora em Direito pela Universidade Pompeu Fabra de Barcelona, Mestra pela Universidade Pompeu Fabra de Barcelona, Mestra pela UFRGS, professora do PPG em Direito UNISINOS, promotora de justiça/RS.

[1] ARENDT, Hannah. *Los orígenes del totalitarismo*. Madrid: Taurus, 1998, p. 368- 382.
Vide também The rights of man, what are they? *In* Hannah Arendt's Centenary: Political na Philosophie, vol. 74, number 3, Part I (fall 2007), guest editor: Jerome Kohn,

lazer, saúde, etc. Todos estes direitos sociais previstos no art. 6°, *caput*, da CF se prestam para investigação, mas devido a um corte metodológico necessário, é imprescindível delimitar a questão. Dentro desta perspectivas, os dois direitos sociais que têm por parte dos poderes públicos as chamadas "verbas carimbadas", no sentido de que o percentual de recursos já se encontra previamente definido, são: educação (art. 212 da CF) e saúde (art. 198, § 2°, da CF), daí se constata a importância de investimento para estes setores tão prioritários para que o Brasil seja, no futuro, um país sem tantas desigualdades sociais. O trabalho optou por abordar o direito à saúde, especialmente nestes últimos anos da recente história constitucional democrática brasileira. O desafio que se impõe é como fazer com que o direito à saúde não seja um comando meramente programático e se torne efetivo.

Diante desse quadro, impõe-se a seguinte indagação: quais as possibilidades de os limites do controle judicial, atinente às políticas públicas que visem à implementação do direito à saúde?

Para responder a esta questão, algumas tomadas de posição são necessárias, tais como: por que vigora(ou) no direito administrativo brasileiro o dogma da impossibilidade de revisão dos atos administrativos, que se albergavam sob o manto da discricionariedade administrativa; qual o conceito de política pública; quais os critérios para se estabelecer a intervenção do Poder Judiciário nesta seara.

O trabalho se propõe a uma abordagem das políticas públicas como determinações constitucionais, ou seja, mandatos a serem realizados pelo administrador, sujeitos, portanto, ao controle judicial. Assim, tarefas que são previstas na Constituição e que devem ser realizadas de acordo com a capacidade orçamentária, mas que não se constituem em uma discricionariedade administrativa, não ficando, portanto, imunes a questionamento judicial. Pretende-se, então, revisar o conceito de discricionariedade da administração, que foi transposto equivocamente do direito francês ao direito brasileiro e também, a forma de realização dos direitos sociais, onde a doutrina alemã não se adapta totalmente à realidade brasileira. Por isso, a necessidade de desenvolver uma teoria, voltada às especificidades de nosso país, desde a ótica de uma hermenêutica comprometida com uma nova crítica do direito e, ao final, a busca de uma solução adequada constitucionalmente.

O direito administrativo é o direito constitucional concretizado, em uma síntese, formulada pela doutrina alemã.[2] Assim, o administrador, na realização das políticas públicas, deve observar os preceitos constitucionais. O mandato político não deve ser desempenhado conforme critérios subjetivos do governante, mas representam políticas públicas a serem desenvolvidas em conformidade com os ditames constitucionais. Direitos sociais importantes foram consagrados no art. 6° da CF, visando à execução pelo administrador. Porém, estes preceitos não têm sido

---

[2] COUTO e SILVA, Almiro do, *in* apresentação do livro *Elementos de Direito Administrativo Alemão*, MAURER, Hart, Porto Alegre: Fabris, 2000, p. 14.

cumpridos, opera-se uma situação de crise, pois o Estado brasileiro não foi capaz de atender às demandas do liberalismo clássico, com os direitos de cunho individual e tampouco conseguiu realizar as demandas do Estado Social. O Estado imiscuiu-se em atividades que não eram próprias do poder público e deixou de realizar atividades que eram prioritárias. Atualmente, não se afigura um projeto político claro com realização às demandas prestacionais sociais. Como conseqüência, os serviços públicos não são prestados ou o são de forma deficiente.

Assim, no Brasil, os direitos sociais, para que sejam efetivos, demandam um caminho diferente dos países europeus, onde estes são uma determinação da Constituição ao legislador ordinário ou ao administrador. Em nosso país, diante da particularidade própria em que estes comandos não são atendidos por seus destinatários, é importante a intervenção do Poder Judiciário. O desafio ocorre, no sentido de verificar os limites em que ocorre a atuação do Poder Judiciário, que não pode se substituir em atividades destes outros dois Poderes, mas que tem de propiciar a efetividade dos direitos fundamentais sociais, quando decorrentes de políticas públicas insuficientes ou inexistentes.

A realização dos direitos sociais é de suma importância, principalmente em países de modernidade tardia[3] como o Brasil. Na época em que foi realizada a Constituinte, vivia-se uma euforia como se a partir da colocação das garantias na Constituição fosse haver uma transformação em nossa realidade. Pairava na sociedade a idéia de pensamento mágico, como se da previsão na Constituição fosse advir uma modificação na situação fática. É claro que a garantia representa um compromisso importante em termos de desenvolvimento de políticas públicas, isto é, que país queremos ser no terceiro milênio.

Tiveram que se passar quase 20 anos para que se começasse a amadurecer no sentido de que os direitos sociais fossem relacionados com os dispositivos orçamentários. É o que Canotilho denomina de "Constituição Orçamental".[4] As medidas de gestão orçamentária são importantes quando se pretende a realização dos serviços públicos.

Questões vitais como saúde, educação, segurança e moradia, reclamam para sua implementação dispêndios por parte do poder público, que precisa contar com disposições orçamentárias. Assim, o administrador quando concretiza uma política pública encontra no orçamento o limite objetivo da reserva do possível. Da mesma forma, diante da omissão ou precariedade da implementação da política

---

[3] STRECK, Lenio. *Jurisdição Constitucional e Hermenêutica: uma nova crítica do direito.* 2ª ed. Rio de Janeiro: Forense, 2004, p. 122. Para Streck: "o que houve (há) é um simulacro de modernidade. (...) Ou seja, em nosso país as promessas de modernidade ainda não se realizaram. E, já que tais promessas não se realizaram, a solução que o *establishment* apresenta, por paradoxal que possa parecer, é o retorno ao Estado (neo)liberal. Daí que a pós-modernidade é vista com a visão neoliberal. Só que existe um imenso *deficit* social em nosso país, e , por isso, temos que defender as instituições da modernidade contra esse neoliberalismo pós moderno".

[4] CANOTILHO, J.J. Gomes e MOREIRA Vital. *Fundamentos da Constituição.* Coimbra: Coimbra Ed., 1991, p.173. Na Constituição orçamental estariam os preceitos relativos ao orçamento do Estado, principalmente a aprovação parlamentar do orçamento, incluindo a autorização parlamentar anual dos impostos e a autorização e controle parlamentar das despesas públicas.

pública, o Poder Judiciário fica também adstrito ao orçamento, mas pode pronunciar-se quando provocado, para efetivar os direitos sociais. Durante muitos anos havia a errônea concepção de discricionariedade administrativa que servia para agasalhar todos os desmandos ou ineficácia do Executivo. Sob o manto do ato discricionário, não poderia o Judiciário se imiscuir na atividade da administração. As ações judiciais interpostas e algumas decisões judiciais indicam que houve uma mudança de posição, é claro que isto não significa suprimir ou substituir a atividade administrativa, mas buscar a efetividade dos direitos sociais.

Da análise das decisões jurisprudenciais proferidas pelo Supremo Tribunal Federal (preponderantemente) em matéria de políticas públicas, especialmente as que visam à implementação do direito social à saúde, é que se terá um perfil dos limites e critérios de atuação do Poder Judiciário, tomando-se como referência a promulgação da atual Constituição Federal. Deste modo, o trabalho a ser desenvolvido utilizará o pensamento de Hannah Arendt, partindo-se da idéia de que os direitos não são um dado, mas um construído, neste aspecto o direito à saúde representa um marco importante de desenvolvimento, no sentido de que sua evolução vem sendo construída pelos operadores do direito, de modo a promover condição de dignidade para o cidadão. Outro referencial teórico é o desenvolvimento de uma dogmática da interpretação constitucional, baseada em novos métodos hermenêuticos[5] e na sistematização de princípios específicos de interpretação constitucional.

Com estes balizadores será possível travar uma discussão da eficácia e limites de implementação das políticas públicas de concretização dos direitos sociais, quando são submetidas ao crivo do Poder Judiciário, especialmente no que diz respeito ao direito à saúde, não no sentido de sentenças formuladas com critérios eminentemente subjetivos, mas a decisão adequada,[6] desde o ponto de vista constitucional.

2. O dogma da impossibilidade de revisão judicial dos atos da administração, sob o manto da discricionariedade administrativa

Durante muitos anos no direito brasileiro vigorava o entendimento da impossibilidade de revisão judicial da atividade administrativa. O controle judicial dos atos da administração não era realizado, fundado na justificativa da discricionariedade administrativa. Esta posição que vigorou em nosso país de

---

[5] STRECK, Lenio, *Jurisdição Constitucional e Hermenêutica: uma nova crítica do direito*, 2ªed., Rio de Janeiro: Forense, 2004, p. 847. "A hermenêutica entendida a partir de uma nova crítica do direito, (...) calcada na matriz ontológico-fundamental (fenomenologia hermenêutica), tem a função de construir as condições de possibilidade para a compreensão do problema relacionado à jurisdição constitucional, naquilo que lhe é mais caro e precioso, isto é, o acesso à justiça e a efetividade do sistema jurídico. "

[6] STRECK, Lenio. *Decisionismo e discricionariedade judicial em tempos pós-positivistas*: o solipsismo hermenêutico e os obstáculos à concretização da Constituição no Brasil. Separata: o Direito e o Futuro do Direito, Almedina: Coimbra, 2008, p.99.

forma inconteste, ainda encontra seguidores, embora se encontre superada, por no mínimo, três motivos: a impossibilidade de revisão dos atos administrativos por parte do Judiciário, que é doutrina transposta do direito francês, onde existe uma especificidade que é o contencioso administrativo, que no direito brasileiro não encontra similar. O segundo motivo reside na teoria transposta do direito alemão, onde os direitos sociais são comandos endereçados ao Legislativo e Administrativo, não cabendo ao Judiciário este controle. Ocorre que naquele país estes Poderes realmente levam a sério a implementação destas políticas públicas, sem que seja necessária a interferência do Judiciário. Por fim, o terceiro aspecto a ser considerado é que, no Estado Democrático de Direito, somente existe escolha do administrador vinculada aos preceitos constitucionais, em especial pela pauta dos direitos fundamentais. O Poder Judiciário, quando efetua esta decisão, não pode cair na casuística, autorizando ou negando todas as pretensões que lhe vêm a julgamento, sem considerar os dispositivos orçamentários, mas deve buscar a solução adequada constitucionalmente, e aí reside a questão.

Com esta perspectiva, pretende-se desenvolver o trabalho para investigar os limites em que são controladas as políticas públicas judicialmente. Assim, o questionamento judicial destes atos da administração vêm ocorrendo, mas o importante é apontar os critérios de como este vem se implementando, para que o Judiciário não se substitua à atividade do administrador e tampouco o administrador fique livre dos controles judiciais. Esta sindicabilidade tem de ocorrer de forma a concretizar os preceitos estabelecidos pela Constituição Federal. As grandes questões do direito público neste terceiro milênio dizem respeito à possibilidade de controle judicial dos atos da administração referente às políticas públicas.

Em um país como o Brasil, em que os direitos sociais ainda não estão assegurados para grande parte da população, a pergunta que se faz é a seguinte: fica ao alvedrio a implementação destas políticas públicas por parte do Executivo ou o Poder Judiciário pode ser um importante mecanismo de pressão, na implementação destes direitos e em que limites? Assim, exemplificativamente, referente ao direito à saúde, o que a Constituição objetiva assegurar: um tratamento caro no exterior para uma só pessoa ou o tratamento de doença epidemiológica relevante para uma parcela expressiva da sociedade? Por isso, quando está ausente ou insuficiente uma política pública, o Judiciário deve agir, mas com critérios e limites, sob pena de se cair no subjetivismo judicial. Daí advém a necessidade desta investigação, pois em casos de omissão ou atuação precária do administrador, por vezes o Judiciário manifesta-se de forma tímida ou sem critérios. Visa-se, com este estudo, a contribuir para esta questão, no sentido de apontar critérios formulados a partir dos preceitos constitucionais, sem que se caia em um casuísmo destituído de fundamento legal.

Com relação ao primeiro aspecto, a inadequação do modelo francês transposto à realidade brasileira, faz-se um retrospecto a respeito dos controles da administração. Pode-se afirmar que existem dois sistemas: o da unidade e o da dualidade da jurisdição. O sistema da unidade ou da dualidade da jurisdição decorrem da interpretação do Princípio da Separação dos Poderes. É importante salientar que a doutrina a que se convencionou a denominação "Separação dos Poderes"[7] não foi assim conceituada por seu autor, Montesquieu. Da leitura de sua obra, extraem-se duas idéias principais, quais sejam: a distinção tripartite das funções do Estado e a idéia de controle recíproco entre estas atividades. Em momento algum escreveu o autor a palavra "separação dos poderes", isto decorreu da interpretação principal de sua obra, mormente a apropriação da doutrina que se constituiu em um dos paradigmas apregoados pela Revolução Francesa. A interpretação e crítica de Louis Althusser[8] não teve fortes ecos, no sentido de que Montesquieu era de origem nobre, conhecido como Barão de La Brède, e formulou a teoria apenas para fortalecer o poder monárquico, na época em que este se encontrava em crise.

Na França, berço do princípio da Separação dos Poderes devido à doutrina de Montesquieu, este foi interpretado de forma drástica como a impossibilidade de um Poder exercer o controle sobre outro. A origem histórica desta interpretação encontra-se na desconfiança que os legisladores da Revolução Francesa tinham para com o Poder Judiciário, pois este tinha se mostrado resistente às conquistas populares. Waline[9] assevera que a Lei nº 16, de 24 de agosto de 1790, dispunha sobre a organização judiciária e proclamava a separação das funções administrativas e judiciais, que foi reafirmada com o período que se seguiu à Revolução Francesa. Houve proibição legal expressa aos juízes do conhecimento da matéria administrativa. As reclamações com conteúdo administrativo não poderiam ser, em nenhum dos casos, encaminhadas aos tribunais. Deveriam ser submetidas ao rei, então chefe da administração geral.[10]

Por contencioso administrativo, entende-se o conjunto de regras relativas aos litígios organizados que questionam a atividade dos administradores públicos. O progresso do direito administrativo francês deveu-se à existência de um contencioso. Essa instituição garantiu o desenvolvimento do direito propriamente dito, por meio das garantias de legalidade criadas, pela importância do aspecto moral da conduta dos administradores, dando respaldo às teorias subjetivas.

O recurso por excesso de poder é uma criação jurisprudencial devido ao próprio Conselho de Estado, constituindo-se o principal instrumento de controle da legalidade administrativa.[11] Assim, o Conselho de Estado[12] é um órgão de fiscalização dos atos da administração, situado dentro da próprio Executivo e que

---

[7] MOTESQUIEU, Charles Louis de Secondat. *Do espírito das leis.* 2ª ed., São Paulo: Abril Cultural, 1979, pp.148/54.

[8] ALTHUSSER, Louis. Montesquieu – A política e a história. 2ªed., Lisboa: Editorial Presença.

[9] WALINE, Marcel. *Traité Élémentaire de Droit Administratif,* 6e édition, Recueil Sirey, Paris, 1952, p. 45.

[10] LAUBADÈRE, André. *Manuel de Droi Administratif,* 15e édition, L.G.D.J., Paris, 1995, p. 107.

[11] LAUBADÈRE, op. cit., p. 105/7. A respeito da evolução do recurso de excesso de poder, o autor faz uma análise de sua evolução até o final do século XX.

[12] Da mesma forma, o Conselho Constitucional é o órgão a quem incumbe o controle da constitucionalidade das leis, que é realizado de uma maneira preventiva, não se permitindo ao Judiciário o controle destas questões.

desempenha suas funções decisórias com imparcialidade e em consonância com a legalidade. A justificativa é no sentido de que o Legislativo é o Poder constituído a partir da vontade popular, e não seria democrático a substituição da representação da soberania do povo pelo Poder Judiciário, que não é eleito democraticamente.

Esta questão é bem enfrentada por Sérgio Cademartori,[13] que analisa a questão da legitimidade. Assim, o Poder Legislativo e o Poder Judiciário possuem intervenção calcados em pressupostos de legitimidade distintos. A legitimidade do poder legislativo decorre da idéia de soberania popular. O Poder Legislativo é o representante da população, em que pese poderem ser feitas críticas ao modelo representativo.[14] Com pressuposto diferente de legitimidade se encontra o Poder Judiciário, que possui seu fundamento no Estado de Direito.

Basicamente, são estas as razões de ordem histórica pelo qual não se permite a revisão dos atos administrativos no direito francês, que consagra a dualidade de jurisdição. Esta doutrina é inaplicável ao direito brasileiro em virtude do art. 5º, XXXV, da CF que consagra a inafastabilidade do controle judicial de todos os atos. Logo, os atos da administração que traduzem opções de políticas públicas não podem ficar à margem do questionamento judicial, o desafio está em estabelecer estes critérios.

3. Direitos sociais no Brasil e em países que realizaram o Estado Social – trajetórias distintas

O segundo motivo de análise são as especificidades do modelo alemão que foram equivocadamente transpostas para o Brasil, sem as necessárias adequações. Assim, no dizer de Hesse:[15] "derechos sociales fundamentales como por ejemplo (...) el derecho a una vivienda adecuada (...) no se hacen ya efectivos por el hecho de que se respeten y amparen, sino que requieren de antemano, y em cualquier caso más que en los derechos fundamentales tradicionales, acciones del Estado tendentes a realizar el programa contenido en ellos. No sólo exige esto regularmente un actuar del legislador, sino también el de la Administración; y puede afectar a los derechos-libertad ajenos. *Por ello, los derechos fundamentales no alcanzan a justificar pretensiones de los ciudadanos invocables judicialmente en forma directa, como cuadraría a la doctrina de los derechos fundamentales*".

É claro que os direitos sociais têm uma estrutura distinta dos direitos individuais, do liberalismo clássico. São comandos voltados prioritariamente para o administrador e legislador, e para a sua implementação dependem de possibilidade orçamentária. Porém, no contexto brasileiro, diante da inoperabilidade destes

---

[13] CADERMATORI, Sergio. *Estado de Direito e Legitimidade: uma abordagem garantista*. 2ªed., Campinas: Millennium, 2006.

[14] A respeito das insuficiências do modelo representativo e o movimento que ocorre em prol da democracia participativa, não se tratará desta questão, por não ser objeto do presente trabalho.

[15] HESSE, Conrad. Significado de los derechos fundamentales. In *Manual de Derecho Constitucional*, BENDA *et al*, Madrid: Instituto Vasco de Administración Pública, 1996, p. 98, g.n.

Poderes, por vezes, o Judiciário representa um fator importante para pressionar a realização das políticas públicas, visando a assegurar a dignidade da pessoa humana, composto pelo mínimo existencial.[16] Um exemplo frutífero que pode ser apontado é o tratamento da AIDS em nosso país. Diante da inicial omissão dos Poderes Legislativo e Eexecutivo, no sentido de promover políticas públicas, no tocante à prevenção e ao tratamento do HIV, ações reiteradas no âmbito judicial pedindo medicamentos incentivaram a que o Brasil se tornasse um país referência nesta área.

Deste modo, apropriadas as considerações de Andreas Krell,[17] conhecedor das realidades alemã e brasileira: "Face aos problemas sociais candentes de um país periférico como o Brasil, o princípio tradicional da Separação dos Poderes deve ser entendido sob os parâmetros e dimensões novas e diferentes dos das nações centrais. *Ainda não foram aproveitadas as potencialidades dos modernos instrumentos processuais do direito brasileiro para correição judicial das omissões dos Poderes Executivo e Legislativo na área das políticas públicas,* como a ação civil pública e a ação de inconstitucionalidade por omissão".

Alguns países, como França e Alemanha, em que o Estado Providência[18] cumpriu seu papel, assegurando os direitos sociais à população, é adequado que se discuta a permanência ou a diminuição de algumas garantias, devido à proporção robusta que estas alcançaram. Diferentemente, no Brasil, em que a população não conseguiu atingir níveis homogêneos em termos de acesso aos direitos sociais.

A "reserva do possível"[19] tem sido outro conceito mal transposto ao direito comparado. Esta teoria é adaptação de uma expressão cunhada no direito alemão, que entende que a construção de direitos subjetivos à prestação material de serviços públicos pelo Estado está sujeita à condição da disponibilidade dos respectivos recursos, ou seja, no campo orçamentário.

Assim, é necessário para avaliar em que limites está ocorrendo o provimento judicial a respeito das políticas públicas, em um país como o Brasil, com especificidades próprias, principalmente no que diz respeito às grandes desigualdades econômicas e culturais. É perigoso importar diretamente conceitos cunhados em outros países com contexto cultural e sócio-econômico diferentes. O Brasil, que é um país em desenvolvimento não pode transportar diretamente teorias de países ricos. O debate europeu sobre a redução dos direitos conquistados durante o

---

[16] BARROSO, Luis Roberto. Fundamentos teóricos e filosóficos do novo direito constitucional brasileiro (pós-modernidade, teoria crítica e pós-positivismo). *Revista do Ministério Público*, Porto Alegre, n° 46, jan/mar ,2002, p. 59

[17] KRELL, Andreas J. *Direitos Sociais e controle judicial no Brasil e na Alemanha: os (des)caminhos de um direito constitucional comparado.* Porto Alegre: Fabris, 2002, p. 109, g.n.

[18] EWALD, François. *L'Etat Providence.* Paris: Bernard Grasset, 1986.

[19] KRELL, Andreas J. *op. cit.*, p. 51/2. Segundo o Tribunal Constitucional Federal da Alemanha, esses direitos a prestações positivas "estão sujeitos à reserva do possível no sentido daquilo que o indivíduo, de maneira racional pode esperar da sociedade". Essa teoria impossibilita exigências acima de um certo limite básico social; a Corte recusou a tese de que o Estado seria obrigado a criar quantidade suficiente de vagas nas universidades públicas para atender todos os candidatos,

Estado Social não pode ser transferido, porque o Estado Providência nunca foi efetivado plenamente.

Ainda, concernente à eficácia, importante a posição de Ingo Sarlet,[20] que posiciona os direitos de cunho prestacional como autênticos direitos fundamentais constituindo-se, por isso, direito imediatamente aplicável, nos termos do art. 5º, § 1º, da CF. Por isto, no embate entre o Estado Social intervencionista e altamente regulador e a nefasta tentativa de implementar um Estado minimalista desenhado a partir da globalização e da ideologia neoliberal, o correto manejo da proibição de retrocesso na esfera dos direitos fundamentais sociais, poderá se constituir uma ferramenta útil para a construção do perfil do Estado brasileiro, com dignidade para cada indivíduo e, portanto, uma vida saudável para todos os integrantes do corpo social.[21]

Deste modo, o trabalho abordará a da importância dos Poderes Executivo e Legislativo na implementação de políticas públicas e o papel do Judiciário na busca de efetividade do direito social à saúde, fixando os seus limites e possibilidades de atuação.

4. O controle judicial e sua perspectiva constitucional

No Brasil, os Poderes Executivo e Legislativo não têm implementado as políticas públicas a contento, por isso, a discussão se insere na órbita judicial. Neste contexto, outro aspecto a ser considerado é a sindicabilidade das políticas públicas como decorrência do Estado Democrático de Direito. Atualmente, não existe um poder discricionário livre, mas somente um poder discricionário vinculado.[22] Vinculação esta, que se pode relacionar aos ditames constitucionais. Desta maneira, o conteúdo das políticas públicas não pode ficar ao alvedrio do administrador, mas tem de buscar efetivar os preceitos contidos na Constituição.

O direito administrativo se estruturou no século XIX, a partir do Princípio da Legalidade, este foi o primeiro grande freio que foi imposto ao administrador, porém atualmente, com a denominada fuga do direito administrativo ou a tendência neoliberalizante do Estado, ocasionando a chamada eficácia com relação a terceiros "drittwirkung",[23] novos pressupostos devem ser erigidos.

---

[20] SARLET, Ingo.W . *A eficácia dos direitos fundamentais.* 7ª ed. Porto Alegre: Livraria do Advogado, 2007, p. 297.

[21] SARLET, Ingo.W . A eficácia do direito fundamental à segurança jurídica: dignidade da pessoa humana, direitos fundamentais e proibição de retrocesso social no direito constitucional brasileiro, *in* Constituição e Segurança Jurídica, ROCHA, Cármen Lúcia Antunes Coord., Belo Horizonte: Fórum, 2004, p.128.

[22] MAURER, Hart. *Elementos de Direito Administrativo Alemão.* Porto Alegre: Fabris, 2007, p. 50.

[23] Os conflitos não mais se situam na polaridade Estado x cidadão, mas nas relações grupo x indivíduo. Isso ocorre porque alguns grupos econômicos possuem poder paralelo ao Estado, decorrente, em alguns casos, das privatizações, em que muitos serviços públicos são prestados por empresas privadas. O desenvolvimento da *drittwirkung*, também conhecida por eficácia diante de terceiros ou eficácia horizontal, é hoje questão principal nos direitos do indivíduo. Os litígios foram se deslocando do plano das relações públicas para o das privadas. A propósito *vide* BILBAO UBILLOS, Juan Maria. *La eficacia de los derechos fundamentales frente a particulares.* Madrid: CEC, 1997, p. 256.

Por isso, o grande desafio que é posto aos estudiosos do direito da administrativo na atualidade é esta possibilidade de controle judicial. Afirma, Moreira Neto,[24] que há atuações administrativas constitucionalmente mandatórias, como é o caso das políticas públicas nacionais, e não apenas governamentais, da educação, da saúde e da segurança pública. Assim, o Estado Democrático de Direito reclama a implementação dos direitos fundamentais, por meio das políticas públicas. Assim, a atividade administrativa no terceiro milênio deve ser pautada dentro dos balizadores que compõem o Estado Democrático de Direito: os direitos do homem e a democracia substantiva. A partir destes dois vetores são estatuídos os quatro paradigmas atuais do direito administrativo:[25] legitimidade, finalidade, eficiência e resultados. Devem ser analisados de forma conjunta e não isoladamente, tendo em vista a realização do serviço público. Estes critérios serão necessários quando são exercidos os controles com relação à atividade administrativa quer no âmbito preventivo ou repressivo.

Assim legitimidade e finalidade, que eram requisitos intrínsicos dos atos administrativos, demandam um novo olhar. No tocante à legitimidade serão constitucionais as prestação públicas que respeitem os direitos fundamentais. Não basta mais somente a legitimidade fundada no que se denominava pacto social, mas deve-se perquirir a respeito do atendimento dos valores que visam a implementar a pauta dos direitos humanos, principalmente quando estes completam 60 anos.[26] Assim a legitimação é, sobretudo, um fenômeno antropológico indissociável do consenso alcançado pelos grupos sociais, que consiste na verificação da concordância com os fenômenos políticos e valorativos relacionados ao poder, ou seja, à sua concentração, à sua distribuição, ao seu acesso, ao seu exercício e ao seu controle.[27] Concernente à finalidade, estamos sob a época da redescoberta dos valores e das finalidades, deve-se buscar identificar a finalidade nos princípios.

A eficiência é um princípio trazido pela EC 19/98, que traduz um aspecto axiológico, no sentido de que o direito administrativo deve e pode ser um instrumento para a realização dos direitos fundamentais e facilitador do desenvolvimento econômico e social.

Após o aspecto valorativo, ocorre o último paradigma, que é o do resultado. Cuida-se de mensurador prático, em que são buscadas técnicas de controle da gestão.[28] Deve-se atentar para a prestação do serviço público, que possui um

---

[24] MOREIRA NETO, Diogo de Figueiredo. Novos horizontes para o direito administrativo: pelo controle das políticas públicas. *Revista de Direito do Estado*, Rio de Janeiro, nº 4: 403-412, out/dez, 2006, p. 406. *Vide* também ALLI ARANGUREN, Juan-Cruz. *Derecho Administrativo y Globalización*, Madrid: Thomson Arandazi, 2004, p. 377.

[25] MOREIRA NETO, Diogo de Figueiredo. *Quatro paradigmas do direito administrativo pós-moderno: legitimidade, finalidade, eficiência, resultados.* Belo Horizonte: Fórum, 2008.

[26] MOREIRA NETO, Diogo de Figueiredo. *op. cit.*, p. 33.

[27] MOREIRA NETO, Diogo de Figueiredo. *op. cit.*, p. 63.

[28] MOREIRA NETO, Diogo de Figueiredo. *op. cit.*, p. 139. São apresentadas técnicas destinadas a realizar as seguintes funções: a) a definição de objetivos de políticas públicas; b) a identificação das estruturas administrativas responsáveis por sua consecução; c) definição das normas de desempenho que traduzam um compromisso

espectro distinto da seara privada. Já foi mencionado o fenômeno da eficácia horizontal dos direitos fundamentais, onde os conflitos migraram da seara pública à privada. É a denominada fuga do direito administrativo em direção ao direito privado.[29] Isto aconteceu com a questão da saúde, também. Há porém especificidades próprias, pois a iniciativa privada somente se interessa por setores aonde há a possibilidade de lucro. As áreas deficitárias são suportadas pelo poder público. Assim, a prestação de serviço pelo SUS responde por aproximadamente 75% população brasileira.[30] Isto demonstra que os 25% restantes incumbem à iniciativa privada porque são setores com a potencialidade de lucro. Desta forma, o princípio da eficiência deve ser aferido com características próprias e não com os mesmos balizadores privados.

5 . Conceito de política pública, desde o prisma jurídico, com ênfase no direito à saúde

O conceito de política pública é um conceito que partiu da Ciência Política e da Administração Pública, mas que hoje encontra importante espaço de reflexão no campo jurídico. Assim, a definição apresentada na ciência política é a dimensão normativa ou moral do Estado, que perpassa a filosofia política ocidental e objetiva garantir uma vida feliz ao cidadão.[31] A questão da política pública apresenta um núcleo com intersecção na organização do sistema internacional, de organização na sociedade e da organização do Estado. Não se apresenta como algo isolado, mas que deve dialogar tendo em conta os três vértices: internacional, estatal e social.

Assim, já se percebe porque o tema das políticas públicas entra na pauta jurídica, nos últimos tempos. Da passagem do Estado Liberal com sua feição de abstenção,[32] chega-se ao Estado Social com seu conteúdo de intervenção, a partir das demandas concretas formuladas pelo cidadão. É o constitucionalismo social inaugurado no início do século XX, depois da Revolução Industrial e do

---

quanto ao grau de realização dos objetivos demarcados em função dos meios a eles destinados; d) os resultados comensurados e sua comunicação; e) outorga de facilidades de gestão aos responsáveis proporcionalmente a seu desempenho (conforme convênios de gestão); f) análise dos dados de desempenho integrados com vista a informar as subseqüentes decisões sobre recursos e orçamento; g) fixação de acompanhamentos físicos e contábeis necessários para os controles, correntes e posteriores.

[29] FLEINER, Fritz. *Institutionem des Verwaltungsrechts*, 8ªed., 1928, p. 326, *apud* MIR PUIGELAT, *Globalización, Estado y Derecho*. Las transformaciones recientes del Derecho administrativo. Madrid: Civitas, 2004, p.158.

[30] De acordo com a pesquisa mundial sobre saúde, desenvolvida pela OMS e coordenada no país pelo Centro de Informação Científica e Tecnológica (CICT) da Fiocruz, em estudo que avalia os sistemas de saúde de 71 nações, consigna que os brasileiros dispensam em média 19% da renda familiar com saúde, da parcela da população de 25,8% que têm acesso aos planos de saúde privados, enquanto a maioria 74,2% conta com os serviços do Sistema Único de Saúde – SUS. Disponível em: http://www. ministeriodasaude.gov.br. Acesso em 20/8/2008.

[31] HOWLETT, Michael e RAMESH, M. *Come studiare le poliche pubbliche*. Bologna: Il Mulino, 1995, p. 5. Tradução do original *Studying Public Policy: Policy cycles and policy subsystems*. Oxford: Oxford University Press, 1995.

[32] A propósito a Constituição dos Estados Unidos de 1787 e a Constituição Francesa de 1791.

Socialismo,[33] que tem sua marca na Constituição Mexicana de 1917, Constituição de Weimar de 1919 e em nosso país, na Constituição de 1934, da era Vargas. Passado o movimento pendular no sentido de constituições antidemocráticas e democráticas, chega-se à Constituição de 1988, onde a democracia começa a se estabilizar e confere margem para a efetividade dos direitos. Deste modo, a discussão das políticas públicas ganha espaço no cenário jurídico.

Um delineamento a respeito do tema das políticas públicas é trazido por Ana Paula Bucci, como programas de ação destinados a realizar, sejam os direitos a prestações, diretamente, sejam a organizações, normas e procedimentos necessários para tanto. As políticas públicas não são, portanto, categoria definida e instituída pelo direito, mas arranjos complexos, típicos da atividade político-administrativa, que a ciência do direito deve estar apta a descrever, compreender e analisar, de modo a integrar à atividade política os valores e métodos próprios do universo jurídico.[34]

Uma questão que surge é no sentido de delimitar quais as ações que conduzem à implementação das políticas públicas, considerando-se as de cunho individual e coletivo. Estas últimas não suscitam dúvidas. A indagação diz respeito às ações individuais, prestam-se estas para estatuir políticas públicas? É sabido que o art. 5º, XXXV, CF consagra o acesso à justiça de forma ampla e irrestrita. Assim, não se pode impedir o acesso, mas a concessão de medicamentos não previstos como essenciais, demanda uma atenção para a sua decisão. O art. 196 da CF conjuga o direito à saúde a políticas sociais e econômicas, para que seja possível assegurar a universalidade das prestações e preservar a autonomia dos cidadãos, independente do seu acesso maior ou menor do Poder Judiciário. "Presume-se que Legislativo e Executivo, ao elaborarem as listas referidas, avaliaram, em primeiro lugar, as necessidades prioritárias a serem supridas e os recursos disponíveis, (...)".[35]

Este pressuposto, é corolário de um argumento democrático. Os recursos obtidos para o fornecimento dos medicamentos são obtidos pelos tributos suportados pela população. Desta forma, os representantes eleitos pelo processo democrático devem estabelecer quais são as prioridades na atual conjuntura. Pode ser simpático o argumento de ampla concessão de qualquer medicamento, porém isto é falacioso, pois os recursos orçamentários são limitados em qualquer país, não é possível pretender fazer tudo a qualquer gasto. O argumento de que os recursos públicos são mal utilizados e, por vezes, desviados, não é cabível nesta discussão, embora seja necessária a devida responsabilização na órbita da improbidade ad-

---

[33] SIGMANN, Jean. *1848- Las revoluciones románticas y democráticas de Europa*. 3ª ed. Madrid: Siglo veintiuno editorial, 1985.

[34] BUCCI. O conceito de política pública em direito, p. 31, *in* BUCCI, Maria Paula Dallari (org). *Política públicas: reflexões sobre o conceito jurídico*. São Paulo: Saraiva, 2006.

[35] BARROSO, Luís Roberto. *Da falta de efetividade à judicialização excessiva*: direito à saúde, fornecimento gratuito de medicamentos e parâmetros para a atuação judicial, p. 28
Disponível em: http: www. lrbarroso.com.br/pt/noticias.medicamentos. pdf. Acesso em: 29/8/2008.

ministrativa. Como os recursos são limitados não se pode pretender o pagamento de um medicamento, por vezes com valor altíssimo, não testado suficientemente, em prol de uma lista estatuída a partir dos critérios legais e de implementação do executivo.

Por isso, importante a decisão proferida pela Ministra Ellen Gracie na SS 3073/RN,[36] que considerou inadequado fornecer medicamento que não constava da lista do Programa de Dispensação em Caráter Excepcional do Ministério da Saúde. A Ministra enfatizou que o Estado do RN, não estava se negando à prestação dos serviços à saúde e que decisões casuísticas, ao desconsiderarem as políticas públicas definidas pelo Poder Executivo, tendem a desorganizar a atuação administrativa, comprometendo as políticas de saúde ainda incipientes.

O caráter de importância nas ações individuais somente se pode vislumbrar, quando se tornam mecanismo de pressão para implementação das políticas públicas, como aconteceu nos casos dos portadores de vírus HIV,[37] em que o Brasil se constitui em um país com tratamento que é uma referência. Nas primeiras demandas, a contestação do Estado era no sentido de isentar-se de responsabilidade e dizer que se o demandante havia contraído a enfermidade era porque tinha dado causa a isso, numa atitude nitidamente preconceituosa.

O foro adequado é o das ações coletivas, aí se pode discutir o arrolamento de algum outro remédio ou tratamento na lista dos essenciais, veja-se a questão

---

[36] STF, DJU 14/2/2007, SS 3073/ RN, Rel. Min. Ellen Gracie Verifico estar devidamente configurada a lesão à ordem pública, considerada em termos de ordem administrativa, porquanto a execução de decisões como a ora impugnada afeta o já abalado sistema público de saúde. Com efeito, a gestão da política nacional de saúde, que é feita de forma regionalizada, busca uma maior racionalização entre o custo e o benefício dos tratamentos que devem ser fornecidos gratuitamente, a fim de atingir o maior número possível de beneficiários. Entendo que a norma do art. 196 da Constituição da República, que assegura o direito à saúde, refere-se, em princípio, à efetivação de políticas públicas que alcancem a população como um todo, assegurando-lhe acesso universal e igualitário, e não a situações individualizadas. A responsabilidade do Estado em fornecer os recursos necessários à reabilitação da saúde de seus cidadãos não pode vir a inviabilizar o sistema público de saúde. No presente caso, ao se deferir o custeio do medicamento em questão em prol do impetrante, está-se diminuindo a possibilidade de serem oferecidos serviços de saúde básicos ao restante da coletividade. Ademais, o medicamento solicitado pelo impetrante, além de ser de custo elevado, não consta da lista do Programa de Dispensação de Medicamentos em Caráter Excepcional do Ministério da Saúde, certo, ainda, que o mesmo se encontra em fase de estudos e pesquisas. Constato, também, que o Estado do Rio Grande do Norte não está se recusando a fornecer tratamento ao impetrante. É que, conforme asseverou em suas razões, *"o medicamento requerido é um plus ao tratamento que a parte impetrante já está recebendo"*(fl. 14). Finalmente, no presente caso, poderá haver o denominado *"efeito multiplicador"*(SS 1.836-AgR/RJ, rel. Min. Carlos Velloso, Plenário, unânime, DJ 11.10.2001), diante da existência de milhares de pessoas em situação potencialmente idêntica àquela do impetrante. Ante o exposto, defiro o pedido para suspender a execução da liminar concedida nos autos do Mandado de Segurança nº 2006.006795-0 (fls. 31-35), em trâmite no Tribunal de Justiça do Estado do Rio Grande do Norte.

[37] http://www.fiocruz.br/aids20anos/linhadotempo.Html. Acesso em 1º/9/2008. Em 1991, O Ministério da Saúde dá início à distribuição gratuita de antirretrovirais. A OMS anuncia que 10 milhões de pessoas estão infectadas pelo HIV no mundo. No Brasil, 11.805 casos são notificados. O antirretroviral Videx (ddI) é aprovado nos Estados Unidos e a fita vermelha torna-se o símbolo mundial de luta contra a Aids.
A Fiocruz foi convidada pelo Programa Mundial de Aids das Nações Unidas e Organização Mundial da Saúde (Unaids/OMS) para participar da Rede Internacional de Laboratórios para Isolamento e Caracterização do HIV-1. Em **1992**, pesquisadores franceses e norte-americanos estabelecem consenso sobre a descoberta conjunta do HIV. A Aids passa a integrar o código internacional de doenças e os procedimentos necessários ao tratamento da infecção são incluídos na tabela do SUS. Combinação entre AZT e Videx inaugura o coquetel anti-aids.

atinente à mudança de sexo.[38] Houve ajuizamento de ação civil pública pedindo a inclusão na tabela do SUS da transgenitalização, que foi julgada procedente. Tal redundou em alteração da posição administrativa, ocasionando a portaria do Ministério da Saúde de n° 1.707/2008, que incorpora a alteração de sexo, como procedimento oferecido pela rede pública. Três ponderações para que a discussão se trave em âmbito coletivo são apresentadas por Barroso.[39] Por primeiro, a discussão no âmbito coletivo exigirá a análise do contexto em que se situam as política públicas; por segundo, evita-se a questão da microjustiça, ou seja, a preocupação do juiz com o deslinde daquela ação esquecendo-se da macro-justiça, atendimento com recursos limitados a demandas ilimitadas; por terceiro, a decisão proferida em decisão coletiva terá efeitos *erga omnes*, preservando a igualdade e a universalidade do atendimento à população.

Assim, a política pública visa a implementação pelo poder executivo de um comando constitucional. Especificamente, atinente ao direito à saúde, constata-se que com o constitucionalismo social inaugurado no Brasil em 1934, o direito à saúde aparece por primeira vez em sede constitucional. Os textos seguintes

---

[38] O início foi uma ação civil pública proposta pelo MPF/ RS, que ocasionou a decisão de 2007 do TRF-4 (Tribunal Regional Federal da 4ª Região), em que obrigava o SUS a fazer esse tipo de cirurgia. A decisão do TRF determinava que o governo federal tomasse todas as medidas que possibilitem aos transexuais a realização da cirurgia de mudança de sexo pelo SUS.
"Direito Constitucional. Transexualismo. Inclusão na tabela do SUS. Procedimentos médicos de transgenitalização. Princípio da proibição de discriminação por motivo de sexo. Discriminação de gênero. Direitos fundamentais de liberdade, livre desenvolvimento da personalidade, privacidade e à dignidade humana e direito à saúde. Força normativa da Constituição".
Rel. Roger Raupp Rios, Processo n° 2001.71.00.026279-9, D.E. 22/08/2007.
Disponível em http://www.trf4.jus.br/trf4/jurisjud/resultado_pesquisa.phd Acesso em 6/9/2008.
A União recorreu ao STF (Supremo Tribunal Federal), alegando que as operações gratuitas traziam prejuízo aos cofres públicos.
Em 12 de dezembro de 2007, a então presidente do STF, Ministra Ellen Gracie, suspendeu os efeitos da decisão do TRF-4, em um pedido de suspensão de tutela antecipada. Agora, o próprio Ministério da Saúde decidiu incluir a cirurgia na tabela do SUS.
A cirurgia para mudança de sexo fará parte da lista de procedimentos do Sistema Único de Saúde (SUS). A Portaria n° 1.707 do Ministério da Saúde, publicada na edição desta terça-feira, no Diário Oficial da União, prevê a realização do processo nos hospitais públicos.
A regulamentação dos procedimentos caberá à Secretaria de Atenção à Saúde do Ministério da Saúde. Segundo o texto da portaria publicada nesta terça-feira, a secretaria vai adotar as providências necessárias à estruturação e implantação do processo transexualizador no SUS, definindo os critérios mínimos para o funcionamento, o monitoramento e a avaliação dos serviços.
O anúncio de que o SUS faria este tipo de cirurgia foi feito no início de junho, durante a Conferência Nacional de Gays Lésbicas, Bissexuais Travestis e Transexuais, a primeira, no mundo, organizada por um governo federal. Na ocasião, o ministro da Saúde, José Gomes Temporão, lembrou que essa cirurgia é um processo extremamente complexo e delicado, e serão selecionados pouquíssimos centros no Brasil, possivelmente hospitais universitários para o procedimento, que atualmente é feito em hospitais particulares, custa caro e muitas vezes envolve riscos para o paciente.
O processo cirúrgico transexualizador vai além da cirurgia e envolve uma equipe multidisciplinar composta por psicólogos, assistente social e médicos endocrinologista, psiquiatras, urologistas e ginecologistas. O Ministério promete que todo o atendimento será livre de discriminação.
Disponível em http://www.oglobo.globo.com. Acesso em 1°/9/2008. Cirurgia para mudança de sexo passa a fazer parte de procedimentos do SUS.

[39] BARROSO, Luís Roberto . Da falta de efetividade à judicialização excessiva: direito à saúde, fornecimento gratuito de medicamentos e parâmetros para a atuação judicial,p.31.
Disponível em: http: www. lrbarroso.com.br/pt/noticias.medicamentos. pdf. Acesso em: 29/8/2008.

limitaram-se a atribuir competência à União para planejar sistemas nacionais de saúde, conferindo-lhe a exclusividade da legislação sobre normas gerais de proteção e defesa da saúde e mantiveram a necessidade de obediência ao princípio que garantia aos trabalhadores assistência médica sanitária.

Na Constituição atual, o direito à saúde (art. 6°, CF) é reconhecido como direito social e um dever do Estado (art. 196, CF) que a Constituição institui obrigações para todos o entes federados. Constitui-se em competência comum (art. 23,II, CF) à União, aos Estados, ao Distrito Federal e aos Municípios, competência concorrente sobre a proteção e defesa da saúde, competindo à União o estabelecimento de normas gerais e aos Municípios as suplementares (art. 24, §§ 1° e 2°, c/c art. 30,II, CF) e cooperação técnica e financeira com o auxílio da União e dos Estados (art. 30, VII, CF). Nenhum dos entes federativos está isento de atribuições, isto apresenta dupla crítica no sentido de que a todos incumbem tarefas, mas por outro lado, quando a responsabilidade é tão partilhada entre todos, fica mais difícil cobrar a atribuição de cada um.

O Sistema Único de Saúde (SUS) se propõe a ser uma estrutura descentralizada, com direção única em cada esfera do governo, oferece atendimento integral e conta com a participação da comunidade (art. 198, CF). Em atenção aos preceitos constitucionais foram elaboradas as Leis n°s 8.080/90 e 8.142/90, conhecidas como Lei Orgânica da Saúde - LOS, que são leis nacionais, com o caráter de norma geral, onde contém as diretrizes e os limites que devem ser respeitados pela União, pelos Estados e pelos Municípios ao elaborarem suas próprias normas para garantir o direito à saúde para a população brasileira.

Deste modo, a LOS colabora na definição do direito à saúde, estrutura o SUS, tornando claro seus objetivos e suas atribuições, as diretrizes que devem orientar sua organização, direção e gestão, a forma como estão distribuídas as tarefas entre as três esferas de poder e a forma de participação na comunidade na gestão do sistema em cada uma dessas esferas, além de organizar o seu financiamento, tratando expressamente dos recursos, da gestão financeira, do processo de planejamento e do orçamento, inclusive das transferências intergovernamentais de recursos financeiros.

A questão dos medicamentos, de responsabilidade do SUS, encontra previsão legal na Lei Federal n° 8.080/90, art. 6°, VI, sendo um dos pontos de difícil operacionalização quando se trata da política de Estado para a saúde pública. Desde 1975[40] a Organização Mundial da Saúde – OMS aponta para a necessidade de os Estados formularem uma política que permita o acesso e favoreça o uso racional dos medicamentos por todas as pessoas, pois se verificou que o mercado mundial era composto, por aproximadamente 70% de substâncias não essenciais, desnecessárias e até perigosas, e que 1/3 da população não tem acesso a medicamentos essenciais.[41] Para a OMS, a formulação de uma política de medicamentos

---

[40] Resolução WHA 28.66, da 28ª Assembléia Nacional da Saúde.

[41] SOBRAVIME, O que é o uso racional de medicamentos, São Paulo: SOBRAVIME, 2001, p.13.

implica a definição de um conjunto de diretrizes com a finalidade de assegurar para toda a população uma utilização racional dos medicamentos. Isto significa diversos momentos que vão desde a produção até a prescrição dos remédios.[42]

No Brasil, foi editada a Portaria do Ministério da Saúde n° 3.916/98[43] contendo a Política Nacional dos Medicamentos, baseada nas recomendações da OMS, visando fornecer os medicamentos necessários à população mais desprovida de recursos econômicos.

Importante passo para a acessibilidade dos genéricos foi conseguido por meio dos medicamentos genéricos, disciplinados pela Lei n° 9.787/99. A partir de então, a Agência Nacional de Vigilância Sanitária – ANVISA, tem estabelecido por meio de resoluções como deve ser feito o registro, a fabricação, o controle de qualidade, a prescrição dos medicamentos genéricos.

6. A busca de critérios dentro da escolha adequada constitucionalmente, estudos preliminares

Feitas as considerações iniciais, no sentido de que é cabível a intervenção judicial dentro da perspectiva da busca da escolha adequada, passa-se à parte mais instigante, que é a busca dos critérios para nortear a interpretação jurisprudencial, em um estudo preliminar.

Por primeiro, a formulação de políticas públicas cabe aos Poderes Legislativo e Executivo, uma vez que estas opções se constituem em uma decorrência da democracia representativa e, por vezes, da participativa. Não cabe aí uma manifestação jurisprudencial, portanto.

Por segundo, nos casos de ineficiência ou omissão na execução das políticas públicas, cabe a intervenção judicial. Aí podem se apresentar algumas situações.

O Judiciário está autorizado a intervir, quando o poder público não fizer o aporte exigido constitucionalmente à área da saúde, em conformidade com o art. 198, § 2°, da CF.

O foro mais adequado para discutir a inclusão ou exclusão de algum medicamento é por via das ações coletivas, com legitimados ativos representativos e que permitem um amplo debate a respeito das prioridades, que são estabelecidas tendo em vista as determinações da Organização Mundial da Saúde, levando em conta as peculiaridades de cada país e implementadas pelo Ministério respectivo, após debate junto ao Congresso Nacional.

Atinente aos medicamentos em experimentação, que não têm a sua eficácia comprovada não podem ser objeto da inclusão em lista, pelo Poder Judiciário. Deve-se, ainda, optar pelo genérico de menor custo, quando houver esta possibilidade.

---

[42] Organização Mundial da Saúde, *Pautas para establecer políticas farmacéuticas nacionales*, Ginebra: OMS, 1988.

[43] Publicada no DOU n° 215-E, Seção I, de 10/11/98, p. 18-22.

Nos casos de demanda individual, compreende-se a agonia do cidadão que requer o remédio, da família que passa por uma situação difícil e do magistrado que muitas vezes se encontra em uma decisão entre a vida e a morte, iminentemente, mas se trava um embate entre as deliberações públicas e privadas e situações de risco em curto e médio prazo.

Por exemplo, às vezes se gasta mais na parte curativa do que preventiva. Vejam-se os números que são investidos em saneamento básico e construção de redes potável, comparativamente à saúde.[44] Os primeiros são muito tímidos se comparados aos segundos. E a ausência de investimento em saneamento básico é um foco para disseminar doenças, posteriormente. Então, na preemência do momento, descuida-se de uma perspectiva de futuro.

Deste modo, a concessão dos medicamentos não deve se pautar por uma abordagem individual dos problemas sociais, mas pela busca de uma gestão eficiente dos escassos recursos públicos, analisando-se os custos e benefícios, desde o prisma das políticas públicas. Aí se pode estabelecer mais uma reflexão a partir do pensamento de Hannah Arendt, quando trata da dicotomia público e privado.[45]

As atividades humanas são condicionadas pelo fato de que os homens vivem juntos. O termo público denota dois fenômenos intimamente correlatos, mas não perfeitamente idênticos. Significa, em primeiro lugar, que tudo o que vem a público pode ser visto e ouvido por todos e tem a maior divulgação possível. Torna-se aparente, aquilo que é visualizado e ouvido pelos outros e nós mesmos, constituindo-se na realidade. Por segundo, público significa o próprio mundo, na medida em que é comum a todos nós e diferente do lugar que nos cabe dentro dele. Se o mundo deve conter um espaço público, não pode ser construído apenas para uma geração e planejado somente para os que estão vivos: deve transcender a vida de homens mortais.

Dentro desta perspectiva, as decisões de saúde não devem se pautar pelo casuísmo, ou no dizer de Streck,[46] de modo solepsista, mas dentro de uma perspectiva de cumprimento do texto constitucional, em busca da resposta adequada dentro dos parâmetros preceituados pela Constituição Federal, sob pena de não haver avanços para as próximas gerações.

7. Considerações finais

Na perspectiva de novos temas referentes à administração, o controle judicial das políticas públicas é o tema pautado neste terceiro milênio, que coincide

---

[44] No Estado do Rio de Janeiro, foram gastos com os programas de assistência farmacêutica R$ 240.621.568,00, enquanto com o saneamento básico foram investidos R$ 102.960.276,00. Comparando-se as duas quantias, o gasto com saneamento é menos da metade.
Disponível em http: //www.planejamento.rj.gov.br/orcamentoRJ/2007_LOA.pdf. Acesso em 10/10/2007.

[45] ARENDT, Hannah, *A Condição Humana*, 10ª ed., 2ª reimp., Rio: Forense, 2002, capítulo II – as esferas pública e privada, p. 31/88.

[46] STRECK, Lenio. Decisionismo e discricionariedade judicial em tempos pós-positivistas: o solipsismo hermenêutico e os obstáculos à concretização da Constituição no Brasil. Separata: o Direito e o Futuro do Direito, Coimbra: Almedina,, 2008, p.99.

com o processo de redemocratização e reconstitucionalização do país, que é fruto da mudança de paradigma: a busca de efetividade dos direitos fundamentais. Assim, pretende-se contribuir ao debate, a fim de traçar os limites e possibilidades de atuação judicial, no tocante às políticas públicas, e construir um horizonte, com perspectiva favorável, para milhares de brasileiros que necessitam da eficácia dos direitos fundamentais sociais.

No final do século XX, produziram-se importantes mudanças no âmbito econômico, social e cultural, devidos à revolução tecnológica, à globalização, à circulação rápida da informação e das comunicações, aos processos de integração econômica e política, ao término da guerra fria, a dissolução da URSS, a queda do muro de Berlim, e o ataque de movimentos fundamentalistas. Todos estes fatores contribuíram para uma mudança no direito administrativo que até então havia se construído com o aporte iluminista e se estruturado a partir do princípio da legalidade. Com a mudança do aspecto territorial, como um dos elementos do Estado, devido à globalização, um novo contexto de Estado vem se definindo, conferindo ao direito administrativo um novo horizonte como a efetividade das garantias dos cidadãos, que fazem superar a concepção tradicional de busca de equilíbrio das prerrogativas da administração e as garantias dos cidadãos, para almejar o cumprimento do preceituado pela Constituição por parte dos poderes públicos, em especial, no que diz respeito aos direitos fundamentais.

O Estado Social produziu a superação do conceito de interesse público, calcado exclusivamente a partir dos objetivos da administração e foi substituído pelo interesse coletivo, aberto à participação popular.

Voltando ao pensamento de Hannah Arendt, percebe-se que o direito à saúde está sendo construído, por meio das políticas públicas de implementação de tratamentos e de medicamentos ditos essenciais, constituindo-se o Poder Judiciário um instrumento de realização dos direitos dos cidadãos, desde que se apliquem critérios adequados com os preceitos da Constituição, deixando-se o casuísmo e o subjetivismo, nesta seara. Outro importante aspecto a ser considerado é a atenção dos direitos sociais aos dispositivos orçamentários. Os vinte anos últimos anos de constitucionalismo democrático brasileiro demonstram esta busca de efetividade dos direitos fundamentais sociais.

Deste modo, a crise do direito administrativo é uma mutação para adequar-se às transformações e mudanças sociais vividas no início do século XXI. É necessário voltar-se à pauta dos direitos fundamentais, que até hoje não foram efetivados de maneira universal, considerando, especialmente, o direito à saúde no Brasil. Somente assim, poderemos acenar com a construção de um país com população mais saudável nas próximas gerações.

— V —

Da fundamentação à proteção dos direitos humanos: a tradição e a linguagem como condição de possibilidade para a sua perspectiva universal e multicultural

WILSON ENGELMANN[1]

Sumário: 1. O Tempo e o Direito: a hermenêutica da tradição na estrutura dos Direitos Humanos; 2. A linguagem como condição de possibilidade à perspectiva universal e multicultural dos Direitos Humanos; 3. O fim dos Direitos Humanos: da fundamentação à proteção; 4. Referências.

1. O Tempo e o Direito: a hermenêutica da tradição na estrutura dos Direitos Humanos

Quando Heidegger apresenta o tempo e sua relação com o ser, alerta:

o tempo não é uma multiplicidade de agoras justapostos, porque cada agora já não é em cada agora e porque faz parte do tempo a notável extensão, em ambos os lados, para dentro do não-ser. O agora não está associado a um ponto fixo como ponto e, portanto, não pode fazer parte dele, pois é, segundo sua essência, princípio e fim. No agora como tal já se encontra a remissão ao não-mais e ao ainda-não (Heidegger, 1975, p. 351).

O ponto principal dessa passagem é que o tempo não significa uma mera organização de "agoras", pois eles significam momentos, vinculados ao passado ("não-mais"), presente ("gegenwart") ou futuro ("ainda-não"), recebendo atribuição de sentido pelo contexto (mundo circundante), onde a pré-compreensão exerce um papel importante, responsável por trazer de volta o vigor de ter sido em seu sentido mais próprio. Uma leitura atual das interfaces desses diversos estágios do tempo é realizada por François Ost, em sua obra intitulada "O Tempo do Direito", onde a valorização do passado no presente será fundamental para se construir uma sociedade global e multicultural em condições de respeitar cada pessoa com as suas características. Com isso, será viável projetar um futuro no presente com capacidade para a prática da proteção efetiva dos Direitos Humanos.

---

[1] Doutor e Mestre em Direito pelo Programa de Pós-Graduação em Direito da Unisinos; Professor no mesmo Programa – Curso de Mestrado da disciplina de "Direitos Humanos"; Professor de Metodologia da Pesquisa Jurídica em diversos Cursos de Especialização em Direito da Unisinos; Professor de Introdução ao Estudo do Direito do Curso de Graduação em Direito da Unisinos; Integrante da Comissão de Coordenação do Curso de Graduação em Direito da Unisinos e Advogado.

O primeiro estágio desta proposta de estudar o tempo está reservado à memória que é responsável por ligar o passado, a fim de descobrir as suas contribuições para a realização da tarefa de compreensão dos fatos da vida do presente. O passado é construído a partir do presente, revelando-se o seu aspecto criativo e ativo (Ost, 1999, p. 54). O presente mostra-se como um *locus* privilegiado para captar a riqueza da pré-compreensão, formada com a interferência dos eventos ocorridos no passado. Vale dizer, a compreensão se dará a partir do contexto histórico onde se está desde sempre inserido. Esse material é organizado a partir do ato de ligação estabelecido com o passado, buscando nele os ingredientes necessários para uma efetiva aplicação dos Direitos Humanos.

Nesse processo, a tradição surge como um elemento de singular importância, pois é o "centro de uma temporalidade que pretende 'ligar o passado'". Dessa forma, a tradição pode ser considerada como o "elo lançado entre as épocas, essa continuidade viva da transmissão de crenças e de práticas" (Ost, 1999, p. 63-4). A tradição é, portanto, a nominação do ato de valorar as contribuições oriundas do passado.

Para explorar o modo de formação da tradição, que surge como o elo de vinculação dos acontecimentos anteriores, MacIntyre aponta três estágios detectados na formação e desenvolvimento de uma tradição: o primeiro estágio é aquele onde "as crenças, textos e autoridades relevantes ainda não foram questionados". Parece que nesse momento temos o ponto de partida da formação da memória, numa nítida interação entre o individual e o coletivo (social). O segundo estágio está vinculado a uma releitura do primeiro estágio, constatando-se a necessidade de realizar seleções, dadas as inadequações que foram identificadas, mas sem indicativo de solução. Trata-se, nesse caso, de constatar o caráter ativo e voluntário da memória que permite opção, escolha de fatos considerados relevantes para a compreensão do presente. É um olhar seletivo do presente lançado sobre o passado, mas sem deliberação. Esta ocorrerá no terceiro estágio, "no qual a reação a tais inadequações resultou numa série de reformulações, reavaliações, novas formulações e avaliações concebidas, a fim de solucionar as inadequações e superar limitações" (MacIntyre, 2001, p. 382). Esse terceiro estágio privilegia determinados fatos em detrimento de outros, dadas as suas repercussões na atualidade. Aqui deverá ingressar a necessária reflexão sobre a falta de aplicação das teorias geradas em torno do tema dos direitos do homem.

Nesse processo sucessivo de sedimentação de fatos do passado, inscreve-se a matéria relativa aos Direitos Humanos. Como componente da consciência comum dos integrantes dos grupos sociais, respeitadas as suas particularidades, os Direitos Humanos fazem parte da tradição local e internacional, posto fruto de um processo histórico consubstanciado nas perspectivas jusnaturalista, universalista e constitucional. A preocupação que o tema carrega transmite uma tradição humana de lutas, conquistas e retrocessos na busca por uma vida digna.

Segundo Ost, o Direito é tradição por excelência, na medida em que "constitui-se por sedimentações sucessivas de soluções, e as próprias novidades que ele produz derivam de forma genealógica de argumentos e de razões dignos de crédito num ou noutro momento do passado" (Ost, 1999, p. 64). O caráter histórico do Direito, e com ele dos Direitos Humanos, é oriundo da junção de todo um conjunto de decisões, envolvendo situações humanas que devem servir para alimentar a pré-compreensão, visando explicitar o desenho de soluções que efetivamente tenham como foco principal o humano.

Portanto, "a tradição é imediatamente caracterizada por dois aspectos: a continuidade e a conformidade. Por um lado, há ligação a uma dada fonte de anterioridade; por outro, existe alinhamento num determinado foco de autoridade. A tradição é uma anterioridade que constitui autoridade" (Ost, 1999, p. 64). Não se trata de uma autoridade que impõe determinado ponto de vista. Pelo contrário, é uma autoridade formada pelo sucessivo aprendizado das gerações anteriores, prontas a servir de fonte de ensinamento e aconselhamento para a solução de casos no presente. Surge, assim, o espaço fértil para o ingresso da tarefa da hermenêutica que

> não é desenvolver um procedimento da compreensão, mas esclarecer as condições sob as quais surge compreensão. Mas essas condições não têm todas o modo de ser de um "procedimento" ou de um método de tal modo que quem compreende poderia aplicá-las por si mesmo – essas condições têm de estar dadas (Gadamer, 2002, p. 442).

A compreensão será a responsável pela distinção entre os preconceitos verdadeiros dos falsos que o intérprete possui e aqueles que vêm ao seu encontro. Nesse particular, surge a importância do tempo e o seu significado para a compreensão. É a experiência, onde o intérprete encontra-se jogado, o aspecto peculiar de tempo que será fundamental para a construção do processo de compreensão, interpretação e aplicação de regras e princípios capazes de proteger os direitos dos humanos, seja contra as investidas do próprio Estado ou de organizações particulares, especialmente aquelas formadas a partir dos avanços dos efeitos da globalização. Apesar disso, a tradição não fornece uma fórmula pronta e acabada, mas que precisa ser revisada e adaptada em cada nova situação.

Assim, Gadamer refere o efetivo significado da chamada "distância temporal" para o desenvolvimento da compreensão:

> O tempo não é um precipício que devamos transpor para recuperarmos o passado; é, na realidade, o solo que mantém o devir e onde o presente cria raízes. [...] Trata-se, na verdade, de considerar a "distância temporal" como fundamento de uma possibilidade positiva e produtiva de compreensão. Não é uma distância a percorrer, mas uma continuidade viva de elementos que se acumulam formando a tradição, isto é, uma luz à qual tudo o que trazemos conosco de nosso passado, tudo o que nos é transmitido faz a sua aparição (Gadamer, 1998, p. 67-8).

Resta sublinhada a importância do passado para a construção da compreensão, que na sua constituição procura resgatar os caminhos anteriormente percorridos, que formam a sua condição de possibilidade. Este passado é o responsável pela formação dos preconceitos, alimentando-os e condicionando-os.

Além disso, somente se pode compreender o presente mediante os legados oriundos do passado. Gadamer justamente quer mostrar que os fatos que compõem o passado não formam um conjunto que se torna objeto da consciência. Pelo contrário, é uma bagagem na qual nos movemos e participamos, não a recebemos acabada. "A tradição não se coloca, pois, contra nós; ela é algo em que nos situamos e pelo qual existimos; em grande parte é um meio tão transparente que nos é invisível – tão invisível como a água o é para o peixe" (Palmer, 1996, p. 180). É por isso que Gadamer afirma que nós pertencemos à história, estamos imersos na tradição e dela buscamos subsídios para a compreensão do mundo circundante, atribuindo-lhe sentido.

Nessa mesma linha se pode dizer que "o essencial na tradição é, pois, a autoridade reconhecida ao passado para regular, ainda hoje, as questões do presente" (Ost, 1999, p. 65). O ato de ligar o passado encontra-se circunscrito a essa particularidade: a memória da tradição exerce uma autoridade sobre o presente, na medida em que vem ao nosso encontro, como um modo de compreender a realidade atual. Aí a sua autoridade. Trata-se de uma autoridade consolidada pelo tempo e não artificialmente imposta pela vontade individual de um governante.

Convém observar o caráter criativo do processo de inserção da tradição (responsável por forjar a pré-compreensão) no círculo hermenêutico: "o enigma e a força da tradição é renovar sempre o fio da continuidade, ao mesmo tempo em que incorpora a inovação e reinterpretação que o presente exige: a herança é incessantemente modificada e, contudo, é da mesma herança que se trata" (Ost, 1999, p. 67). Em decorrência das diversas faces produzidas pela matéria dos Direitos Humanos, torna-se necessário valorizar os legados da tradição, mas com abertura suficiente para receber as adaptações produzidas pelos movimentos do presente.

O segundo compasso do tempo projetado por François Ost refere-se ao perdão como um meio para desligar o passado, no sentido de abrir o tema dos Direitos Humanos às inovações e aos novos desafios próprios de cada época.

Nesse momento, chega-se ao estágio anteriormente descrito a partir de MacIntyre, a saber, é momento de avaliar criticamente a tradição, aferindo-se inadequações e pontos a serem ajustados. Não se trata, no entanto, de acabar com a tradição,

> mas submetê-la a um processo permanente, crítico e reflexivo, de revisão que, ao mesmo tempo lhe assegure uma consciência mais exata da sua singularidade e lhe facilite uma abertura dialógica com as outras tradições num espaço público de discussão – científico, artístico ou político – que está em grande parte por construir (Ost, 1999, p. 156).

A abertura desse espaço destina-se a construir releituras da tradição e promover a interação entre as diversas tradições produzidas no contexto social, visando ao enriquecimento recíproco. O combate à concepção metodológica da hermenêutica, tanto em Heidegger quanto em Gadamer, funda-se nesse aspecto: a mobilidade e a finitude da existência humana.[2] Valorar a tradição não significa curvar-se a determinado aspecto sem questionamento. Pelo contrário, a tradição fornece o substrato para efetivar leituras adequadas às necessidades de cada época histórica, humanamente produzidas e, com isso, nunca iguais, e sempre finitas, como a vida de cada homem e mulher. Portanto, assim se opera o encontro das idéias de François Ost e Martin Heidegger, pois o passado, como "vigor de ter sido" (Heidegger, 2002a, Parte II, § 65, p. 120), não significa algo que ficou ultrapassado e deve ser esquecido: é um passado que continua irradiando projeções valorizáveis.

O terceiro momento está preocupado com a promessa, chamada a ligar o futuro. O homem, como não domina o futuro, projeta promessas e pontes para frente, para o desconhecido, abrindo-se novos desafios. Os Direitos Humanos, ao trabalharem com a finitude da existência humana, procuram conjugar e encontrar o ponto de equilíbrio entre "a emancipação dos homens com o estabelecimento da lei" (Ost, 1999, p. 203). A garantia da liberdade para a existência humana digna é o grande compromisso de trabalho com o tema dos Direitos Humanos. Quando Ost fala na "lei" aponta para o desenvolvimento de regras de conduta, internacionalmente aceitas e nacionalmente vinculantes, que protejam os humanos, garantindo-lhes o atendimento de suas necessidades.

Com o desafio assim delineado, surge novamente a questão da necessidade de revisar antigas e anteriores concepções e teorias, pois "é preciso saber rever para durar" (Ost, 1999, p. 206). Aí a chave da sobrevivência dos direitos já conquistados a título de Direitos Humanos: revisar, criar e adaptar são palavras indispensáveis ao equacionamento do tempo e dos Direitos Humanos. Pode-se fazer, a partir dessas constatações, uma vinculação com a idéia de Heidegger de que a interpretação é o modo de conhecer as possibilidades lançadas pela compreensão. Como esta não ocorre sempre da mesma forma, pois o mundo circundante não é sempre o mesmo, deve-se estar aberto à revisão das interpretações já lançadas (Heidegger, 2002, Parte I, § 32, p. 204 *et seq.*).

Na medida em que se projeta o olhar para o futuro, descobre-se a perspectiva da ética, perpassada pela "fides" romana, enquanto "fé" colocada na base dos compromissos sociais da esfera pública como a lei e o julgamento, assim como na esfera privada, nos contratos e convenções, por exemplo. No caso, precisamos estar preocupados em resgatar e valorizar a fé, a crença nas promessas lançadas na instalação do Estado Democrático de Direito.

Assim, não se trata mais de uma projeção apenas vinculada à vontade individual do soberano. Pelo contrário, a preocupação está voltada a uma ordem jurídica compreendida "como um sistema durável de interações e de compromis-

---

[2] Segundo Heidegger, "a tarefa preliminar de se assegurar 'fenomenologicamente' o acesso ao ente exemplar como ponto de partida da própria analítica já se acha sempre delineada a partir do próprio ponto de chegada" (Heidegger, 2002, Parte I, § 7, p. 68). É olhando para frente, com os olhos postos na tradição, que será possível construir a compreensão do mundo circundante.

sos recíprocos baseados na confiança" (Ost, 1999, p. 216). Vale lembrar que a confiança foi o elemento motivador da "celebração" do contrato social, o qual, em última análise, é o responsável pela atual forma do Estado. Desta maneira, os humanos precisam confiar nas promessas públicas, especialmente no tocante ao respeito e proteção dos seus direitos (direitos dos humanos). Aliás, independente da justificativa, esses direitos devem ser considerados elementares para a caracterização de qualquer agrupamento social. Isso poderá ser resumido na seguinte fórmula: "a promessa compromete o futuro se, e apenas se, conseguir apoiar-se numa forma prévia de confiança que ao mesmo tempo regenera e reforça" (Ost, 1999, p. 219). O ato de ligar o futuro significa lançar uma promessa que consiga, pela intermediação da "boa-fé", respeito e credibilidade. Caso contrário, não será possível projetar raízes concretas para frente, pois os elos formados serão extremamente frágeis e instáveis.

Com isso, desenha-se o seguinte desafio para a proteção dos Direitos Humanos: "pensar as vias de abertura do futuro em formas duráveis; romper com o passado, apoiando-se ao mesmo tempo nele, libertar as forças instituintes nas próprias formas do instituído" (Ost, 1999, p. 227). As promessas lançadas para o futuro deverão estar alicerçadas nas forças produzidas pelo passado e reinterpretadas no presente. Desenha-se, assim, a chave para a caracterização da confiança nas promessas. Não havendo essas linhas de vinculação, tratar-se-ão de meras promessas ou teorias, sem nenhuma preocupação com o seu efetivo cumprimento.

O futuro nutre-se da pré-estrutura (Heidegger) ou da pré-compreensão (Gadamer) formada mediante o aproveitamento das circunstâncias produzidas pelo passado – memória e tradição: "a hermenêutica deve partir do fato de que quem quer compreender está ligado à coisa que vem à fala na tradição, mantendo ou adquirindo um vínculo com a tradição a partir de onde fala o texto transmitido" (Gadamer, 2002a, p. 79). Os Direitos Humanos podem ser considerados promessas, originadas na tradição de cada povo, que projetam possibilidades para a manutenção e o desenvolvimento dos diversos grupos sociais.

O quarto momento proposto por François Ost encontra-se vinculado ao requestionamento, onde se torna possível desligar o futuro. O requestionamento do tempo poderá ser vislumbrado sob diversas formas, a saber, "adaptar o texto às circunstâncias variáveis, submetê-los regularmente à avaliação, enriquecê-lo com precisões jurisprudenciais e doutrinais" (Ost, 1999, p. 319). Em todas essas etapas, a partir de novas luzes lançadas pelo passado e as contingências do presente e do futuro, permite-se revisar concepções já projetadas, justamente para atender na integralidade às promessas lançadas anteriormente. O requestionamento acompanha toda a evolução do tempo, não sendo necessariamente lançado para o final.

Quando se apresenta o futuro, não se propõe o amanhã, mas o hoje preocupado com a continuidade do humano. Com isso, abre-se espaço para o viver a atualidade, ou seja, o "tempo real". Não se trata mais de um tempo de "duração, da expectativa, do projeto paciente e da longa memória. Radicalmente acelerado, é reconduzido do longo prazo ao curso prazo, e deste ao imediato" (Ost, 1999, p. 347). A apresentação atual do tempo com esse perfil acaba provocando uma inversão temporal, separando-nos do poder integrador e alimentador do passado, a saber, da tradição, e afastando a nossa capacidade de projetar, de planejar, de mobilizar o futuro.

Vale dizer, o movimento da urgência esquece o encadeamento dos diversos compassos do tempo: "vindo-a-si mesma num porvir, a decisão se atualiza na situação. O vigor de ter sido surge do porvir de tal maneira que o porvir do ter sido (melhor, em vigor) deixa vir-a-si a atualidade. Chamamos de temporalidade este fenômeno unificador do porvir que atualiza o vigor de ter sido" (Heidegger, 2002a, Parte II, § 65, p. 120). Cabe sublinhar que "o nosso universo é o dos programas curtos, das mudanças perpétuas de normas e dos estímulos a experimentar sem esperar qualquer nova sugestão" (Ost, 1999, 350). Esquecemos que a temporalidade (temporal + idade) é um demorar-se, o que significa verificar as diversas possibilidades projetadas pela pré-compreensão, oriunda da tradição.

Esse é o desafio vivido pelos Direitos Humanos, a preocupação com o imediato e o consumo fácil, acaba colocando em risco a sua manutenção. Nem se pode falar em sua aplicação. Nesse sentido, a reflexão sobre o tempo é fundamental para o tema, pois dele depende a sobrevivência da própria espécie humana que vai aperfeiçoando a sua existência, justamente na promoção dos Direitos Humanos. Provavelmente, um dos motivos dessa derrocada dos Direitos Humanos resida na visão equivocada do tempo: "o tempo não é primeiramente um abismo que se deve ultrapassar porque separa e distancia. É na verdade o fundamento sustentador do acontecer, onde se enraíza a compreensão atual. Desse modo, a distância temporal não é algo que deva ser superado" (Heidegger, 2002a, Parte II, § 59, p. 79). O equívoco precisa ser repensado, sob pena do ser humano estar correndo sério risco de sucumbência a uma mera concepção econômica das relações projetadas pelas redes da globalização, que são caracterizadas pela preocupação com o "tempo real". Aqui se abre o espaço para o requestionamento em relação aos Direitos Humanos. Portanto, é preciso situá-los entre o "tempo real" e o "tempo diferido" e o projeto que desloca o foco da sua fundamentação a uma aplicação efetiva.

2. A linguagem como condição de possibilidade à perspectiva universal e multicultural dos Direitos Humanos

O enlaçamento destes diversos estágios temporais é realizado pela linguagem. Ela também mostra que não existe "um abismo" entre um e outro. Eles estão próximos uns dos outros e de cada pessoa, pois representam o seu mundo circundante. É a linguagem que possibilita o acesso aos estágios, a fim de retirar-se deles os ingredientes para a consolidação da estrutura do círculo hermenêutico que sustenta a atribuição de sentido dos diversos contornos dos Direitos Humanos.

Na proposta da filosofia hermenêutica de Heidegger, como a pessoa é um ser-no-mundo, a linguagem passa a ocupar um lugar de destaque, pois é alçada à categoria de condição de possibilidade do próprio mundo. Tal ocorre "porque é pela linguagem e somente por ela que podemos ter mundo e chegar a esse mundo. Sem linguagem não há mundo, enquanto mundo. Não há coisa alguma onde falta a pá-lavra. Somente quando se encontra a pá-lavra para a coisa é que a coisa é uma coisa" (Streck, 2004, p. 204-5). Para a interpretação desta linguagem, com o seu caráter fundante da própria existência do mundo, não se pode pensar numa hermenêutica ligada a métodos que buscam a única verdade ou certeza. A existência do homem não é sempre igual, mas contingente. Com esta particularidade a hermenêutica deverá trabalhar, especialmente a partir da preocupação com os Direitos Humanos que são um norte para aquela proposta, mas afastando-se a pretensão de construir uma "resposta certa". Buscar-se-á, sempre, a melhor resposta tendo em vista as peculiaridades do caso concreto.

Nesse detalhe, a linguagem também é o meio para que se possa nominar e buscar os Direitos Humanos. Além do mais, a tradição e os demais estágios do tempo acima explicitados dependem da linguagem, como um caminho constituidor de sua existência. A linguagem é o elemento capaz de aproximar e relacionar as mais diversas culturas e as mais variadas formas de expressão dos Direitos humanos.

Seguindo a esteira de Heidegger, Gadamer afirma: "O ser que pode ser compreendido é linguagem" (Gadamer, 2002, p. 687). A linguagem é o ser que pode ser compreendido. Significa dizer que somente poderemos conceber o ser do ente homem, a partir das possibilidades projetadas pela linguagem. A linguagem aponta para a totalidade do mundo onde ocorre a experiência da tradição. Entretanto, alerta Gadamer, "a tradição não é simplesmente um acontecer que se pode conhecer e dominar pela experiência, mas é linguagem, isto é, fala por si mesma, como faz um tu" (Gadamer, 2002, p. 528). A linguagem surge como a condição de possibilidade de toda experiência hermenêutica, ou seja, "é o *medium* universal em que se realiza a própria compreensão. A forma de realização da compreensão é a interpretação" (Gadamer, 2002, p. 566).

A linguagem também se apresenta como uma condição anafastável para a significação dos diversos estágios do tempo planejados na obra de François Ost. Ela representa uma poderosa possibilidade para a construção de pontes que aproximam as diversas etapas. Paralelo a isso, também se mostra como suporte para a fala dos Direitos Humanos. E mais, para que as pessoas percebam a importância da linguagem, a fim de manter aberto um canal de comunicação à prática dos Direitos Humanos. A linguagem não é um instrumento que se coloca entre o sujeito e o objeto, a saber, entre a pessoa e os Direitos Humanos. Pelo contrário, é a partir dela que se pode concebê-los. Do mesmo modo, a tradição e suas possibilidades não estão dispostas para serem acessadas. Ela somente pode ser percebida e valorizada na e pela linguagem. No mesmo caminho vão os Direitos Humanos, isto é, eles somente têm a devida importância, pela mediação da linguagem.

A análise do tema aponta para um aspecto especial: "para que haja direitos humanos, é preciso existir um conceito universal de ser humano enquanto tal" (Höffe, 2000, p. 194). A dificuldade para atender a essa exigência é grande. No entanto, se é levada em consideração a linguagem como a condição de possibilidade do mundo, também poderá ser atribuída a ela a viabilizadora de um elo de ligação das diversas culturas e ênfases acerca do ser humano. Parece que inexiste dúvida que o ser humano, como um ente relacional, busca a sua nominação pela linguagem. E é esse ser humano que luta por condições mínimas de existência. Além do mais, os Direitos Humanos se legitimam a partir de uma reciprocidade; de um intercâmbio (Höffe, 2000, p. 201). A linguagem mostra-se como esse elo que aproxima os seres humanos, posto que em todos, respeitando as diferenças, existe a necessidade de algumas condições mínimas de sobrevivência.

De certa maneira, essa caracterização servirá como norteador do exercício da autoridade por parte do Estado, seja interna ou externamente, "com o devido respeito aos direitos humanos que encarnam os requisitos da justiça e para o propósito de promover o bem comum no qual tal respeito pelos direitos é um componente" (Finnis, 2007, p. 35). Promover o respeito aos Direitos Humanos acaba sendo uma obrigação pública ou um componente da atuação do Estado, posto em sintonia com a idéia de bem comum e de justiça. Vale destacar que esse respeito não pressupõe a previsão legal, eis que "os direitos humanos ou naturais são os direitos morais fundamentais e gerais" (Finnis, 2007, p. 195). Portanto, esses direitos são algo mais profundo que um comando estatal; são, na verdade, um conteúdo essencial que justifica a própria estrutura de um Estado Democrático de Direito.

Tal característica pode ser examinada na fórmula de redação dos diversos documentos (Declarações) sobre Direitos Humanos. Todos empregam duas formas canônicas principais: "(a) Todos os indivíduos têm direito a ..." e "(b) Ninguém será ...", visando a implantar as seguintes limitações: "(i) garantir o devido reconhecimento dos direitos e liberdades de outrem" e "(ii) satisfazer aos justos requisitos da moralidade, da ordem pública e do bem-estar geral em uma sociedade democrática" (Finnis, 2007, p. 207 e 209).

Os diversos compassos do tempo antes examinados formam-se a partir de vários elementos oriundos especialmente da tradição. Ao lado disso, a contribuição da perspectiva moral é inegável. Vislumbrando a situação por outro lado: a preocupação com a moral e a ética (sem considerar eventual distinção) acompanha a evolução humana, assim como a configuração dos seus direitos. Portanto, uma sociedade que desrespeita os Direitos Humanos, contraria um elemento valorativo – proveniente da ética e da justiça – que retira a legitimidade daquela atuação estatal.

Da fundamentação à proteção dos direitos humanos

Essas constatações mostram a universalidade dos Direitos Humanos e autoriza dizer: "independentemente da sociedade ou da época em que vive uma pessoa, esta deve possuir certos direitos somente pelo fato de ser pessoa" (Höffe, 2000, p. 179). A passagem aponta para a universalidade e o multiculturalismo que perpassam a noção de Direitos Humanos. Sublinhando: não há época histórica e nem grupo social, por mais peculiar que possa se apresentar, onde os "direitos" fiquem excluídos. Evidentemente que existem níveis e graus de valorização, próprios de cada modo de sociedade. No entanto, os "direitos" sempre estarão contemplados.

A linguagem e sua compreensão, interpretação e aplicação são percepções humanas. Quer dizer, presentes onde estiver uma pessoa que "é o homem não por sua substância, senão como uma reunião de relações no qual se encontra com respeito a seu mundo, a seus semelhantes e as coisas" (Kaufmann, 2000, p. 248). A pessoa é o ser do ente homem (e mulher) que se manifesta pela linguagem nas diversas relações, por isso "é a unidade imediatamente convivida do viver, mas não uma coisa simplesmente pensada fora e atrás do imediatamente vivido" (Scheler, 1948, p. 159). O ser pessoa leva o homem para vida, para o desenvolvimento do seu caráter social, sua abertura para o tempo, com ele aprendendo, ensinando, errando, enfim, vivendo e buscando os seus "direitos" por essa caracterização.

O ser pessoa do ente homem (e mulher) é a marca especial da universalidade dos Direitos Humanos. Para Antonio Cassese, essa referência é um mito, eis "que a observância dos direitos humanos é muito diferente nos distintos países" (Cassese, 1993, p. 61). A universalidade não está vinculada às espécies de Direitos Humanos, mas à sua existência (talvez enquanto gênero). O certo é que as variadas espécies de Direitos Humanos estão vinculadas a fatores culturais. Portanto, não existe um padrão que caiba para todos, mas a todos deverá ser facultada a plena realização desses "direitos" dada a simples condição de titularidade humana.

Essa marca característica da presença de homens e mulheres não presos aos limites territoriais dos Estados, sublinha a sua complexidade, posto vinculados a um espaço global. Os Direitos Humanos surgem como um mecanismo de proteção contra os abusos cometidos pelos detentores do poder estatal. Não obstante, na atualidade, com a erosão do contexto estatal, a partir dos reflexos da globalização, surge um outro nível de preocupação: os Direitos Humanos deverão ser considerados para proteger homens e mulheres de um poder global, oriundo de várias frentes, sem uma origem bem definida.

Com isso, a luta volta-se novamente à busca de proteção a fim de construir "uma cultura dos direitos que recorra, em seu seio, à universalidade das garantias e ao respeito pelo diferente" (Flores, 2004, p. 365). Tal contexto provoca, necessariamente, segundo Joaquín Herrera Flores, uma visão complexa dos Direitos Humanos, que deverá trabalhar com os olhos focados na periferia, objetivando examinar com possibilidade crítica o poder que domina o centro. No caso, o poder econômico emanado dos grandes conglomerados internacionais, que surgem como uma nova "ameaça" aos Direitos Humanos. A periferia da qual fala Flores produz uma gama variada de ensinamentos: "quando não aprenderíamos sobre direitos humanos, escutando as histórias e narrações a respeito do espaço que habitamos expressadas por vozes procedentes de diferentes contextos culturais!" (Flores, 2004, p. 368). Deve-se, portanto, escutar a voz da tradição, onde já se está desde sempre inserido. Ela fornecerá subsídios ao respeito dos Direitos Humanos para todos os humanos, sem exceção.

Surge, com tal situação, uma nova face da universalidade dos Direitos Humanos, a "cidadania cosmopolita", onde os homens e mulheres não estão mais apenas em contato com a ordem jurídica do Estado nacional, mas sujeitos a uma ordem que vai além desse Estado. "A cidadania cosmopolita será, portanto, aquela que irá assegurar direitos e liberdades a serem reconhecidos, não somente pelo Estado nacional, mas que perpassará diversas ordens jurídicas. Será uma cidadania que se define não somente por um Estado, mas através de diferentes Estados" (Barretto, 2006, p. 419-20). Os novos laços produzidos a partir da globalização continuam vinculados eticamente à concretização e respeito dos Direitos Humanos. Mesmo dentro de um cenário com muitas peculiaridades, cada vez mais visíveis, o respeito aos Direitos Humanos precisa ser redesenhado "em função de três tipos de constatações empíricas, que obrigam a construção de um novo sistema de normas jurídicas: humanidade comum, ameaças compartilhadas e obrigações mínimas" (Barretto, 2006, p. 425). Nesse conjunto de novos desafios, ocorre uma verdadeira simbiose entre o local e o global, ambos focados na construção de um arcabouço jurídico capaz de dar conta dos novos desafios, sem descuidar de um velho conjunto de "direitos".

Além disso, Canotilho enfatiza que o desenvolvimento de uma "Constituição Nacional e um constitucionalismo global" exigirá a consideração dos "direitos humanos como limites morais ao pluralismo e às práticas sociais nacionais e internacionais". Isso porque "a 'lei' ou 'direito dos povos' não significa necessariamente direito internacional positivo, mas sim uma concepção política do direito e da justiça informadora dos princípios de direito e práticas internacionais" (Canotilho, 2008, p. 135). A principal face desse desafio não está na positivação dos "direitos", mas na explicitação de interesse político para que os Direitos Humanos efetivamente sejam respeitados, concretizados e colocados como justificativas éticas para a tomada das decisões que impliquem consequências humanas, consideradas em todas as suas dimensões (sociais, políticas, culturais, ecológicas, etc.).

A universalidade e o multiculturalismo próprios dos Direitos Humanos acabam refletindo um outro detalhe: o equacionamento de divergências em valores religiosos, culturais, filosóficos, jurídicos, morais, históricos, sociológicos e econômicos (Miranda, 1995, p. 9 e Guerrero, 2001, p. 71). Assim sendo, é correto observar que "o conteúdo dos Direitos Humanos traça, pois, um caminho que consiste em acoplar as diferentes sociedades numa ordem unitária universal que recolhe todos os direitos", formando uma "societas universales" da humanidade (Guerrero, 2001, p. 88 e 90).

O projeto de realização dos Direitos Humanos será comandado pelos postulados do direito natural (Engelmann, 2007, p. 135 *et seq.*), formando um "novo direito natural da humanidade", inspirado "no sentido de um conjunto de parâmetros de conduta e avaliação, condizentemente filtrados – por obra de todos os Estados – de tradições ideológicas e filosóficas, de preceitos religiosos e concepções de mundo, e transformados pelos Estados mesmos em código internacional de conduta" (Cassese, 1993, p. 227).

Esta concepção dos Direitos Humanos inspira o surgimento de sistemas protetivos, conferindo aos homens e mulheres a categoria de "sujeito internacional", com outorga de direitos e deveres na órbita internacional (Piovesan, 2000, p. 33 e Piovesan, 1996, p. 19), gerando o chamado sistema normativo internacional de proteção, organizado no plano global (a Declaração Universal de Direito Humanos de 1948, por exemplo) ou no plano regional (Convenção Americana de Direitos Humanos de 1969 e Carta dos Direitos Fundamentais da União Européia de 2000, por exemplo).

3. O fim dos Direitos Humanos:[3] da fundamentação à proteção

Norberto Bobbio refere que "o problema fundamental em relação aos direitos do homem, não é tanto o de *justificá-los*, mas o de *protegê-los*" (Bobbio, 1992, p. 24). Com essa passagem, fica sublinhado que a busca por um fundamento para os Direitos Humanos não deverá ser o aspecto principal, mas a sua efetiva proteção. No fundo, a preocupação em fundamentar esses "direitos" liga-se ao contexto da existência de algum valor absoluto que possa sustentar os Direitos Humanos. Gregorio Robles afirma que existe a necessidade de fundamentar os Direitos Humanos, a qual não se circunscreve a um mero jogo intelectual, mas representa uma necessidade teórica e prática. Justifica o seu ponto de vista apontando a necessidade de saber-se o motivo da defesa de determinado assunto, de indicar o caminho a ser percorrido e o esclarecimento das idéias. (Robles, 1995, p. 11 *et seq.*). Tudo indica que nenhum desses argumentos é suficiente e minimamente aceitável para se exigir a continuidade de propostas de fundamentação dos mencionados "direitos".

Alfredo Culleton também defende a necessidade da fundamentação, a partir de uma razão discursiva e não de autoridade: "a fundamentação racional dos direitos humanos não só é possível, mas também conveniente e necessária, dado que a base racional é a única que permite justificar plenamente a defesa dos valores jurídicos e políticos". Para tanto, propõe a seguinte fórmula: "toda fundamentação racional própria (isto é, coerente com seu peculiar caráter) tem uma

---

[3] Título adaptado a partir da obra de DOUZINAS, Costas. *The end of human rights:* critical legal thought at the turn of the century. Oxford: Hart Publishing, 2000.

validade racional absoluta". Apesar dessa caracterização, reconhece a abertura para que a sua validade não seja reconhecida por todos os envolvidos e nem limitada a qualquer consideração de tempo (Culleton, 2007, p. 58 *et seq.*).

Parafraseando Castanheira Neves, pode-se dizer que essa postura é equivocada, na medida em que pretende resolver o problema da validade e fundamentação de um sistema mediante a concepção de outro sistema (este agora "fundamentante") a sobrepor o sistema dos Direitos Humanos a fundamentar. (Castanheira Neves, 1971-72, p. 59). O grande problema da busca de um fundamento é que ao chegar-se até ele, se descobre que deve-se buscar outro, que esteja acima dele, e assim sucessivamente.

Hermeneuticamente falando, isso não é possível, e a preocupação oriunda dos Direitos Humanos não poderá ser submetida a tamanha cadeia de busca, sob pena de esquecer-se a sua proteção e implantação para todos os homens e mulheres. Tudo indica que a busca por um fundamento sempre resvala para uma "verdade absoluta" ou um ponto de partida igual e original que possa dar conta de todas as situações, além do desenvolvimento de um processo inferência. Entretanto, "é preciso ter claro que o sentido do ser de um ente não pode ser constitutivo do sentido do ser de outros entes" (Streck, 2004, p. 227). Nesse sentido, o sentido do ser da pessoa não poderá fornecer o sentido para os homens e mulheres e deles para os Direitos Humanos.

A análise das diversas etapas do tempo acima estudadas permite dizer a partir de Heidegger que ele (o tempo) é uma espécie de matriz e motor essencial da manifestação. Dentro dessa linha de idéias se pode constatar que o ser, como elemento de apoio a todo ente, "ele próprio não pode possuir um fundamento que por seu turno o justifique, pois tal conduziria a um processo de regressão infinito" (Blanc, 1998, p. 141). Nesse dilema resvala a procura por um fundamento para os Direitos Humanos. Não se pode aceitar o processo de inferência, dada a impossibilidade de se deduzir algo de algo. "Tampouco o fundamento pode ser uma frase, uma categoria. [...] Daí que, repita-se, o fundamento tem que ser 'sem fundo'. Ele é abissal, na medida em que nem é infinito e nem objetivo" (Streck, 2004, p. 227). Portanto, dentro da perspectiva da fenomenologia é necessário ter em consideração uma espécie de co-originalidade, que se manifesta nos "indícios formais". Sendo que eles "aparecem primeiramente e o mais das vezes de certo jeito, podendo ser usados para designar o ser humano".

Essa situação aponta para uma "espécie de passividade pela qual, desde sempre, já sei *ser-jogado-no-mundo*" (Stein, 2002, p. 160). Essa situação original se apresenta como um elemento hermenêutico da fenomenologia hermenêutica heideggeriana, que se mostra existencialmente a partir do mundo circundante onde cada homem e mulher já estão desde sempre inseridos. É por isso que se pode afirmar que os Direitos Humanos existem porque desde sempre nos compreendemos como pessoa (ser) do ente homem ou mulher. Dessa feita, é a partir da diferença ontológica que emerge "um elemento não-inferencial, condição de possibilidade de qualquer inferência. A fenomenologia hermenêutica, através dos indícios formais, pretende abrir-nos o caminho para esse universo não-inferencial, o antepredicativo, que se dá em bases existenciais" (Stein, 2002, p. 168). É nessa perspectiva existencial que os indícios formais fundamentam através de um fundamento sem fundo, posto dependente do modo de ser do ser do *Dasein*, que, por essa característica, não se pode prender a um pressuposto lógico de regresso.

A preocupação com os Direitos Humanos é teleológica – de fim (a proteção) – e não de "início" – a fundamentação. Que os humanos têm "direitos" por serem humanos, ninguém duvida. A tradição, formada pelo enlaçamento dos diversos estágios do tempo com a mediação da linguagem, testemunha nesse sentido. O grande problema é a efetivação dos Direitos Humanos, aí a preocupação, que deverá estar focada na realização humana integral, a partir do seguinte aspecto: "os direitos do homem não são somente inalienáveis, mas também, com todo rigor, invioláveis" (Finnis, 2003, p. 42). Essa é a tônica da situação atual sobre os Direitos Humanos.

Portanto, no seio de um Direito Constitucional Internacional é preciso alocar a principal obrigação de todos os Estados: a proteção dos Direitos Humanos. Além disso, é necessário um rigor maior nos órgãos jurisdicionais, responsáveis pelas demandas que envolvam esses "direitos".

Serve de exemplo, portanto, a seguinte manifestação nesse sentido: "[...] 8. Que, em virtude da responsabilidade do Estado de adotar medidas de segurança para proteger as pessoas que estejam sujeitas a sua jurisdição, a Corte estima que este dever é mais evidente ao se tratar de pessoas reclusas em um centro de detenção estatal, em cujo caso se deve presumir a responsabilidade estatal no que aconteça às pessoas que se encontram sob sua custódia. 9. Que no Direito Internacional dos Direitos Humanos as medidas provisórias têm um caráter não só cautelar, no sentido de que preservam uma situação jurídica, senão fundamentalmente tutelar, porquanto protegem direitos humanos. Sempre que se reúnam os requisitos básicos da extrema gravidade e urgência e da prevenção de danos irreparáveis às pessoas, as medidas provisórias se transformam em uma verdadeira garantia jurisdicional de caráter preventivo. [...]".[4]

Aqui fica reconhecido que o Estado tem responsabilidade na sua conduta, com vistas à proteção dos Direitos Humanos em relação aos homens e mulheres que estão sob sua jurisdição. No caso, o Brasil tem o dever de assegurar a vida digna e condições mínimas para a garantia da humanidade daqueles que vivem em seu território. Aí o rumo da preocupação: a efetividade aos "direitos". Tal conclusão está assegurada pela Constituição Federal quando, no art. 1º, III,

---

[4] Resolução da Corte Interamericana de Direitos Humanos de 18 de junho de 2002, no pedido de Medidas Provisórias solicitadas pela Comissão Interamericana de Direitos Humanos a Respeito do Brasil em favor dos internos da Casa de Detenção José Mario Alves – conhecida como "Penitenciária Urso Branco", localizada na cidade de Porto Velho, Estado de Rondônia, com o objetivo de evitar que continuem a morrer internos na penitenciária. (Mello e Torres, 2003, p. 258).

estabelece uma das bases do Estado Democrático de Direito brasileiro na dignidade da pessoa humana. Ela, por si só, é o elemento de sustentação dos Direitos Humanos. Vale dizer, a dignidade da pessoa humana é a expressão mais clara do respeito aos Direitos Humanos. Além do mais, o texto constitucional reconhece que a "prevalência dos direitos humanos" é um dos princípios que rege o Brasil nas suas relações internacionais (art. 4º, II).

A preocupação constitucional brasileira sobre essa matéria recebeu um importante aliado pela Emenda Constitucional (EC) nº 45/2004, quando introduziu mais um inciso ao art. 109, da CF, atribuindo a competência ao Juiz Federal para julgar "as causas relativas a direitos humanos". Nessa mesma EC, por via da introdução do § 5º, ao citado art. 109, conferiu ao Procurador-Geral da República a competência para suscitar, perante o Superior Tribunal de Justiça, em qualquer fase do inquérito ou processo, incidente de deslocamento de competência para a Justiça Federal, quando se tratar de grave violação de direitos humanos. Tem-se, com isso, sinais concretos de uma preocupação efetiva com a proteção dos direitos dos humanos que vivem no Brasil. Caberá, portanto, à Justiça Federal, valendo-se das possibilidades hermenêuticas, atribuir o sentido mais coerente para que essa matéria efetivamente receba o tratamento pretendido pelo legislador constituinte.

Acrescente-se a tais "avanços" o conteúdo do § 3º do art. 5º da CF/88, que assegura aos tratados e convenções sobre direitos humanos, aprovados com o quorum ali especificado (aprovação, em cada Casa do Congresso Nacional, em dois turnos, por três quintos dos votos dos respectivos membros), a categoria de "emendas constitucionais".

Com tais providências, se dará aplicação ao princípio da dignidade da pessoa humana, mostrando que o Estado Democrático de Direito no Brasil está cumprindo as promessas inscritas na Carta Magna de 1988.

Essa preocupação nacional deverá ganhar corpo na esfera mundial, a partir da chamada "competência compartilhada" sobre esse tema, com o respeito à soberania de cada Estado. A mencionada competência deverá ter condição para trabalhar com "a multiplicidade das normas combinando unificação e harmonização, mas também o pluralismo dos Estados e da sociedade democrática". Quer dizer, combinar as diferenças de cada cultura, assentada no elemento humano comum. É preciso, no entanto, atentar para o seguinte desafio:

> ordenar o pluralismo determinando os limites, as fronteiras que devem restar intransponíveis, porque franqueá-las significaria destruir a própria idéia de humanidade. Essas fronteiras, que alguns buscam como o "conteúdo último do direito natural", são já traçadas pelos direitos inderrogáveis, mas, ainda mais diretamente agora, pela noção de "crime contra humanidade", ou do patrimônio comum da "humanidade" (Delmas-Marty, 2003, p. 169).

É necessário, portanto, um empenho interno e externo de cada Estado, a fim de, respeitando a diversidade cultural, implementar o verdadeiro caráter universal dos Direitos Humanos, dando-lhes o verdadeiro sentido de um "direito natural global". Somente dessa forma se poderá continuar falar em humanidade. O alerta está dado: não há avanço tecnológico ou científico que substitua a preocupação com o humano, pois nada tem sentido se o principal objetivo não estiver calcado nesse ingrediente.

Essa tarefa, no entanto, não cabe exclusivamente aos Estados. Pelo contrário, cada homem e mulher têm a obrigação de contribuir e cada um daqueles propiciar e incentivar essa participação nesse compromisso que é de todos. Nasce, com isso, o "princípio da subsidiaridade":

> da mesma forma como é errado retirar do indivíduo e confiar a um grupo o que a iniciativa privada e o esforço podem realizar, é uma injustiça [...] para uma associação maior e superior apropriar-se indevidamente de funções que podem ser realizadas eficientemente por associações menores e inferiores. [...] O verdadeiro objetivo, por sua própria natureza, de toda atividade social deve ser ajudar membros de um corpo social, nunca destruir ou absorvê-los (Pio XI, Encíclica *Quadragesimo Anno* – 1931 – Finnis, 2007, p. 159).

O conteúdo desse princípio será fundamental para que se possa construir uma autêntica política de Direitos Humanos. Não se trata de dar essa atribuição exclusivamente aos Estados, inviabilizando a participação dos particulares (homens e mulheres). Todos deverão ser convocados a participar, objetivando compor um lugar mais digno para cada humano viver. A reunião de pequenos, médios e grandes grupos auxiliando cada Estado a fazer a sua parte é um ingrediente poderoso para que possa construir o verdadeiro sentido dos Direitos Humanos, onde cada um dos participantes escolhe uma tarefa para executar.

A aplicação do "princípio da subsidiaridade" pode ser verificada numa das decisões tomadas pelo Tribunal Europeu de Direitos Humanos,[5] ao julgar os delitos cometidos pelos soldados da fronteira, quando mataram diversas pessoas que tentavam cruzar a fronteira da então República Democrática Alemã. Os fatos ocorreram entre 1949 e 1961. Para tentar controlar a onda de fugitivos, a República Democrática Alemã construiu o Muro de Berlim e reforçou todas as medidas de segurança ao longo da fronteira entre os dois Estados alemães, instalando minas antipessoais e sistemas de disparo automático.

O Tribunal entendeu que uma prática estatal como a política de polícia de fronteira viola flagrantemente os direitos humanos e especialmente o direito à vida, que é o valor supremo na hierarquia internacional dos direitos humanos e representa um atributo inalienável dos seres humanos. Caso a República Democrática Alemã ainda existisse ela seria responsabilizada desde o ponto do direito internacional. Por outro lado, houve responsabilidade penal individual dos integrantes do pólo ativo do processo, os quais, além da violação dos instrumentos internacionais de proteção dos direitos humanos, também transgrediram o art. 95, do Código Penal da República Democrática Alemã, ao expressar, já em 1968, "que existiria uma responsabilidade penal individual de todo aquele que violasse

---

[5] Caso Streletz, Kessler e Krenz *v.* Alemanha, petições nºs 34044/96, 35532/97 e 44801/98; Estrasburgo, em 22 de março de 2001.

as obrigações internacionais da República Democrática Alemã, ou os direitos humanos e as liberdades fundamentais" (Vigo, 2004, p. 101 *et seq.*).

A situação de fato e de direito que está subjacente nesse julgado, deixa marcado que em matéria de Direitos Humanos há responsabilidade dos Estados e também dos seus nacionais. Aí a subsidiaridade. Desta feita, é preciso deixar que homens ou mulheres e cada Estado experienciem, ajam e participem, dentro das suas condições, para que se proteja no mais alto nível os direitos dos humanos. Para tanto, torna-se fundamental escutar a voz da tradição e da experiência, formada pelos diversos compassos do tempo, enlaçados pelo poder constitutivo e constituinte da linguagem, como uma poderosa alternativa para que os direitos dos humanos efetivamente ganhem a merecida proteção de todos e todas, pois a investigação sobre o seu fundamento é sem fundo e, apesar disso, recebeu a devida atenção por um longo percurso histórico. É chegado o momento de transferir-se o foco para a proteção, a fim dos humanos perceberem a eficácia dos seus "direitos", abandonando os pré-juízos inautênticos vinculados à associação dos Direitos Humanos ao Direito Natural, mediante a valorização de ambos como um produto histórico onde a vida em sociedade está desde sempre inserida.

4. Referências

BARRETTO, Vicente de Paulo. Globalização, Direito Cosmopolítico e Direitos Humanos. IN: *Revista do Instituto de Hermenêutica Jurídica* – Direito, Estado e Democracia: entre a (in)efetividade e o imaginário social. Porto Alegre: Instituto de Hermenêutica Jurídica, v. 1, n. 4, p. 411-30, 2006.

BLANC, Mafalda Faria. *O Fundamento em Heidegger*. Lisboa: Instituto Piaget, 1998.

BOBBIO, Norberto. *A era dos direitos*. Tradução de Carlos Nelson Coutinho. 8. ed. Rio de Janeiro: Campus, 1992.

CANOTILHO, José Joaquim Gomes. *Estudos sobre Direitos Fundamentais*. 1. ed. bras. 2. ed. port. São Paulo: RT; Portugal: Coimbra Editora, 2008.

CASSESE, Antonio. *Los derechos humanos en el mundo contemporáneo*. Tradução de Atílio Pentimalli y Blanca Ribera de Madariaga. Barcelona: Ariel, 1993.

CASTANHEIRA NEVES, A. *Curso de Introdução ao Estudo do Direito*. Coimbra: João Abrantes, 1971-72.

CULLETON, Alfredo. Por que e onde buscar um princípio fundador para os direitos humanos? IN: *Revista Estudos Jurídicos*, São Leopoldo, v. 40, n. 2, p. 57-9, jul./dez. 2007.

DELMAS-MARTY, Mireille. *Três Desafios para um Direito Mundial*. Tradução de Fauzi Hassan Choukr. Rio de Janeiro: Lúmen Júris, 2003.

DOUZINAS, Costas. *The end of human rights:* critical legal thought at the turn of the century. Oxford: Hart Publishing, 2000.

ENGELMANN, Wilson. *Direito Natural, Ética e Hermenêutica*. Porto Alegre: Livraria do Advogado, 2007.

FINNIS, John Mitchell. Lei Natural: Por que chamar de "lei"? Por que dizê-la "natural"? Tradução de Magda Lopes. IN: CANTO-SPERBER, Monique (Org.). *Dicionário de Ética e Filosofia Moral*. São Leopoldo: Unisinos, 2003, vol. 2.

———. *Lei natural e direitos naturais*. Tradução de Leila Mendes. São Leopoldo: Unisinos, 2007.

FLORES, Joaquín Herrera. Direitos humanos, interculturalidade e racionalidade da resistência. Tradução de Carol Proner. IN: WOLKMER, Antonio Carlos (Org.). Direitos humanos e filosofia jurídica na América Latina. Rio de Janeiro: Lumen Juris, 2004.

GADAMER, Hans-Georg. *Verdade e Método I:* traços fundamentais de uma hermenêutica filosófica. Tradução de Flávio Paulo Meurer. 4. ed. Petrópolis: Vozes, 2002.

———. *Verdade e Método II*. Tradução de Enio Paulo Giachini. Petrópolis: Vozes, 2002a.

———. Esboço dos fundamentos de uma hermenêutica. IN: FRUCHON, Pierre (Org.). *O problema da consciência histórica*. Tradução de Paulo César Duque Estrada. Rio de Janeiro: Fundação Getúlio Vargas, 1998.

GUERRERO, Pedro Francisco Gago. Presupuestos para una posible puesta en prática universal de los derechos humanos. IN: *Revista de Estudios Políticos*. Madrid: Centro de Estudios Políticos y Constitucionales, n. 111, p. 65-99, jan./mar. 2001.

HEIDEGGER, Martin. *Die Grundprobleme der Phänomenologie*. Frankfurt an Main: Vittorio Klostermann, 1975, Band 24.

———. *Ser e Tempo*. Tradução de Marcia Sá Cavalcante Schuback. 12. ed. Petrópolis: Vozes, 2002. Parte I.

———. *Ser e Tempo*. Tradução de Marcia Sá Cavalcante Schuback. 10. ed. Petrópolis: Vozes, 2002a. Parte II.

HÖFFE, Otfried. *Derecho intercultural*. Tradução de Rafael Sevilla. Barcelona: Gedisa, 2000.

KAUFMANN, Arthur. El Renacimiento del Derecho Natural de la Posguerra y lo que fue de él. Tradução do alemão de Alejandra Guardia Clausi. IN: CABANILLAS, Renato Rabbi-Baldi (Coord.). *Las razones del derecho natural:* perspectivas teóricas y metodológicas ante la crisis del positivismo jurídico. Buenos Aires: Editorial Ábaco de Rodolfo Depalma, 2000.

MACINTYRE, Alasdair. *Justiça de quem? Qual racionalidade?* Tradução de Marcelo Pimenta Marques. 2. ed. São Paulo: Loyola, 2001.

MELLO, Celso D. de Albuquerque e TORRES, Ricardo Lobo (Dir.). *Arquivos de Direitos Humanos*. Rio de Janeiro: Renovar, 2003, vol. 5.

MIRANDA, Jorge. A recepção da Declaração Universal dos Direitos do Homem pela Constituição Portuguesa – um fenômeno de conjugação de Direito Internacional e Direito Constitucional. *Revista de Direito Administrativo*. Rio de Janeiro, n. 199, p. 1-20, jan./mar. 1995.

OST, François. *O Tempo do Direito*. Tradução de Maria Fernanda Oliveira. Lisboa: Instituto Piaget, 1999.

PALMER, Richard E. *Hermenêutica*. Tradução de Maria Luísa Ribeiro Ferreira. Lisboa: Edições 70, 1996.

PIOVESAN, Flávia. Introdução ao sistema interamericano de proteção dos direitos humanos: A convenção americana de direitos humanos. IN: GOMES, Luiz Flávio e PIOVESAN, Flávia (Coord.). *O sistema interamericano de proteção dos direitos humanos e o direito brasileiro*. São Paulo: Revista dos Tribunais, 2000.

———. *Direitos Humanos e o Direito Constitucional Internacional*. São Paulo: Max Limonad, 1996.

ROBLES, Gregorio. *Los derechos fundamentales y la ética en la sociedad actual*. Madrid: Civitas, 1995.

SCHELER, Max. *Ética:* nuevo ensayo de fundamentación de un personalismo ético. Tradução de Hilário Rodríguez Sanz. Buenos Aires: Revista de Occidente Argentino, 1948.

STEIN, Ernildo. *Pensar é Pensar a Diferença:* filosofia e conhecimento empírico. Ijuí: Unijuí, 2002.

STRECK, Lenio Luiz. *Jurisdição Constitucional e Hermenêutica:* Uma Nova Crítica do Direito. 2. ed. rev. e ampl. Rio de Janeiro: Forense, 2004.

VIGO, Rodolfo Luis. *La injusticia extrema no es derecho:* (de Radbruch a Alexy). Buenos Aires: La Ley, 2004.

— VI —

Da função à estrutura

OVÍDIO A. BAPTISTA DA SILVA

1. A crise do Poder Judiciário tem sido uma questão recorrente que nos ocupa, seja quando lamentamos as atribulações diárias na atividade forense, seja quando procuramos, através de reformas legislativas, reduzir suas proporções.

Diria que a crise é da modernidade e de seus sonhos, dentro da qual tem curso a chamada crise do Poder Judiciário. Minha opinião, porém, é de que essa crise não decorre de um inadequado ou insuficiente desempenho funcional da jurisdição.

A meu ver, o que está em crise é o sistema. Certamente não apenas o sistema processual. A crise do Poder Judiciário é reflexo de uma mais ampla e profunda crise institucional, que envolve a modernidade e seus *paradigmas*.

2. A separação entre Direito e Justiça – que nasceu no Direito Romano tardio – persegue uma rota que o tem aproximado, cada vez mais, do Poder. Esta relação entre Direito e Poder torna-se visível e mais nos desafia e inquieta quando suas conseqüências se tornam agressivas. Ela nos distancia, profundamente, do Direito Romano e se revela no fenômeno que Castanheira Neves indicou como sendo a *funcionalização* do Direito; na verdade, não apenas do direito, mas também da Política (*O Direito hoje e com que sentido*, Instituto Piaget, 2002, Lisboa, p. 30 e sgts.)

O Direito, tornou-se uma *função de outros interesses*, sejam políticos ou econômicos, porém, de qualquer modo interesses estranhos a idéia de Justiça. No fundo, esta conseqüência não é mais do que um braço do *individualismo pragmático* que constitui a essência da ideologia moderna, que de um modo ou de outro, nos governa.

Em ensaio destinado a discutir as distinções entre a *iurisdictio* do direito romano clássico e a jurisdição que praticamos, disse, invocando as lições de Castanheira Neves: "A conclusão, portanto, é a seguinte: dizer o direito – *ius dicere* – era uma função do Pretor, hoje é função do legislador. Quem exerce a jurisdição, tal como a exercia o Pretor romano, é o Poder Legislativo. A jurisdição que nossos magistrados exercem é uma função delegada, como era a exercida pelo *iudex*. A diferença entre as duas situações, como se vê, é extraordinária e de grande relevância para a compreensão do Direito. Enquanto o Pretor não criava direito abstrato, o legislador moderno cria *normas*. Este é o resultado final do fenômeno conhecido como monopólio estatal da jurisdição, que determinou a *funcionalização* do Direito, de que se lamenta, com razão, Castanheira Neves, de um direito que perdeu a essência, para o qual a idéia de justiça é cada vez mais indiferente" (*Jurisdição, direito material e processo*, Forense, 2007, p. 279).

3. Nossa submissão ao *normativismo* é inevitável. Pensamos e trabalhamos, mesmo no domínio das ciências sociais, através de normas, como uma imposição determinada pela história.

Um dos mais eminentes filósofos do direito contemporâneo, mostrando o grau de compromisso dos juristas com o racionalismo, escreveu o seguinte: "É indiscutível que na maneira de pensar dos juristas influiu poderosamente o esquema mental do racionalismo e o dogma político, daí decorrente, da separação de poderes. Em virtude do primeiro, se imaginou possível derivar de normas gerais, sem a mediação de um ato de vontade, uma solução sistematicamente correta, para cada caso concreto; a atividade de juiz assemelha-se, de acordo com esta concepção, ao trabalho realizado por um computador moderno, alimentado de fórmulas que, combinadas conceitualmente, resolvem diversos problemas concretos. Em virtude do dogma da separação de poderes, assemelha-se a uma heresia afirmar que os juízes realizam, à respeito da norma geral, um ato mais complexo que a mera subsunção lógica do particular (caso) no geral (norma)" (Arthur Kaufmann, *Analogia e natureza da coisa*, original alemão de 1965, versão espanhola, 1976, Editorial Jurídica de Chile, p. 19).

Estas são algumas das condições estruturais que presidem a atividade do Poder Judiciário. Conseqüentemente, resta, como tarefa a ser cumprida pelos que participam da experiência forense, a formulação de um *diagnóstico* mais abrangente que nos possa indicar os fatores responsáveis pelos problemas atuais do Poder Judiciário, visando a encontrar, não apenas os pontos que mais diretamente o sufocam, mas também e especialmente investigar suas causas remotas.

É comum ouvirmos dizer que o Poder Judiciário funciona mal; que é demasiadamente moroso, ante uma civilização cada vez mais tangida pela pressa e agora já nem se trata mais de urgência, mas pela pura *instantaneidade*, com a eliminação do espaço e do tempo das comunicações virtuais. No que respeita ao direito processual, direi que o dogmatismo fez com que perdêssemos a visão do bosque. Vemos apenas as árvores e estamos ofuscados pela sua grandiosidade.

Ao contrário da opinião dominante, porém, penso que o Poder Judiciário funciona bem, tendo em vista o condicionalismo teórico e político dentro do qual ele sobrevive.

É certo que existem, localizadamente, problemas *funcionais*, mas eles são em geral questões administrativas, não problemas decorrentes de seu funcionamento, enquanto sistema. Pelo menos, não são, originariamente, problemas criados em conseqüência de uma suposta disfunção estrutural ou sistemática.

Ele funciona segundo os princípios e pressupostos imaginados por aqueles que o conceberam. Um ponto que não preocupa aqueles que se angustiam com os atuais problema da administração da justiça é saber se a celeridade processual fora, realmente, concebida como um objetivo desejado pelo sistema. Ou seja, ainda não se demonstrou que nosso sistema processual fora programado para andar rápido.

Ao contrário, ao priorizar o valor *segurança*, inspirada em juízos de *certeza*, como uma imposição das filosofias liberais do *Iluminismo*, o sistema renunciou à busca de efetividade – que nossas circunstâncias identificam com *celeridade* –, capaz de atender às solicitações de nossa apressada civilização pós-moderna.

O Poder Judiciário funciona satisfatoriamente bem, em nosso país. Os problemas da Justiça são *estruturais*. Não *funcionais*. Ele atende rigorosamente bem ao modelo que o concebeu.

4. Nossa percepção, no entanto, não alcança os problemas *estruturais* que condicionam a atual situação vivida pelo Poder Judiciário – seja porque eles se tornaram, para nossa compreensão, "naturais", como o dia e a noite e o movimento dos astros –, seja por parecerem-nos, de qualquer modo, como inalteráveis – a verdade é que a estrutura do sistema não é questionada, nem problematizada pelos que sofrem os danos de uma justiça que perdeu, até mesmo, a desejada *funcionalidade*.

Pelo menos, os processualistas, que mais diretamente são atingidos por esse estado de coisas, não a questionam. Limitam-se a melhorar o seu funcionamento, como se o problema residisse em algum defeito funcional.

Tomemos alguns casos particulares, como exemplo. É comum acusarem-se os magistrados de não exercerem os poderes que o legislador lhes confere. A lei instituiu a chamada *audiência preliminar*, do art. 331 do Código de Processo Civil.

Embora o legislador tenha ampliado seus poderes, com reflexos positivos na qualidade da prestação jurisdicional, os juízes, com o beneplácito dos advogados, limitam-se a dar à *audiência preliminar* o sentido de uma "audiência de conciliação", além disso puramente protocolar, esquecendo a importante função saneadora, prevista no § 2º do art. 331.

Outro exemplo: o art. 14 do Código de Processo Civil armou os juízes dos poderes reclamados pela comunidade jurídica, visando – se não a impedir – ao menos a limitar as manobras protelatórias, comuns em nossa experiência judiciária.

Como era de esperar, esses poderes só raramente são utilizados por nossos juízes. As razões são inúmeras, dentre as quais, é bom não esquecer, está a permanente vigilância exercida pelas jurisdições "superiores", burocraticamente legitimadas, sobre a jurisdição "inferior".

Esse absenteísmo da jurisdição de primeira instância, é uma conseqüência natural da concepção de um juiz instituído pelo sistema, com a exclusiva missão de declarar o direito posto pelo legislador. Além disso, com o dever de somente

Da função à estrutura

declará-lo ao final da causa. Jamais antes, jamais em decisões incidentais, porque o sistema exige-lhe que somente julgue com base em juízos de certeza. É o procedimento ordinário da *actio* romana.

O risco de comprometerem-se com a causa, antes da sentença final, é um fator sistemático (conseqüentemente estrutural) predisposto para manter o juiz em sua natural passividade. O sistema recursal é o instrumento que vigia a observância desta imposição. É natural, portanto, que os juízes procurem não se envolver com as questões de mérito da causa, antes de poderem proclamá-la no momento adequado.

Temos um magistrado concebido para manter-se passivamente neutro, durante o curso da relação processual.

5. A questão, portanto, é a seguinte: trata-se de mau funcionamento da jurisdição? A ineficiência de que nos lamentamos será devida ao desinteresse dos operadores forenses? Ou, quem sabe, ao um inconsciente desejo coletivo de revolta contra o sistema processual? Serão nossos juízes e advogados incapazes de desempenharem suas funções de modo satisfatório?

Afinal – este é o ponto a ser investigado –, o resultado decorre de uma deficiência *funcional* do sistema, ou será produto de contingências *estruturais*? Ele simplesmente não funciona bem, ou faltam-lhe condições estruturais para funcionar melhor?

Seriam os juízes e advogados que não estariam capacitados para praticar a jurisdição que o sistema concebeu? Se o despreparo para o exercício profissional atinge a *todos* os juízes, então, seguramente, devemos suspeitar que o problema deixa de ser *funcional*, para tornar-se *estrutural*.

Juízes e advogados, qualquer que seja a Universidade cursada, apresentam desempenhos forenses semelhantes, pelo menos desempenhos que não se distinguem quanto à qualidade, pela origem da formação acadêmica, de modo que se pudesse separar o grupo dos "bons" e dos "maus" profissionais, segundo a origem de sua formação universitária.

Não creio que o problema esteja aqui, porque, tanto o Poder Judiciário quanto a Ordem dos Advogados, exercem controle de qualidade, na seleção dos profissionais forenses, zelando pela competência dos respectivos profissionais.

O Governo, por sua vez, depois de fiscalizar o desempenho das Universidades – mesmo assim, desconfiando de sua seriedade –, ainda exerce um controle suplementar da qualidade do ensino universitário.É de supor que, neste particular, estamos fazendo o que competia fazer.

6. O problema, sem dúvida, não é funcional. Dentre outros muitos fatores desta ordem, ocorre-me o primeiro deles no próprio conceito e limites da jurisdição que praticamos, como herança da Revolução Européia, desde suas origens medievais.

O primeiro fator estrutural está na inabalável premissa redutora do conceito de jurisdição como simples *declaração do direitos*, que é, por sua vez, o alicerce do *procedimento ordinário* e da interminável cadeia recursal.

Todavia, esta não é causa, mas uma conseqüência, tanto mais eminente, quanto mais intocável, do *Racionalismo* que ilumina, como princípio superior, e conforma as instituições processuais, tiranizanddo nossa experiência judiciária.

O trágico produto do *Racionalismo* – que se esmerou em tornar o Direito uma "ciência", segundo o modelo matemático – foi dar-nos um "juiz irresponsável", metódica e institucionalmente irresponsável, cuja missão está limitada a declarar as injustiças cometidas pelo legislador.

Como dissera Thomas Hobbes – demarcando, com singular genialidade, os espaços do Direito moderno – a Justiça não é um problema a ser resolvido pelos juízes. Quem proclama o que é a justo é o Legislador. O juiz deve aplica a lei, sem preocupar-se com a Justiça. Ele não é *responsável* pela injustiça que comete.

O sonho da *Ilustração* européia de transformar o direito numa *ciência exata*, segundo os padrões epistemológicos das matemáticas, determinou que o processo civil se tornasse uma ciência rigorosamente formal; uma ciência abstrata, de *fórmulas* puras e *normas vazias*, preparadas para uma jurisdição cuja tarefa estaria reduzida a verbalizar a "vontade" do legislador, ou a vontade do Poder. Uma espécie de oráculo da Lei. Os que desempenham atividades forenses *funcionam* nesse contexto. Tem-no como princípio *estruturante* de seu mister.

7. A busca da "vontade da lei", que se tornou uma ingênua fantasia, fora capaz de produzir frutos numa sociedade homogênea e estável como foi a Europa do século XIX; ou, se não plenamente estável, ao menos não sacudida em seus alicerces por contínuas e profundas tormentas transformadoras, como a nossa.

A vertiginosa aceleração da História tornou de uma evidência solar a distinção entre *norma* e *sentido* da norma. Mais evidente, por óbvio, mostrou-nos a distinção entre *texto* e *norma*, quebrando o sonho do *Iluminismo* que imaginara uma norma contida inteiramente em seu texto; norma transparente no texto que, por isso, teria um *sentido invariável*, um sentido congelado na História.

Nosso tempo destruiu a esperança de que a lei tivesse um sentido tão permanente e constante como as verdades matemáticas. Conseqüentemente, a tarefa confiada aos juízes de descobrir a "vontade da lei" tornou-se uma trágica quimera.

Sabemos, na prática, que nem juízes nem advogados acreditam mais nesse sonho, de resto tenebroso sonho de tiranos, supostamente agraciados com poderes sobre-humanos para produzir – em linguagem unívoca – o direito perfeito, portanto imutável (Agnes Heller, *Mas allá de la justicia*, versão espanhola de 1990, Editorial Crítica, Barcelona, p. 283 e sgts.).

8. Acontece, no entanto, que as grandes linhas do sistema, seus pressupostos políticos – o processo como ciência –, aspiram, como todas as leis científicas, o *status* de "verdades eternas". Isto também é um pressuposto *estrutural* do sistema processual, em virtude do qual ele acabou "congelado" no tempo, sem compromisso com a História.

Ainda praticamos o modelo processual do *direito privado romano*, em sua versão medieval, degradado. Direito romano-cristão, não devemos esquecer.

Segundo um dos mais eminentes processualistas modernos, o *direito material* está condenado a transformar-se, na medida em que se transformem as condições culturais da comunidade humana que lhe caiba regular.

Ao contrário – segundo ele –, o *Direito Processual* nascera com o dom da *eternidade* (Andrea Proto Pisani, *Revista da Escola da Magistratura do Rio de Janeiro*, nº 16, 2001, p. 23). Suas regras – despidas de conteúdo – seriam tão neutras quanto a valores, como as equações matemáticas. O processo não teria compromissos com a História, menos ainda com o Poder.

9. Para quem visualiza o sistema pela perspectiva de um operador forense, seu funcionamento não se mostra apenas insatisfatório. Mostra-se assustador. Como era de supor, a extraordinária litigiosidade que caracteriza nosso tempo, obriga os magistrados a padronizarem suas decisões, praticando – com maior ou menor vocação para o *normativismo* abstrato – uma jurisdição "pasteurizada", sem compromisso com o "caso".

Não há como ser diferente. O *normativismo* burocrático invade os cantos e recantos do sistema, contaminando a prática forense. Não há remédio capaz de superar esta contingência. Pelo menos, não há remédio, até o ponto em que nossa vista pode alcançar.

De qualquer modo, esta prática estimula o arbítrio, porque os julgadores, por várias razões e circunstâncias, julgam-se dispensados de fundamentar adequadamente as sentenças. Quem declara – apenas descompromissadamente declara –, não tem o que justificar. Não está obrigado a fundamentar a possível injustiça declarada, pela qual o declarante não é responsável.

Tenho insistido neste ponto, valendo-me de uma observação de Carnelutti, ao mostrar que o verbo latino *caecere*, gerou os vocábulos *decisão* e *homicídio* porque, tanto quem decide, de algum modo, corta-se, porque é forçado a desprezar um das alternativas, optando pela outra, quanto corta (a vida) quem comete homicídio (*Diritto e processo*, 1º vol., nº 131, versão espanhola, Buenos Aires, 1971, Ediciones Jurídicas Europa-América, p. 251).

Daí por que somente haverá autêntica decisão jurisdicional quando o sistema jurídico reconheça a seus juízes algum grau de *discricionariedade*, para que ele possa, como dissera Carnelutti, antes de decidir, "decidir-se". A *discricionariedade*, como todos sabem, está institucionalmente ausente na jurisdição apenas declaratória. Nossos juízes não *decidem* apenas *julgam*. Decidir é ato *volitivo*, julgar é ato *intelectivo*. Qualquer calouro em curso psicologia conhece essa distinção elementar. Decisão é ato de vontade, de que nossos magistrados estão institucionalmente privados, como dissera Chiovenda. Sim, pode haver "novas interpretações da lei velha", não porém "como mister do juiz" (*Instituições de direito processual civil*, 2ª edição brasileira, 1965, 1º vol., p. 43).

10. Outra conseqüência dessa mesma causa é verem-se nossos juízes e tribunais na contingência de transferir a seus assessores a incumbência de examinar os autos do processo e elaborar os "projetos" de julgamentos, quando não o próprio julgamento.

Praticamos, por enquanto, uma espécie espúria de "justiça de gabinete", que se tornará brevemente oficial. Este é outro componente *estrutural* de que se compõe a crise do Poder Judiciário.

O anedotário forense enriqueceu-se. Coisas que poderiam parecer impossíveis tendem a tornar-se naturais. Há, também aqui, exemplos ilustrativos. Existem órgãos colegiados de nossos tribunais cujas decisões são apenas *anunciadas*, e seus julgamentos *proclamados*, sem que as partes tenham acesso, sequer, em julgamento coletivo e público, ao relatório dos acórdãos. No dia do julgamento, o acórdão, já pronto, é entregue às partes, sem a menor cerimônia ou protocolo. Após o secretário apregoar o julgamento, ato contínuo, o presidente proclama o resultado e oferece aos interessados o acórdão pronto, que o relator trouxera de casa.

A avalanche de recursos provoca uma extraordinária violência contra a Constituição. A causa é julgada privadamente. O julgamento não é público. Mesmo assim, ele se dá por unanimidade, sem que os demais componentes do colegiado proclamem *publicamente* seus votos. Para o público que assiste à sessão de julgamento, os votos dos demais magistrados são um segredo, embora se fique sabendo depois que os votos se resumiram ao tradicional "de acordo com o relator". É de supor que tenham votado também na véspera. As comunicações eletrônicas permitem que o julgamento colegiado se dê antes da abertura da sessão pública. Nesta, ouve-se apenas a voz do Presidente a proclamar o resultado.

Há, porém, nesses órgãos colegiados, um privilégio para os advogados que produzem sustentações orais. Estes têm direito ao julgamento público. Porém, a sustentação – salvos exceções honrosas – é pura cena, porque o acórdão redigido de véspera, está na tela do computador do relator, mantendo-se imperturbável. Concluídas as sustentações orais, o relator já não necessita mais retirar do bolso o acórdão que trouxera de casa. Sua tarefa limita-se à leitura do acórdão que está na tela de seu *notebook*.

11. Outro dado de nossa experiência está em que o Estado Legislativo acabou transformado em "Estado Administrativo". Somos cada vez mais "viciados" em normas, não mais em leis, agora em *regulamentos*. A sedução pelas regras é o pressuposto mental – e ético – que ameaça conduzir-nos ao *totalitarismo cibernético*.

Vestígios desse futuro, que estamos a preparar, já estão entre nós. O mundo virtual – que é a nossa realidade – deu-nos um sortilégio de dispositivos eletrônicos "inteligentes", dispensando-nos de ser, nós próprios, inteligentes. Estamos a superar o incômodo hábito de pensar. Basta apertarmos o botão correto.

12. Para sobrecarregar ainda mais os serviços judiciários, uma parcela das funções administrativas, antes regulada de outro modo ou inexistente, acaba transferida ao Poder Judiciário, em parte devida a um viés próprio das filosofias liberais, que priorizam o discurso, o *dizer*, as discussões intermináveis, não o *fazer*.

O risco de politização do Poder Judiciário, a revelar – apenas revelar – os compromissos do Direito com a Política, obriga a que a Suprema Corte, vezes por outra, se transforme num indesejável Poder Legislativo, promovendo as reformas que os demais poderes da República não fizerem.

Nas atuais contingências – fenômeno extraordinário –, nossos juízes libertam-se das amarras do sistema e deixam de ser a simples "boca" irresponsável da lei, para – além de simplesmente "dizer" – tornarem-se magistrados operantes, não apenas dizendo mas *livremente* "fazendo", o que os demais poderes omitiram-se de fazer. Este, como é óbvio, constitui um poderoso obstáculo *estrutural*.

São os juízes que provêm medicamentos para os carentes de recursos. São eles que determinam a internação de enfermos em hospitais; são eles que dão a última palavra sobre a realização de obras públicas, e cumprem outras tantas incumbências, como a de impor aos órgãos da administração pública a realização de certas despesas, mesmo que, para isto, não existam recursos, enquanto as autoridades a quem essas tarefas deveriam ser confiadas preferem o discurso, sem compromissos.

Há cinqüenta anos, discute-se a "urgente" necessidade de *reformas estruturais* em nosso país, chegando-se à unanimidade de consenso de que realmente se tornaram urgentes as reformas política, tributária, universitária, judiciária e previdenciária, para citar aquelas que aparecem quotidianamente na *mídia*.

Mesmo assim, mesmo que todos reconheçam a urgência de promoverem-se essas reformas, o Brasil segue imperturbável o seu curso, incapaz de mover-se, para *fazer* aquilo que, com tanta eloqüência, sabe *dizer*.

13. Na experiência brasileira, a *crise da democracia representativa* contribui, seguramente, para a avalanche de demandas transferidas para o Poder Judiciário. Essa crise tem origem, em parte, nas profundas desigualdades sociais existentes em nosso país, fator que embaraça o adequado exercício da democracia.

A vocação legiferante do Estado moderno, por outro lado, vem se tornando cada vez menos vigorosa. Melhor: o conceito de lei sofreu uma transformação radical. O Estado contemporâneo administra, não legisla. A lei "regra-do-jogo", sonhada pelo liberalismo dos revolucionários franceses, acabou mostrando sua inevitável cara política.

Como disse François Ewald, "encontramo-nos na era das legalidades sem direito" (*Foucault, A norma e o Direito*, versão portuguesa, 1993, Editora Vega, Lisboa, p. 186), porque um dos modos pelo quais o Direito se destrói é o excesso de direitos.

Depois de percorrermos, até a exaustão, o curso da organização política estruturada e presidida pela legislação, não surpreende que vozes autorizadas sustentem a idéia de que estamos abandonando o "Estado Legislador", para ingressar na era do *jurisprudencialismo*.

14. Os práticos, aqueles que ganham a vida na atividade forense, não têm dúvida a respeito da importância assumida pela jurisprudência, a partir da segunda metade do século XX. Atualmente, raras são as petições forenses e as sentenças que invoquem lições de doutrina. Elas vêm recheadas de acórdãos catados na *internet*. Praticamos um *jurisprudencialismo* normatizado, produzido em série, mas, de qualquer modo, jurisprudência livremente produzida, sem que o legislador interfira.

Insisto na tônica desta proposição: jurisprudência *livremente* utilizada, ao sabor das circunstância e das inclinações pessoais do magistrado, que dela se vale supondo-se dispensado de explicitar os fundamentos pelos quais escolheu – dentre as várias soluções aceitas pela jurisprudência – aquela que lhe pareceu adequada ao caso concreto.

15. No início desse período histórico, a jurisprudência, pelo menos na Universidade brasileira, não era, sequer, considerada fonte do Direito; fugia-se do caráter instável da jurisprudência, em favor da lei que, supostamente – por sua maior *estabilidade* –, haveria de oferecer a segurança de um resultado *unívoco*, quando aplicada. Fugíamos da jurisprudência, com sua natural insegurança e complexidade, como fugiram Savigny e a doutrina conceitualista que ainda nos afoga.

Nicola Picardi, escrevendo, no alvorecer do século XXI, mostra que o nosso tempo busca o *direito jurisprudencial* (La vocazione del nostro tempo per la giurisdizione, *Rivista trimestrale di diritto e procedura civile*, Giuffrè, 2004).

Este retorno ao direito formado pela jurisprudência navega contra as aspirações do século XIX, com sua conhecida vocação para a legislação e para os códigos, particularmente a vocação própria dos sistemas jurídicos herdeiros do direito comum medieval. Nossas instituições processuais, no entanto, não foram avisadas dessa prodigiosa transformação, nem nos foi possível instituir um magistrado adequado a estas novas tarefas. Enquanto o século XIX supunha que o Direito estivesse contido na Lei, nossa época perdeu essa ilusão, compreendendo que a lei, enquanto *texto*, é apenas uma precária expressão da *norma*, freqüentemente mal concebida, que o juiz tem de interpretar e aplicar no caso concreto.

Norma – não devemos esquecer – cujo *sentido* modifica-se com as inevitáveis transformações políticas e sociais.

Essa transformação *paradigmática* vem alimentando a chamada crise do Poder Judiciário. As crises, porém, manifestam-se como crises epistemológicas. A fragilidade e a conseqüente confusão conceituais são os primeiros sintomas de uma crise *paradigmática*. Isto explica o expediente de que se vem servindo o legislador ao valer-se de *conceitos indeterminados*, como forma de transferir ao Poder Judiciário a tarefa de complementação do sentido da norma, naturalmente com o inevitável aprofundamento dos dissídios jurisprudenciais. É compreensível, portanto, que estejamos expostos às oscilações, cada vez mais acentuadas, da jurisprudência.

16. Depois destas sumárias referências à chamada crise do Poder Judiciário, é possível indicar – apenas indicar – os pontos de estrangulamento do sistema jurisdicional. Podem-se arrolar os mais importantes *problemas estruturais* deste modo: **a)** o processo civil continua a ser considerado uma "ciência". Esta herança do *Iluminismo* conserva-se como discurso e como princípio determinante da prática forense. Os juízes e advogados, porém, perderam essa ilusão. Apesar de tudo, a separação entre "ciência processual" e vida real exaspera-se, porque juízes e advogados, submetidos à estrutura o sistema, são obrigados a moverem-se segundo suas regras e princípios; **b)** o Racionalismo, permanece entre nós – apenas entre os juristas. Não mais entre os cientistas, especialmente entre os físicos e astrofísicos. Nós que lidamos com uma ciência cultural, perseveramos no culto dos juízos de certeza, que são, naturalmente, o pressuposto alimentador da cadeia recursal. Nosso sistema é incapaz de construir uma tutela preventiva, porque nossos magistrados têm apenas a missão de consertar o passado, nunca arriscar-se a prover para o futuro. O fracasso cometido na tentativa de construir uma tutela de *simples segurança* decorre dessa inaptidão, fruto de nossa formação acadêmica; dos pressupostos orgânicos, portanto *estruturais*, do sistema. Mesmo as "antecipações de tutela", especialmente as do 461 do Código de Processo Civil, contribuição importante do jurista a que prestamos homenagem, tiveram força para modificar o sistema. Apesar de o sentido, originariamente *interdital*, dessas categorias processuais, orientar-se para formas de tutela preventivas, através de provimentos mandamentais, o condicionalismo sistemático a que elas foram submetidas, deixou-as presas às formas tradicionais de jurisdição repressiva; **c)** como se não bastassem a compreensão do processo como *ciência* e o *racionalismo*, como escudo, ainda extasiamo-nos com as suas conseqüência, ao glorificar o *procedimento ordinário*, insubstituível instrumento protetor da suposta neutralidade do juiz. Apenas suposta, como é óbvio, porque não existe neutralidade possível em ciência social. Isto também se tornou uma verdade *acaciana*, que o sistema persevera em ignorar; **d)** coroando esse conjunto de fatores, temos uma Universidade impermeável à mudança; uma Universidade cuja missão não vai além do empenho de formar operadores mecânicos do sistema. A metodologia do ensino do Direito é de um anacronismo doloroso.

Os manuais universitários e a cátedra ignoram os "fatos". Cuidam apenas do "direito", enquanto norma.

17. Nestas circunstâncias, de nada valerá substituir o motorista. A *estrutura* do "veículo", nascido no direito privado romano, e aperfeiçoado pelo *Iluminismo* europeu, foi ultrapassada pelo História. Sua velocidade ficou aquém das expectativas contemporâneas, geradas pela globalização, sempre tangida pela urgência, quando não pelas soluções que eliminem definitivamente o tempo.

Por mais que se preparem e aperfeiçoem os motoristas, esse veículo obsoleto não responderá às exigências do novo milênio. É necessário ter em conta que a sociedade contemporânea – feita de contrastes e conflitos – não passa de um simples "aglomerado humano", oposto à sociedade européia do século XIX.

De nada valerão as tentativas de melhorar o *funcionamento* do sistema. Ele funciona muito bem, segundo o projeto que o concebeu. Faz o possível e, às vezes, o que parecia impossível.

Estas são as nossas circunstâncias. Contudo, é necessário e urgente salvar a jurisdição, pela sua importância para a construção de um regime verdadeiramente democrático. A tarefa exige que sejam exorcizadas idéias e instituições tornadas relíquias ideológicas, que a História há muito superou.

18. Estas considerações são penosas para mim, que tenho dedicado a vida à atividade forense. Certamente serão desagradáveis àqueles que irão ler o texto. Sei-o, perfeitamente, através de uma longa peregrinação intelectual, construídas a partir de nossos pretórios. Mesmo assim, faço-o porque estou convencido de que um Poder Judiciário capaz de praticar uma jurisdição responsável e legitimada será a instituição que haverá de garantir-nos o exercício de uma democracia autêntica e universal.

Assumo a parcela de responsabilidade que me cabe, procurando contribuir para que a *jurisdição*, essa notável instituição política, construída ao longo de vinte e cinco séculos, não soçobre, ante a voragem de um mundo moralmente desorientado, sujeito às forças cegas, erráticas e descontroladas do mercado capitalista, dos últimos estágios da chamada globalização econômica. Assumo-a porque considero que nós, os que lidamos com a crise, não temos mais como ocultar-nos no discurso acadêmico, confiando em que ele possa eximir-nos da responsabilidade.

— VII —

Acesso aos Tribunais como pretensão à tutela jurídica

DARCI GUIMARÃES RIBEIRO[1]

Sumário: 1. Monopólio da Jurisdição; 2. Conceito de Pretensão à Tutela Jurídica e Análise de seus Elementos; 3. Pretensão à Tutela Jurídica e Pretensão Material.

> *"Mais malgré la meilleure législation,*
> *les procès naîtront toujours*
> *des intérêsts contraires et des*
> *passions humaines".*
>
> BORDEAUX, *Philosophie de la procédure civile.*
> Évreux: Auguste Hérissey, 1857, cap. XVIII, p. 243.

1. Monopólio da Jurisdição

Na fase atual da história humana, o Estado, como ente encarregado da paz social, assume a solução dos conflitos de interesses e veda qualquer forma de justiça particular, de *agere* privado.[2] É o Estado quem administra a justiça e detém o monopólio da jurisdição,[3] ou como prefere denominar Bourdieu o

---

[1] Doutor em Direito pela Universitat de Barcelona. Especialista e Mestre pela PUC/RS. Professor Titular da Unisinos e do Programa de Pós-Graduação em Direito. Advogado. Membro do Instituto Brasileiro de Direito Processual Civil. Membro representante do Brasil no Projeto Internacional de Pesquisa financiado pelo Ministério da Educação e Cultura – MEC – da Espanha.

[2] A este respeito, afirma acertadamente CALAMANDREI que "la historia de la lucha contra la autodefensa es la historia del Estado y de la misma civilización humana", *Instituciones de derecho procesal civil*. Trad. por Santiago Sentís Melendo. Buenos Aires: EJEA, 1986, v. I, §28, p. 224. Nesta ordem de idéias, SANTO TOMÁS, quando afirma que "esta fuerza coactiva la tiene únicamente la comunidad o la persona pública a la que pertenece infligir penas", *Suma teológica*. Trad. por Fr. Carlos Soria. Madrid: Biblioteca de Autores Cristianos, MCMLIV, t. VI, p. 41 (numeração no original: Iª, IIæ, q. 90, artículo 3, *ad 2m*); especialmente para o direito de castigar, ver *Suma teológica*, ob. cit., t. VI, p. 76 (Iª, IIæ, q. 92, artículo 2, *ad 3m*). Para aprofundar melhor o estudo da prisão que o credor tomava autoritariamente sobre os bens móveis do devedor e seu posterior desenvolvimento no direito espanhol dos séculos XI e seguintes, vid. por todos, HINOJOSA, *El elemento germánico en el derecho español*. Trad. por Galo Sánchez. Madrid: Marcial Pons, 1993, nº IV, p. 79 e ss.

[3] Sobre a origem do monopólio da jurisdição é importante destacar que no período clássico (cerca de 150 a.C. a 284 d.C.), GAIO, que havia vivido neste século II, já indicava a necessidade do Estado, através da pessoa do pretor, para resolver os conflitos. Era o início do monopólio da jurisdição, pois, segundo ele, *'quien quiera actuar contra otro debe llamarlo a juicio' (Institutas 4.183)"*. No direito romano antigo se

"monopolio de la violencia simbólica legítima",[4] razão pela qual os mandatos utilizados por ele para dirimir os conflitos se realizam essencialmente através da jurisdição.[5]

O monopólio da jurisdição é o resultado natural da formação do Estado, que traz consigo conseqüências tanto para os indivíduos como para o próprio Estado. Para os primeiros, afastou definitivamente a possibilidade de reações imediatas por parte de qualquer titular, conseqüentemente eles se encontram impedidos de atuar privadamente para a realização de seus interesses.[6] Para o segundo, o mo-

---

confundia a defesa privada com a defesa pública, ou seja, o próprio titular ativo do direito o exercia privadamente, e o titular passivo do direito, caso não concordasse com a atuação privada, deveria dirigir-se ao magistrado para fazer cessar a violência. O *agere* privado do titular foi proibido, segundo ULPIANO: L. 12, § 2° (Dig. XLVIII, 7, 7), a partir da *Lex Juliae*, e aperfeiçoado com o decreto de Marco Aurelio, o chamado *Decretum divi Marci*, que estabelecia o seguinte: *se crêen ter algum direito, o exercitem com ações, pois do contrario ficaram privados dele*. A respeito, vid. IHERING, *El espíritu del derecho romano*. Trad. por Enrique Príncipe y Satorres. Granada: Comares, 1998., t. I, §14, p. 131; SCIALOJA, *Procedimiento civil romano*. Trad. por Santiago Sentís Melendo y Marino Ayerra Redin. Buenos Aires: EJEA, 1954, §6, p. 72 e ss, principalmente p. 77 e ss; e CALAMANDREI, *Instituciones de derecho procesal civil*, ob. cit., v. I, §28, p. 224 e 225. Modernamente, com a proibição da autotutela pelo Estado, o titular ativo do direito necessita da *ação processual* para exercitá-lo. Esta transposição da defesa privada para a defesa pública se reflete em várias áreas do direito, como por exemplo, no conceito de ação, tanto material como processual, no entendimento do ônus da prova, etc. Para aprofundar melhor o estudo do monopólio da jurisdição nas diversas fases do processo, vid. por todos, GIMENO SENDRA, *Fundamentos del derecho procesal*. Madrid: Civitas, 1981, p. 107 e ss.

[4] *Poder, derecho y clases sociales*. Trad. por Mª José Gonzáles Ordovás. Bilbao: Desclée de Brouwer, 2000, cap. V, p. 201. De acordo com a opinião do autor, a entrada do conflito de interesses "en el universo jurídico va acompañada de una redefinición completa de la experiencia ordinaria y de la situación misma que es el objeto en litigio, debido a que dicha entrada implica la aceptación tácita de la ley fundamental del campo jurídico. (...) Entrar en el juego, aceptar jugar el juego, de remitirse al derecho para solucionar el conflicto, es aceptar tácitamente la adopción de un modo de expresión y de discusión que implica la renuncia a la violencia física y a las formas elementales de la violencia simbólica, como la injuria. También, y sobre todo, significa reconocer las exigencias específicas de la construcción jurídica del objeto: habida cuenta que los hechos jurídicos son el producto de la construcción jurídica (y no a la inversa), una auténtica traducción de todos los aspectos del 'asunto' es precisa para 'ponere causam', como decían los Romanos, para constituir el objeto de controversia en tanto que 'causa', es decir, en tanto que problema jurídico apto para convertirse en el objeto de debates jurídicamente reglados y para retener todo lo que, desde el punto de vista de un principio de pertinencia jurídica, merezca ser enunciado; y de eso sólo lo que pueda valer como hecho, como argumento favorable o desfavorable, etc.", *Poder, derecho y clases sociales*, ob. cit., cap. V, p. 191 e 192.

[5] Com razão, UGO ROCCO destaca que, para ele, Estado, "la realización de los intereses individuales tutelados por las normas jurídicas pasó a ser un problema de alta importancia social y política", *Tratado de derecho procesal civil*. Buenos Aires: Depalma, 1983, t. I, p. 38 e 39. Nesta ordem de idéias, afirma DEL VECCHIO: "Si se quiere, pues, ver una dificultad en el hecho de que la coacción no es ejercitada directamente por el particular, a esto hay que contestar, de modo bien sencillo, diciendo que la avocación de la coacción al Estado, no es sino un perfeccionamiento o un refuerzo de la tutela jurídica", *Filosofía del derecho*. Trad. por Luis Legaz y Lacambra. Barcelona: Bosch, 1969, p. 362. Em termos similares, já BORDEAUX destacava que: "Les voies de droit à l'aide desquelles l'on poursuit ou l'on défend ses droits sont les actions et les exceptions. A la voie de droit, «via juris», est opposée la voie de fait, «via facti»", *Philosophie de la procédure civile*. Évreux: Auguste Hérissey, 1857, L. III, cap. II, p. 349.

[6] A este respeito, merece aprovação o exposto por OVÍDIO B. DA SILVA, quando afirma: "A idéia de 'processo' afasta a idéia de 'instantaneidade' da reação que o titular do direito ofendido poderia ter, se não tivesse de submetê-lo, antes, ao crivo de uma investigação sempre demorada, tendente a determinar sua própria legitimidade", *Curso de processo civil*. São Paulo: RT, 1998, v. I, n° 1.1, p. 13. Assim mesmo, GARSONNET e CÉZAR-BRU, afirmam que fazer a própria justiça, hoje, é "chose intolérable dans un État policé", *Traité théorique et pratique de procédure civile et commerciale*. Paris: Sirey, 1912, t. I, 1ª parte, n° 351, p. 521.

nopólio criou o dever de prestar a tutela jurisdicional[7] efetiva,[8] a qualquer pessoa que o solicite.[9]

[7] Segundo DENTI, "Il dovere costituisce, invece, la situazione del soggetto tenuto a porre in essere un dato comportamento per non incorrere in conseguenze sanzionatorie previste dall'ordinamento: più propriamente, si parla di 'dovere' quando il soggetto è vincolato al comportamento in forza dell'esercizio di una funzione pubblica", *La giustizia civile*. Bologna: Il Mulino, 1989, Cap. V, n° 2, p. 153. No mesmo sentido, A. ROCCO, *La sentenza civile*, Milano: Giuffrè, 1962, n° 42, p. 98; LESSONA, *Los deberes sociales del derecho procesal civil*. In: *Revista General de Legislación y Jurisprudência*, 1897, t. 91, p. 475; FERRARA, *Trattato di diritto civile italiano*. Roma: Athenaeum, MCMXXI, v. I, p. 303; CONIGLIO, *Lezioni di diritto processuale civile*. Padova: Cedam, 1939, p. 81; UGO ROCCO, *Tratado de derecho procesal civil*, ob. cit., t. I, cap. II, p. 251 y ss; LEGAZ Y LACAMBRA, *Filosofía Del derecho*. Barcelona: Bosch, 1979, 5ª ed., p. 679; CALMON DE PASSOS, *Ação*. In: *Digesto de Processo*, Rio de Janeiro: Forense, 1980, v. I, p. 5; e MERCADER, *La acción: su naturaleza dentro del orden jurídico*. Buenos Aires: Depalma, 1944, p. 163. É um dever porque se o Estado não prestar a tutela jurisdicional adequada ele é responsável pelos prejuízos gerados por sua conduta. No direito espanhol, o princípio geral da responsabilidade objetiva das Administrações Públicas, encontra-se no art. 106.2 da Constituição, que diz: "Los particulares, en los términos establecidos por la ley, tendrán derecho a ser indemnizados por toda lesión que sufran en cualquiera de sus bienes y derechos, salvo en los casos de fuerza mayor, siempre que la lesión sea consecuencia del funcionamiento de los servicios públicos", e, mais especificamente sobre o Poder Judicial encontramos o art. 121 da Constituição que establece: "Los daños causados por error judicial, así como los que sean consecuencia del funcionamiento anormal de la Administración de Justicia, darán derecho a una indemnización a cargo del Estado, conforme a la ley". Este último artigo da Constituição está mais amplamente desenvolvido nos art. 292 a 297 da Lei Orgânica do Poder Judicial de 1 de julio de 1985, que foi exaustivamente analisada por MONTERO AROCA, *Responsabilidad civil del juez y del Estado por la actuación del poder judicial*. Madrid: Tecnos, 1988, p. 101 e ss. No direito brasileiro, a responsabilidade civil do Estado encontra suas diretrizes no § 6°, do art. 37 da vigente Constituição Federal de 1988, dentro das quais cabe destacar, segundo o Min. RUY ROSADO DE AGUIAR JÚNIOR, que: "O Estado responde sempre que do seu funcionamento regular ou irregular decorrer prejuízo para o terceiro, independentemente de se questionar sobre a existência de culpa do serviço, bastando o fato do serviço", *A responsabilidade civil do Estado pelo exercício da função jurisdicional no Brasil*. In: Revista Ajuris, n° 59, 1993, p. 10.

[8] O monopólio não cria para o Estado o dever de prestar qualquer tutela jurisdicional, senão a tutela jurisdicional apropriada ao direito material que a parte traz a juízo, é dizer, o Estado que é titular da potestade jurisdicional deve colocar a disposição dos cidadãos um instrumento (processo) capaz de amoldar-se aos interesses em conflito, para poder assim proporcionar justiça em um tempo adequado aos consumidores dos serviços jurisdicionais, na melhor ótica de CAPPELLETTI, *Acesso alla giustizia come programma di riforma e come metodo di pensiero*. In: Rivista di. Diritto Processuale, 1982, p. 243 e ss; vid. também do mesmo autor, *Il processo civile come fenomeno sociale di massa*. In: *Studi in Memoria di Roberto Bracco*. Padova: Cedam, 1976, p. 73 e ss. A este respeito, merece aprovação o exposto por PERROT, quando estabelece como consequência do monopólio da jurisdição, o dever do Estado de prestar justiça "dans un 'délai raisonnable'". Para ele, "Cette exigence n'est inscrite nulle part dans nos lois. Mais elle résulte d'une convention internationale,- la Convention européenne des droits de l'homme –, qui, dans son article 6, fait obligation à chaque État européen de prendre les mesures nécessaires pour que la justice ne soit pas rendue dans des délais anormaux", *Institutions judiciaires*. Paris: Montchrestien, 2000, 9ª ed., n° 59, p. 55. De igual modo, VINCENT e GUINCHARD, quando dizem: "Avec l'évolution de la jurisprudence de la Cour européenne des droits de l'Homme depuis l'arrêt 'Golden' du 21 février 1975, jusqu'à l'arrêt 'Horsby' du 19 mars 1997, les doses se précisent: le droit à un tribunal ou droit à un procès équitable au sens large comprend désormais trois volet: a) le droit d'accès à un tribunal; b) le droit à une bonne justice; y c) le droit à l'exécution des décisions de justice", *Procédure civile*. Paris: Dalloz, 1999, 25ª ed., n° 525-1, p. 463; e MARINONI, ao dizer: "Na verdade, o Estado, porque proibiu o agir privado, não pode se subtrair ao dever de viabilizar ao titular de um direito o mesmo resultado que ele obteria caso a ação privada não tivesse sido proibida, ou caso houvesse sido espontaneamente observada a norma de direito substancial", *Tutela inibitória*. São Paulo: RT, 1998, p. 52. Quando a justiça é prestada em um tempo adequado o Estado esta cumprindo satisfatoriamente com seus deveres, sem dúvida, quando a mesma não é adequadamente outorgada, o Estado incorre em um funcionamento defeituoso porque entrega a prestação jurisdicional com atraso aos consumidores. Segundo MONTERO AROCA, este atraso se traduz "en un proceso con dilaciones indebidas, en la terminología del artículo 24.2 CE, o fuera de un plazo razonable, en palabras del artículo 6°.1 del Convenio para la Protección de los Derechos Humanos y de las Libertades Fundamentales de 4 de noviembre de 1950", *Responsabilidad civil del juez y del Estado por la actuación del poder judicial*, ob. cit., p. 132.

[9] Neste sentido, WACH, *La pretensión de declaración*. Trad. por Juan M. Semon. Buenos Aires: EJEA, 1962, p. 65; A. ROCCO, *La sentenza civile*, ob. cit., n° 42, p. 98; UGO ROCCO, *Tratado de derecho procesal civil*,

A soma destas duas conseqüências gera, indistintamente, para todas as pessoas da comunidade, uma promessa de proteção a todos aqueles que necessitam de justiça, sendo assim, desde que o Estado monopolizou a distribuição da justiça se comprometeu, como conseqüência direta deste monopólio, a garantir e assegurar a proteção daqueles indivíduos que necessitem dela.[10] Por isso, afirma acertadamente Glasson e Tisser que "le recours à la justice est une liberté donnée à tous et non une faveur".[11] Chamamos esta promessa de proteção jurídica de pretensão à tutela jurídica[12] que na terminologia francesa constitui o "accès aux tribunaux".[13] Com razão Pontes de Miranda, quando indica: "Não depende da opinião

t. I, ob. cit., p. 42; LENT, *Diritto processuale civile tudesco.* Trad. por Edoardo F. Ricci. Napoli: Morano, 1962, §36, p. 146; LIEBMAN, *Manuale di diritto processuale civile.* Milano: Giuffrè, 1984, reedición 4ª ed., t. I, nº 73, p. 132; PRIETRO CASTRO, *Derecho procesal civil.* Madrid: Tecnos, nº 1, p. 33; ZAFRA VALVERDE, *Sentencia constitutiva y sentencia dispositiva.* Madrid: Rialp, p. 43; PONTES DE MIRANDA, *Tratado das ações.* São Paulo: RT, 1972, t. I, §43, p. 232 e § 45, p. 249; e AVSOLOMOVICH CALLEJAS (en AAVV), *Nociones de derecho procesal.* Santiago: Jurídica de Chile, p. 22. Em sentido contrário, FAZZALARI, ao dizer que: "impongano di respingere la configurazione del processo di cognizione come uno strumento messo a disposizione di chiunque voglia adire il giudice, rivolgendogli una qualsiasi domanda", *Note in tema di diritto e processo.* Milano: Giuffrè, cap. III, nº 2, p. 116.

[10] Orienta-se neste sentido BORDEAUX, ao dizer: "La justice, comme le prince, doit être abordable à tous. L'Etat doit la faire distribuer à tous les citoyens, c'est son premier devoir", *Philosophie de la procédure civile,* ob. cit., L. II, cap. XVIII, p. 245; ZANZUCCHI, quando afirma que, "questo obbligo dello Stato di render giustizia si giustifica in quanto lo Stato ha posto ai privati il divieto di farsi giustizia da sè: divieto all'autodifesa", *Diritto processuale civile.* Milano: Giuffrè, 1964, 6ª ed., v. I, nº 51, p. 54; DE LA OLIVA, apesar de referir-se únicamente à proibição da justiça privada, disse: "En mi opinión, cuando la comunidad social organizada prohibe la llamada justicia privada o 'acción directa', es de necesidad que, mediante normas jurídicas, conceda a todos sus miembros, a todos los ciudadanos, derecho a acudir al proceso o derecho a acudir a los tribunales", *Sobre el derecho a la tutela jurisdiccional.* Barcelona: Bosch, , 1980, cap. IV, p. 22. OVÍDIO B. DA SILVA vai mais longe ao dizer: "Não seria exagero, aliás, afirmar que o estado só existe como fenômeno histórico, por haver monopolizado a jurisdição e a própria produção do direito estatal como fonte exclusiva da norma jurídica", *Curso de processo civil,* ob. cit., v. I, nº 4.3, p. 84. De igual modo, PEDRAZ PENALVA, quando disse: "En verdad el Estado de derecho es el propio de un subsistente positivismo, extrapoladamente advertido con frecuencia como juridicismo", *El objeto del proceso civil.* In: *El objeto del proceso civil.* Cuadernos de Derecho Judicial. Madrid: CGPJ, p. 29, nota 47.

[11] *Traité théorique et pratique d'organisation judiciaire, de compétence et de procédure civile.* Paris: Sirey, 1925, t. I, 3ª ed., nº 170, p. 417. A este respeito, merece atenção o estudo levado a cabo por BORDEAUX sobre a "nécessité de la procédure civile", *Philosophie de la procédure civile,* ob. cit., L. I, cap. II, p. 8 e ss.

[12] Confunde *pretensão à tutela jurídica* com *pretensão à sentença* GOLDSCHMIDT, quando disse: "la pretensión de tutela jurídica o, mejor dicho, de su primera y más importante forma de apariencia, la pretensión de sentencia, como derecho publicístico, perteneciente al derecho procesal civil", *Derecho justicial material.* Trad. por Catalina Grossmann. Buenos Aires: EJEA, 1959, p. 27. Como mais adiante veremos, a pretensão à sentença é diferente da pretensão à tutela jurídica, pois, enquanto a primeira refere-se ao direito processual e é mais conhecida pelo nome de pretensão processual, a segunda é anterior ao processo e pertence melhor ao direito político ou ao direito constitucional. Para aprofundar melhor sobre o tema consultar o que escrevi em RIBEIRO, *La pretensión procesal y La tutela judicial efectiva.* Barcelona: Bosch, 2004, especialmente nº 7.2, letra "a", p. 82 e também nº 9.6.1, p. 200 e 201.

[13] Note-se que falamos de *acesso aos tribunais,* e não *direito de acesso aos tribunais,* porque, segundo o ponto de vista que defendemos, a pretensão à tutela jurídica não representa um *direito* senão melhor um *poder*; reservamos a palavra *direito* para a ação processual, como se poderá ver mais adiante. Porém, se queremos falar de um direito de acesso aos tribunais, então teremos que considerar o acesso aos tribunais não somente em seu aspecto estático (pretensão à tutela jurídica), senão também em seu aspecto dinâmico ou processual (ação processual e pretensão processual). Também faz a distinção, porém com argumentos distintos, entre *"l'accès aux tribunaux"* e *"l'action en justice"*, MOTULSKY, *Le droit subjectif et l'action en justice.* In: Archives de Philosiphie du Droit, nº II, p. 223, e nos *Écrits-Études et Notes de Procédure Civile.* Paris: Dalloz, p. 93; GLASSON y TISSIER, *Traité théorique et pratique d'organisation judiciaire, de compétence et de procédure civile,*

104   *Darci Guimarães Ribeiro*

dos juristas existir, ou não, a pretensão à tutela jurídica. Se não existisse, não teria o Estado o dever de julgar; e tem-no. Tem mais: tem a obrigação de julgar, através de seus órgãos. Se alguém exerce o direito correspondente àquele dever".[14]

A pretensão à tutela jurídica, assim como a ação processual, pertence tanto ao demandante que põe em movimento a jurisdição com a ação processual, como ao demandado[15] que apenas se defende[16] e, ainda que não exercite ação nenhuma, com sua presença em juízo, exige também do Estado sua tutela judicial mediante a improcedência da pretensão processual que o autor supostamente disse ser titular,[17]

---

ob. cit., nº 169, p. 416 e 417. Em sentido contrário, OVÍDIO B. DA SILVA, *Curso de processo civil*, ob. cit., v. I, nº 4.3, p. 84. Este tema encontra-se melhor abordado no livro *La pretensión procesal y La tutela judicial efectiva*, ob. cit., *infra*, nº 9.4.1, p. 126.

[14] *Tratado das ações*, ob. cit., t. I, §43, p. 232.

[15] Com razão CONIGLIO, ao dizer que "il diritto d'azione del convenuto è condizionato dalla proposizione della domanda dell'attore. Dopo appare a sua volta autonomo", *Lezioni di diritto processuale civile*. Padova: Cedam, 1939, p. 76 e 77.

[16] Para aprofundar melhor no estudo da defesa em relação as demais garantias constitucionais da ação, vid. por todos CAROCCA PÉREZ, *Garantía constitucional de la defensa procesal*. Barcelona: Bosch, 1998, cap. II, p. 101 e ss.

[17] Do mesmo modo, entendendo que o direito de ação é bilateral: A. ROCCO, que foi um dos primeiros autores a manter a postura, afirma: "infatti il diritto d'azione spetta non solo all'attore, ma anche al convenuto, per l'accertamento negativo del rapporto, e perciò anche il convenuto ha diritto di fare domande ed eccezioni a questo scopo", *La sentenza civile*, ob. cit., nº 43, p. 100, nota 52; CALAMANDREI, sustenta que: "De este modo la acción, como actividad dirigida a presentar al juez una propuesta de providencia, no es solamente propia del actor: porque también el demandado, aún cuando se limite a pedir el rechazamiento de la demanda contraria, viene, en sustancia, a solicitar del juez que pronuncie una sentencia de declaración negativa de mera certeza, esto es, una providencia diversa de la pedida por el actor, y favorable, en lugar de a éste, a él como demandado", *Instituciones de derecho procesal civil*, ob. cit., v. I, §33, p. 239; CHIOVENDA, ao afirmar: "La acción así entendida corresponde también al demandado, desde el momento en que es propuesta contra él una demanda 'infundada'; este derecho se nos manifiesta en las normas procesales que conceden al demandado convertirse en parte diligente, inscribir la causa en el registro, reasumir la causa y, sobre todo, no aceptar la renuncia in los actos (C.P.C., art. 345). Aquí no hay en el demandado sino un interés a la declaración negativa de certeza de la relación jurídica afirmada por el autor", *La acción en el sistema de los derechos*. Trad. por Santiago Sentis Melendo. Bogotá: Temis, p. 22; e também em *Principios de derecho procesal civil*. Trad. por José Casais y Santaló. Madrid: Reus, , 1977, t. I, §11, p. 335; HABSCHEID, ao dizer que "une fois l'instance ouverte par la demande, ce droit appartient tant au défendeur qu'au demandeur", *Droit judiciaire privé suisse*. Genevè: Librairie de l'Université Georg et Cie S.A., 2ª ed.,1981, §2º, p. 4; MOTULSKY, quando afirma que "l'action, enfin, est indépendent de la position procédural: la 'défense' constitue, elle aussi, l'exercice d'une action", *Le droit subjectif et l'action en justice*, ob. cit, nº II, p. 224, e nos *Écrits-Études et Notes...*, ob. cit., p. 95; JAUFFRET, ao dizer: "Le demandeur comme le défendeur exercent une action puisque l'un comme l'autre ils saisissent le juge d'une prétention", *Manuel de procédure civile et voies d'exécution*. Paris: Librairie Générale de Droit et de Jurisprudence, 1980, 13ª ed., nº 20, p. 11; ALMAGRO NOSETE, para quem, "el derecho a la jurisdicción es el medio de que se vale el Ordenamiento para hacer efectivo el derecho natural de defensa jurídica. Corresponde por igual a demandante y a demandado, a acusador y acusado", *El "libre acceso" como derecho a la jurisdicción*. In: Revista de la Facultad de Derecho de la Universidad de Madrid, v. XIV, 1970, nº 37, p. 109; e também quando disse: "la excepción no es más que una modalidad, también del ejercicio del derecho a la jurisdicción", *El "libre acceso" como derecho a la jurisdicción*, ob. cit., p. 132; CESARINI-SFORZA, *Filosofía del derecho*. Trad. por Marcelo Cheret. Buenos Aires: Ejea, nº 80, p. 260. Podemos encontrar também MANDRIOLI, *Corso di diritto processuale civile*. Torino: Giappichelli, 2000, v. I, nº 24, p. 86; MONTERO AROCA, *Introducción al derecho procesal*. Madrid: Tecnos, 1976, cap. II, p. 161 a 164; e também no artigo *En torno al concepto e contenido do direito* jurisdiciona. In: Revista de Derecho Procesal Iberoamericana, 1976, nº 1º, p. 170; ARAZI, *Elementos de derecho procesal*. Buenos Aires: Astrea, 1988, §33, p. 67; ZAMORA PIERCE, *El derecho a la jurisdicción*. In: Revista de la Facultad de Derecho del México, 1979, nº 114, p. 972; PONTES DE MIRANDA, *Tratado das ações*, ob. cit., t. I, §23, p. 114; e OVÍDIO B. DA SILVA, *Curso de processo civil*, ob. cit., v. I, p. 88.

DE LA OLIVA sustenta um ponto de vista diverso, ao dizer que o direito de levar qualquer um frente ao tribunal "se trata de una inevitable consecuencia jurídica del ejercicio del derecho al proceso", *Sobre o direito à tutela*

como bem demonstra o art. 30 do CPC francês.[18] Este princípio da contradição ou da audiência bilateral[19] pode ser encontrado, entre outras legislações, no art. 20.3 da atual LEC; no § 269, par. 1, da ZPO;[20] nos arts. 267, § 4º, e 264, ambos do CPC brasileiro; e no art. 306 do CPC italiano. É por isso que também se proíbe a desistência da ação processual sem ouvir-se antes o demandado devidamente citado,[21] porque, segundo Ovídio B. da Silva, "neste caso, a oposição do réu coloca o Estado no dever de prestar-lhe a mesma atividade que a 'ação' do autor provocara. Sua discordância em que o autor desista da 'ação' traduz-se, portanto, numa efetiva exigência de tutela jurisdicional".[22]

O primeiro autor que desenvolveu o estudo da pretensão à tutela jurídica (*Rechtsschutzanspruch*)[23] foi Wach.[24] Segundo destaca o autor:

---

jurisdicional. Barcelona: Bosch, 1980, cap. IX, p. 81. Para este, só é possível falar de bilateralidade da ação "en la medida en que la acción, aunque dirigida contra el Estado, siempre hace referencia a otro u otros sujetos jurídicos", *Sobre o direito à tutela jurisdicional*, ob. cit., cap. IX, p. 78. Porém, se o direito de levar qualquer pessoa frente ao tribunal é uma inevitável conseqüência jurídica do exercício do direito ao processo e só nesta medida cabe falar de bilateralidade da ação, existe, então, um direito do demandado ao processo? O autor, férreo defensor da teoría concreta do direito de ação, contesta, baseado no direito positivo espanhol, que "el desistimiento es bilateral en atención al legítimo interés del demandado, pero ese interés se protege concediendo al demandado un derecho subjetivo a la sentencia de fondo", *Sobre el derecho a la tutela jurisdiccional*, ob. cit., cap. IX, p. 85.

[18] O art. 30 do CPC Frances diz que: "*L'action est le droit, pour l'auteur d'une prétention, d'être entendu sur le fond de celle-ci afin que le juge la dise bien ou mal fondée. Pour l'adversaire, l'action est le droit de discuter le bien-fondé de cette prétention*".

[19] Para um estudo mais detalhado deste princípio, consultar o que já escrevi em *Provas atípicas*. Porto Alegre: Livraria do Advogado, 1998, nº 1.2.3. p. 30 e s.

[20] No direito alemão existe a diferença entre desistir e retirar a demanda. O desistir da demanda (*Klageverzicht*) encontra-se previsto no § 269, pár. 1, da ZPO, que diz: "I. La demanda puede ser retirada sin consentimiento del demandado sólo hasta el momento en que el demandado se oponga a la demanda", *Código procesal civil alemán*. Trad. por Emilio Eiranova Encinas y Miguel Lourido Míguez. Madrid: Marcial Pons, 2001, p. 80; enquanto que a retirada da demanda (*Klagerücknahme*) encontra-se prevista no § 269, pár. 3, que diz: "III. Si se retira la demanda, se considerará que el litigio ha pasado a no estar pendiente; una sentencia ya recaída, no firme todavía, cesa en sus efectos sin que sea necesaria su anulación explícita", *Código procesal civil alemán*, ob. cit., p. 80. De acordo com STEFAN LEIBLE, "El desistimiento de la demanda es la declaración del demandante, que la pretensión deducida no existe. Por petición del demandado conduce al rechazo de la demanda por sentencia de desistimiento, mientras que el retiro de la demanda conforme al § 269 párr. 3 debe concluir el proceso sin sentencia. La fuerza de cosa juzgada de la sentencia de desistimiento impide al demandante, reiterar su demanda con perspectivas de éxito. Por el contrario el retiro de la demanda no impide una nueva demanda", *Proceso civil alemán*. Trad. por Rodolfo E. Witthaus. Medellín: Diké, 1999, p. 242.

[21] Assim, cosultar o art. 20.3 da LEC 1/2000.

[22] *Curso de processual civil*, ob. cit., v. I, p. 88.

[23] Neste ponto, merece destacar-se as pertinentes observações de GUASP sobre a tradução do termo alemão *Rechtsschutzanspruch*; segundo o autor, "llamar a la acción 'pretensión de tutela jurídica' no quiere decir nada puesto que ya se comprende que siendo la acción una noción jurídica, la protección o tutela que mediante ella demanda su titular ha de ser jurídica también; en cambio cuando se dice 'pretensión de tutela del derecho' se aclara convenientemente el pensamiento fundamental de la teoría, puesto que se indica la materia sobre que la protección exigida recae, el derecho, no la clase de protección: de aquí que en alemán se diga siempre 'Rechtsschutzanspruch' y no 'Anspruch des rechtlichen Schutzes' como sería en el caso de concebir una 'pretensión de tutela jurídica'", *Comentarios a la ley de enjuiciamiento civil*. Madrid: Aguilar, 1943, t. I, p. 333, nota 3. Para uma crítica à "exegesis lingüística realizada por Guasp", DE LA OLIVA, *Sobre el derecho a la tutela jurisdiccional*, ob. cit., p. 16, nota 24.

[24] Em sua obra clássica intitulada: "*Handbuch des deutschen civilprozessrechts*", Leipzig, 1885. Existe tradução para o espanhol: "*Manual de derecho procesal civil*". Trad. por Tomás A. Banzhaf. Buenos Aires: Ejea, 1977.

la pretensión de protección del derecho constituye el acto de amparo judicial que forma el objetivo del proceso. Ella va dirigida al Estado, el cual debe otogar tal amparo; y se dirige contra la parte contraria, frente a la cual debe ser otorgada dicha protección. Es de naturaleza de derecho público, y no es la emanación o expresión del derecho privado subjetivo.[25]

Esta teoria mereceu diversas críticas, entre as quais cabe destacar as de Rosenberg[26] e Chiovenda.[27]

A nosso entender, a teoria de Wach teve o mérito de demonstrar unicamente a autonomia do direito processual frente ao material,[28] sendo que seu maior erro consistiu em vincular o dever do Estado a uma prestação jurisdicional *favorável*.[29] Por nossa parte, entendemos que a pretensão à tutela jurídica, diferentemente de como a concebia Wach, não vai dirigida, nem contra a parte contrária (somente contra o Estado), nem tão pouco é uma pretensão a uma sentença "favorável",[30] senão só a obter uma sentença,[31] pois como indica Prieto Castro, saber "si alguien

O estudo da pretensão à tutela jurídica foi aprofundado pelo mesmo autor em outro de seus posteriores escritos chamado *"Der Feststellungsanspruch"*, Leipzig, 1889, que também teve tradução para o espanhol: *"La pretensión de declaración"*. Tad. por. Juan M. Semon. Buenos Aires: Ejea, 1962, que traz como subtítulo *"Un aporte a la teoría de la pretensión de protección del derecho"*, p. 5.
De acordo com ROSENBERG, *Tratado de derecho procesal civil*. Trad. por Angela Romera Vera. Buenos Aires: Ejea, t. II, § 90, p. 58; CHIOVENDA, *La acción en el sistema de los derechos*, ob. cit., p. 15 e GOLDSCHMIDT, *Derecho justicial material*. Trad. por. Catalina Grossmann. Buenos Aires: Ejea, p. 26 e 27. Para PONTES DE MIRANDA, o primeiro foi OSCAR BÜLOW, em 1868, *Tratado das ações*, ob. cit., t. I, §33, p. 168.

[25] *La pretensión de declaración*, ob. cit., cap. II, p. 39 e especialmente nas páginas 51 e ss, 59 e ss. É conveniente que se esclareça desde agora que para o autor a pretensão de proteção do direito significava o direito concreto de demandar, pois seu estudo corresponderia "a la teoría de la acción", *Manual de derecho procesal civil*, ob. cit., v. I, p. 42, nota 15. Entre os muitos autores que adotaram a teoria de Wach convém apresentar, por sua originalidade, o ponto de vista sustentado por GOLDSCHMIDT, segundo o qual: "Todo induce, pues, con imperiosa necesidad, a considerar la pretensión de tutela jurídica como derecho 'material', por supuesto, 'publicístico': con otras palabras, como un 'derecho justicial material'", *Derecho justicial material*, ob. cit., p. 43. Para uma análise mais detalhada sobre a teoria de Goldschmidt consultar DE LA OLIVA SANTOS, *Sobre el derecho a la tutela jurisdiccional*, ob. cit., cap. V, p. 49 a 66; e RAMOS MÉNDEZ, *Derecho y proceso*. Barcelona: Bosch, 1978, n° 29, p. 131 a 133.

[26] *Tratado de derecho procesal civil*, ob. cit., t. II, § 90, p. 59 e ss.

[27] *La acción en el sistema de los derechos*, ob. cit., p. 16 e ss.

[28] Como acertadamente foi colocado com relevo por SERRA DOMÍNGUEZ, *Evolución histórica y orientaciones modernas del concepto de acción*. In: *Estudios de Derecho Procesal*. Barcelona: Ariel, 1969, n° 3, p. 126. Segundo LENT, esta teoría também teria o mérito de demostrar que "tale pretesa non si dirige contro la parte avversaria, ma veso lo stato rapresentato dal giudice", *Diritto processuale civile tedesco*, ob. cit., §36, p. 147. A posição do professor alemão, neste particular, não é muito correta, pois, como bem demonstrou CHIOVENDA, o primeiro a sustentar a direção da ação processual contra o Estado foi HASSE, em 1834, *La acción en el sistema de los derechos*, ob. cit., p. 97 a 99, nota 27. Para mais detalhes, consultar o que escrevi em *La pretensión procesal y La tutela judicial efectiva*, n° 8.2, letra "c", p. 87 e s.

[29] WACH, *Manual de derecho procesal civil*, ob. cit., v. I, p. 45 e p. 47, nota 27; e também na obra *La pretensión de declaración*, ob. cit., cap. III, p. 71 e s.

[30] Segundo PONTES DE MIRANDA, "Essa 'favorabilidade' denuncia que ainda os próprios descobridores da pretensão à tutela jurídica tinham os olhos atados à pretensão de direito material que predeterminaria o ser a favor a sentença", *Tratado das ações*, ob. cit., t. I, §33, p. 172.

[31] Assim, HABSCHEID, ao dizer que "au moment de l'introduction de l'action, nul ne sait si le demandeur est bien titulaire d'un droit ou non: c'est précisément pour le faire constater que les parties ont recours à la justice et seul le jugement donnera la réponse", *Droit judiciaire privé suisse*, ob. cit., §2°, p. 2; ROSENBERG, para quem existe o dever do Estado "al otorgamiento de la tutela jurídica pura y simplemente, no a la tutela jurídica favorable", *Tratado de derecho procesal civil*, ob. cit., t. II, §90, p. 59; CONIGLIO, ao afirmar que "il giudice

tiene o no razón, si la postura que defiende es o no ajustada al Derecho (a la norma que regula el sector vital de que se trate), es algo que no saben ni los propios interesados, cuanto menos el Juez".[32] Esta, entre outras, é a razão pela qual a teoria da *Rechtsschutzanspruch* não tem sido acolhida nem pelo ordenamento brasileiro e muito menos pelo Tribunal Constitucional Espanhol,[33] e não é hoje a teoria mais aceita.[34] Também discordamos de Wach quando o mesmo afirma que "la pretensión de protección del derecho constituye el acto de amparo judicial que forma el objetivo del processo",[35] sendo assim, "el objeto del proceso es la relación jusprivadística respecto de la cual se busca obtener sentencia, o ejecución para realizarla, o sea, la relación jusprivadística como objeto de la 'pretensión de tutela jurídica' que tiene por contenido la sentencia favorable a la parte, o la

---

ha l'obbligo di emettere una pronuncia, anche per dichiarare di non potere provvedere in merito per difetto dei presupposti processuali", *Lezioni di diritto processuale civile*, ob. cit., p. 81; LIEBMAN, quando afirma que "la única cosa segura es que el Juez proveerá, y la acción tiene por objeto inmediato justamente esta su resolución, sea favorable o desfavorable", *La acción en la teoría del proceso civil*, ob. cit., p. 25; e SERRA DOMÍNGUEZ, quando disse: "el llamado derecho concreto de acción no pertenece al campo del derecho procesal, sino al del derecho privado. En derecho procesal no existen sentencias justas ni injustas, ni acciones fundadas o infundadas sino únicamente sentencias y acciones", *Evolución histórica y orientaciones modernas del concepto de acción*, ob. cit., p. 153; além de SATTA, *Diritto processuale civile*. Padova: Cedam, 1987, nº 74, p. 135; ASENCIO MELLADO, *Cien años de derecho procesal en España*. In: *El Derecho Español en el Siglo XX*. Madrid: Marcial Pons, 2000, p. 281 e 282; ZAMORA PIERCE, *El derecho a la jurisdicción*. In: Revista de La Facultad de Derecho de México, 1979, nº 114, p. 971; CALMON DE PASSOS, *Ação*, ob. cit., v. I, p. 5; PONTES DE MIRANDA, que faz severas críticas em muitas passagens de seu livro *Tratado das ações*, ob. cit., t. I, §33, p. 169 e 172; e §43, p. 235 e 239; e OVÍDIO B. DA SILVA, *Curso de processo civil*, ob. cit., v. I, p. 95, entre tantos outros. Por isso, afirma acertadamente CARNACINI, que o processo civil é "un proceso por antonomasia", é dizer, "senza riferimento al risultato che per eso si persegue", *Tutela guirisdizionale e tecnica del processo*. In: *Studi in Onore di Enrico Redenti*. Milano: Giuffrè, 1951, v. II, nº 1, p. 697, nota 3 (este artigo foi traduzido ao espanhol por A. Romo, na Revista de La Facultad de Derecho de México, 1953, nº 12), na tradução, nº 1, p. 99, nota 3). No mesmo sentido, é o entendimento do Tribunal Constitucional, segundo nos informa ORTELLS RAMOS (en AAVV), *Derecho jurisdiccional*. Valencia: Tirant lo blanch, 1998, t. I, lección 15ª, p. 259.

[32] *Tratado de derecho procesal*. Madrid: Sáez, 1952, t. I, p. 77. Assim mesmo, GUASP, quando se refere à relação jurídico-material, dizendo que: "ni siquiera se sabe si existe hasta la sentencia", *La Pretensión procesal*. Madrid: Cívitas, 1985, p. 58, e também nos *Estudios Jurídicos*. Madrid: Cívitas, 1996, nº 16, p. 594; e PONTES DE MIRANDA, ao dizer: "Se só os que têm a pretensão tivessem direito ao uso dos remédios, haver-se-ia de começar do fim para o princípio: quem tem razão (direito, pretensão) tem ação, quem tem ação tem remédio processual. Ora, só se sabe quem tem 'razão' depois que se instaurou o processo (remédio), que se verificou ser procedente a ação (isto é, existir), por se terem produzido as provas, e se pronunciou a sentença, contendo o direito objetivo", *Tratado das ações*, ob. cit., t. I, §46, p. 273.

[33] De acordo com a opinião de CHAMORRO BERNAL: "El TC se ha cuidado mucho de precisar que el derecho fundamental cualificado a la tutela judicial efectiva garantiza sólo una resolución fundada en Derecho, sea o no favorable y que incluso, excepcionalmente, puede ser de inadmisión", *La tutela judicial efectiva*. Barcelona: Bosch, 1994, p. 346. Para estudar a jurisprudência do Tribunal Constitucional Espanhol sobre o tema, vid. também PICÓ Y JUNOY, *Las garantías constitucionales del proceso*. Barcelona: Bosch, 1997, p. 63 a 65.

[34] Assim, MOTULSKY, *Le droit subjectif et l'action en justice*, ob. cit., nº II, p. 222, e nos *Écrits-Études et Notes...*, ob. cit., p. 93. Não obstante, somos conscientes de que na Espanha esta teoria é mantida, entre outros, por GÓMEZ ORBANEJA, *Derecho procesal civil*. Madrid: s/Edit., 1979, 8ª ed., v. I, § 24, p. 227; DE LA OLIVA, *Sobre el derecho a la tutela jurisdiccional*, ob. cit., cap. III, p. 10 e s; ORTELLS RAMOS, *Introducción al derecho procesal*. Granada: Comares, 1999, p. 103 e s; BONET NAVARRO, *Escritos sobre la jurisdicción y su actividad*. Zaragoza: Cometa, 1981, p. 67; e ACOSTA ESTEVEZ, *Líneas básicas del derecho a la tutela jurisdiccional: la garantía constitucional de la acción*. In: *Revista La Ley*, 1990, nº 3, p. 887.

[35] *La pretensión de declaración*, ob. cit., cap. II, p. 39. Anteriormente o autor já havia escrito que "el objeto de todo proceso es 'una pretensión', la pretensión de tutela jurídica, es decir, la pretensión del demandante, o en su caso del demandado, de que se conceda tutela jurídica procesal", *Manual de derecho procesal civil>*, ob. cit., v. I, p. 42.

ejecución querida".[36] Para nós, a pretensão à tutela jurídica não é o objeto do processo, é somente o poder que legitima o exercício da ação processual, porque o objeto do processo é a pretensão processual.[37] Como podemos observar, a teoria de Wach não distingue entre pretensão à tutela jurídica e pretensão processual, razão pela qual não podemos admiti-la.[38]

2. Conceito de Pretensão à Tutela Jurídica e Análise de seus Elementos

Para nós, pretensão à tutela jurídica *é o poder de exigir do Estado a realização de uma prestação positiva.*[39] Este conceito, para que se possa compreender melhor, exige de nossa parte, algumas explicações:

a) Utilizamos a palavra pretensão tanto para a tutela jurídica (pretensão ao processo), como para a sentença (pretensão processual),[40] porque, segundo Pontes de Miranda, "Toda pretensão tem por fito a satisfação. Ela é somente meio; a satisfação é fim".[41] Sendo assim, se utilizarmos a palavra *pretensão* diante da "tutela jurídica" estamos nos referindo a ela como o meio adequado para que a parte possa obter a satisfação, enquanto a utilização da palavra *pretensão* diante da palavra "sentença" significa que estamos nos referindo ao fim conseguido com a utilização do meio (satisfação dos interesses). Em definitivo, o fim da pretensão à tutela jurídica é obter o meio adequado para a satisfação da pretensão processual que se dá através da sentença;

b) A respeito de o termo *poder,* utilizaremos, por uma questão de lógica, alguns dos argumentos que empregamos para diferenciar pretensão material de seu exercício, com o cuidado de adaptá-los ao âmbito processual. A palavra *poder*[42]

---

[36] *Manual de derecho procesal civil*, ob. cit., v. I, p. 48 e 49.

[37] Para entender melhor a pretensão processual como objeto do processo, consultar o que escrevi em *La pretensión procesal y La tutela judicial efectiva*, ob. cit., n° 9.4.2.2, p. 131 e s.

[38] Esta distinção pode ser mais bem observada em *La pretensión procesal y La tutela judicial efectiva*, ob. cit., n° 9.6.1, p. 200 e s.

[39] Com este conceito de pretensão à tutela jurídica nos afastamos definitivamente do entendimento tradicional da doutrina da *"Rechtsschutzanspruch"* de WACH, que, de acordo com a opinião de DE STEFANO, está "quasi interamente abbandonato", *L'oggetto del processo in un libro recente di Walter J. Habscheid*. In: Rivista Trimestrale di Diritto Processuale Civile, 1957, p. 328. Em conseqüência, partindo de nosso conceito de pretensão à tutela jurídica, entendemos que não é aplicável as críticas que à teoria de WACH formulou em seu dia ROSEMBERG, *Tratado de derecho procesal civil*, ob. cit., t. II, § 90, p. 59 e s.

[40] Para um estudo mais profundo sobre a pretensão processual, consultar o que escrevi em *La pretensión procesal y La tutela judicial efectiva*, ob. cit., n° 9.4, p. 126 e s.

[41] *Tratado das ações*, ob. cit., t. I, §33, p. 170. A este respeito, afirma ALMAGRO NOSETE, que "El acceso a los Tribunales no puede tener otro fin que la obtención de un pronunciamiento judicial, y en último extremo, de una sentencia", *El "libre acceso" como derecho a la jurisdicción*, ob. cit., p. 98.

[42] Para PONTES DE MIRANDA, "O direito à tutela jurídica, com a sua pretensão e o exercício dessa pela 'ações', é direito, no mais rigoroso e preciso sentido", *Tratado das ações*, ob. cit., t. I, §24, p. 116. A afirmação feita pelo autor, de que existe "direito à tutela jurídica, (...) no mais rigoroso e preciso sentido", merece ser reprovada, pois, existem diferenças entre *poder* e *direito* em sentido subjetivo, ou seja, não pode existir um direito à tutela jurídica senão um poder ou uma potestade que se traduz em uma pretensão à tutela jurídica, pelo simples fato de que o poder se desenvolve em uma direção no aspecto genérico, não tem objeto singularmente

antes do verbo *exigir,* serve para justificar meu ponto de vista, segundo o qual a pretensão à tutela jurídica, que é um poder,[43] pré-processual,[44] se distingue de seu exercício,[45] pois, enquanto a pretensão se caracteriza pelo fato de ser um poder,[46] que pode existir ainda sem exigibilidade,[47] o exercício da pretensão à tutela jurídica que origina a ação processual se caracteriza pelo fato de ser um direito, e não um poder.[48] Em outras palavras, enquanto a pretensão à tutela jurídica é um poder que pode existir ainda que não seja possível exercitá-la processualmente através

---

determinado, pois a pretensão à tutela jurídica é o acesso aos tribunais que todos os indivíduos possuem. De forma diferente ocorre com a ação processual que é um direito em sentido subjetivo, pois se desenvolve sempre em uma concreta e particular relação jurídica contra o Estado que, pelo contrário, tem suas correspondentes obrigações. Entendendo que a pretensão à tutela jurídica é um poder OVÍDIO B. DA SILVA, *Curso de processo civil*, ob. cit., v. I, p. 88.

[43] A idéia de um poder extraprocessual capaz de provocar a atividade dos tribunais, surgiu com GUASP, pois, segundo dizia o autor: "El poder de provocar la actividad de los Tribunales sin más, sea un auténtico derecho, sea una 'res merae facultatis', constituye un puro poder político o administrativo si se quiere supuesto de la actividad procesal, pero previo a la misma y fuera por ello del mundo procesal", *La Pretensión procesal*, ob. cit., p. 52 y 53, e também nos *Estudios Jurídicos*, ob. cit., p. 590 e 591. Esta idéia também foi reproduzida em seu livro, *Derecho procesal civil*. Madrid: Instituto de Estudios Políticos, 1956, p. 232. Para o autor, este poder extraprocessual era caracterizado pela ação processual, Derecho procesal civil, ob. cit., p. 232; *La Pretensión procesal*, ob. cit., p. 54, e também nos *Estudios Jurídicos*, ob. cit., p. 591.

[44] Assim mesmo, PONTES DE MIRANDA, *Tratado das ações*, ob. cit., t. I, §5, p. 46; §33, p. 170; §44, p. 241 y 242; §48, p. 289; CELSO NEVES, *Estrutura fundamental do processo civil*. Rio de Janeiro: Forense, 1995, p. 83; e também BOMFIM MARINS, *Tutela cautelar: teoria geral e poder geral de cautela*. Curitiba: Juruá, 2000, 2ª ed., nº 17, p. 61.

[45] Sobre este particular afirma acertadamente SERRA DOMÍNGUEZ que Guasp proporcionou à doutrina processual, "la distinción entre derecho de acción y acción propiamente dicha", *Evolución histórica y orientaciones modernas del concepto de acción*, ob. cit., nº 10, p. 146 e 147. A idéia de separar direito de ação de ação propriamente dita, foi acolhida, já no ano de 1962, por MORÓN PALOMINO, *Sobre el concepto del derecho procesal*. In: Revista de Derecho Procesal Iberoamericana, 1962, nº 3, p. 532. Também acolhemos esta distinção, com a particularidade de chamar pretensão à tutela jurídica o que o autor entende por "direito de acionar", e de ação processual a "ação propriamente dita". Ademais, identificamos a primeira com o poder e a segunda com o direito, (consultar o que escrevemos sobre o tema em *La pretensión procesal y La tutela judicial efectiva*, ob. cit., nº 8.4.1, p. 98 e s). Utilizando a mesma nomenclatura e, por suposto, separando pretensão à tutela jurídica de ação processual, PONTES DE MIRANDA, *Tratado das ações*, ob. cit., t. I, §23, p. 110 e 111; §24, p. 116; §44, p. 240; e OVÍDIO B. DA SILVA, *Curso de processo civil*, ob. cit., v. I, p. 84.

[46] A respeito, afirma acertadamente PONTES DE MIRANDA, que: "A exigibilidade potencial basta ao conceito de pretensão", *Tratado das ações*, ob. cit., t. I, §23, p. 110.

[47] Aqui estamos frente a um caso no qual existe pretensão à tutela jurídica, porém não existe forma de exercitá-la, ou seja, não existe ação processual, como por exemplo, nos casos de prescrição pelo transcurso do tempo da ação processual. No mesmo sentido WACH, ao dizer que: "*Siendo la pretensión de protección del derecho de índole procesal, no procede la prescripción de la misma conforme los principios del derecho civil. Esta noción es absolutamente inaplicable a aquélla. Sólo hay una prescripción de pretensión necesitada de protección, es decir, su extinción por el transcurso de tiempo*", *La pretensión de declaración*, ob. cit., cap. II, p. 69. Para o autor, a pretensão de proteção do direito é igual à ação processual, *La pretensión de declaración*, ob. cit., cap. II, p. 40. A este respeito, merece aprovação o exposto por DENTI, quando estabelece, com base em uma decisão da Corte Constitucional, os limites desta prescrição, pois, segundo o autor, "l'incongruità di un termine di prescrizione può ammettersi quando esso sia di tale durata da non rendere effettiva la possibilità di esercizio del diritto cui si riferisce e, di conseguenza, appaia inoperante la tutela accordata al soggetto titolare del diritto", *La giustizia civile*, ob. cit., cap. III, nº 11, p. 103.

[48] Neste sentido, RIBEIRO, *La pretensión procesal y La tutela judicial efectiva*, ob. cit., nº 8.4.1, P. 98 E s. No mesmo sentido, porém utilizando uma justificação diversa, FAIRÉN GUILLÉN, *Acción, derecho procesal y derecho político*. In: Revista de Derecho Privado, 1951, núm. 3, ano VII, nº 10, p. 423 e s. SERRA DOMÍN-GUEZ prefere utilizar a palavra "*possibilidade*", porque, segundo ele, "mientras no se establezca por los juristas una clasificación universal admitida de las diversas facultades subjetivas, será imposible aclarar si la posibilidad concedida por el ordenamiento jurídico constituye un derecho, una facultad o un poder, pues tales conceptos están sometidos a una constante revisión. Por ello nos hemos inclinado por emplear un término neutro

da ação processual, esta é um direito público e subjetivo, imediato de exercer contra o Estado a pretensão à tutela jurídica.[49]

A ação processual e a pretensão à tutela jurídica têm em comum o fato de que ambas nascem do monopólio da jurisdição, e permanecem ao *"'commune genus' de los poderes en sentido amplio"*.[50] Enquanto a primeira é visualizada em um momento dinâmico,[51] a segunda o é em um momento estático: esta é a razão pela qual não se pode estudar individualmente nenhuma das duas, já que ambas pertencem ao mesmo conceito, apesar de apresentar funções distintas, pois a toda pretensão deve corresponder uma ação que a garanta;[52]

c) A palavra *Estado* foi utilizada para indicar a direção em que deve ser exercida a pretensão à tutela jurídica, sendo assim, a ação processual se dirige contra o Estado. O sujeito ativo é aquele que vai a juízo, e o sujeito passivo é o Estado. Esta é a razão pela qual a pretensão à tutela jurídica é de direito público;

d) Quando utilizamos a expressão *prestação positiva*, queremos dizer que a satisfação da pretensão à tutela jurídica depende de um *agere* com *prestare positivum*[53] por parte do titular do dever jurídico (obrigado, *lato sensu*) que se traduz na obrigação do Estado em ditar uma sentença, em qualquer tipo de processo e independentemente do resultado que ela possa ter. Sendo assim, o Estado, em virtude do monopólio da jurisdição, se compromete a garantir e assegurar a proteção daqueles indivíduos que necessitam de justiça, razão pela qual está obrigado a julgar. Por isso, a prestação não pode ser negativa, uma vez que o Estado não pode negar-se a ditar uma sentença. Já não mais vigora entre nós o princípio romano do *non liqued*.

---

como el de 'posibilidad', que puede ser admitido por no comprometer la cuestión, por lo demás prácticamente estéril", *Evolución histórica y orientaciones modernas del concepto de acción*, ob. cit., nº 11, p. 151, nota 294.

[49] Para um estudo mais profundo sobre a ação processual, consultar o que escrevi em *La pretensión procesal y La tutela judicial efectiva*, ob. cit., nº 8, p. 85 e s.

[50] SANTI ROMANO, *Fragmentos de un diccionario jurídico*. Trad. por Santiago Santís Melendo y marino Ayerra Redín. Buenos Aires: Ejea, 1964, p. 299.

[51] Do mesmo modo, RAMOS MÉNDEZ, quando disse que a ação processual deve ser visualizada como um "agere dinámico y activo que exterioriza al individuo en movimiento sin resultado material", *El sistema procesal español*. Barcelona: Bosch, 1999, p. 97; e também em *Derecho y proceso*, ob. cit., nº 23, p. 109; e ZAMORA PIERCE, ao dizer: "La acción procesal es un concepto dinámico, y su ejercicio no se limita a la demanda", *El derecho a la jurisdicción*, ob. cit., p. 969.

[52] A necessidade de harmonizar os dois momentos também é defendida por PEDRAZ PENALVA, apesar de que o autor os conceitua de forma distinta, pois, segundo ele "la necesidad de armonizar el momento estático (o constitucional) y el dinámico (o procesal) resulta inmediatamente de la insuficiencia de pretender explicar el acceso procesal a la jurisdicción únicamente para 'excitar' la actividad de los órganos jurisdiccionales. La concepción abstracta de la acción se completa pues con la de pretensión (procesal)", *El objeto del proceso civil*, ob. cit., p. 20.

[53] Assim mesmo, A. ROCCO, ao dizer que a obrigação do Estado é um "obligo positivo e specifico", *La sentenza civile*, ob. cit., nº 35, p. 81; UGO ROCCO quando afirma que o objeto da prestação jurisdicional é "la acción positiva del Estado", *Tratado de derecho procesal civil*, ob. cit., t. I, cap. II, p. 258; e FERRARA, ao dizer, "Il dovere ha sempre per oggetto un contegno dell'obbligato, sia che consista in un'attività personale od in una prestazione", *Trattato di diritto civile italiano*, ob. cit., v. I, p. 305. Ou seja, o dever do Estado de oferecer a tutela jurisdicional é realizado através de uma prestação positiva comumente chamada "sentença".

3. Pretensão à Tutela Jurídica e Pretensão Material

A única similitude que pode existir entre a pretensão à tutela jurídica e a pretensão material é a palavra *pretensão*, que, em ambos os casos, possui o mesmo conteúdo. Tanto ali como aqui a palavra *pretensão* se caracteriza pelo fato de ser um poder, uma *facultas exigendi*, e, em ambos os casos, podem nascer ainda sem exigibilidade, já que exigibilidade é *posterius* com relação à pretensão, é seu momento posterior, com a diferença que na pretensão à tutela jurídica a ausência de exigibilidade ocorre em virtude da prescrição da ação processual, e na pretensão material isto ocorre em virtude da inércia do titular da pretensão, que não exige do obrigado o cumprimento da prestação devida.[54]

Também há diferença entre os dois institutos quanto à forma de exercer o poder, pois, enquanto na pretensão à tutela jurídica o poder é exercido através da ação processual, na pretensão material o poder é exercido direta e pessoalmente pelo titular da mesma.

De igual modo, existe outra diferença quanto à direção do poder exercido, pois, enquanto na pretensão à tutela jurídica esta se dirige contra o Estado, na sua qualidade de titular do poder jurisdicional, na pretensão material o poder se dirige contra outra pessoa, já que esta só pode ser exigida de *pessoa* à *pessoa*. Por esta razão, pode-se deduzir que a pretensão à tutela jurídica pertence a um maior número de pessoas (*rectius*, a todas as pessoas em virtude do monopólio da jurisdição) a respeito daquelas que têm pretensão de direito material.[55]

Uma distinção digna de ser mencionada é referente à satisfação ocorrida em uma e em outra pretensão, pois, enquanto a satisfação da pretensão material só pode ser alcançada com o ato voluntário do obrigado, a satisfação da pretensão à tutela jurídica se alcança através do ato do Estado, denominado sentença. Por esta razão, uma vez iniciado o processo, "el demandado puede satisfacer la pretensión de derecho material, pero no la pretensión de tutela jurídica" e "la satisfacción de la pretensión de derecho material no hace más que dejar sin objeto la pretensión de tutela jurídica".[56]

Finalmente, para concluir, podemos acrescentar que enquanto a pretensão à tutela jurídica pertence ao direito público, posto que é uma conseqüência natural do monopólio da jurisdição e está garantida na maioria das constituições modernas, a pretensão material pertence ao âmbito do direito privado, já que regula relações entre particulares.

---

[54] Também faz a distinção entre pretensão à tutela jurídica e pretensão material, PONTES DE MIRANDA, quando diz: "Os leigos estranham que o 'sem ação' vá a juízo e tenha direito a ter sentenciado o feito, isto é, direito à sentença. No fundo, confundem a 'pretensão de direito material' e a ação com a pretensão e o exercício da 'pretensão à tutela jurídica'', *Tratado das ações*, ob. cit., t. I, §21, p. 102 e também em § 43, p. 232.

[55] Também compartilha desta dedução, PONTES DE MIRANDA, *Tratado das ações*, ob. cit., t. I, §33, p. 170 e 171.

[56] ROSENBERG, *Tratado de derecho procesal civil*, ob. cit., t. II, § 90, p. 58.

— VIII —

Do funcionalismo processual da aurora das luzes às mudanças processuais estruturais e metodológicas do crepúsculo das luzes:[1] a revolução paradigmática do sistema processual e procedimental de controle concentrado da constitucionalidade no STF

JÂNIA MARIA LOPES SALDANHA[2]

Sumário: Introdução; 1. Aurora das "luzes": causas da ausência de diálogo da jurisdição com a sociedade – entre a funcionalização e o distanciamento jurídico; 1.1. Quando o Judiciário "funciona"...; 1.2. ... Porque a Justiça se distancia!; 2. O crepúsculo das luzes e as conseqüências do diálogo da jurisdição com a sociedade – a necessária coesão entre mudanças estruturais e fundamentações democraticamente construídas; 2.1. Mudança de estrutura e de metodologia: da despolitização da magistratura à politização do processo; 2.1.1. Intolerância à estrutura arcaica e à despolitização do Judiciário; 2.1.2. Tolerância às novas metodologias e à politização do processo; 2.2. A fundamentação democraticamente construída: da apropriação da palavra à partilha de sentidos; Considerações finais; Referências.

> *"Chamam o rio de violento, mas violentas são as margens que o aprisionam."*
>
> Bertold Bretch

Introdução

Pergunta-se hoje qual é o sentido do direito. Melhor seria pensar o que o faz singular na atualidade. Não seriam exatamente os recursos de interpretação que contêm e que permitem seu diálogo com a sociedade? A pertinência de colocar em discussão a atuação do Supremo Tribunal Federal repousa justamente nisso.

Seja qual for o ângulo de análise, o fato é que mudanças de metodologia têm ocorrido, resultado da tomada de consciência de que o direito e a jurisdição, a quem cabe interpretá-lo/aplicá-lo, não são pura técnica, vazios de significado.

---

[1] Há um primeiro texto da autora sobre o mesmo objeto, qual seja a audiência pública realizada pelo STF no âmbito da ADI 3.510. Cf. REPRO,154/2007, p. 265-83. O texto também está disponível em MARIN, Jeferson (Org.). 2008, p. 49-72.

[2] Doutora em Direito. Professora do Programa de Pós-Graduação em Direito da UNISINOS. Advogada.

Tampouco merecem ser reféns de regras imutáveis, embora dessas premissas tenha-se encarregado o trabalho moderno, realizado pela dogmática jurídica.

A jurisdição das Cortes Supremas – como a do Supremo Tribunal Federal – deve ser a primeira a saber reconhecer, ante toda a variada e complexa gama de matérias de cariz transdisciplinar que é chamada a julgar, que o direito não é expressão de uma verdade revelada por Deus, tampouco pela ciência. Sequer trata-se de um instrumento que encontra seu valor apenas na sua eficácia. Seria esperar – e dizer – muito pouco a seu respeito.

Poderiam o direito e a jurisdição servir para aproximar apenas o homem do ideal de Justiça, sem pretender ser uma representação justa do mundo, tal como aquela sugerida pela gravura intitulada "Melancolia I", de Albrecht Dürer?[3] A imagem central, comumente vista como anjo, evoca o caminho da espiritualização e por isso, espera. À sua volta, há vários elementos simbólicos que traçam uma dialética, que bem pode ser associada ao processo da jurisdição moderna.[4]

Todavia, se a figura central de Melancolia pode ser associada a um anjo, é a visão da mulher que pode representar a Justiça, vendo-se nela a condição humana

---

[3] DÜRER, Albrecht. Melancolia I, 1554. A obra faz parte do acervo do Städel Museum, em Frankfurt am Main, Alemanha.

[4] O compasso na mão é o símbolo de uma ordem que a medição impõe, a mesma que se espera da jurisdição com seus rituais e suas práticas. A ampulheta representa o próprio limite da condição humana, sugerindo ao jurista que o tempo também é o limite do processo e ele sempre impõe um custo. A esfera, representação máxima da perfeição, lembra a coisa julgada que faz o encontro do fim com o início do processo. A pedra, símbolo da alquimia, evoca que a decisão também produz a transformação do descrito no real do processo mas, por outro lado, suscita uma certa dose de violência que a justiça quer olvidar, mas de que necessita para se impor. A escada, símbolo do caminho, da meta a alcançar, relaciona-se com os percursos do processo. A balança, sinal de equilíbrio, significa, no processo, a dialética entre as provas e os argumentos. O cão, enrolado aos pés, é o guardião, que no processo pode ser associado ao cuidado que o intérprete deve ter – sem nunca o olvidar – a fim de encontrar a resposta hermeneuticamente correta. O arco-íris e o sol no horizonte são o prenúncio de que há possibilidades de mudança.

em toda a sua plenitude. Condição essa a mostrar a impossibilidade de atingir a perfeição do conhecimento, da vida e, por isso mesmo, toda a sua falibilidade, totalmente incompatível com qualquer pretensão ao absoluto.

Como fazer, agora que do Poder Judiciário se espera, como nunca antes, uma verdadeira aproximação da sociedade? Ora, tentar, pioneiramente, como tem feito o STF, a experiência do diálogo com a sociedade, a fim de superar a marca do funcionalismo e o distanciamento histórico das demandas da cidadania (Parte 1). Aos problemas estruturais recorrentes do processo opõem-se as conseqüências daquele diálogo, capazes de mudar estruturas e (re)inventar a fundamentação das decisões que o Judiciário, em geral, e o STF, em particular, são chamados a tomar (Parte 2). Apenas um espaço que autoriza o pleno exercício da oralidade, a permitir que o jogo recomece, ou um sinal de que novos tempos se anunciam para a Justiça? É o que este texto tentará descobrir.

1. Aurora das "luzes": causas da ausência de diálogo da jurisdição com a sociedade – entre a funcionalização e o distanciamento jurídico

Se fosse possível imaginar que a esfera da Justiça corresponde a um grande palco, em que cenas da vida cotidiana se desenrolam, em toda sua complexidade, poderia ser dito que, quando a cortina se ergue, o que se vê é o direito querendo transformar-se.

A jurisdição praticada pelo STF, no âmbito do controle concentrado de constitucionalidade, regulado pelas Leis 9868/99 e 9882/99, toma partido dessa índole transformadora. Transformação espetacular de uma metodologia tradicional, especialmente ao prever a possibilidade de abertura do STF à sociedade, por meio de dois instrumentos processuais de alta relevância: a audiência pública (art. 9º, §1º da Lei 9868/99 e art. 6º, §1º da Lei 9882/99) e a participação de *amicus curiae* (art. 7º, §2º da Lei 9868/99 e art. 6º, §2º da Lei 9882/99).

O discurso da crise do judiciário apenas em parte é procedente. Relatórios anuais têm demonstrado que esse poder, baldadas todas as mazelas, tem conseguido cumprir sua função. Qual seria a razão principal de tal paradoxo? Tal questão pode ser respondida sob a ótica da funcionalização do judiciário (1.1.) que, ao longo do tempo, o distanciou da comunidade (1.2.).

1.1. Quando o Judiciário "funciona"...

O Relatório de atividades do Supremo Tribunal Federal relativo ao ano de 2007[5] demonstra os esforços empreendidos por este, para melhorar seu desempenho na prestação jurisdicional. Há um visível empenho da Corte Suprema, como

---

[5] Disponível em: www.stf.gov.br. Acesso em 20 de agosto de 2008.

afirma o próprio relatório, em ampliar o espaço de participação dos cidadãos nos trabalhos do Tribunal.

A adoção da súmula vinculante (Lei 11.417/06), da repercussão geral do recurso extraordinário (Lei 11.418/06) e do processo eletrônico (Lei 11.419/06) marca uma nova etapa de atuação em favor do aperfeiçoamento da função jurisdicional. Não se pode afirmar, diante da incipiência dessas leis, se trarão melhoria à qualidade da prestação jurisdicional ou se traduzirão meros mecanismos a reduzir o número de recursos.[6]

O fato é que o STF também está no olho do furacão da crise judiciária sem precedentes, derivada, sobretudo, do imenso volume de demandas em recurso que, até o ano de 2007, bateram às suas portas, aumentando exponencialmente a morosidade, inobstante todos os esforços para debelá-la.[7] Ao intérprete, porém, cabe reconhecer o que está apenas na superfície, em geral enganoso, para descer às profundezas. Nesse sentido, cabe indagar: qual é a verdadeira crise?

Depois de contornos e descompassos, é de uma Justiça laica que hoje se fala. Será ela que está em crise ou há algo mais profundo que faz dela a grande vilã? Quer-se crer que não. A crise do Poder Judiciário e do processo é apenas parte de uma crise mais ampla da modernidade e dos paradigmas que ela criou, como também é expressão da crise pela qual passa o Estado moderno.[8]

Portentosa invenção do mundo ocidental, por muito tempo o Estado repousou tranqüilo sob a crença inabalável de que é um ser imortal, onipresente e onisciente, laico e comandado por um rei que nunca morre.[9] Feito para uma sociedade preocupada em limitar poder e demarcar fronteiras, o Estado vê-se hoje desafiado em suas bases, em seus propósitos e em sua estrutura, de modo que a razão de seu poder já não é buscada naquela instância soberana transcendente à sociedade, mas é buscada no interior dela mesma, por meio da chamada "boa governança", entendida esta como "a condução responsável dos assuntos do Estado".[10]

---

[6] Não se desconhece e até compartilha-se a mesma compreensão acerca das sérias críticas que são tecidas às súmulas vinculantes e aos óbices de acesso aos tribunais superiores. Contudo, trata-se de uma escolha em razão dos limites da problemática do texto, não tecer considerações sobre o tema.

[7] Em 2007, segundo dados do próprio STF, este Tribunal publicou 314.046 decisões. Foram distribuídos 55.817 recursos de agravo de instrumento e 48.837 recursos extraordinários, o que tem compelido a Corte Suprema a investir maciçamente em políticas de gestão judiciária. Disponível em www.stf.gov.br. Acesso em 20 de agosto de 2008.

[8] Segundo Sousa Santos, 2006, p. 433-7, a modernidade ocidental sofre uma crise tripla, oriunda do desgaste das tensões dialéticas que a informam. São estas: a) a tensão entre regulação social e emancipação social; b) a tensão entre o Estado e a sociedade civil e c) a tensão entre o Estado-nação e a globalização. Tais tensões acabam por desvelar o embate maior entre, na linguagem do sociólogo, a globalização hegemônica e a globalização contra-hegemônica. Quanto às crises do Estado, veja-se: Streck e Bolzan de Morais, 2000, p. 122-38.

[9] Trata-se do mito do Estado abordado por Kantarowicz, 1998. A noção de poder absoluto, associada ao Estado moderno, deu vazão à teoria de que embora o rei – homem – morra, a perpetuidade da dignidade real não perece jamais.

[10] Essa definição é de Canotilho, 2006, p. 327. O autor afirma que a *good governance* trata-se não apenas da direção dos assuntos do Estado, mas também do comportamento dos demais Poderes, como o Legislativo e o Judiciário. Diz que ela acentua as relações multilaterais dos Estados e recupera o espaço das parcerias públicos-privadas, insistindo em questões fortes como a governabilidade, responsabilidade e legitimação.

Ademais, no campo jurídico, a marca mais visível da modernidade foi o distanciamento do direito de qualquer concepção de justiça, para aproximá-lo do poder.

Tal aproximação gerou o que se pode chamar, com Castanheira Neves, de "funcionalização do direito".[11] O direito simplesmente passou a ser função de outros interesses – econômicos, políticos, sociais – etc., todos muitas vezes estranhos à própria idéia de justiça. Em oblação a inúmeros "deuses", sacrificou o que talvez lhe fosse mais caro: sua autonomia.

A jurisdição – cuja missão é concretizar e dotar os valores constitucionais de significado[12] – não escapou dessa funcionalização, que é a marca do individualismo ocidental e, de igual modo, do normativismo novecentista. Alain Supiot lembra que os próprios Estados tornaram-se instrumentos – então funcionalizaram-se – de realização de programas aos quais apenas supõem que aderiram livremente.[13]

E de que modo a jurisdição sucumbiu à funcionalização? Ora, prestando-se a realizar os interesses de outras esferas de poder, como do próprio Poder Executivo. Com evidência, o direito como meio – compreendido no agir racional voltado a alguns fins e, por isso, instrumental – tornou-se serviçal da economia, da política e do poder.[14] Evidente, portanto, que os problemas da juridificação[15] estão relacionados à questão da (ausente) autonomia do sistema jurídico.

Todavia, como bem observa Ovídio A. Baptista da Silva,[16] o direito e a jurisdição modernos têm cumprido satisfatoriamente suas funções, já que atendem aos interesses modernos para os quais foram criados. A crise a que se refere situa-se no plano estrutural e está relacionada com o anacronismo entre este direito e sua respectiva jurisdição para com a jurisdição contemporânea, conforme adiante será visto.

Os dados apresentados no relatório do Banco Mundial intitulado "Fazendo com que a Justiça conte"[17] comprovam o esforço do Poder Judiciário brasileiro para ampliar seus quadros de magistrados, destacando que a produtividade dos juízes estaduais é a maior da América Latina, e que o orçamento do Poder Judiciário no Brasil é alto, considerando-se os padrões universais. Renunciando a uma posição de inércia, a jurisdição do Estado Democrático de Direito não tem se furtado a concretizar os direitos fundamentais, judicializando a política pela aplicação, em matéria de direitos sociais, do princípio do mínimo existencial.[18]

---

[11] Castanheira Neves, 2003, p. 93.

[12] Cf. Fiss, 2004, p. 38.

[13] Supiot, 2007, p. 228.

[14] Como do poder midiático, tal como denunciado por Ost, 2007, p. 176. De um lado, a justiça, que tem por fim restaurar a paz social e os valores "da cidade". De outro, as mídias, empresas comerciais, concessionárias do serviço público, subvertidas pelo imperativo da rentabilidade.

[15] Cf. Neves, 2007, p. 166-7

[16] *Da função à estrutura*. No prelo.

[17] Trata-se do Relatório 32789 BR. Disponível em http://web.worldbank.org/

[18] Cf. Streck, 2007, p. 150.

Entretanto, a renúncia da inércia pelo Judiciário, como se sabe, nem sempre é feita para concretizar os direitos fundamentais. Essa é uma questão cara para aqueles que defendem teorias como a da análise econômica do direito, para os quais o direito nada mais é do que um maximizador de riquezas, podendo o Judiciário funcionar como instrumento para que se atinja tal intento.[19] Evidentemente que, da negativa de concretização dos direitos fundamentais, resta violado o "núcleo essencial" desses direitos, garantido pela Carta Constitucional.

Para Castanheira Neves, o direito não é verdadeiramente pensado na sua intencionalidade específica, no seu sentido e na sua problemática, na medida em que restrito ao conjunto de comandos, de leis e de decisões judiciais.[20] Como alternativa à funcionalização, opõem-se à razão moderna, por meio de uma razão que denomina de histórico-culturalmente formada.[21] Esta diferiria de uma racionalidade universal, uma vez que se constitui numa razão historicamente constituída na sede de uma tradição cultural.

No fundo, essa perda de autonomia explica o próprio projeto político da modernidade, porque para o problema do projeto contratualista moderno-individualista, uma solução jurídica deveria ser apontada. Trata-se da passagem, ocorrida já no início da modernidade, do contrato societário que tinha em conta a comunidade, o modelo do *jus commune*, para o modelo contratualista defendido por Hobbbes, Locke, Rousseau e depois Kant. Nesse cenário, os homens deixam de ser a substância da sociedade para assumirem o papel de seus criadores e organizadores. O resultado foi a emergência, cerca de dois séculos depois, do sujeito descentrado e "esquizóide", perdido no seu próprio individualismo.[22]

E o direito, nessa senda, tornou-se produto de uma racionalidade formal, distante de qualquer perspectiva axiológica e, com isso, converteu-se em legalidade. Para romper com essa limitação não seria necessário – e urgente – ter senso histórico? Interrogação abissal, pois ter senso histórico exige do intérprete compreender o passado a partir do próprio presente.

Gadamer[23] aprofunda essa questão e certamente não se engana ao afirmar que "ter senso histórico é superar de modo conseqüente a ingenuidade natural que nos leva a julgar o passado pelas medidas supostamente evidentes de nossa vida atual, adotando a perspectiva de nossas instituições, de nossos valores e verdades adquiridos".

Outro aspecto essencial diz respeito à profissionalização dos juristas. Ela foi um degrau necessário para atingir-se a funcionalização. O Judiciário, canal de informação-comunicação com a sociedade, transformado em repositório de

---

[19] Defendida por, dentre outros, Steven Shavel e Richard Posner. Consultar: Posner, 2007. Daí Sarlet, 2001, p. 351 ss., advertir que nunca é demais a atenção que se deve ter relativamente às decisões sonegadoras dos direitos fundamentais.

[20] Castanheira Neves, 2003, p. 97.

[21] Castanheira Neves, 2003, p. 93.

[22] Sobre o "sujeito esquizóide" e a "dessimbolização" da sociedade contemporânea, veja-se Dufour, 2005.

[23] Gadamer, 2003, p. 18.

informações relevantes e irrelevantes, assim foi despolitizado, distanciando-se dos principais reclamos da cidadania. É o que segue.

1.2. ...Porque a Justiça se distancia!

A funcionalização do Poder Judiciário, resultado do positivismo e da normalização, transformou-se em distanciamento, e o que deveria estar rente ao chão, próximo da comunidade – e do homem pessoa –, tornou-se distante, ao longo da modernidade. Lamentavelmente, tal quadro faz lembrar a manifestação da "Loucura" de Roterdam, quando evoca que as leis não chegam a lugar algum e que o os códigos não passariam de "um amontoado de comentários, de glosas, de citações".[24]

Contudo, o Judiciário funcionalizado não necessariamente está distanciado de todos os interesses, assim como não é o caso de que jamais funcionará bem. Antes pelo contrário, o Judiciário moldado de tal forma atende a inúmeros interesses e, diante eles, funciona perfeitamente. Há "um bom funcionamento do aparato coativo",[25] que contribui para perpetuar um tipo de sociedade fundado sobre relações de força. E, funcionalizado, o Judiciário distancia-se da comunidade a que atende e dos seus interesses ou, dizendo de outro modo, distancia-se da Justiça.

Ora, e o que a comunidade tanto implora ao Judiciário? Que aprenda a reconhecer as diferenças, a fazer concessões à alteridade, pois sendo o direito e o processo produtos da cultura, devem estar abertos à vida social em sua organização e perspectiva de transformação. Essa visão do papel da justiça, em boa medida, não está distante da "crise da emancipação social", denunciada por Boaventura de Sousa Santos;[26] antes, dela faz parte, uma vez que suas respostas não têm trazido satisfação à sociedade.

Essencialmente, se o acesso à justiça é um direito humano, deve ocorrer de modo qualificado, o que implica dizer que as fundamentações das decisões jurisdicionais devem apresentar as "respostas hermeneuticamente corretas",[27] que nem sempre representarão os interesses das maiorias, do poder político ou do poder econômico.

A essa altura, duas hipóteses podem ser cogitadas. A primeira é a de que a jurisdição estará mais próxima da sociedade na razão direta da capacidade desta de reformar o pensamento para passar do paradigma iluminista da simplicidade para o da complexidade. Na raiz, está a possibilidade de compreensão das incertezas, indeterminações e fenômenos aleatórios.

---

[24] Roterdam, 2003, p. 76.

[25] Bobbio, 2007, P. 95.

[26] Cf. Sousa Santos, 2006, p. 434.

[27] Veja-se Streck, 2007, p. 388.

A segunda, uma decorrência da primeira, diz respeito à efetividade. A celeridade aproxima a jurisdição da comunidade. Tem-se aqui mais uma razão para romper com a ordinariedade e a repressividade, para dar lugar a formas processuais que sejam capazes de dar conta das demandas provocadas pela pressa que caracteriza a sociedade de consumo e o mundo globalizado, e que exigem juízos superficiais e sumários.[28]

Aceitar que a jurisdição, sobretudo a das instâncias inferiores, possa proferir resultados parciais,[29] ao longo do processo, baseados em cognição superficial[30] e em processos sumários,[31] é uma das posturas que tais mudanças impõem. Assim como os pretores romanos, no âmbito de uma sociedade rural e arcaica como a de Roma dos séculos imediatamente anteriores à era atual, tinham poderes interditais,[32] capazes de alterar a realidade fática, por meio de juízos superficiais e em ações sumárias, muito mais pode-se esperar da jurisdição contemporânea, existente no contexto da sociedade de risco.[33] Mas, para isso, é preciso entender – e aceitar – que os juízes podem comprometer-se com os resultados finais da causa, antes da decisão final. Mas isso toca não mais em questões funcionais, mas já estruturais, como abaixo será analisado.

O mito da certeza que se obteria por meio de um processo ordinarizado jamais abandonará a ambivalência que toca a jurisdição no presente. De um lado, servir, funcionalmente, a determinados interesses e, nesse caso, atender ao que parcela de segmentos da sociedade, ligados ao poder político e econômico, dela esperam. De outro, ser capaz de dar conta do fenômeno pós-moderno[34] das diferenças que pulsam no interior do meio social, uma vez que essas são lenta, fraca e ineficientemente institucionalizadas e reconhecidas.

Se o distanciamento do Judiciário da sociedade advém desse fechamento ao rito ordinário, não menos verdadeiro é que o fechamento cognitivo dos juízes consiste em outro fator relevante, que desenha o fosso abissal entre a comunidade e quem julga. O problema radica na própria dificuldade de mudança nos métodos hermenêuticos utilizados pelos juízes, tradicionalmente fechados ao que apreen-

---

[28] Distinção entre ambos pode ser encontrada em: Baptista da Silva, 1998, p. 27.

[29] Como parece estar autorizado no artigo 273, § 6º, do CPC, cujo teor tem originado intensos debates doutrinários pró e contra.

[30] Próprios dos juízos de verossimilhança ou de probabilidade. Reconhecendo-se que a busca do certo ou o acesso à verdade decorre muito mais das matrizes fundadoras do pensamento ocidental, do que de uma condição humana irrebatível, pode-se identificar quatro fundamentos nos juízos de verossimilhança: a) decorre da visão dupla das coisas do processo, em razão das teses das partes; b) em razão de dificuldade, mesmo no processo, do acesso à verdade; c) o juiz é convidado a duvidar sempre, inclusive do que decide definitivamente; d) um juiz é sempre um probabilista, mesmo que busque a certeza. Ver: Thuiller, 2001, p. 38-40.

[31] Sobre ações materialmente sumárias ver, da autora: Saldanha, 2004.

[32] Análise rica sobre o tema pode ser vista em Baptista da Silva, 1997.

[33] Veja-se Beck, 1992.

[34] A expressão e o pensamento são de Bauman, 1998, p. 155. A autora deste trabalho não concorda com Bauman. A sociedade ocidental ainda não conseguiu sair da modernidade. Pensa-se, como Gilles Lipovetsky, que se vive a hipermodernidade, em que as categorias modernas foram exacerbadas, elevadas à enésima potência. Veja-se Lipovetsky, 2007, p. 14.

deram em sua formação jurídica nas faculdades – cujas práticas ainda encontram-se distantes da sua missão reflexivamente explicitante e crítica do direito[35] – e desconectados da problematicidade inerente à decisão.

O conhecido caso *Richarlyson*,[36] ainda que de perfil individualista, denota uma "motivação sentencial"[37] cega e onipotente. Diante do juiz se acertam as contas, mas ele é a instância solipsista que se arroga o poder de discriminar contra o texto da Constituição. "Não que um homossexual não possa jogar bola. Pois que jogue, querendo. Mas forme um time e inicie uma federação. Agende jogos com quem prefira pelejar contra si...", diz o juiz, em sua sentença carregada de preconceito.

De fato, no momento em que o juiz se distancia do caso, e nega sua condição de hermeneuta, por resultar a decisão apenas de sua visão pessoal do mundo e de seus preconceitos, ignora que é a faticidade e a temporalidade – no contexto do caso – que devem ser tomadas como fonte do julgamento.

Parece ter sido necessário que a função jurisdicional atingisse um tal ponto de distanciamento da sociedade para que os juristas percebessem a necessidade da retomada da aproximação do direito com o mundo da vida e do processo, com o individual, com o caso concreto, porção singular de algo mais amplo que é a própria História, ciência da compreensão e da cultura. Mas qual principal desafio apresenta-se? Suplantar-se a epistemologia simplista da binariedade do certo e do errado – e, portanto, da razão instrumental –, para dar lugar ao direito e à jurisdição comprometidos com a historicidade – assim, da moral prática.

Entre o reconhecimento da necessidade de mudança e ela própria, muitos riscos anunciam-se. O maior deles é a percepção de que os juízos históricos transcendem ao mito da certeza e da segurança que o processo traria e que a compreensão a que se deve chegar em todo caso posto a julgamento é uma decorrência da relação umbilical do intérprete com o caso e com o texto.

Para que isso ocorra, uma abertura ao diálogo no processo, fruto de mudanças estruturais e fundamentações democraticamente construídas, poderia ser um bom caminho a ser trilhado. A jurisdição do Supremo Tribunal Federal, exercida nos casos de controle concentrado da constitucionalidade é um convite a que se pense numa jurisdição estrutural – e metodologicamente – transformada, mais requintada e afinada com os princípios da democracia participativa. É o que será explanado na seqüência.

---

[35] Expressão de Castanheira Neves, 2003, p. 75.

[36] Trata-se da queixa-crime nº 936 de 2207, que tramitou perante a 9ª Vara Criminal da Comarca de São Paulo, onde o jogador Richarlyson, considerando-se ofendido por afirmações do técnico do time de futebol em que jogava, por esse tê-lo chamado de "gay", pede a condenação do ofensor.

[37] Sobre a questão da fundamentação das sentenças, veja-se Baptista da Silva, 2008, p. 137-63.

2. O crepúsculo das luzes e as conseqüências do diálogo da jurisdição com a sociedade – a necessária coesão entre mudanças estruturais e fundamentações democraticamente construídas

Após ter abordado genericamente a funcionalização do Poder Judiciário e a relação da mesma com o seu distanciamento da sociedade, o trabalho deter-se-á mais especificamente na atuação do Supremo Tribunal Federal. O apelo cada vez mais freqüente ao controle direto da constitucionalidade, que aumentou significativamente nos últimos anos, presume-se, guarda relação direta com a paulatina construção de uma "cultura constitucional",[38] ainda que seja imperioso, com Lenio Streck,[39] reconhecer-se a baixa constitucionalidade que permeia o agir dos juristas.

A crítica à estrutura não anda em descompasso com a mudança da metodologia processual, o que requer juízes mais abertos e afinados com os princípios da democracia participativa, por um lado, e libertos do perfil burocrático de processo (2.1). Finalmente, a mudança de estrutura e de metodologia apresenta necessária coesão com a construção coletiva dos fundamentos da decisão, por meio da "mentalidade alargada"[40] à oralidade e à participação democrática e direta da cidadania no processo.(2.2) Algo jamais pensado entre os primeiros teorizadores de processo no século XIX. Uma outra cena. Novos textos. Novos contextos. Novos litígios. Novos atores. Novos diálogos. Novas formas de decidir.

2.1. Mudança de estrutura e de metodologia: da despolitização da magistratura à politização do processo

Se, como referido, funcionalmente, com toda a crítica já feita, o processo tem cumprido os fins a que se destina desde a sua origem, seu maior problema radica em sua estrutura. Em primeiro lugar, não sua estrutura formal, mas sua estrutura ontológica, no seu específico patrimônio axiológico-normativo, para usar a certeira expressão de Castanheira Neves[41] (2.1.1). Em segundo lugar, pode-se ver que a mudança estrutural no processo de controle direto da constitucionalidade, no que diz respeito à sua performance e metodologia, pode sim ser fonte de inspiração e canal de comunicação com outras instâncias da jurisdição. Afinal, a

---

[38] Cf. Häberle, 2000.

[39] Cf. Streck, 2007, p. 384.

[40] Ao tratar de três máximas do entendimento humano comum ligado ao gosto, é que Kant põe a questão da mentalidade alargada. Primeiro, diz que é preciso "pensar por si"; segundo, diz que é preciso sempre "pensar no lugar de todo o outro" e, terceiro, é preciso "pensar de acordo consigo próprio". Assim, de acordo com o filósofo, a primeira é a máxima da maneira de "pensar livre de preconceito", a segunda e é a que interessa para o efeito deste trabalho, é a maneira de "pensar alargada", enquanto que a terceira é a maneira de "pensar conseqüente". Veja-se Kant, 1998, p. 196-97. A expressão, no âmbito do texto, refere-se aos casos em que o juiz, ao fundamentar suas decisões, refere-se às influências normativas, doutrinárias e/ou jurisprudenciais oriundas de outras culturas, sobre seu entendimento. Veja-se, para um aprofundamento da questão, Arendt, 2001, p. 274.

[41] Castanheira Neves, 2002, p. 63.

reivindicação de concretização dos referidos novos direitos bate ininterruptamente às portas inferiores da jurisdição (2.2.2).

2.1.1. Intolerância à estrutura arcaica e à despolitização do Judiciário

Oriundos de um tempo marcado pela exatidão, em nome da construção da sociedade industrial e tecnológica, o processo e a jurisdição só poderiam crer na pureza da ciência, na exatidão do racionalismo, na segurança do procedimento ordinário e na aptidão das escolas de direito para formar juristas prontos para enfrentar a realidade. Privados de auto-reflexão, porque estavam a construir-se, assumiram a função de concretizar o ordenamento jurídico, sobretudo em seu viés político. Com efeito, daqui resultou sua funcionalização, como antes abordado.

Ovídio Baptista apresenta quatro problemas estruturais do processo, a saber: a) o processo continua a ser considerado como uma ciência, fator de perpetuação da separação entre o mundo jurídico e o mundo dos fatos; b) o racionalismo científico permanece presente na vida do processualista, a impedir uma reforma do pensamento do jurista, sem o que os institutos processuais com perfil inovador não recebem a devida aplicação no campo da práxis; c) a perpetuação do processo de conhecimento de rito ordinário, cuja marca principal é a aura de neutralidade do juiz, ainda que em descompasso com a concreta atividade que o juiz realiza; d) ensino jurídico obsoleto, que apresenta o direito apenas enquanto norma, dissociado do mundo da vida.[42]

A risco de todo erro, ousa-se acrescentar um quinto problema: o do fechamento da mentalidade dos juristas, que trabalham no processo, ao seu próprio sistema, furtando-se do exercício da denominada "fertilização recíproca" que permite o aprendizado mútuo entre diferentes sistemas jurisdicionais e que, ao primeiro olhar, poderia consistir na sua força e na sua fraqueza.[43]

Isso decorre da carência de pontes que interconectem o jurista a outros campos do saber humano, porque reduzido a uma estrutura burocrática que, no caso do Poder Judiciário, o iguala substancialmente à função administrativa, como lembra Nicola Picardi.[44] Há, dessa forma, a permanência de discursos já proferidos e a ruminação de velhos institutos – encobertos, por vezes, com novas roupagens –, sem que haja um questionamento acerca de sua aptidão para atender a uma sociedade especializada em operar novéis conflitos. O temor à ambivalência talvez esteja intimamente associado a tal cenário. A busca pela certeza – ditada pela funcionalização do direito – obsta o aprimoramento da "metodologia da dúvida", evocada por François Ost. Segundo o autor, tal postura carrega em si a vantagem não só de oferecer ao jurista uma perspectiva não usual, qualificando-o

---

[42] *Da função à estrutura*. No prelo, p. 10. O texto foi fornecido gentilmente pelo autor.

[43] Sobre a questão, veja-se Delmas-Marty, 2006, p. 49.

[44] Picardi, 2008, p. 26.

para o exercício de julgar, mas também o leva a resistir a paradigmas dominantes e à "pseudo-evidência dos fatos"- e, acrescentar-se-ia, a reconhecer a singularidade de cada caso levado a julgamento.[45]

Porém, quando da construção das bases teóricas do processo, no Século XIX e início do Século XX – e que o alicerçam ainda hoje – imperava uma concepção que tendia a encarar o direito como um sistema ideal de normas, repudiando as experiências do mundo sensível. Imperava a necessidade de expurgar do processo as referências ao direito material, com o fito de autonomizá-lo.[46]

O processo codificatório expressou – e continua a expressar – a ilusão da plenitude, de um único sentido normativo possível e a crença de que a complexidade do mundo pode ser contida por meio de cláusulas genéricas e planificadoras. Contudo, o tempo encarregou-se de expor a falibilidade de tais premissas, quando, por exemplo, o suposto cumprimento irrefletido de ordens jurídica e legalmente legitimadas levou ao extermínio de milhões de seres humanos, durante a Segunda Guerra Mundial.[47] Daí a intolerância às estruturas arcaicas e à despolitização a justificar-se como uma condição de possibilidade à própria evolução do direito processual.

De outro lado, a despolitização desencadeia um efeito perverso: ao escravizar-se às formas, o jurista perde o tato para lidar com as questões essencialmente humanas, que compõem o processo. O que pensar a respeito da aberração protagonizada por aquele juiz que designou nova audiência em razão de uma das partes (um trabalhador, ex-funcionário de uma madeireira) calçar chinelos, por serem estes, segundo suas palavras, "incompatíveis com a dignidade do Poder Judiciário"?[48]

Burocratizado e brutalizado, é difícil que o Poder Judiciário dê conta das sucessivas mutações que se operam no seio do corpo social. Estabelecer as pontes ausentes, de que se falou acima, é tarefa que se impõe para tanto. É preciso garantir que a efetivação constitucional se dê de forma a evitar a funcionalização do direito, democratizando os meios de acesso à Justiça.

O controle direto ou concentrado de constitucionalidade, levado a cabo pelo Supremo Tribunal Federal brasileiro, pode ser o palco adequado para que tal se dê. Contemplá-lo será o próximo passo.

2.1.2. Tolerância às novas metodologias e à politização do processo

As Leis 9.868/99 e 9.882/99 causam uma revolução paradigmática – interna e externa – no processo brasileiro. Interna porque tocam em institutos de processo

---

[45] Ost, 1997. p. 21.

[46] Numa concepção diversa de autonomia, sobre a questão de sua ausência no direito contemporâneo, veja-se Castanheira Neves, 2002.

[47] Para uma percuciente análise filosófica do período e daquilo que denominou "banalização do mal", veja-se Arendt, 1999.

[48] Veja-se, em http://www.apriori.com.br/cgi/for/post9271.html, o despacho do juiz. Tem-se notícia de que, quando da efetiva realização da audiência, quase dois meses depois, o juiz intentou "presentear" o trabalhador com um par de sapatos, mediante a óbvia recusa do mesmo.

consolidados em outra época, mas que se mantêm incólumes diante das gritantes transformações sociais. Externa, porque o direito processual, com a abertura à sociedade, passa a ser visto como resultado da história e da cultura. Por isso, mais comprometido com a natureza das demandas materiais.

Trata-se, em verdade, da instituição de uma nova metodologia processual, afinada com os princípios do Estado Democrático de Direito, essencialmente no que diz respeito à participação popular direta nos processos decisórios, fator de acentuado aumento de legitimidade, a qual supõe a "transposição da simples detenção do poder e a conformidade com o justo, advogadas pela coletividade".[49] Ora, assim como as leis e as políticas públicas em geral, para serem dignos de respeito, devem resultar de um processo de "justificações alcançadas publicamente",[50] isso também acontece com o Judiciário.

O procedimento das ações de controle da constitucionalidade[51] resta marcado por esse ideário. Editados onze anos após a promulgação da Constituição Federal, os textos normativos que o regulam, embora fecundos em inovação, é certo, tiveram sua hermenêutica produzida lentamente, ao longo desses últimos dez anos, contados desde sua edição.

Mais uma vez, o processo é chamado a funcionalizar-se. Porém, agora, a justiça é chamada a desviar-se dos processos de matriz individualista para dar respostas coletivas. Nessas condições, as mudanças mais significativas podem ser identificadas no que diz respeito: a) à ação e ao princípio dispositivo; b) à defesa e ao princípio de que somente ela torna a matéria controvertida; c) à abertura do processo a terceiros; e d) à coisa julgada.

Se as concepções clássicas da ação,[52] que delineavam estruturas eminentemente voltadas a solver conflitos individuais, bem serviam aos interesses do Estado liberal, seu anacronismo é evidente quando da vivência do Estado democrático, no qual se verifica a processualização dos valores constitucionais.[53] As audiências públicas, realizadas no contexto de apreciação da ADI 3.510,[54] da ADPF 101[55] e

---

[49] Wolkmer, 2003, p. 417.

[50] Barry, 2003, p. 266.

[51] a) ADI – Ação Direta de Inconstitucionalidade; b) ADC- Ação Direta de Constitucionalidade; c) ADIpO – ação direta de inconstitucionalidade por omissão; d) ADPF- ação de descumprimento de preceito fundamental.

[52] Para uma análise de algumas das referidas construções teóricas, consulte-se Baptista da Silva e Gomes, 1997, p. 90-132. Veja também, do autor, Baptista da Silva, 2006, p. 15-40.

[53] Veja-se Damaska, 2000, p. 53.

[54] Realizada no dia 20 de abril de 2007, a primeira audiência pública da história do STF contou com o depoimento de 18 profissionais, os quais apresentaram seus conhecimentos científicos sobre a matéria posta sob julgamento, qual seja, a utilização de células-tronco de embriões humanos em pesquisas e terapias. Detalhes disponíveis em: http://www.stf.gov.br/.

[55] No dia 27 de junho de 2008, tal audiência contou com a presença de 11 especialistas, que se posicionaram acerca da conveniência ou não da importação de pneus usados pelo Brasil. Mais informações podem ser obtidas em http://www.stf.gov.br/.

ADPF 54,[56] por exemplo, são marcos que apontam para a necessária revisão de tais teorias.

Enquanto, no tradicional processo individualista, em princípio, o conflito subjetivo de interesses demarca a linha de limitação ao poder decisório do julgador, no primeiro, a relevância pública das questões postas é capaz de mitigar esse "resquício da ideologia liberal-individualista",[57] representado pelo princípio dispositivo em sentido estrito. Ademais, a vontade das partes – por muito tempo encarada como soberana no processo –, na ação direta de inconstitucionalidade, é atenuada a ponto de não se admitir a desistência (art. 5º da Lei 9.868/99).

Especificamente no que diz respeito ao exercício da defesa em sentido estrito – razões fáticas e jurídicas que o demandado apresenta contra as alegações do demandante – é visível a distinção entre os planos cível e penal. Neste, garante-se a "parcimônia" na defesa prévia. Naquele, ainda de perfil privado e repressivo, impõe-se ao demandado a defesa pormenorizada, salvo exceções.[58] O não-contestado não se torna controvertido e sequer objeto de prova é. Eis, portanto, onde as portas se abrem ao STF, uma vez que, assim como não está adstrito ao princípio dispositivo ou da congruência, também não está às defesas do demandado, podendo, evidentemente, apresentar outras razões que não aquelas apresentadas por ele.

O fechamento do processo judicial a terceiros pode ser compreendido diante de seu perfil tradicionalmente individualista, repressivo e patrimonialista. Permitir o acesso a outros que não o demandante e o demandado somente ocorreria em situações escassas autorizadas pelo direito material,[59] desde que houvesse algum interesse jurídico entre o terceiro e o objeto da demanda, em geral de natureza patrimonial.

A realidade dos processos de controle direto é toda outra. A atuação concreta dos *amici curiae* e dos terceiros que são ouvidos nas audiências públicas evidenciam o alargamento dessa participação comparativamente aos comuns direitos concedidos e limites impostos à atuação dos terceiros no processo tradicional. A distinção, no processo, entre direitos privados, individuais e atomizados e direitos públicos, coletivos e molecularizados, conduz à permissão de acesso, no caso dos últimos, não aos envolvidos pessoalmente na questão jurídica a ser decidida, mas sim aos que possam representar adequadamente[60] grupo, categoria, classe ou a toda a sociedade, no caso dos direitos difusos.

A intensidade do debate sobre as novas metodologias do STF põe em cena, finalmente, o dogma da coisa julgada interpartes. Levar em conta o poder desse

---

[56] Caso dos "anencéfalos". Foram designados quatro dias de audiências públicas para o STF ouvir a sociedade. Consulte-se http://www.stf.gov.br/.

[57] Portanova, 2005, p. 124.

[58] Veja-se o teor do parágrafo único do art. 302 do CPC.

[59] Pela ordem: a) assistência simples e litisconsorcial; b) oposição; c) nomeação à autoria; d) denunciação da lide; e) chamamento ao processo.

[60] A origem da expressão é americana e surgiu no âmbito das *class action*. Cabe ao juiz americano, em cada caso concreto, verificar se a classe, grupo ou categoria está devidamente representada em juízo. Veja-se Fiss, 2004, p. 233-49.

dogma permite abrir consideravelmente a discussão sobre ele e sobre as suas conseqüências, em processos de natureza difusa e de profundas repercussões sociais, como os de controle direto da constitucionalidade.

O caminho da democratização do processo não é tarefa fácil. Porém, a democracia chama a um processo pluralista, que escape do juiz solipsista e que saiba dialogar, com "mentalidade alargada", com a sociedade. A lição da experiência é o caráter necessariamente inacabado do processo e é o que fundamentalmente pode tocar nos graves problemas de estrutura do processo, referidos no item anterior.

2.2. A fundamentação democraticamente construída: da apropriação da palavra à partilha de sentidos

Se a geometria piramidal não mais corresponde à realidade jurídica contemporânea, o direito em rede tem obrigado o jurista a se reinventar. De um lado, as exigências de uma economia globalizada e com ganas de superar todas as limitações de espaço e de tempo. De outro, a intensificação do diálogo acerca dos direitos humanos e de sua transnacionalização.[61] A esfera jurídica, não bastasse tal cenário de incertezas e paradoxos, se vê rodeada pela crise da jurisdição burocrática e do processo individualista.

A assunção, por parte do Poder Judiciário, de suas prerrogativas leva à reflexão acerca do verdadeiro papel a ser por ele assumido e ao repensar da rígida teoria liberal da separação dos poderes do Estado, sistematizada por Montesquieu.[62] A desconcentração do poder político, que está na base de tal teoria, continua a ser um dos sustentáculos do Estado Democrático, e tal se dá em virtude da necessária contenção de abusos e arbitrariedades. Porém, a tendência crescente à judicialização da política acende o questionamento acerca da adequação integral do ideal montesquiano à realidade brasileira.

Mas essa reflexão não leva, necessariamente, à conclusão de que o Judiciário deva caracterizar-se como detentor único da verdade democrática, tampouco que deva ser o responsável por proclamar "a vitória incontestável dessa ou daquela corrente científica, filosófica, religiosa, moral ou ética sobre todas as demais".[63] É preciso, porém, reconhecê-lo como poder representativo. Enquanto o cidadão é representado, politicamente, pelo parlamento, os tribunais (e o tribunal constitucional em maior medida) o representam argumentativamente.[64]

Construir legitimamente a decisão impõe ao STF a exigência dialogal, fruto de uma "mentalidade alargada" para reconhecer que a sociedade, em questões amiúde transdisciplinares, pode colaborar para a elaboração da decisão cuja destinatária exclusiva é ela própria. Permitir a reunião em audiência – pública e oral – é uma prática hermenêutica e uma tarefa coletiva.

---

[61] Sobre o embate entre "economia" e "direitos humanos", veja-se Delmas-Marty, 2003, p. 9-38.

[62] Cf. Montesquieu, 2002.

[63] Voto da Min. Ellen Gracie no julgamento da ADI 3.510, p. 2. Disponível em <http://www.stf.gov.br/>.

[64] Alexy, 1999, 55-66.

Mas não basta, pois ressoam no interior dos prédios da justiça outros sons, vindos de outras paragens, em que os humanos padecem dos mesmos males. Decidir coletivamente também implica comunicar-se com os pares, nacionais ou estrangeiros, para dotar a decisão de conteúdo universal, quando necessário.

O trabalho de "fertilização recíproca" pode ser constatado na prática jurisdicional do STF, e tal fenômeno, ao que parece, tende a intensificar-se. Tomem-se os votos proferidos no bojo do julgamento da ADI 3.510, foco dileto da presente análise.[65] Dentre outros critérios que poderiam ser utilizados para a aferição quantitativa da "fertilização" dos votos por argumentos e marcos normativos não nacionais, optou-se por sistematizá-los na tabela seguinte.[66]

	NACIONAL(IS)	EXTERNA(S)
MARCO(S) NORMATIVO(S)	Campo 1[67]	Campo 2[68]
DOUTRINA(S) INVOCADA(S)	Campo 3[69]	Campo 4[70]
JURISPRUDÊNCIA(S) REFERIDA(S)	Campo 5[71]	Campo 6[72]

[65] Tais votos podem ser encontrados no sítio eletrônico do Tribunal, no link "notícias", sob o argumento de pesquisa "células-tronco". Disponível em http://www.stf.gov.br/ . Ademais, no sítio eletrônico da "TV JUSTIÇA", http://www.tvjustica.gov.br/ , no link "CENTRAL DE DOWNLOAD", podem ser encontrados vídeos com a íntegra das sessões do referido julgamento.

[66] Tal tabela consiste na versão simplificada de uma outra, elaborada pelo pesquisador Sadi Flores Machado, do Projeto de Pesquisa intitulado "A concretização dos direitos humanos na jurisdição brasileira sob a ótica do constitucionalismo e da internacionalização do direito: o fenômeno da recepção e da fertilização recíproca", e orienta uma das Etapas de sua investigação, a qual busca compreender em que medida a jurisdição brasileira, por meio de suas decisões, concretiza o paradigma da tradução em seu sentido amplo, com o objetivo de consolidar o direito sob a ótica cosmopolítica, a partir do exercício da "mentalidade alargada" kantiana e da "fertilização recíproca". O Projeto está registrado na Universidade do Vale do Rio dos Sinos e na Universidade Federal de Santa Maria, e conta com vinte pesquisadores, dentre eles dois bolsistas de Iniciação Científica, sob os auspícios do Conselho Nacional de Desenvolvimento Científico e Tecnológico/CNPq.

[67] Aqui, incluem-se todas as referências a leis federais e/ou estaduais, decretos, medidas provisórias, etc., e a dispositivos da atual, ou de anteriores Constituições brasileiras, constantes no voto em estudo, as quais são citadas juntamente com a página em que tal referência foi feita – como nos demais campos. Ex.: art. 9º, § 1º da Lei Federal nº 9868, de 1999; p. 5 – referência relativa ao voto do Min. Carlos Ayres Britto na ADI 3.510.

[68] Incluem-se, aqui, todas as referências a Tratados, Convenções, etc., ou a legislação estrangeira, bem como dispositivos constitucionais não nacionais, constantes no voto em estudo. Ex: Human Fertilisation and Embriology Act, do Reino Unido; p. 4 – referência relativa ao voto da Min. Ellen Gracie Northfleet na ADI 3.510.

[69] Neste campo, são incluídas as posições doutrinárias (em sentido amplo, abrangendo referências a posicionamentos filosóficos, artísticos, literários) brasileiras, invocadas no voto em estudo, de maneira simplificada. Ex.: DALLARI, Sueli Gandolfi e VENTURA, Deisy de Freitas Lima. Princípio da precaução: dever do Estado ou protecionismo disfarçado?; p. 23 – referência relativa ao voto do Min. Enrique Ricardo Lewandowski na ADI 3.510.

[70] As posições doutrinárias (em sentido amplo, abrangendo referências a posicionamentos filosóficos, artísticos, literários) externas (não nacionais) – ainda que traduzidas para a língua portuguesa, invocadas no voto em estudo, devem constar neste campo, com referência simplificada. Ex.: ISRAEL, Jean-Jacques – Droits de libertes fondamentaux; p. 39 – referência relativa ao voto da Min. Cármen Lúcia Antunes Rocha na ADI 3.510.

[71] Referências a jurisprudências brasileiras constantes no voto sob análise devem ser incluídas neste campo. Ex.: Rp. 1.399, Rel. Min. Aldir Passarinho, DJ, 9 set. 1988. – p. 29 – referência relativa ao voto do Min. Gilmar Ferreira Mendes na ADI 3.510.

[72] Por fim, neste campo, devem ser reunidas as referências a jurisprudências externas constantes no voto em estudo. Ex.: Roe v. Wade, 410 U.S. 113, 133 (1973); p. 5 – referência relativa ao voto do Min. Marco Aurélio Mendes na ADI 3.510.

Por questões de limite, não serão transcritas as sistematizações dos votos,[73] mas cumpre registrar algumas das observações e constatações que delas emergem, ainda que alguém possa criticar tal exposição, taxando-a de genérica, por apontar algumas tendências visíveis em tal julgamento. Porém, uma dose de ousadia se afigura cara a todos que ousam propor novas metodologias, não só no âmbito jurídico, mas em todos os campos da vida.

Em primeiro lugar, aquele que se dispuser a efetuar a sistematização de tais votos perceberá, muito facilmente, que os campos 3 e 4 se rechearão de referências, na maior parte dos votos. De fato, são inúmeros, no âmbito do julgamento, os posicionamentos doutrinários, filosóficos e até mesmo artísticos – houve citações de músicas e de poemas (nacionais[74] e externos[75]) –, invocados. A trajetória filosófica ocidental se fez presente, partindo de referências a pensadores da Antiguidade clássica,[76] com incursões pelos modernos (Kant é citado por dois Ministros[77]), até a breve menção a filósofos contemporâneos, como Zygmunt Bauman, Ulrich Beck[78] e Jürgen Habermas.[79]

Num segundo momento, há que se reconhecer que, comprometidos com a intenção de dar uma resposta satisfatória às questões postas na causa, muitos Ministros buscaram informações relativas não só ao âmbito recente do biodireito, mas afinadas também aos avanços mais amplos das ciências médico-biológicas. Assim, além dos depoimentos dos profissionais presentes na audiência pública,[80] foram mencionadas obras específicas sobre o tema,[81] depoimentos e artigos coletados de jornais e revistas semanais brasileiras.[82]

A permeabilidade se faz notar, em terceiro, quando se constata a presença, em muitos votos, de marcos normativos e jurisprudências externas (respectivamente, Campo 2 e Campo 6 da tabela). O caráter inovador da discussão-núcleo da ADI 3.510 talvez tenha contribuído para que tal se desse. De qualquer

---

[73] É preciso avisar ao leitor que, por não serem encontrados no sítio eletrônico do STF, quando da escrita do presente texto, não foram esmiuçadamente analisados os votos dos Ministros Joaquim Barbosa, Celso de Mello e Menezes Direito.

[74] Trata-se do voto do Min. Ayres Britto – veja-se a página 35 do referido.

[75] Shakespeare é lembrado em dois votos – no do Min. Ayres Britto (p. 9) e no do Min. Eros Grau (p.7).

[76] Por exemplo, a referência a Protágoras, feita pelo Min. Ayres Britto, em seu voto – p. 35.

[77] Vejam-se os votos da Min. Cármen Lúcia – p. 28 – e do Min. Ricardo Lewandowski – p. 20.

[78] A concepção de *"risk society"* trabalhada pelos filósofos foi invocada pelo Min. Ricardo Lewandowski na página 23 de seu voto. Veja-se, para um aprofundamento de tal concepção, Beck, 1992.

[79] Citado pela Min. Cármen Lúcia, na página 37 de seu voto.

[80] Tais depoimentos foram referidos em quatro dos votos analisados.

[81] Veja-se, dentre outras, a referência à HOLLAND, Suzanne, LEBACQZ, Karen e ZOLOTH, Laurie (Coords.). *As células-tronco embrionárias humanas em debate.* São Paulo: Loyola, 2006., na página 3 do voto do Min. Ricardo Lewandowski.

[82] A imprensa brasileira debateu longamente sobre o tema levado a julgamento. Chegou-se a cogitar que o STF, no âmbito do julgamento, acabaria por definir o momento exato em que a vida tem início. Tal feito não foi constatado, porém. O voto da Min. Cármen Lúcia (p. 6) foi um dos que rechaçou a imprescindibilidade de o STF estabelecer tal entendimento para que pudesse manifestar-se a respeito da constitucionalidade dos dispositivos normativos questionados.

modo, muitas Declarações de Direitos Humanos foram invocadas (dentre elas, a Convenção Americana de Direitos Humanos – ou "Pacto de San José da Costa Rica" – e a Declaração Universal dos Direitos Humanos, adotada e proclamada pela ONU em 1948),[83] além de dispositivos normativos específicos de outros países, como do Reino Unido,[84] da Alemanha,[85] da Espanha,[86] do México[87] e da França.[88]

Essa abertura do STF às influências externas talvez possa ser sintetizada em uma manifestação do Min. Carlos Ayres Britto, constante na página 64 de seu voto. Diz ele: "(...) o juiz não deve ser uma traça ou ácaro do processo, mas um ser do mundo (...)".

Para finalizar a análise, pôde-se constatar nos votos numerosas referências a jurisprudências – e não só nacionais – o que fornece ainda mais expectativas quanto ao incremento da referida "fertilização recíproca" de argumentos. Dentre os Tribunais citados, a Suprema Corte norte-americana,[89] o Tribunal Constitucional Alemão[90] e Tribunais da Espanha,[91] bem como sua Corte Constitucional.[92]

Ao que parece, opera-se, a partir da utilização de argumentos tão diversos – das referências aos filósofos clássicos e aos depoimentos colhidos na audiência pública à menção a marcos normativos e jurisprudências externas – uma construção coletiva da fundamentação jurídica. O direito, que há muito tempo apropriou-se da palavra normativa, a fim de controlar e regular, parece agora propor-se a partilhar com os homens o espetáculo do diálogo e da solidariedade, a fim de consolidar o paradigma democrático. Trata-se de um caminho possível para um problema posto.

Considerações finais

Da aurora ao crepúsculo das luzes, das causas às conseqüências, este texto intentou demonstrar que o monólogo jurídico não corresponde às exigências que o atual cenário mundial impõe. E o fez afirmando que as condições de possibilidade para o diálogo entre o Poder Judiciário e a sociedade podem estar in-

---

[83] Min. Cármen Lúcia – p. 18 – e Min. Ricardo Lewandowski – p. 20.

[84] Votos da Min. Ellen Gracie – p. 4 –, do Min. Ricardo Lewandowski – p. 54 – e do Min. Marco Aurélio – p. 14.

[85] Votos dos Min. Gilmar Mendes – p. 15 e 16 –, do Min. Ricardo Lewandowski – p. 37 e 39 – e do Min. Marco Aurélio – p. 13.

[86] Votos dos Min. Gilmar Mendes – p. 23 –, do Min. Ricardo Lewandowski – p. 38-9 – e do Min. Marco Aurélio – p. 14.

[87] Voto do Min. Gilmar Mendes – p. 25 – e do Min. Marco Aurélio – p. 14.

[88] Voto do Min. Gilmar Mendes – p. 21 e 22 –, do Min. Ricardo Lewandowski – p. 37 – e do Min. Marco Aurélio – p. 14.

[89] Voto do Min. Marco Aurélio – p. 6 –, e do Min. Gilmar Mendes – p. 2.

[90] Voto do Min. Gilmar Mendes – p. 2, 13, 15.

[91] Voto do Min. Gilmar Mendes – p. 24

[92] Voto do Min. Ricardo Lewandowski – p. 35.

dissociavelmente ligadas à necessária revisão de algumas premissas processuais legadas pelos teóricos modernos.

Construído sobre os paradigmas do racionalismo e da pureza metodológica, o direito processual restou por apresentar-se como uma encenação desprovida de substância e, por isso, alvo fácil das mais variadas influências, dentre as quais, e em especial, aquelas oriundas de outras esferas de poder (político, econômico, midiático, etc.). Mas o distanciamento do processo das raízes materiais que o impulsionam faz parte de um contexto mais amplo. Na busca por autonomia, reservou-se um espaço mínimo, no campo jurídico, ao cultivo de uma interpretação pluralista dos valores sociais, o que acabou gerando a funcionalização do direito, isto é, sua instrumentalização.

Se tal funcionalização atendeu por muito tempo aos valores do Estado liberal, os ventos democráticos anunciaram o paradoxo representado pela concepção do direito como meio pois, sob tal perspectiva, o Poder Judiciário "funciona", com freqüência, ao arrepio da idéia mesma de Justiça, a qual se distancia para dar lugar a interesses que lhe contradizem. O Estado democrático exige, portanto, que se repensem as estruturas jurídicas, a fim de que o direito se reaproxime da política, resgatando as idéias de cuidado e solidariedade, dissipadas pelo distanciamento.

Surgidas no contexto do controle de constitucionalidade exercido pelo Supremo Tribunal Federal brasileiro, as possibilidades de realização de audiências públicas e da participação de *amicus curiae*, previstas nas Leis 9.868/99 e 9.882/99, são algumas das inovações a representar tolerância a novas metodologias jurisdicionais, e parecem apontar para uma gradativa democratização do processo decisório. A fundamentação democraticamente construída, nesse passo, pode sinalizar a (re)abertura do jurídico ao social.

Isso porque tais práticas são capazes de trazer novos elementos ao debate, influenciando e qualificando a decisão a ser tomada, no âmbito dos casos em que são efetivadas. Além delas, a "fertilização recíproca" de argumentos entre tribunais nacionais e externos marca o esforço que tem sido feito para que, além da revisão de teorias desconectadas da realidade constitucional brasileira, se consolidem hábitos hermenêuticos adequados à devida contextura entre o que é local e o que se transnacionaliza, como o diálogo acerca dos direitos humanos.

Ao fim de todo o exposto, pode-se afirmar que a luta contra a funcionalização do direito, na senda deixada pelas Luzes, é tarefa que se impõe ao jurista, a fim de que o paradigma liberal da eficiência dê lugar aos anseios democráticos, mais afinados com a compreensão do que é justo, do que é fraterno, do que é essencialmente humano.

Referências

1. Obras consultadas

ALEXY, Robert. *Direitos fundamentais no Estado constitucional democrático. Para a relação entre direitos do homem, direitos fundamentais, democracia e jurisdição constitucional.* Trad. Luís Afonso Heck. In: Revista Direito Administrativo, Rio de Janeiro, 217: 55-66, jul./set. 1999.

ALTHUSSER, Louis. *Aparelhos Ideológicos do Estado: notas sobre os aparelhos ideológicos do Estado (AIE).* Tradução de Walter José Evangelista e Maria Laura Viveiros de castro. 10.ed. Rio de Janeiro: Edições Graal, 2007.

AMIRANTE, Carlo. *Uniões supranacionais e reorganização constitucional do Estado.* Tradução de Luisa Rabolini. São Leopoldo: Ed. UNISINOS, 2003.

ARENDT, Hannah. *A condição humana.* Rio de Janeiro: Forense Universitária, 2001.

———. *Entre o passado e o futuro.* Capítulo 6. São Paulo: Perspectiva, 2001

BAPTISTA DA SILVA, Ovídio Araújo. *Curso de processo civil: processo cautelar (tutela de urgência), volume 3.* 2. rev. e atual. São Paulo: Ed. Revista dos Tribunais, 1998.

———. *Da função à estrutura.* No prelo.

———. Direito subjetivo, Pretensão de Direito Material e Ação. *In:* MACHADO, Fábio Cardoso. AMARAL, Guilherme Rizzo. *Polêmica sobre a ação.* Porto Alegre: Livraria do Advogado. 2006, p. 15-40.

———. *Jurisdição, direito material e processo.* Rio de Janeiro: Forense, 2008.

———. *Jurisdição e execução na tradição romano-canônica.* 2. ed. rev. São Paulo: Ed. Revista dos Tribunais, 1997.

———. *Processo e ideologia.* Rio de Janeiro: Forense, 2004.

———. GOMES, Fábio. *Teoria do do processo civil.* São Paulo: RT, 1997.

BARRY, Brian. Procedimento e justiça social. *In:* MERLE, Jean-Christofhe. MOREIRA, Luiz. *Direito e legitimidade.* São Paulo: Landy, 2003, p. 266.

BAUMAN, Zygmunt. *O mal-estar da pós-modernidade.* Rio de Janeiro: Jorge Zahar Ed., 1998.

———. *Tempos líquidos.* Tradução de Carlos Alberto Medeiros. Rio de Janeiro: Jorge Zahar Ed., 2007.

BECK, Ulrich. *Risk society: towards a new modernity.* Londres: Sage Publications,1992.

BOBBIO, Norberto. *A Era dos Direitos.* Tradução de Carlos Nelson Coutinho. Rio de Janeiro: Elsevier 2004.

———. *Da estrutura à função. Novos estudos de teoria do direito.* Barueri: Manole, 2007.

CANOTILHO, José Joaquim Gomes. *"Brancosos" e Interconstitucionalidade: Itinerários dos discursos sobre a historicidade constitucional.* Coimbra: Almedina, 2006.

CASTANHEIRA NEVES, António A. *A crise atual da filosofia do direito no contexto da crise global da filosofia. Tópicos para a possibilidade de uma reflexiva reabilitação.* Coimbra: Coimbra Editora, 2003.

———. *O direito hoje e com que sentido?* Lisboa: Piaget, 2002.

DAMASKA, Mirjan. *Las Caras de la Justicia y el Poder del Estado.* Santiago: Editorial Jurídica de Chile, 2000, p. 53.

DELMAS-MARTY, Mireille. *Três desafios para um direito mundial.* Tradução e posfácio de Fauzi Hassan Choukr. Rio de Janeiro: Lumen Júris, 2003.

———. *Les forces imaginatives du droit (II).Le pluralisme ordonné.* Paris: Seuil, 2006.

DUFOUR, Dany- Robert. *A arte de reduzir as cabeças. Sobre a nova servidão na sociedade ultraliberal.* Rio de Janeiro: Companhia de Freud, 2005.

FISS, Owen. *Um novo processo civil. Estudos norte-americanos sobre jurisdição, constituição e sociedade.* São Paulo: RT, 2004.

GADAMER, Hans-Georg. *O problema da consciência histórica.* Rio de Janeiro: FGV, 2003.

GALBRAITH, John Kenneth. *A economia das fraudes inocentes.* São Paulo: Companhia das Letras, 2004.

HÄBERLE, Peter. *Teoría de la constitución como ciencia de la cultura.* Tradução de Emilio Mikunda. Madrid: Tecnos, 2000.

HOBBES, Thomas. *Leviatã, ou a matéria, forma e poder de um Estado eclesiástico e civil.* Tradução de Alex Marins. São Paulo: Martins Fontes, 2002.

HOBSBAWM, Eric. *Era dos extremos: o breve século XX: 1914-1991.* Tradução de Marcos Santarrita. São Paulo: Companhia das Letras, 1995.

KANT, Immanuel. *Crítica da faculdade do juízo.* Lisboa: Imprensa Nacional-Casa da Moeda, 1998.

KANTAROWICZ, Ernest. *Os dois corpos do rei. Um estudo sobre teologia medieval.* São Paulo: Companhia das Letras, 1998.

LIPOVETSKY, Gillles. *A sociedade da decepção*. Barueri: Manole, 2007.

MARIN, Jeferson Dytz (Org.). *Jurisdição e processo. Efetividade e realização da pretensão material*. Curitiba: Juruá, 2008.

MONTESQUIEU, C. de Secondat. *Do espírito das leis*. Tradução de Jean Melville. São Paulo: Martin Claret, 2002.

MORIN, Edgar. *A cabeça bem-feita. Repensar a reforma, reformar o pensamento*. Rio de Janeiro: Bertrand Brasil, 2002.

———. *Introdução ao pensamento complexo*. Lisboa: Piaget, 2001.

NEVES, Marcelo. *A constitucionalização simbólica*. São Paulo: WMF Martins Fontes, 2007.

OST, François. *A natureza à margem da lei: a ecologia à prova do direito*. Tradução: Joana Chaves. Lisboa: Instituto Piaget, 1997.

———. *Contar a lei: as fontes do imaginário jurídico*. Tradução de Paulo Neves. Coleção Diké. São Leopoldo: Ed. Unisinos, 2005.

———. *Dire le droit. Faire justice*. Bruxellas: Bruylant, 2007.

———. *O tempo do direito*. Tradução de Élcio Fernandes. Bauru, SP: Edusc, 2005.

PICARDI, Nicola. *Jurisdição e processo*. Rio de Janeiro: Gen-Forense, 2008.

PORTANOVA, Rui. *Princípios do processo civil*. 6. ed. Porto Alegre: Livraria do Advogado, 2005, p. 124.

POSNER, Richard. *Problemas de filosofia do Direito*. São Paulo: Martins Fontes, 2007.

ROTERDAM, Erasmo. *Elogio da Loucura*. São Paulo: Martin Claret, 2003.

ROUSSEAU, Jean-Jacques. *O contrato social e outros escritos*. Tradução de Rolando Roque da Silva. 14. ed. São Paulo: Cultrix, 1995.

SALDANHA, Jânia Maria Lopes. *O desvelar (alethéia) da sumariedade como condição de possibilidade para uma prestação jurisdicional efetiva: Uma tentativa de substancialização do direito processual civil*. Tese. Tomo II. São Leopoldo: UNISINOS, 2004.

———. ESPINDOLA, Ângela Araújo da Silveira. A Jurisdição constitucional e o caso da ADI 3510: Do modelo individualista – e liberal – ao modelo coletivo – e democrático – de processo. *In: REPRO* 154, ano 32, dez 2007, p. 265-283.

SARAMAGO, José. *O conto da ilha desconhecida*. São Paulo: Companhia das Letras, 1998.

SARLET, Ingo Wolfgang. *A eficácia dos direitos fundamentais*. Porto Alegre: Livraria do Advogado, 2001.

SOUSA SANTOS, Boaventura de. *A gramática do tempo: para uma nova cultura política*. São Paulo: Cortez, 2006.

———. Os tribunais e as novas tecnologias de comunicação e de informação. *In: Revista Sociologias*. Porto Alegre, ano 7, nº 13, jan/jun 2005, p. 82-109.

SUPIOT, Alain. *Homo juridicus. Ensaio sobre a função antropológica do direito*. São Paulo: Martins Fontes, 2007.

STRECK, Lenio. *Verdade e consenso: da possibilidade à necessidade de respostas corretas em Direito*. Rio de Janeiro: Lúmen Juris, 2007.

———; MORAIS, José Luis Bolzan de. *Ciência política e teoria geral do Estado*. Porto Alegre: Livraria do Advogado, 2000.

TASQUETTO, Lucas da Silva. *A cor das sentenças: as políticas de cotas raciais na jurisprudência brasileira*. Disponível em http://www.ajuris.org.br/dhumanos/premiodh_2006.htm.

THUILLER, Guy. *L'art de juger*. Paris: Econômica, 2001, p. 38-40.

VENTURA, Deisy. *Ensinar direito*. Barueri, SP: Manole, 2004.

VERDÚ, Pablo Lucas. *Teoria de La constitución como ciência cultural*. Madri; Dikinson, 1998.

VOLTAIRE. *Traité sur La Tolérance*. Paris: Gallimard, 1975, p. 123.

WOLKMER, Antonio Carlos. Pressupostos de legitimação para se pensar a justiça e o pluralismo no Direito. *In:* MERLE, Jean-Christofhe. MOREIRA, Luiz. *Direito e legitimidade*. São Paulo: Landy, 2003, p. 417.

2. Sítios eletrônicos consultados

AJURIS. Associação dos juízes do Rio Grande do Sul. Disponível em http://www.ajuris.org.br/

BANCO MUNDIAL. *Fazendo com que a Justiça conte. Medindo e Aprimorando o Desempenho da Justiça no Brasil*. Relatório nº 32.789-BR do Banco Mundial Unidade de Redução de Pobreza e Gestão Econômica. 30.12.2004. Disponível em http://siteresources.worldbank.org.

STÄDEL MUSEUM FRANKFURT. Disponível em http://www.staedelmuseum.de/

SUPREMO TRIBUNAL FEDERAL. www.stf.gov.br.

— IX —

Uma nova forma para a observação do direito globalizado: policontexturalidade jurídica e estado ambiental*

LEONEL SEVERO ROCHA[1]

Sumário: 1. Introdução; 2. Niklas Luhmann; 3. Complexidade, Verdade e Cultura; 4. Hans Kelsen; 5. Pluralismo Jurídico; 6. Ecologia e a Constituição brasileira de 1988; 7. Comunicação Ecológica; 8. Direito Reflexivo; 9. Estado Ambiental; 10. Policontexturalidade e Risco; 11. Direito Ambiental Reflexivo; Referências Bibliográficas.

1. Introdução

O Direito da sociedade contemporânea pode ser analisado a partir de novas teorias construtivistas que observam a sociedade como autopoiese e assim modificar o seu estatuto teórico. Ressalta-se que esta não é a única nova teoria disponível, mas é, sem dúvida, em nossa opinião, aquela que permite uma observação mais profunda e sofisticada da complexidade. A essa observação diferenciada, nós estamos chamando de *teoria autopoiética*.[2] Para tanto, propomos a análise da temática do Direito, da Política e da Ecologia a partir da elaboração de um novo Direito, mais crítico, o Direito Reflexivo, como condição para a redefinição do Estado, visto como Estado Ambiental. Esta tese parte da observação da Política e do Direito a partir da oposição entre "Policontexturalidade Jurídica e Estado Ambiental".

A Policontexturalidade é uma metáfora reutilizada (Luhmann, Teubner) como critério de investigação da fragmentação do sentido na pós-modernidade, sendo uma interessante perspectiva para a análise do Pluralismo Jurídico

---

* Este texto se relaciona com o Projeto de Pesquisa intitulado "Direito Reflexivo e Policontexturalidade" desenvolvido no PPGD-Unisinos. Também se refere a pesquisas publicadas no texto Policontexturalidade Jurídica e Estado Ambiental, de autoria de Leonel Severo Rocha, Delton Winter de Carvalho no Anuário 2006 do PPGD-Unisinos.

[1] Dr. EHESS-Paris-França, Pós-Dr. Unilecce-Itália e Prof. Titular da Unisinos

[2] Niklas Luhmann, influenciado pelos biólogos chilenos Maturana e Varela (MATURANA, Humberto; VARELA, Francisco. *El Árbol del Conocimiento*: las bases biológicas del entendimiento humano. Buenos Aires: Lumen, 2003.), lança as bases de sua teoria dos sistemas sociais autopoiéticos em: LUHMANN, Niklas. *Soziale Systeme*. Grundisse einer Allgemeinen Theorie. Frankfurt: Suhrkamp Verlag, 1984, com primeira edição em espanhol: LUHMANN, Niklas. *Sistemas Sociales*. Lineamentos para una teoría general. México: Alianza Editorial/Universidad Iberoamericana, 1991. Nos utilizaremos, neste ensaio, da edição espanhola.

Transnacional. Já a expressão "Estado Ambiental" (Canotilho) é um redirecionamento da função do Estado como organização política visando à abordagem de seus limites e invenções para a sua manutenção como Ator Social privilegiado. Para tanto, entende-se que os novos direitos são o campo temático onde a Observação Policontextural e a operacionalidade organizacional do Estado estão redefinindo a complexidade do acoplamento entre o Direito e a Política do ponto de vista de um Direito Reflexivo.

Na sociedade globalizada do século XXI, a teoria dos sistemas sociais aparece como uma das possibilidades de construção de comunicações diante de uma situação de alta complexidade. Com o intuito de contribuir com a produção de maneiras diferentes de observação conjunta da Política e do Direito, propomos uma nova *forma*. Toda forma deriva da diferenciação primária entre Sistema/Ambiente (Luhmann). Nesta lógica, pode-se propor uma outra oposição(forma) entre "Policontexturalidade Jurídica/Estado Ambiental".

2. Niklas Luhmann

Essa teoria da autopoiese tem como um dos grandes expoentes, na área do Direito, *Niklas Luhmann*. Tentar-se-ão colocar alguns momentos importantes da teoria de Luhmann para permitir que fiquem na nossa memória comum. Luhmann condensa, de maneira magistral, todo o pensamento da *teoria dos sistemas autopoiéticos* no livro que se chama "A Sociedade da Sociedade".[3] Trata-se de uma obra extremamente importante e que ainda será considerada na sociologia do século XX tão necessária como a de Max Weber[4] ou de Talcott Parsons[5] e, principalmente, no caso do Direito, pois grandes autores contemporâneos, como Habermas,[6] Derrida[7] ou Foucault,[8] não são juristas, enquanto Luhmann trata com destaque o Direito, de onde partiu a sua formação. Trata-se de uma vantagem para nós esta afinidade e esta identidade real de Luhmann para com os juristas.

Neste livro, Luhmann propõe que se leve a sério um pressuposto básico da sociologia: *tudo está incluído dentro da sociedade*. Não é possível nenhuma produção de identidade, nenhuma produção de linguagem que não seja no interior de uma sociedade. Tudo está dentro da sociedade. Sempre estamos vivendo no interior de alguma coisa que já está presente no social. Esse é o ponto de partida fundamental.

---

[3] LUHMANN, Niklas. *Die Gesellschaft der Gesellschaft*. Surkamp Verlag, 1997. Com edição em espanhol: LUHMANN, Niklas. *La Sociedad de la Sociedad*. México: Editorial Herder, 2007. Igualmente, utilizar-nos-emos, neste ensaio, da edição espanhola.

[4] WEBER, Max. *A Ética Protestante e o Espírito do Capitalismo*. São Paulo: Cia. das Letras, 2004.

[5] PARSONS, Talcott. *Os Sistemas das Sociedades Modernas*. São Paulo: Pioneira, 1974.

[6] HABERMAS, Jürgen. *Teoria de la Acción Comunicativa*. 2 vol. Madrid: Taurus, 1987.

[7] DERRIDA, Jacques. Marges de la Philosophie. Paris: Les Éditions de Minuit, 1972.

[8] ROCHA, Leonel Severo; PEPE, A. M. B. *Genealogia da Crítica Jurídica*: de Bachelard a Foucault. Porto Alegre: Ed. Verbo Jurídico, 2007.

A partir de então, Niklas Luhmann assume a idéia de que essa sociedade é altamente complexa, pois tem muitas possibilidades diferentes de manifestação. De uma maneira simples, pode-se dizer que, na sociedade, pode acontecer tudo aquilo que pode acontecer. Tudo que se pode imaginar e observar pode acontecer. Porém, para se criar certos sentidos perante esse excesso de possibilidades, surgiram, na sociedade, nesse processo de enfrentamento da complexidade, *sistemas*.

A sociedade criou, autoproduziu, comunicações, poderíamos dizer, em uma outra perspectiva, linguagens ou modelos, mas nós preferimos dizer que surgiram *sistemas*. Sistemas que ordenam essa complexidade a partir de certo tipo de perspectiva conforme o tipo de diferenciação funcional evolutivamente consagrado. Para Luhmann, a "complejidad no es una operación; no es algo que un sistema ejecute ni que suceda en él, sino que es un concepto de observación y de descripción – incluída la autoobservación y la autodescripción".[9]

Podemos ter, igualmente, "'complejidad organizada' que sólo puede llevarse a cabo mediante la formación de sistemas, puesto que 'complejidad organizada' no significa sino complejidad de relaciones seletivas entre los sistemas".[10] Por isso, pode-se dizer que existem sistemas sociais da Política, da Economia e do Direito, porque, como sistemas funcionalmente diferenciados, fornecem critérios de identificação para cada uma dessas áreas do conhecimento. Como tudo isso está dentro da sociedade, todas as áreas do conhecimento surgem da sociedade e têm, por isso, autonomia, mas uma autonomia que existe na *diferença* dela com a sociedade. E não é uma diferença pronta, acabada, pois se elabora em operações. Trata-se de uma diferença que se constrói constantemente numa dinâmica que exige a auto-reprodução de cada sistema, a partir de seus próprios elementos, diferenciando-se dos outros sistemas e se diferenciando dos ambientes, num processo constante.

Dessa forma, para Luhmann, "complejidad (...) significa coacción de la selección. Coacción de la selección significa contingencia, y contingencia significa riesgo".[11] Esse processo necessita de critérios próprios de auto-observação, critérios próprios de auto-organização, e essa é a grande questão do sistema, a sua organização (auto-organização). Se o sistema consegue se auto-reproduzir com certa independência, isto é, consiga se fechar operacionalmente, existe, então, um sistema autopoiético. Ou seja, sistemas autopoiéticos são sistemas que conseguem partir da criação de um espaço próprio de sentido e se auto-reproduzirem a partir de um *código* e de uma *programação* própria. Conforme Luhmann, "la garantía de la autodescripción de las operaciones al sistema y, con ello, la garantía de la clausura operativa del sistema, requiere de un código único como esquematismo binario que excluya otras codificaciones y otros valores (terceros,

---

[9] LUHMANN, Niklas. *La Sociedad de la Sociedad*. Op. cit., p. 101.

[10] LUHMANN, Niklas. *La Sociedad de la Sociedad*. Op. cit., p. 46.

[11] LUHMANN, Niklas. *Sistemas Sociales*. Lineamentos para una teoría general. México: Alianza Editorial/Universidad Iberoamericana, 1991.

cuartos, quintos) del código".[12] Essa, em grandes linhas, é uma idéia de autopoiese. No caso do Direito, o sistema opera a partir do código: Direito/não-Direito. Diz Luhmann literalmente: "lo que se puede ordenar bajo el esquema de control conforme a derecho/no conforme a derecho, no pertence al sistema jurídico, sino a su entorno social: interno o externo".[13]

3. Complexidade, Verdade e Cultura

O problema da verdade em relação ao Direito e à cultura será abordado, como exemplo privilegiado de complexidade, a partir de um ponto de vista autopoiético. Ou seja, como se estruturam na sociedade Direito, cultura e verdade. Tudo isso implica revisão do critério positivista de racionalidade. A primeira dificuldade se radica no fato de que a sociedade é caracterizada pela complexidade. Se o nosso ponto de partida é a *complexidade*, naturalmente existe, em cada operação, um excesso de possibilidades. Como possibilidades? Possibilidades, potências em atos, que solicitam um outro lado mais concreto da complexidade: a redução da complexidade. Assim, "la distinción que constituye la complejidad tiene la forma de una paradoja: la complejidad es la unidad de una multiplicidad".[14]

Mas como é possível a redução da complexidade? A partir do momento em que nós temos um processo de tomada de decisão. Quando se decide fazer alguma coisa e se realiza alguma coisa, o momento da ação ou simplesmente da fala – do ponto de vista *saussuriano*[15] – é um momento de construção de realidades. De alguma maneira, existem excessos de possibilidades no mundo, que exigem a escolha de uma delas e a conseqüente operação de construção da realidade. Há potencialmente muitas possibilidades diferentes de ser, e apenas uma possibilidade real de acontecer. Há um momento em que se poderia, portanto, escolher entre as possibilidades. Mas, uma vez estando escolhida, esta constitui a realidade (as outras possibilidades continuam existindo como ambiente). A sociedade se constrói com critérios altamente complexos. A hipercomplexidade como um jogo de incertezas e milhares de problemas está provocando decisões e constitui uma complexidade organizada que define todo o tipo de interesses. Fica assim muito difícil numa sociedade ligada à decisão e à complexidade, definir-se critérios de racionalidade. Mas algumas áreas do conhecimento enfrentam essa questão da racionalidade com grande inteligência. Uma das áreas que tradicionalmente enfrentam a racionalidade de uma forma bem astuta é o Direito.

O Direito estabelece critérios de racionalidade que, na modernidade, construíram uma maneira ótima para enfrentar o problema da complexidade dentro

---

[12] LUHMANN, Niklas. *El Derecho de la Sociedad*. México: Universidad Iberoamericana, 2002, p. 125.

[13] LUHMANN, Niklas. *El Derecho de la Sociedad*. Op. cit., p. 117.

[14] LUHMANN, Niklas. *La Sociedad de la Sociedad*. Op. cit., 101.

[15] SAUSSURE, Ferdinand de. *Cours de Linguistique Générale*. Publié par Charles Bally et Albert Sechehaye, avec la collaboration de Albert Riedlinger. Paris: Payot, 1985.

de uma determinada sociedade. Para Luhmann, "el sistema jurídico constituye y reproduce unidades emergentes (incluyéndose a si mismo) que no existirían sin la unidad de operación".[16] A primeira questão que o Direito enfrenta é a questão da *verdade*. A sociedade, desde o ponto de vista da complexidade (excesso de possibilidades), tenta evitar ao máximo o problema da verdade (de qual é a verdade), para que se possa colocar esta aporia de maneira a construir certa ordem social. Por isso, desde o início da modernidade, têm-se estruturado certas respostas prontas para o problema da verdade. Assim, adquire-se a duração temporal das operações sociais, mantendo-as estabilizadas dentro de certas condições: isso se chama cultura. Cultura é um conjunto de respostas que se cria na sociedade para resolver o problema de sua própria complexidade. São respostas que se mantêm contrafaticamente e fazem com que a complexidade do mundo não apareça. Para Luhmann, "cultura en el sentido moderno siempre es la cultura reflexionada como cultura, i.e., una descripción observada en el sistema".[17]

Como é possível manter uma noção clara de cultura e de estrutura? Graças a uma idéia simultânea de Direito, em que se coloca que certos comportamentos da sociedade devem ser previsíveis, devem ser antecipados, profundamente obrigatórios, de maneira que possam controlar as possibilidades de comportamento. Para Luhmann, "debe haber, entonces, un requerimiento que sirva de mediador entre interacción y lenguaje – una especie de provisión de posibles temas listos para una entra súbita y rápidamente comprensible en procesos comunicacionales concretos. Llamamos a esta provisión de temas, cultura, y cuando esta se ha almacenado especialmente para fines comunicativos, semántica".[18]

Para se elaborarem discursos dotados de racionalidade, são necessários critérios de verdade. O problema é que a verdade, em si, não existe, que o objeto *verdadeiro* não existe. Por isso, buscam-se critérios discursivos (exteriores) de verdade para a observação da realidade e que possam ser confirmados, ou não, via experiência ou lógica matemática. Portanto, a verdade, como se discute tradicionalmente, se perde em um discurso que descreve um objeto, analisando se *este* discurso poderá ser verdadeiro ou falso, *e não o próprio objeto*. Ninguém mais se preocupa com a essência dos objetos e das coisas, mas com o discurso. Pode-se discutir se o discurso é verificável, e não sobre o que na essência se está dizendo. Desloca-se à discussão da verdade das coisas para o sentido de um discurso sobre alguma coisa.

De qualquer maneira, esta solução discursiva da questão da verdade, como apenas algo provisório, que dependeria do contexto pragmático dos discursos, é afastada do Direito. O Direito não discute imediatamente, jamais, a questão da verdade: esse é um problema que não interessa ao Direito. O Direito se preocupa muito mais com a verdade (que interessa indiretamente), numa sociedade com-

---

[16] LUHMANN, Niklas. *El Derecho de la Sociedad*. Op. cit., p. 117.

[17] LUHMANN, Niklas. *La Sociedad de la Sociedad*. Op. cit., p. 698.

[18] LUHMANN, Niklas. *Sistemas Sociales*. Op. cit., p. 174.

plexa, quando se trata de indicar certo tipo de opção que vai construir determinado tipo de realidade, se essa opção é válida. A racionalidade do Direito na cultura da modernidade é uma questão de validade.

Do ponto de vista do Direito, que tipo de sociedade nós temos? Verdadeira? Não existe sociedade verdadeira (natural). Nas sociedades complexas, procura-se um tipo de estrutura social que seja válida e, por isso mesmo, legítima. Ou seja, se há muitas possibilidades, é importante que se encontre uma possibilidade que seja *válida*. Nesse sentido, o Direito aparece como uma redução de complexidade, dentro das diversas possibilidades que existem no mundo de ser. O Direito é uma condição de normatividade que determina regulação e a possibilidade de comportamentos de determinado tipo no mundo: *que não é verdadeira, mas que é válida*. Em suma, não se discute *verdade*, discute-se *validade*, discute-se *tomada de decisão*. E uma maneira clássica no Direito de se evitar o problema da verdade – porque essa é uma questão muito difícil – é discutindo a validade. O Direito substitui a verdade pela cultura dominante. Para Luhmann, "la cultura no es un contenido de sentido necesariamente normativo, pero si una determinación de sentido (reducción) que hace posible distinguir, dentro de la comunicación dirigida a temas determinados, entre aportaciones adecuadas e inadecuadas, o bien entre un uso correcto o incorrecto de los temas".[19]

4. Hans Kelsen

Hans Kelsen[20] teorizou, de maneira extremamente brilhante, a questão da racionalidade. Kelsen, já no início do século XX, tentou construir uma Ciência do Direito. Uma ciência como uma teoria apta a reduzir a complexidade do mundo por meio de um sistema dotado de uma metodologia lógico-dedutiva. A ciência é a construção de um sistema coerente, lógico, que pode ser demonstrado. Evidentemente, os neopositivistas da época cobraram de Hans Kelsen onde estariam os critérios de verdade? Como se obter critérios sintático-semânticos de verificação de afirmações dentro do Direito? O Direito seria apenas puro senso comum? Assim não se poderia ter uma ciência analítica ou neopositivista – o Direito nunca poderia ser uma ciência constituída de variáveis proposicionais.

Hans Kelsen pretendeu responder à indagação afirmando o seguinte: o Direito pode ser uma ciência, se colocados os critérios de verdade como secundários ou indiretos. O Direito não se preocupa com a verdade, mas, mesmo assim, pode ser rigoroso, pois os critérios de verdade poderiam existir em um segundo nível de linguagem, em uma metalinguagem de segundo grau. O Direito, desse modo, solucionaria a aporia da verdade e poderia trazer para o seu interior, ao mesmo tempo, como valor positivo, a cultura e o mundo. Assim, leva para o seu interior o tipo de comportamento valorativo que é possível no mundo, mas revisto, reelaborado a partir de uma categoria que tem uma denotação pura, que tem

---

[19] LUHMANN, Niklas. *Sistemas Sociales*. Op. cit., p. 174.
[20] KELSEN, Hans. *Teoria Pura do Direito*. 7ª ed. São Paulo: Martins Fontes, 2006.

um objetivo universal: *a norma jurídica*. Para Kelsen, na *Teoria Pura do Direito*, a "norma é o sentido de um ato através do qual uma conduta é prescrita, permitida ou, especialmente, facultada, no sentido de adjudicada à competência de alguém".[21] Já, na *Teoria Geral das Normas*, Kelsen afirma que, "com o termo (norma) se designa um mandamento, uma prescrição, uma ordem. Mandamento não é, todavia, a única função de uma norma. Também conferir poderes, permitir, derrogar são funções de normas".[22] Do mesmo modo, Kelsen indica que o "'destinatário de norma' é só uma expressão para saber, com toda certeza, que a conduta estatuída como devida na norma é uma conduta humana, a conduta de uma pessoa".[23]

Nessa linha de idéias, a norma jurídica proporciona, a partir de uma seleção rigorosa, a imputação de sentido objetivo da natureza. Segundo Kelsen, "quer isso dizer, em suma, que o conteúdo de um acontecer fático coincide com o conteúdo de uma norma que consideramos válida".[24] O Direito é racional, não porque é verdadeiro, mas porque tem uma definição tão rigorosa, que permite que se construa um sistema estático de conceitos de onde se pode estruturar o mundo a partir da perspectiva do Direito e da cultura. Para Luhmann, "la comunicación incesantemente estimulada formará entonces, en el mar de posibilidades (plenas de sentido), las islas de comunicación que como cultura, en el sentido más amplio, facilitan el compromiso con la interacción y el final de la misma".[25]

Essa estrutura normativa também equaciona o sentido do *poder*. Por quê? Cada vez que se participa de um processo de tomada de decisões, existem sempre muitas possibilidades, portanto, evidentemente, a possibilidade que vingou é uma possibilidade dotada de poder. Até se pode afirmar: *poder é uma condição para que se possam tomar decisões*. E se o Direito concentra decisões prontas, originadas na sociedade da cultura, e prevê sanções que são normativas, então, é dotado necessariamente – e de maneira inerente – de poder. O Direito tem força obrigatória.

O poder, a força obrigatória do Direito, se manifesta no normativismo. Uma norma jurídica é dotada de poder, porque deve ter a capacidade de exigir o seu cumprimento, a partir do fato de que, se alguém não cumprir uma conduta prevista em uma dada norma jurídica, deverá sofrer, como conseqüência, uma sanção. Para Kelsen, "desta forma, uma determinada conduta apenas pode ser considerada, no sentido dessa ordem social, como prescrita – ou seja, na hipótese de uma ordem jurídica, como juridicamente prescrita – na medida em que a conduta oposta é pressuposto de uma sanção".[26]

O poder do Direito, consagrado na sanção, determina que as possibilidades sociais se reduzam ao determinado pela cultura por meio de uma regulamentação

---

[21] KELSEN, Hans. *Teoria Pura do Direito*. 7ª ed. São Paulo: Martins Fontes, 2006, p. 22.

[22] KELSEN, Hans. *Teoria Geral das Normas*. Op. cit., p. 01.

[23] KELSEN, Hans. *Teoria Geral das Normas*. Op. cit., p 12.

[24] KELSEN, Hans. *Teoria Geral das Normas*. Op. cit., p. 21.

[25] LUHMANN, Niklas. *Sistemas Sociales*. Op. cit., p. 417.

[26] LUHMANN, Niklas. *Sistemas Sociales*. Op. cit., p. 49.

ordenada pela técnica reguladora social normativa, mostrando a força obrigatória do Estado. Na definição de Kelsen, são sanções os " atos de coerção que são estatuídos contra uma ação ou omissão determinada pela ordem jurídica (...)".[27] Nesse sentido, percebe-se porque, em uma teoria normativista, Estado e Direito são dois elementos que estão lado a lado. Em uma sociedade em que não se deseja que a violência se manifeste, onde se pretenda que exista a paz – a paz é o contrário da violência – essa cultura da paz se manifesta num tipo de Estado em que toda a sua possibilidade de atuação é feita juridicamente. O Estado de Direito se manifesta somente por meio do Direito, ou seja, é um Estado que sempre usa a força física organizada desde os critérios normativos da sanção para a sua objetivação, determinando o contato entre a cultura e o Direito a partir desses pressupostos da estática. Luhmann enfatiza que "parece que nuestra cultura opera de tal modo que hace entrar distinciones en el pasado, distinciones que luego han de servir de marco en el cual el futuro pueda oscilar".[28]

Por outro lado, a organização do poder necessita ser racionalizada também do ponto de vista da dinâmica. Para tanto, Kelsen, utiliza uma metáfora que foi aceita pela dogmática jurídica, que é a da *pirâmide*. Kelsen salienta que o poder do Estado entra no sistema do Direito, mas esse poder precisa ser *detalhado, identificado, em suas ramificações* no seu interior. Para controlar a racionalidade do poder nós precisamos discipliná-lo a partir da idéia de *hierarquia*. O poder é colocado em uma hierarquia, de maneira que ele seja controlado, medido. Ele chega aos poucos. Para Kelsen, "uma norma que representa o fundamento de validade de uma outra norma é figurativamente designada como norma superior, por confronto com uma norma que é, em relação a ela, a norma inferior".[29]

Esse poder se regulamenta a partir da concepção de que as normas jurídicas não estão somente no plano estático – sanção –mas igualmente em um plano dinâmico, onde uma norma superior sempre é o fundamento de validade de uma norma inferior. Ou seja, "o fundamento de validade de uma norma apenas pode ser a validade de uma outra norma".[30] Se uma norma pertence ao sistema, ela é uma norma, por isso mesmo, válida. Para Kelsen, "como norma mais elevada, ela tem de ser pressuposta, visto que não pode ser posta por uma autoridade, cuja competência teria de se fundar numa norma ainda mais elevada. (...) Tal norma, pressuposta como a mais elevada, será aqui designada como norma fundamental (*Grundnorm*)".[31] Nesse sentido, Kelsen aponta, na *Teoria Pura do Direito*, que, caso "se pergunte pelo fundamento de validade de uma norma pertencente a uma determinada ordem jurídica, a resposta apenas pode consistir da recondução à norma fundamental desta ordem jurídica, quer dizer: na afirmação de que esta

---

[27] KELSEN, Hans. *Teoria Pura do Direito*. Op. cit., p. 163

[28] LUHMANN, Niklas. *La Sociedad de la Sociedad*. Op. cit., p. 469.

[29] KELSEN, Hans. *Teoria Pura do Direito*. Op. cit., p. 163.

[30] KELSEN, Hans. *Teoria Pura do Direito*. Op. cit., p. 267.

[31] KELSEN, Hans. *Teoria Pura do Direito*. Op. cit., p. 269.

norma foi produzida de acordo com a norma fundamental".[32] Dessa maneira, elabora-se um sistema fechado, que permite identificar uma parte do mundo com grande objetividade, ao afastar o problema da verdade.

Essa teoria de Kelsen, hoje, é extremamente insuficiente, porque ela é uma teoria que estabelece critérios de observação muito próprios. Os seus limites são dados por ela mesma e dependem muito dessa noção de Estado e de cultura única. Então, esta é uma teoria que, num certo sentido, comunga com a visão limitada do mundo, que já os marxistas antigamente chamavam de *ideologia*. Isto é, Kelsen observa o Direito como representante de uma cultura caracterizada por um discurso que aparenta reduzir as diferenças do mundo, mas que, na realidade, privilegia muito mais certos interesses particulares do que aqueles que aparecem como universais. Essas questões ideológicas foram afastadas por Kelsen como uma maneira para se propor a validade da cultura da sociedade racional, vista como um Estado de Direito.

Mas o que acontece hoje com uma teoria normativista no contexto de uma irreversível crise do Estado: crise da soberania e de suas funções? A hipercomplexidade gerada pela globalização impede uma racionalidade objetiva da teoria kelseniana. Por quê? Seguindo Kelsen, evita-se a questão da verdade por meio da construção de um sistema de validade hierárquico, no qual o Estado se manifesta conjuntamente com o Direito. Sem um Estado forte, a validade não é suficiente para a imposição da cultura dogmática na sociedade.

O Estado é historicamente a grande organização da política. O poder sem a hierarquia estatal libera-se e volta para as microrrelações sociais. Voltam os problemas: Qual é o critério para a verdade na afasia de racionalidade? O retorno da questão da verdade implica agora também a revisão da distribuição do poder. Desse modo, ocupam o centro da cena do Direito, problemas políticos, que acarretam *problemas de legitimidade*. Por tudo isso, a partir da segunda metade do século XX, a epistemologia jurídica declara que o conceito de norma jurídica é insuficiente.

Para o enfrentamento dessa nova realidade política, em que a ecologia ocupa lugar de destaque, amplia-se a noção de sistema jurídico. Além das normas, ele é também constituído por regras e princípios. O Direito não pode mais fugir a um contato, que sempre existiu, dentro da complexidade, com outros sistemas, notadamente, o sistema político e o sistema econômico, que manifestam também outros tipos de problemas. Ou seja, *o sistema começa a ser aberto*. O fechamento operacional que Kelsen propôs realizar no Direito, afastando a idéia de verdade e acentuando a validade, não pode evitar a entrada da questão do poder.

O pós-positivismo, originário das críticas ao normativismo, impõe a tomada de consideração para a racionalidade jurídica de seus atores sociais, principalmente, o Poder Judiciário. E coloca, como uma questão extremamente relevante, aquilo que Kelsen ignorou (simplesmente jogou) para o capítulo final da *Teoria Pura do Direito*: a interpretação. Nessa linha de raciocínio, os operadores do Direito

---

[32] KELSEN, Hans. *Teoria Pura do Direito*. Op. cit., p. 275.

ocupam o centro do sistema do Direito. Porém, retornam, com esse enfoque, a discussão da racionalidade e verdade e da cultura. O Direito kelseniano obtém a sua legitimidade a partir da Constituição, que é o fundamento da unidade e validade do sistema normativo e do Estado. Se vivemos numa sociedade globalizada, a cultura também se fragmenta, e o Direito passa a ser plural, configurando-se como um tipo de Direito no qual as normas jurídicas não são o mais importante. Isso determina mais mudanças e conseqüências do que imagina a crítica jurídica.

Em relação ao método, por exemplo, o raciocínio se obriga a romper com o racionalismo dedutivo. Para Kelsen, o sistema normativo é possível graças ao fato de que uma norma jurídica se relaciona dedutivamente com as outras a partir da estática do conceito de sanção e da dinâmica do conceito de validade. Não se pode pensar em uma verdade que logo ali não é mais verdade, por que senão, não é uma verdade. A verdade pressupõe certa universalidade. Então, o sistema kelseniano joga com a idéia axiomática que, uma vez presentes certas características do sistema normativo, estas se reproduzem, por dedução, ao infinito, desde que se passe pelo critério da validade constitucional para a produção de novas normas. Como a norma jurídica é uma abstração ontológica, a dedução não existe no Direito. A aporia da verdade renasce com toda a sua exigência, pois, se o Direito não resolve, quem o fará? O sistema econômico ou o sistema político?

Como se pode pensar possibilidades de racionalidade de um outro tipo para o Direito? Uma primeira alternativa que surge, que é interessante, é a idéia de *efetividade*. Se a validade de um sistema normativo é dada por uma hierarquia, agora a validade é trocada ou colocada em segundo plano. Então, o mais importante para o sistema do Direito – não mais normativo – passa a ser a *efetividade*. É preciso eficácia naquilo que o Direito determina como comportamento obrigatório, como possibilidade de construção de algum tipo de realidade social. Nesse aspecto, percebe-se como a sociologia de Max Weber[33] substituiu a teoria kelseniana com sua proposta de uma racionalidade prática da compreensão das relações entre meios e fins.

O grande problema do Direito nas sociedades complexas passa a ser, portanto, a efetividade de seu processo de tomada de decisões. O poder judiciário ocupa, nessa lógica, uma função determinante: operacionalizar, com efetividade, a equação entre os meios normativos e os fins sociais. Como o judiciário é um dos três poderes do Estado de Direito, ele procura o sentido de suas práticas na Constituição. Porém, desse modo, ocorre uma inversão em relação à proposta kelseniana de Constituição como fundamento supremo de validade, localizado no topo da hierarquia do sistema. O poder que se diluía na verticalidade do normativo passa a ser ocupado pelo judiciário. A verdade também dependeria dos juízes, pois estes detêm o privilégio de atribuir sentido ao Direito.

---

[33] WEBER, Max. *Economia y sociedad:* esbozo de sociología comprensiva. 2. ed. México: Fondo de Cultura Económica, 1969-1977. 2 v.

Nessa linha de raciocínio, é claro que muitos juristas começaram a solicitar um maior rigor nas decisões judiciais. Por isso, uma saída muito importante tomada na hermenêutica foi a de que toda decisão deve ser tomada conforme a Constituição, conforme os princípios e os Direitos fundamentais. Isso engendrou uma forte publicização do Direito privado. Por isso, o recurso ao Estado, como responsável pela efetividade do Direito, tornou-se uma regra.

No entanto, ainda existem muitos problemas nesta maneira de pensar o Direito. O método, como vimos, não pode ser mais o *método dedutivo kelseniano.* O *método* adotado passa a ser o *indutivo,* voltado à observação empírica das decisões individuais. O método indutivo do estudo de caso ao bom estilo americano torna-se a grande novidade. O centro de decisão da racionalidade do Direito é, assim, muito fragmentado. De qualquer maneira, não se pode pensar em método indutivo seguindo a teoria do Estado neokelseniana que é pensada de forma dedutiva. Se se entender que a Constituição é o mais importante, dever-se-ia adotar o método dedutivo. Se, ao contrário, enfatiza-se a interpretação feita pelo poder judiciário em casos concretos, optar-se-ia pelo método indutivo. Parece-nos, na realidade, que o método jurídico confunde o dedutivo com o indutivo e que existe meramente uma dialética do bom-senso. Estamos, assim, distantes da verdade.

5. Pluralismo Jurídico

No entanto, interessa-nos salientar que a grande mudança teórica e política, ocorrida no final do século XX e neste início do século XXI, no raciocínio jurídico, foi o denominado *Pluralismo Jurídico.* O pluralismo jurídico provocado pelo sucesso da sociologia do Direito é mais interessante do que o pós-positivismo. Por quê? O pluralismo jurídico já percebeu, e desde os seus primórdios, que o Estado – nem estou falando na crise do Estado – não é o único centro produtor de normatividade. Isso quer dizer que existem outros centros produtores de direitos na sociedade.

Hoje existem cada vez mais espaços locais de poder onde existem comportamentos obrigatórios, onde existem regras para serem cumpridas, critérios de controle temporal das expectativas normativas da sociedade, *que não derivam do Estado.* E são extremamente variados: movimentos *sociais,* sindicatos, ONGs e *comunidades,* que têm regras próprias para a tomada de decisões para grupos de pessoas que as seguem. Assim, são outras regras de Direito que estão surgindo. De certa maneira, sempre existiram, mas estão surgindo sob nossa *observação.*

A globalização vai nos forçar a um outro tipo de observação que antes nós não tínhamos. *Não é que as coisas não existiam, nós não as observávamos.* Então, o Direito, hoje, necessariamente, deve ser observado de forma diferente, não-normativista. Do ponto de vista internacional também, pois é importante analisar outros tipos de possibilidades de organizações que existem no exterior, como a ONU,[34] grandes multinacionais e a União Européia etc. Há, assim, uma

---

[34] <http://www.un.org>

Uma nova forma para a observação do direito globalizado

observação plural do mundo, ou se quiser, mais do que um pluralismo, um multiculturalismo. Há muitas outras possibilidades de normatividade, e tudo isso faz como que nós estejamos muito longe da teoria kelseniana.

Nesse contexto intelectual, novos tipos de observação de segunda ordem se impõem. Por tudo isso, é que insistimos na teoria da sociedade vista como autopoiese.[35] Porque a autopoiese tem a proposta de pensar estas questões de uma forma completamente diferente, de um ponto de vista que, perante os critérios de verdade da dogmática jurídica, são *paradoxais*. Toda produção de sentido depende da observação. Para Luhmann, "si ha sempre un'osservazione quando si distingue per indicare um lato (ma non l'altro) della distinzione".[36] Não há, no mundo de hoje, uma noção de espaço e tempo onde se possa dizer: "Estou no presente, aquilo é passado e aquilo é futuro". *Depende de onde se está observando.* Na ótica de Luhmann, "el tiempo es, para los sistemas de sentido, la interpretación de la realidad en relación con la diferencia entre pasado y futuro".[37]

Não é possível, nas sociedades complexas, uma ruptura radical entre passado e futuro. Assim, algumas questões do normativismo podem estar ainda muito presentes em certas questões, e, para outras, não fazerem nenhum sentido. O normativismo está ultrapassado? *Depende.* Nessa ótica, para Luhmann, "la complejidad del sistema tiene en consecuencia siempre dos lados, uno ya determinado y otro indeterminado aún. Esto dota las operaciones del sistema de la función de determinar lo todavia indeterminado y de regenerar, al mismo tiempo, la indeterminación".[38] Isto é, não se dispõe de um *corte epistemológico,* como queria Bachelard,[39] que separaria o senso comum do saber científico. Existem passagens, portais, que fecham e não fecham. Depende da observação do problema. Por isso, o interesse na idéia de *paradoxo* [40]. Do ponto de vista temporal, eventos do passado ainda estão presentes aqui, hoje, e outros já desapareceram. Para Luhmann, "la frecuencia de cambio del mundo es lo suficientemente alta para que pueda ser simbolizada como la inevitabilidad del acontecimiento tempo".[41]

Na mesma linha de Luhmann, Teubner afirma o seguinte: "O Direito determina-se a ele mesmo por auto-referência, baseando-se na sua própria positividade".[42] Isso quer dizer, não há uma possibilidade, na globalização, de se fazer, como propõe o normativismo, um processo de tomada de decisões com certa ra-

---

[35] ROCHA, Leonel Severo et all. *Introdução à Teoria do Sistema Autopoiético do Direito.* Porto Alegre: Livraria do Advogado, 2005.

[36] LUHMANN, Niklas. *Organizzazione e Decisione.* Traduzione di Giancarlo Corsi. Milano: Paravia Bruno Mondadori Editori, 2005, p. 103-104.

[37] LUHMANN, Niklas. *Sistemas Sociales.* Op. cit., p. 97.

[38] LUHMANN, Niklas. *La Sociedad de la Sociedad.* Op. cit., p. 590.

[39] BACHELARD, Gaston. *Le Nouvel Esprit Scientifique.* Paris: Quadrige/PUF, 2006.

[40] ROCHA, Leonel Severo; CARVALHO, Delton Winter de. Auto-referência, Circularidade e Paradoxos na Teoria do Direito. In: *Anuário do Programa de Pós-Graduação em Direito da Unisinos,* São Leopoldo, 2002. p. 235-253.

[41] LUHMANN, Niklas. *Sistemas Sociales.* Op. cit., p. 97.

[42] TEUBNER, Gunther. *O Direito como Sistema Autopoiético.* Lisboa: Calouste Gulbenkian, 1993, p. 2.

cionalidade, simplesmente seguindo critérios normativos de validade, ou abrindo o sistema para uma participação maior do Estado como condição de efetividade. Esta perspectiva é insuficiente. Nós estamos em um momento no qual a complexidade se manifesta de tal forma que, numa primeira observação, só existiria *fragmentação*. Surgem, assim, muitas culturas diferentes. Surgem espaços de identidade em construção e sempre questionáveis. Não existem mais possibilidades de observação verdadeiras, tranqüilas e seguras.

Por sua parte, Teubner afirma que o Direito da modernidade pode ser observado desde o conceito de *Hiperciclo*. Para Teubner, "se aplicarmos tentativamente a idéia de hiperciclo ao direito, vemos que autonomia jurídica se desenvolve em três fases. Numa fase inicial – 'dita de direito socialmente difuso' –, elementos, estruturas, processos e limites do discurso jurídico são idênticos aos da comunicação social geral ou, pelo menos, determinados heteronomamente por esta última. Uma segunda fase de um 'direito parcialmente autônomo' tem lugar quando um discurso jurídico começa a definir os seus próprios componentes e a usá-los operativamente. O direito apenas entra numa terceira e última fase, tornando-se 'autopoiético', quando os componentes do sistema são articulados entre si num hiperciclo".[43]

Sob essa ótica, o Direito como autopoiese tenta observar a complexidade, conjuntamente, a partir de três critérios importantes: circularidade, indeterminação e imprevisibilidade. Inicialmente, o esvaziamento da hierarquia kelseniana nos impõe a idéia de circularidade. Por isso, para Teubner, "a realidade social do Direito é feita de um grande número de relações circulares. Os elementos componentes do sistema jurídico – ações, normas, processos, identidade, realidade jurídica – constituem-se a si mesmos de forma circular (...)".[44] O segundo critério é aquele da *indeterminação*, que recusa o princípio da causalidade e da dedução. O mundo é indeterminado, não tem origem racional. Para Luhmann, "la diferenciación funcional se basa en uma clausura operativa de los sistemas-función incluyendo la autorreferencia. Esto trae como efecto, que los sistemas funcionales se colocan a sí mismos en un estado de indeterminación auto-producida. Esto puede expresarse en la forma de medios específicos de los sistemas con el dinero y el poder – los cuales pueden adquirir formas muy diversas".[45] E, por isso mesmo, o terceiro é a imprevisibilidade, *incerteza*. E, nessa lógica, temos *paradoxos*. E como é possível que exista um sistema de validade ou de método dedutivo ou indutivo, num mundo paradoxal?

Isso indica que a autopoiese é um novo tipo de metodologia para o enfrentamento desta complexidade. Na autopoiese, o sistema é a unidade da diferença entre sistema/ambiente. A teoria da autopoiese parte do pressuposto de que são os sistemas o centro de tomada de decisões, a partir das organizações.

---

[43] TEUBNER, Günther. *O Direito como Sistema Autopoiético*. Op. cit., p. 77.

[44] TEUBNER, Günther. *O Direito como Sistema Autopoiético*. Op. cit., p. 19.

[45] LUHMANN, Niklas. *La Sociedad de la Sociedad*. Op. cit., p. 590.

Por isso, os sistemas têm como função principal a sua auto-organização, a sua auto-observação e a definição de seus limites: a definição de seus *horizontes*. Como se pode construir um mínimo de racionalidade num mundo altamente complexo, onde se têm centenas, milhares de sentidos possíveis? *Observa-se o mundo a partir do sistema*; que, finalmente, é o único ponto de partida que se pode ter.

Uma alternativa que está sendo tomada é, portanto, analisar o Direito como um sistema autopoiético. Os sistemas autopoiéticos se constituem de comunicações. Já os atores sociais são aqueles que constroem, na sociedade, os processos decisórios. Podem ser caracterizadas como a própria sociedade, as interações e as organizações. No Direito, a organização mais importante, pois está no centro do sistema de comunicação, é o Poder Judiciário. O Poder Judiciário, no Brasil, por exemplo, tem uma função *desparadoxizante*; tem que tomar decisões frente à indeterminação e a incertezas.

Os juristas observam o mundo a partir do sistema do Direito, e ele depende, para a sua efetividade, do Poder Judiciário como organização. Para um mínimo de efetividade, é necessário ter-se clareza deste fato. Graças às operações das organizações, nós vamos construir um mundo conforme o Direito. Ou seja, a idéia de autopoiese diz o seguinte: o sistema do Direito tem que auto-reproduzir uma organização, para, a partir daí, ela definir seus próprios problemas, seus próprios limites e construir a sua verdade (que é sempre uma construção).

Nessa perspectiva, quando se operacionaliza no Direito, constrói-se uma realidade jurídica, não importando neste momento, examinar o sistema da Economia, o sistema da Política etc., porque não há condições de observação tão sofisticadas para entender o que não se está preparado para observar a partir do próprio sistema. A autopoiese é uma opção pela invenção, que depende da auto-criatividade. Para o *construtivismo*,[46] os problemas não estão presentes no mundo exterior, os problemas não existem sem um sistema que os cause. O sistema do Direito é que finalmente define os problemas que o sistema do Direito pode observar e decidir. Os problemas que *não são* parte do sistema do Direito não são problemas, *não existem*.

Com isso, a autopoiese enfrenta o relativismo do mundo, pois o sentido é dado pela autopoiese, auto-organização, já que os limites foram os próprios sistemas que construíram. Não se observa o mundo; só se observa o *nosso* mundo, sempre a partir das nossas perspectivas. Em uma constante diferença com o ambiente, a construção destes limites é que vai definir a felicidade, o bem-estar, e a própria democracia.

No entanto, devido aos paradoxos, até para encaminhar a conclusão, ocorrem crises autopoiéticas dos sistemas no mundo hoje. Cada vez que não se consegue observar o mundo a partir somente do Direito, surge irritação e ocorrem problemas de falta de eficácia e efetividade. Nesse caso, os sistemas têm dificul-

---

[46] LE-MOIGNE, Jean Louis. *Le Constructivisme*. Paris: Harmattan, 2002.

dades autopoiéticas. A autopoiese implica uma autonomia do sistema dentro da dependência, uma capacidade de auto-reprodução, que possui um outro lado: a *heteropoiese* (autopoiese/heteropoiese).

A heteropoiese é forte quando o sistema do Direito não consegue operacionalizar o seu fechamento. O pós-positivismo tem recorrido à Constituição como uma condição de fechamento operacional da hermenêutica do sistema. Se a Constituição não produzir efetividade, corre-se o risco de uma crise autopoiética.

Na globalização, necessitam-se acrescentar à dogmática jurídica mecanismos paraestatais (organizações internacionais) que permitam a influência de outras culturas, de outras estruturas, de uma diversidade social maior, para se poder auto-reproduzir o Direito a partir de critérios mais abrangentes. Ou seja, um Direito estruturalmente aberto para uma diversidade cultural mais ampla.

Günther Teubner discute os detalhes dessa idéia de crises autopoiéticas, recuperando o que Luhmann afirma no livro *"Sociedade da Sociedade"*, por meio da idéia de *policontexturalidade*.[47] Cada vez mais, no mundo, os textos, se eu quero falar em textos, não são textos, são *politextos*, são *policontextuais*. Warat já falava em polifonia.[48] De todo modo, não é correto se usar a expressão *texto* ou em *contexto*. Isso seria a história de um mundo muito simples. Se se pretende manter essa linguagem, o nome a ser designado é *policontextural*.

A *policontexturalidade é* uma proposta que permite que se observem a partir das categorias da teoria dos sistemas, os novos sentidos do Direito. Por exemplo, relacionando-o com o sistema político, observar, desde a forma sistema/ambiente que existem centros e periferias dentro da sociedade global, os quais, dependendo do assunto (Direito ou religião, v.g.), seriam centro ou periferia, conforme a visão do observador. O Brasil é centro ou periferia? Depende. Pode ser um centro de produção cultural importantíssimo, ou pode ser uma periferia na economia. Não se pode falar em centro e periferia *sem se dizer em quê*. Centro/periferia é uma forma criada por Luhmann[49] para que se possa ter uma oposição maleável, um código – se é possível um código na sociedade – que permita analisar a inclusão e a exclusão na heterogeneidade das possibilidades do mundo.

Por isso, Teubner afirma que é preciso se pensar em novos tipos de direitos que surgiram na periferia, mas que também têm autonomia, como se fossem o centro: os direitos *softs*, *soft law*, *direitos híbridos*, direitos de contratos internacionais, direitos de organizações internacionais, que têm uma lógica própria. E que começam a surgir paralelo ao Estado, na globalização. O surpreendente, exemplifica Teubner, é que grandes multinacionais, ao regularem a sua atuação, seguem os direitos, têm regras e, às vezes, código de ética (para seus interesses).

---

[47] TEUBNER, Gunther. *Diritto Policontesturale*: Prospettive Giuridiche della Pluralizzazione dei Mondi Sociali. Napoli: Edizioni Città del Sole, 1999.

[48] WARAT, Luis Alberto. *O Direito e sua Linguagem*. Porto Alegre: SAFE, 1995.

[49] LUHMANN, Niklas. *Teoria della Societa*. 8. ed. Milano: Franco Angeli, 1996.

Em poucas palavras, a grande empresa tem códigos de atuação normativa, que não são necessariamente os mesmos dos países.

Nas sociedades complexas, está surgindo, assim, uma nova cultura jurídica. Se quisermos pensar do ponto de vista normativo na hipercomplexidade perante a lógica de empresas de informática, de biogenética e, principalmente perante questões ecológicas, e mantermos, de certa maneira, a autopoiese, desesperadamente, nós temos que pensar em provocar irritações dentro do sistema do Direito, de maneira que a nossa lógica estrutural seja uma lógica que não se confine somente na organização estatal e na Constituição. Por isso, a intenção de se refletir sobre um Direito multicultural: um Direito que permita a abertura para essa variedade de culturas. Um Direito que permita, pelo menos, a partir da idéia de sistema, pensar a equivalência (Luhmann aceita a idéia de equivalência).

O Direito comparado é extremamente importante para se imaginar que, apesar de tudo, existem alguns critérios suscetíveis de equivalência universalmente nos sistemas jurídicos, que permitem esse diálogo entre culturas, desde que nós tenhamos essa lucidez. Perante a crise da observação normativista e a dificuldade da auto-reprodução autopoiética da dogmática jurídica, a teoria dos sistemas sociais recupera a ligação entre Direito, verdade e cultura na policontexturalidade. Esta é uma condição necessária para a construção de um espaço pluricultural e democrático, que origine a estruturação e reestruração de novas possibilidades de produção de identidade e de sociedades mais igualitárias.

6. Ecologia e a Constituição brasileira de 1988[50]

Para delimitar-se o recorte, deter-nos-emos na atuação da organização estatal brasileira pós-Constituição de 1988 no enfrentamento da questão fundamental da sociedade atual de sua função do ponto de vista sistêmico: a Ecologia. A auto-referência operacional do tradicional Direito Ambiental estatal sequer permite a observação da existência de processos ecológicos essenciais fora do conceito de "bens ambientais" e de cadeias de agentes poluidores à margem da personalidade jurídica. Por meio da descrição dos processos decisórios sobre responsabilidade ambiental, objetiva-se na presente pesquisa a observação das limitações cognitivas das decisões jurídicas nas três dimensões da responsabilidade (dano, atividade e causalidade), bem como na relação dessas dimensões com a questão do risco ecológico.

Neste sentido, o Estado Ambiental deve, na policontexturalização da sociedade, voltar-se para a construção de uma eco-cidadania. O nosso objetivo principal é, portanto, contribuir para a redefinição da Teoria do Direito, propondo uma revisão da postura que centraliza a organização do poder somente no Estado, subestimando o pluralismo de fontes do poder que constituem a incerteza, e o

---

[50] Esta temática é desenvolvida por nós conjuntamente com Delton Winter de Carvalho no Anuário 2006 do PPGD-Unisinos.

risco, como condição de co-evolução da sociedade contemporânea. Os chamados novos Direitos exigem igualmente novas formas de observação/operacionalização dos sentidos na sociedade. Na teoria dos sistemas, a sociedade é constituída pela Comunicação. As organizações ocupam destacado papel na atualização do sentido produzido na sociedade.

O Estado nacional foi considerado durante muito tempo como a organização mais importante da Política, comunicando-se com os demais sistemas, principalmente, o sistema do Direito. Para tanto, criou-se o acoplamento estrutural entre Direito/Política: o Estado de Direito. No final do século XX e início do século XXI, surgiram manifestações políticas transnacionais que abalaram os processos tradicionais de comunicação. Gunther Teubner tem observado esses pluralismos como Policontexturalidade.

Nesta linha de idéias, um importante problema jurídico passou a ser a dificuldade de auto-organização de sua comunicação. Isto é, como produzir sentidos normativos numa crise do Estado de Direito. Talvez um dos pontos mais cruciais seja a possibilidade de desintegração do tecido social pela ampliação dos riscos ambientais. Por isso, a ênfase na redefinição do Estado como ator global voltado a uma função ecológica: o Estado Ambiental. Deste modo, *a comunicação ecológica é uma condição para o surgimento de um Direito reflexivo, a partir da oposição Policontexturalidade/ Estado Ambiental.*

7. Comunicação Ecológica

A comunicação ecológica, que vem ganhado destaque nos meios de comunicação de massa e nos movimentos populares, apresenta grande ressonância no Sistema Social,[51] entretanto, a sua efetividade regulatória parece questionável diante da complexidade e incerteza apresentada por esta espécie de problemas.

As questões ecológicas e a própria comunicação ecológica produzida na Sociedade apresentam, no entanto, grandes contradições com a estrutura dogmática do Direito tradicional, fundado numa dogmática antropocentrista, eminentemente individualista[52] e normativista para a confecção de suas descrições

---

[51] No Sistema Político houve uma enorme produção de legislações pertinentes à proteção ambiental, o que fez demonstrar a maior aptidão do Sistema Político em efetuar mudanças rápidas diante de pressão popular em vista de o poder político estar diretamente vinculado aos votos eletivos, enquanto o Direito encontra-se mais lento na absorção desta comunicação por ser conflitante com o seu paradigma epistemológico vigente (que busca a certeza e oculta a complexidade). Por outro lado, no Sistema Econômico, tem havido um acréscimo no debate por novas tecnologias e produtos ecologicamente orientados (por exemplo, o debate acerca das possíveis conseqüências da implementação dos alimentos transgênicos – organismos modificados geneticamente; a implementação de certificado de produção ecologicamente adequada – ISO 14.000; a propagação de tecnologias "limpas"; certificados verdes que, comprovadamente, aumentam a vendagem de produtos de consumo; entre inúmeras formas em que a adequação do ciclo produtivo à questão ecológica atua como promoção do produto, incrementando sua imagem comercial). Contudo, este sistema tem apresentado grande resistência à produção de uma ressonância ecologicamente orientada em vista de seu paradigma produtivo estar, ainda, centralizado na dominação e na transformação (industrial) da natureza em escala massiva.

[52] As raízes do individualismo que marca, inconteste, a pré-compreensão do Direito na Modernidade podem ser demonstradas a partir do seu atrelamento ao Estado Moderno, pois a dogmatização da tripartição do poderes

e institutos. Pelo contrário, a Ecologia é o *topos* do global e do complexo, suscitando para a teoria do Direito tornar-se reflexiva, necessidade da adoção da transdisciplinaridade, de um antropocentrismo alargado e, sobretudo, de uma "epistemologia da complexidade".[53] Este é o choque paradigmático (conflitos intra-sistêmicos) que vive o Direito: sua estruturação fundada numa dogmática tradicional em face dos novos problemas sociais: suas conseqüências ecológicas.

Conforme a dogmática jurídica, as variações necessárias à proteção jurídica do Ecossistema[54] devem ser compatíveis com as estruturas de expectativas comportamentais vigentes e generalizadas congruentemente no sistema, caso contrário, haverá uma obstaculização e inefetividade operacional destes novos institutos numa dimensão pragmática. A internalização jurídica da ecologia somente poderia ser feita através da adequação dos conflitos à forma, construída internamente pelo sistema, sistema jurídico/ecologia ou ambiente extra-social. Esta distinção, operacionalizada pela dogmática jurídica como Direito Ambiental, consiste na comunicação ecológica específica ao Direito, cuja função consiste em montar programas de decisão para a formação de estruturas que sejam capazes de produzir ressonância às irritações provocadas por alterações havidas no ambiente extra-sistêmico ou extracomunicacional (Ecossistema) e decorrentes da Sociedade de Risco.

Um dos clássicos da teoria analítica do Direito, Norberto Bobbio, aponta o Direito ao meio ambiente como um Direito de terceira geração: "O mais importante deles é o reivindicado pelos movimentos ecológicos: o Direito de viver num ambiente não poluído".[55] Apesar de não estar inserido topograficamente no capítulo dos direitos e deveres individuais e coletivos (ou seja, fora do Título II – Dos Direitos e Garantias Fundamentais –, Capítulo I – Dos Direitos Individuais e Coletivos, da Constituição Federal de 1988), não se contesta no Brasil o conteúdo de Direito fundamental ao meio ambiente.[56] A proteção do meio ambiente mani-

---

leva consigo concepções de seus mentores intelectuais. Neste sentido Montesquieu, por exemplo, não vislumbrava o Direito além do poder competente para o julgamento dos "crimes ou as divergências dos *indivíduos*". (não há grifo no original) (MONTESQUIEU, Charles Louis de Secondat, barão de. *Do Espírito das Leis*. 2ª ed. São Paulo: Abril Cultural, 1979. p. 149).

[53] OST, Fraçois. op. cit.

[54] "Ecossistema: complexo dinâmico de comunidades vegetais, animais e de microorganismos e o seu meio inorgânico que interagem como uma unidade funcional". (KRIEGER, Maria da Graça; MACIEL, Anna Maria Becker; ROCHA, João Carlos de Carvalho *et al*. *Dicionário de Direito Ambiental: Terminologia das leis do meio ambiente*. Porto Alegre/Brasília: Ed. Universidade/UFRGS/Procuradoria Geral da República, 1998. p. 147).

[55] BOBBIO, Norberto. op. cit. p. 6.

[56] Para exemplificar a sedimentação deste posicionamento citamos, de forma não exaustiva, algumas obras que atribuem, expressamente, uma qualidade de direito fundamental à proteção do meio ambiente: MIRRA, Álvaro Luiz Valery. *Ação Civil Pública e a Reparação do Dano ao Meio Ambiente*. São Paulo: Juarez de Oliveira, 2002; ANTUNES, Paulo de Bessa. *Direito Ambiental*. 6ª ed. Rio de Janeiro: Lumen Júris, 2002; DERANI, Cristiane. *Direito Ambiental Econômico*. São Paulo: Max Limonad, 1997; SILVA, José Afonso. *Direito Ambiental Constitucional*. 2ª ed. São Paulo: Malheiros Editores, 1995; MILARÉ, Edis. *Direito do Ambiente*. 2ª ed. São Paulo: Revista dos Tribunais, 2001; CANOTILHO, José Joaquim Gomes (coord.). *Introdução ao Direito do Ambiente*. Lisboa: Universidade Aberta, 1998; MORATO LEITE, José Rubens. *Dano Ambiental: do individual ao coletivo extrapatrimonial*. São Paulo: Revista dos Tribunais, 2000; TRINDADE, Antonio Augusto Cançado. *Direitos Humanos e Meio Ambiente: paralelos dos sistemas de proteção internacional*. Porto Alegre: Fabris, 1993.

festa-se, na dogmática jurídica contemporânea, como um Direito fundamental de terceira geração,[57] uma vez que se trata de um corolário do próprio Direito à vida. A previsão constitucional do Direito ao meio ambiente ecologicamente equilibrado como Direito fundamental, de natureza difusa, denota uma dimensão negativa e outra positiva, pois "de um lado, exige que o Estado, por si mesmo, respeite a qualidade do meio ambiente e, de outro lado, requer que o Poder Público seja um garantidor da incolumidade do bem jurídico, ou seja, a qualidade do meio ambiente em função da qualidade de vida".[58] Entretanto, a complexidade da sociedade contemporânea não se satisfaz com um modelo de Direito adaptável: qualquer tentativa de adaptação do Direito à sociedade – seja pela via legislativa (discursos de fundamentação), seja pela hermenêutica dos Tribunais (discursos de aplicação)[59] – produz uma ilusão de adaptação, inevitavelmente falsificada por esquemas simplificadores de observação como análises, classificações, ponderação de bens e razoabilidades.

A sociedade diferenciada funcionalmente possui uma autonomia que dificulta qualquer planejamento. Os efeitos colaterais de decisões juridicamente corretas, por exemplo, podem ser socialmente desastrosos. E sequer é possível uma decisão jurídica capaz de observar toda a realidade policontextural da sociedade contemporânea. As decisões jurídicas estão obrigadas, como condição de possibilidade, a manterem-se dentro de esquemas altamente seletivos. O Estado no âmbito do Direito Ambiental, por exemplo, necessita que problemas ecológicos sejam juridicizados para possibilitar decisões jurídicas e no exato momento em que se juridiciza um problema ecológico da sociedade, a decisão jurídica já tem diante de si não mais um problema ecológico, mas um problema jurídico (atribuições, competência, imputação de responsabilidade etc.). A questão ecológica, na decisão jurídica, fica apenas com um pano de fundo, isto é, um *background* no sentido fenomenológico, que não vem à tona para efeito de consideração dos riscos e perigos das conseqüências da decisão.

Em outras palavras, uma decisão jurídica dogmática não tem condições de refletir sobre os seus pressupostos decisórios, nem sobre os efeitos colaterais por ela produzidos, porque ela está condenada a manter-se dentro de um círculo de auto-referência onde qualquer saída já estará previamente definida como erro – se não fosse assim, a decisão já não seria mais jurídica para ser impossível, corrupta ou outra coisa. Pode-se então sintetizar didaticamente esse problema em três dimensões: a) a decisão jurídica não tem acesso à "realidade" policontextural envolvida na decisão;

---

[57] Apesar de José Joaquim Gomes Canotilho não hesitar em qualificar o direito ao meio ambiente como um direito fundamental, este apresenta a compreensão de que se trata de um direito de quarta geração. CANOTILHO, José Joaquim Gomes e MOREIRA, Vital. *Constituição da República portuguesa anotada.* 3ª ed. Coimbra: Coimbra Editora, 1993.

[58] SILVA, José Afonso da. "Fundamentos Constitucionais da Proteção do Meio Ambiente". *Revista de Direito Ambiental.* nº 27, ano 7, julho-setembro, 2002. p. 52.

[59] Utiliza-se aqui, para efeitos didáticos, a distinção entre discursos de fundamentação e de discursos de aplicação de Gunther (2004) e Habermas (2003), embora esse referencial não constitua a base teórica que será utilizada nesta pesquisa.

b) os riscos e perigos de efeitos colaterais não podem ser previstos por planejamentos simples; e c) a resposta caótica do ambiente sociológico às interferências produzidas por decisões jurídicas deste tipo serão inevitavelmente falsificadas por esquemas de observação (análises, analogias e prognósticos) que poderão, apesar de contingencialmente desastrosas, ser observadas como progresso.

Diante da complexidade das relações entre atividades humanas e os processos ecológicos, o Direito não tem outra alternativa senão operar seletivamente. O mecanismo jurídico de seleção que reduz a complexidade do ambiente sociológico se chama juridicização. O processo de juridicização seleciona as informações do ambiente na forma de um código binário com valores auto-excludentes: Direito/não Direito (Luhmann, s/d; Teubner, 1996; Clam, 2005; Rocha, 2001). Assim, toda a complexidade das relações comunicativas da sociedade global é filtrada pela juridicização, onde então os diversos sentidos contingencialmente incompatíveis entre si se estabilizam em uma semântica rígida. Essa semântica pode ser chamada de comunicação jurídica, que se caracteriza por um discurso que faz referência a si mesmo, isto é, um discurso jurídico cujos pressupostos são discursos jurídicos precedentes.

8. Direito Reflexivo

A Sociedade inserida neste contexto de alta complexidade e na transição entre paradigmas demonstra um modelo multifacetado e pluralista, podendo ser descrita a partir de inúmeros pontos teóricos de observação, proporcionando diferentes visões de um mesmo fenômeno. A sociedade como um sistema de comunicação apresenta-se como um momento de transição entre paradigmas. Da Modernidade à Pós-Modernidade, da Modernidade à Modernidade Reflexiva.[60] Daí a expressão Direito Reflexivo.[61]

Para Niklas Luhmann, a *Sociedade Mundial*[62] é paradoxalmente constituída por sistemas parciais diferenciados funcionalmente, os quais, no entanto, detêm na comunicação o seu elemento último para a auto-reprodução do sistema. Pode-se dizer de outra forma, que é a partir da universalização da comunicação, como

---

[60] Para o aprofundamento acerca do sentido e das distinções que envolvem os termos modernidade e modernidade reflexiva, ver: GIDDENS, Anthony; BECK, Ulrich; LASH, Scott. *Modernidade Reflexiva: política, tradição e estética na ordem social moderna*. São Paulo: Unesp, 1995.

[61] Sobre o tema, Teubner igualmente publicou no Brasil, *Direito, Sistema e Policontexturaldade*. Piracicaba: Unimep,2005.

[62] Explicitando o seu entendimento e as características comunicacionais da Sociedade Mundial, Niklas Luhmann explica: "Por supuesto, la sociedad a pesar y gracias precisamente a su autocerradura, es un sistema en el entorno. Es un con límites constituidos por la sociedad misma, que separan la comunicación de todos los datos y acontecimientos no comunicacionales, es decir, no pueden fijarse ni territorialmente ni grupos de personas. En la medida en que se aclara este principio de los límites autoconstituidos, la sociedad entra en un proceso de diferenciación. Sus resultados se vuelven independientes de las características naturales de su procedencia, montañas, mares, etcétera; y como resultado de la evolución finalmente sólo hay una sociedad: la sociedad mundial, que incluye toda la comunicación y sólo esta, y que así adquiere límites completamente claros". (LUHMANN, Niklas. *Sistemas Sociales...*p. 409.)

unidade de operação, que o sistema social global se diferencia do ambiente (não-sistema).[63] A Sociedade Mundial fecha-se operacionalmente numa auto-reprodução de sua comunicação, diferenciando-se do seu entorno. Esse fechamento é condicionado e condicionante da própria abertura do sistema, que atua sensitiva ou cognitivamente às irritações provocadas pelo seu ambiente. Os subsistemas sociais constituem-se, por sua vez, em autonomizações internas, ambientes (sociais) no próprio sistema (social geral). As comunicações ocorridas no sistema social, à medida que adquirem um alto grau de perficiência e complexidade, autonomizam-se, formando sistemas sociais funcionalmente diferenciados dotados de uma lógica e racionalidade específica. Tais sistemas operam de forma enclausurada, segundo sua comunicação e racionalidade específica, e abrem-se sensitivamente ao seu ambiente (demais sistemas sociais).

Esta autonomização dos sistemas sociais aumenta a própria capacidade do sistema social em produzir ressonâncias às irritações provenientes de seu ambiente, porém desencadeiam, paradoxalmente, o aumento da complexidade estruturada (interna ao sistema), em decorrência da policontexturalidade que marca a Sociedade Contemporânea. A existência de uma Sociedade Contemporânea em nível globalizado, onde dimensões comunicacionais são mundializadas, emerge a partir do momento histórico em que a comunicação torna-se universal. Gunther Teubner esclarece que o fenômeno da globalização, como é experimentado hoje, significa um deslocamento de proeminência no princípio primário da diferenciação diretriz: um deslocamento da diferenciação territorial para a funcional em nível mundial.[64] Esta diferenciação funcional que toma lugar na Sociedade Contemporânea ocasiona a autonomização de processos comunicacionais em dimensão global, com a fragmentação da sociedade em dimensões comunicativas altamente dinâmicas, complexas e que, como condição de sua operacionalidade, envolvem conhecimentos e tecnologias altamente desenvolvidas e específicas. A partir desta perspectiva, pode ser observado que os Estados-nação não representam as sociedades por si próprios como tradicionalmente o faziam através de uma centralidade do político, pois encontram-se fundados numa diferenciação territorial.

Na Sociedade Industrial, pode-se dizer que há uma certa previsibilidade das conseqüências dos processos produtivos capitalistas no sistema econômico. Contudo, na Sociedade de Risco (que não deixa de tratar-se de uma Sociedade Industrial, porém, potencializada pelo desenvolvimento tecno-científico) há um incremento na incerteza quanto às conseqüências das atividades e tecnologias empregadas nos processos econômicos. A autonomização dos sistemas sociais acarreta na formação de espaços de decisão que atuam e operam em nível glo-

---

[63] No entendimento de Luhmann, o ambiente social pode ser observado como sistema de máquinas, sistema de organismos ou sistema psíquico, dependendo da unidade operacional em que este sistema mantém sua auto-referencialidade.

[64] TEUBNER, Gunther. "Global Bukowina: Legal Pluralism in the World Society". In: Gunther Teubner (ed.) *Global Law Without State*. Great Britain: Datmouth Publishing Company Limited, 2003. p. 22.

Uma nova forma para a observação do direito globalizado

bal. Para Ulrich Beck, a reflexividade do desenvolvimento capitalista moderno, com a radicalização da modernização da modernidade (modernidade reflexiva), repercute na transição da *Sociedade Industrial* (sociedade de classes sociais) para a *Sociedade de Risco* (sociedade de posições de riscos).[65] Os "efeitos colaterais" da industrialização (produção industrial massificada) e o desenvolvimento de tecno-econômico fomentam a produção e distribuição de riscos na economia capitalista.[66] A característica da Sociedade nesta transição estrutural apresenta uma conotação autodestrutiva (*self-endangered*). As ameaças decorrentes da Sociedade Industrial são de natureza tecnológica, política e, acima de tudo, ecológica.

Desta forma, esta nova forma social apresenta riscos transtemporais (efeitos ilimitados temporalmente), de alcance global e potencilidade catastrófica. A mudança da lógica da distribuição de riqueza (através do Estado Social) na sociedade da escassez para a lógica da distribuição de risco na modernidade tardia remete a riscos e ameaças potenciais (liberadas pelo processo de modernização) previamente desconhecidos. A própria estrutura do Estado Social fomenta, através de uma perspectiva intervencionista, a distribuição da riqueza através da busca de uma igualdade substancial. Contudo, a proliferação destes Direitos de caráter social, decorrentes de um fenômeno de sua positivação e de uma crescente democratização da sociedades ocidentais, encontra limites estruturais cada vez mais claros para a sua concretização.

9. Estado Ambiental

A centralização política obtida pelo Estado Moderno é superada, atualmente, por um fenômeno de dispersão dos centros de tomada de decisão, cada vez mais diversos e plurais. Após o Estado Liberal e o Estado Social, o Estado de Bem-Estar Social (*Welfare-state*) consiste, na verdade, numa produção da racionalidade moderna no sentido de fomentar a lógica da distribuição da riqueza (para uma sociedade de classes, hierarquizada, fundada na distinção entre escassez e lucro), através de uma postura intervencionista. Porém, a complexidade da Sociedade constituída por sistemas funcionalmente diferenciados não permite programações e planejamentos de ações sociais fundadas sobre uma racionalidade causal. O desenvolvimento do próprio *Welfare-state* repercute na potencialização da complexidade social, uma vez que o sistema político visa a uma realização de programas políticos através da formação e proliferação de expectativas (como Direitos subjetivos) no Sistema do Direito e intervenções na esfera econômica.

---

[65] BECK, Ulrich. *Risk Society: Towards a New Modernity*. London: Sage, 1992.

[66] Nesta direção, apresenta-se a acurada observação de Ramón Martin Mateo: "El creciente domínio de las fuerzas naturales por parte del hombre con base a una tecnologia que no permite um control absoluto de la actuación sobre la naturaleza, hace surgir efectivamente riesgos que son inherentes a las modalidades de producción y que escapan de la posibilidad de su previsión". (MATEO, Ramon Martin. *Derecho Ambiental*. Madrid: Maribel Artes Gráficas, 1977. p.111).

Nesta linha de idéias, Luhmann demonstra que esta forma estatal marca um modelo de ação da organização estatal positiva e interveniente que, paradoxalmente, ao agir na realidade (educação, saúde, compensações, prestações para inclusão), acarreta na construção de uma realidade autoproduzida orientada ao ambiente. O entorno passa a ser objeto de orientação do Estado, sendo que ao reagir e transformar o seu ambiente, altera seus próprios pressupostos, aumentando significativamente a complexidade para suas futuras ações (no seu escopo de aumento e garantia jurídica da qualidade de vida). Assim, esta forma de Estado, ao mesmo tempo em que reage às necessidades da sociedade de escassez, através do Direito e do Dinheiro, é submetido ao surgimento constante por novas demandas e pretensões sociais de nível cada vez mais elevado.[67] Conseqüentemente, o Estado Interventor potencializa a Sociedade Industrial, no surgimento da Sociedade produtora de Riscos que afetam ou podem afetar toda a humanidade, demonstrando que a sociedade *"puede acumular sus propios efectos, acrecentarse en si mismo, y con todo ello, tiene profundos efectos sobre el ambiente de la sociedad, sobre el eco-sistema del planeta, incluso sobre el mismo hombre".*[68]

Norberto Bobbio, por sua parte, afirma que há uma proliferação de Direitos, com a universalização da constitucionalização dos Direitos sociais. Porém, esta espécie de Direitos, diferentemente dos Direitos de liberdade, exige a intervenção ativa do Estado para a sua proteção.[69] Paradoxalmente, à esta proliferação de Direitos, a nova estrutura da Sociedade produtora de riscos estabelece a fragmentação da Sociedade, deslocando a centralidade do poder político do Estado para novas instâncias decisionais, tais como, empresas transnacionais, organismos não-governamentais, instituições públicas e privadas e organismos supra ou transnacionais. Essas organizações começam a concorrer com o Estado que, sobretudo a partir da década de oitenta, apresenta, segundo André-Noël Roth, um *caráter neofeudal*, em vista da existência de uma crise por que passa o Estado e de seu instrumental de regulação privilegiado – o Direito. Segundo Roth, a principal característica desta crise de regulação encontra-se no fenômeno da globalização, em que o "Estado Nacional já não está em capacidade de impor soluções, seja de um modo autoritário ou seja por negociação com os principais atores sócio-políticos nacionais, aos problemas sociais e econômicos atuais".[70]

Assim sendo, a repercussão destas alterações havidas no âmago da Sociedade demonstra profundas conseqüências no papel do Estado e na sua relação com as transformações necessárias a uma nova teoria jurídica para os novos Direitos. A dinâmica destes processos políticos e, sobretudo, econômicos, em dimensão global, demonstram-se diretamente vinculados a uma perda de poder do Estado-Nação Moderno e do próprio conceito clássico de soberania. André-Noël Roth,

---

[67] LUHMANN, Niklas. *Teoria Política en el Estado de Bienestar.* Madrid: Alianza Universidad, 1997.

[68] LUHMANN, Niklas. *Teoria Política en el Estado de Bienestar.* Op. Cit., p. 43.

[69] BOBBIO, Norberto. *A Era dos Direitos.* Rio de Janeiro: Campus, 1996. p. 63 e 72.

[70] ROTH, André-Noël. "O Direito em Crise: fim do estado moderno?" In: *Direito e Globalização Econômica: implicações e perspectivas.* José Eduardo Faria (org.). São Paulo: Malheiros, 1996. p. 18.

em acurada descrição acerca da perda do poder regulativo do Estado Moderno e de sua localização central nas ações sociais, constata um "debilitamento das especificidades que diferenciam o Estado moderno do feudalismo: a) a distinção entre esfera privada e esfera pública; b) a dissociação entre o poderio político e o econômico; e c) a separação entre as funções administrativas, políticas e a sociedade civil".[71]

O grande desafio do Estado frente à Sociedade produtora de riscos globais é provocado pelo seu enfraquecimento simultâneo a um aumento da necessidade de controle dos riscos sociais.Desta maneira, pode ser observada uma fragmentação do poder político, com o surgimento de inúmeros atores a competir com o até então Estado, centralizador deste poder. Tal fenômeno pode ser observado também nas esferas de decisão acerca do ambiente extracomunicacional. Atores sociais, tais como Ongs e organizações transnacionais, passam a desenvolver um papel fundamental na proteção do meio ambiente, demonstrando a existência de um fenômeno de *Ecodemocratização* do Sistema Político. A dinâmica das ressonâncias produzidas no interior da Política em reação às alterações havidas no meio extra-sistêmico e na própria Sociedade, além de fazer uso destes novos atores para finalidades específicas (como é a proteção ambiental), repercute também numa reconfiguração do Estado e de suas funções.

Uma fórmula inicial para o encaminhamento desta nova organização é a tendência de inserção da proteção ambiental como objetivo fundamental do Estado. Isto permite o surgimento da "hipótese do Estado de Direito Ambiental", cuja finalidade consiste na defesa do ambiente e promoção da qualidade de vida.[72] Acompanhando este fio condutor, Paulo de Castro Rangel descreve o Estado de Direito Ambiental sob um *critério estrutural-funcional*, no qual, quanto à estrutura do Estado nas relações entre este e Sociedade, surge um Estado que ultrapassa o modelo intervencionista de inspiração *keynesiana*, promovendo uma postura de transação-negociação direta com os singulares cidadãos e demais pessoas jurídicas. Há um estímulo da participação cidadã através de órgãos com ou sem capacidade organizativa e reivindicativa. Para o mesmo autor, já no que diz respeito ao ponto de vista funcional, o Estado assume novas tarefas, tais como a defesa do meio ambiente e a promoção da qualidade de vida que consistem em fins qualitativa e substancialmente diversos dos anteriores (Estado de Direito e Estado Social), muitas das vezes inclusive conflitantes com estes.[73] Entretanto, a Sociedade apresenta uma normalização da produção de riscos ecológicos, estimulada por interesses econômicos ou mesmo políticos a curto prazo. O paradigma dos sistemas sociais procede uma normalização dos riscos produzidos pela Sociedade Contemporânea, ao que Ulrich Beck denomina de *irresponsabilidade*

---

[71] ROTH, André-Noël. "O Direito em Crise: fim do estado moderno?" In: *Direito e Globalização Econômica: implicações e perspectivas.* José Eduardo Faria (org.). São Paulo: Malheiros, 1996. p. 24.

[72] RANGEL, Castro Rangel. *Concertação, Programação e Direito do Ambiente.* Coimbra: Coimbra Editora, 1994. p. 33.

[73] Op. cit. p. 19-20.

organizada.[74] Essa crescente necessidade do Estado de lidar com os riscos provenientes do desenvolvimento da Sociedade Industrial – faz emergir, no Brasil em 1988, o denominado *Estado Ecológico ou Estado Ambiental*, com a constitucionalização e garantia do Direito de todos a um meio ambiente ecologicamente equilibrado (225, CF). Desse modo, pode-se apontar que o denominado Estado Ambiental consiste num processo de Ecologização das estruturas do Sistema Político em acoplamento com a dinâmica de sensibilização do Direito às irritações ecológicas (na Ecologização do Direito). Pode-se dizer, ainda, que os "sistemas parciais procuram nas tecnologias clássicas do Estado de Direito constitucional uma última 'resposta' ou 'reflexão' para os conflitos de racionalidades".[75] Portanto, a partir da constitucionalização no Brasil da matéria ambiental (art. 225, CF), o Estado (Ambiental) tem a função de integração dos vários discursos existentes na Sociedade, limitando os conflitos intersistêmicos e orientando a reflexão sistêmica sob a perspectiva moral dos Direitos fundamentais como "superdiscurso social".[76]

Na verdade, o Estado Ambiental consiste numa reação do Sistema Político às ressonâncias e alterações estruturais desencadeadas pela Sociedade de Risco. Consiste, exatamente, em ruídos e irritações que o Sistema da Política autoproduz para observar e assimilar os riscos produzidos e distribuídos pela Sociedade Contemporânea.

Com isto, o Estado Ambiental deve levar em consideração o meio ambiente como um critério de aferição para tomar suas decisões. Este Estado Constitucional Ecológico, segundo José Joaquim Gomes Canotilho, "além de ser e dever ser um Estado de Direito Democrático e Social, deve ser também um Estado regido por princípios ecológicos". Da mesma forma, este Estado Ecológico ou Ambiental (como estruturação estatal na Sociedade de Risco) deve apontar para novas formas de participação política, numa verdadeira "Democracia Sustentada" (forma de democracia adequada ao desenvolvimento ambientalmente justo e durador).[77] Uma "Democracia Sustentada" consiste numa alteração das estruturas políticas para fomentar o aumento na participação popular acerca das tomadas de decisão que envolvem o meio ambiente e a instituição de uma solidariedade intergeracional. Desta forma, o Direito Ambiental impõe ao Estado, na versão de Canotilho, o fortalecimento da democracia direta ou participativa em processos de tomada de decisão que repercutem ou podem repercutir na qualidade ambiental tem por justificativa o fato de que as conseqüências das decisões tomadas

---

[74] Para Beck, a irresponsabilidade organizada decorre exatamente do fato de que o crescimento da produção e distribuição dos riscos na Sociedade Contemporânea acarreta numa normalização e numa ausência geral de responsibility (*general lack of responsibility*). (BECK, Ulrich. op. cit. p. 33).

[75] CANOTILHO, José Joaquim Gomes. "O tom e o dom na teoria jurídico-constitucional dos direitos fundamentais". In: *Estudos sobre Direitos Fundamentais*. Coimbra: Editora Coimbra, 2004. p. 132.

[76] Expressão extraída de CANOTILHO, José Joaquim Gomes. op. cit. p. 132.

[77] CANOTILHO, José Joaquim Gomes. "Estado Constitucional Ecológico e Democracia Sustentada" In: Eros Roberto Grau e Sérgio Sérvulo da Cunha (coord.). *Estudos de Direito Constitucional*. São Paulo: Malheiros, 2003. p. 101-110.

Uma nova forma para a observação do direito globalizado

acerca das questões ambientais não se prolongam apenas pelos períodos em que os representantes ocupem seus cargos políticos, mas propagam-se anos e gerações à frente.

O Estado não pode se abster de tomar decisões mesmo diante do não-conhecimento pleno das cadeias causais (comum em questões ecológicas, lembrando que a Ecologia consiste na ciência da complexidade). O Estado Ambiental deve agir mesmo num contexto de grande incerteza, seja através da promulgação de leis ou da emissão de atos normativos, acerca dos quais não se tem como avaliar sua real eficácia. Para Canotilho, a saída seria a existência de um Estado de Democracia Ambiental e que, nesta caracterização apresentaria uma delimitação negativa e uma delimitação positiva.

Em sua *delimitação negativa*, deve haver uma recusa à estatização/publicização do bem ambiental, pois a tutela do ambiente é uma função de todos; rejeita-se, ainda, a tecnicização da tutela ambiental (pressão da técnica sobre o Direito), uma vez que, embora muitas normas regulativas do ambiente tenham um aprofundamento técnico, não pode haver um afastamento da participação dos cidadãos da discussão e confecção das normas e regras ambientais, bem como dos procedimentos que envolvam interesses coletivos; ainda, o Estado Ambiental não deve ser visto meramente como um Estado liberal, como o Estado de polícia, que se limitaria a assegurar a existência de uma ordem jurídica de paz, confiando na livre regulação entre particulares para a solução dos problemas ambientais.

Na sua *dimensão positiva*, o Estado Ambiental é descrito pelo autor lusitano como um Estado "aberto", no qual os cidadãos têm o Direito de obter dos poderes públicos informações sobre situações ambientais que lhes sejam relevantes ou desejadas – direito de informação sobre o "estado do ambiente"; a política do ambiente tem um suporte social generalizado e é dinamizada por iniciativas do cidadãos, possibilitando a formação de um compromisso ambiental da sociedade civil no "Estado democrático do ambiente"; este último (Estado democrático do ambiente) impõe uma dimensão participativa que valoriza e, mesmo, estabelece como "dever" a participação dos cidadãos nos procedimentos administrativos ambientais; finalmente, as associações de proteção ao meio ambiente adquirem uma posição de destaque como instrumento de democracia direta (formação de grupos de pressão, legitimidade processual, fomentadores de informações e propostas ambientais, polícias do ambiente etc). Diante das incertezas emanadas pela Sociedade Contemporânea e do conseqüente enfraquecimento do Estado Moderno, como autoridade central propulsora de um discurso dominante, e o conseqüente deslocamento dos centros de tomada de decisão, a problemática ambiental apresenta, segundo a nossa opinião, a necessidade da formação de uma teoria do Direito reflexivo, que seja capaz de fornecer novas abordagens, observações e posturas frente aos riscos ecológicos gerados pela complexidade.

10. Policcontexturalidade e Risco

Os paradoxos na Sociedade Globalizada e produtora de riscos são constantes.O Sistema Social, vislumbrado como *"Unitas Multiplex"*, potencializa a característica policontextual do Direito. Ou seja, o Direito e sua efetividade regulativa dependem do tratamento heurístico das possibilidades coevolutivas entre o Direito e os demais sistemas sociais, bem como reproduz internamente a fragmentação social (economia, política, moral, religião, educação) a partir de sua ótica específica. A Teoria Jurídica dos novos Direitos na Sociedade de Risco deve levar em consideração a diferenciação funcional dos sistemas sociais (comunicação e racionalidade específicas) e a *autopoiese*[78] do próprio sistema jurídico (fechamento operacional e abertura cognitiva) na abordagem das questões ambientais.Considerando o enfraquecimento da monopolização e da centralização política do Estado e, ao mesmo tempo, a significativa ampliação na demanda social por mais rapidez nas decisões e equilíbrio social a que se encontra submetido o Direito na atualidade, podem-se visualizar alterações nas estruturas jurídicas. Disto segue-se a tese de Gunther Teubner, que estabelece: *o Direito global crescerá principalmente das periferias sociais, não dos centros políticos dos estados nação e instituições internacionais.*[79] Um novo "Direito vivo", que cresce das instituições sociais fragmentadas e tem seguido seu próprio caminho para o vilarejo global, parece ser a principal fonte do Direito global. Assim, o pluralismo jurídico de conotação sistêmica deve ser visto como uma multiplicidade de diversos processos comunicativos num dado campo social que observa a ação social sob a codificação binária Direito e não-Direito. Em matéria ambiental, o Estado ainda detém atribuições fundamentais como, por exemplo, o poder de polícia ambiental e a atuação preventiva na formação de regramentos e punições de cunho administrativo. Contudo, é inquestionável que o ente estatal não se encontra mais absoluto nas tomadas de decisão. Com o deslocamento dos centros de poder e o surgimento de novas formas institucionais, a racionalidade jurídica desprende-se de uma postura monológica reproduzida pelo Estado.

Nesta perspectiva, pode-se observar que a chamada "crise" da Teoria do Direito da modernidade está ligada à existência de uma grande crença numa certa idéia de racionalidade finalística ligada, por sua vez, a uma noção forte de Estado (podendo ser citada, ilustrativamente, a figura de Hans Kelsen e sua *Teoria Pura do Direito*).[80] Toda a Teoria Jurídica da modernidade é uma teoria ligada à noção

---

[78] Sobre as repercussões da autopoiese sobre a teoria do direito, ver: ROCHA, Leonel Severo; CARVALHO, Délton Winter. "Auto-referência, Circularidade e Paradoxos da Teoria do Direito". *In*: Leonel Severo Rocha; Lenio Luiz Streck (org.). *Anuário do Programa de Pós-Graduação em Direito – Mestrado e Doutorado*. São Leopoldo: UNISINOS, 2002. p. 235-253.

[79] TEUBNER, Gunther. op. cit.

[80] KELSEN, Hans. *Teoria Pura do Direito*. São Paulo: Martins Fontes, 2000.

de Estado (normativismo),[81] sob a fundação de um discurso monológico centralizado na racionalidade estatal orientadora da dinâmica social.

Nesta perspectiva, o Sistema do Direito passa por enormes dificuldades em responder aos problemas referentes aos "novos Direitos", por deter uma estrutura baseada no individualismo, na programação condicional (voltada para o passado), num antropocentrismo restritivo, quando, na verdade, a questão ecológica requer uma Teoria do Direito, epistemologicamente, fundada na solidariedade intergeracional, na transdisciplinaridade, e, acima de tudo, na necessidade de controle e programação do futuro (programação finalística). Por tudo isso, Teubner propõe o *Direito Reflexivo*. Tal panorama revela uma necessidade de superação das matrizes analítica e hermenêutica, na direção de uma matriz pragmático-sistêmica,[82] na qual o Direito é visto de forma reflexiva, como fenômeno social, histórico e sua formação decorre da observação e reação às dinâmicas sociais (integrações entre uma pluralidade de discursos específicos globais). O aumento significativo da complexidade e incerteza, que engendra as ações em Sociedade demonstra a necessidade da abordagem de uma nova matriz teórica a fim de remediar a racionalidade moderna do Direito, diretamente vinculada à idéia de Estado. Conseqüentemente, as reflexões da Teoria Jurídica passam a ter uma maior vinculação com uma Teoria da Sociedade,[83] repercutindo num aumento da própria abstração, complexidade e a radicalização da transdisciplinaridade interna à Teoria do Direito (reflexivo).

A importância da observação da policontextualidade das questões ambientais exige um Direito reflexivo para a efetividade do Estado Ambiental e seus instrumentos jurídicos dogmáticos (ação civil pública, responsabilidade civil, tutelas de urgência, perícias ambientais, termos de ajustamento de conduta, inquérito civil, etc.). Por policontextualidade entende-se a proposta de uma metáfora dotada de um valor heurístico para a observação de vários sistemas (política, economia, Direito) que atuam segundo racionalidades específicas, e, sobretudo, levam a produção de ressonância nos demais sistemas (economia, por exemplo) através da utilização de instrumentos jurídicos, num processo social co-evolutivo.

11. Direito Ambiental Reflexivo

O Direito reflexivo como condição jurídica para observação das interações entre a Sociedade e o ambiente aponta para a existência interações entre os sistemas parciais num processo co-evolutivo orientado por valores ecológicos.

---

[81] Sobre este assunto, ver: ROCHA, Leonel Severo. "O Direito na Forma de Sociedade Globalizada". *Epistemologia Jurídica e Democracia*. 2ª ed. São Leopoldo: UNISINOS, 2003. p. 185-201.

[82] ROCHA, Leonel Severo. "Três Matrizes da Teoria Jurídica". *Epistemologia Jurídica e Democracia*, p. 93-105.

[83] Ver: LUHMANN, Niklas; DE GIORGI, Raffaele. *Teoría de la Sociedad*. Universidad de Guadalajara: Jalisco, 1993.

Gunther Teubner descreve a existência de três espécies de intervenções indiretas possíveis entre os sistemas parciais:[84] *a observação cibernética, a interferência e organização.*

As organizações são uma forma de acoplamento estrutural privilegiada. As *organizações* (Poder Judiciário, IBAMA, Agências Nacionais) são instituições produtoras de observações, descrições e tomadas de decisões que servem a vários sistemas sociais, produzindo sentido específico em cada um deles. Tais organizações são, assim, tratadas como pertencentes a diversos subsistemas parciais. "Essas organizações formais se comunicam enquanto atores coletivos em subsistemas diversos e não respeitam portanto seus limites autopoiéticos. O exemplo mais importante desse tipo de organização é o Estado constitucional que surgiu a partir dos movimentos revolucionários da segunda metade do século 18".[85] Todavia, a importância dada a organização pela matriz sistêmica ainda não se encontra suficientemente difundida na dogmática jurídica por requerer uma verdadeira alteração estrutural e paradigmática. O Sistema do Direito, desta maneira, continua atuando com instrumentos, teorias e matrizes epistemológicas não condizentes com o novo modelo do Estado Ambiental e da Sociedade de Risco, fato que repercute numa profunda dificuldade de tomadas de decisão na solução dos novos e complexos problemas apresentados ao Direito na Sociedade de Risco. Há, assim, um verdadeiro abismo epistemológico entre questões ecológicas e Teoria do Direito vigente. O Direito Ambiental representa exatamente este *paradoxo: a comunicação jurídica ao mesmo tempo em que possibilita a tomada de decisões em relação aos problemas acerca da ecologia, limita de forma considerável* (em vista do seu paradigma tradicional) *uma proteção ambiental mais ambiciosa.*

Nessa linha de idéias, para produzir comunicação perante o aumento da complexidade por que a Teoria do Direito é exposta com a perda de força de seu maior referencial, o Estado Moderno, há a necessidade de ecologização do pensamento jurídico com o escopo de se ativar a reflexividade do Direito.

A Ecologização do Direito consiste exatamente num processo dinâmico de auto-sensibilização e alteração das estruturas dogmáticas do Direito (e da Teoria do Direito) para responder às demandas sociais decorrentes da produção de riscos globais emanados da sociedade industrial. Há, assim, o surgimento de uma comunicação sobre o risco ecológico através de tratados internacionais, os surgimentos de organizações de proteção ambientais, o surgimento de uma principiologia jurídica de Direito reflexivo, a constitucionalização do Direito a um meio ambiente saudável como um Direito humano fundamental. Esta auto-sensibilização decorre da própria dinâmica social em que o Direito é confeccionado de forma autoreferencial, em seus Tribunais, doutrina, etc. Para François Ost, estes aspectos conduzem "a uma certa ecologização do Direito. Uma ecologização bem-vinda,

---

[84] TEUBNER, Gunther. *Droit et réflexivité: l'auto-reference endroit et dans l'organisation.* Bélgica: Bruylant/L.G.D.J. 1996.

[85] EINSENBERG, José. "Pragmatismo, Direito Reflexivo e Judicialização da Política". In: *A Democracia e os Três Poderes no Brasil.* Luiz Werneck Vianna (org.). Belo Horizonte: UFMG, 2001. p. 56.

Uma nova forma para a observação do direito globalizado

porquanto significa que as soluções jurídicas estarão, a partir de agora, melhor adaptadas à especificidade dos meios a proteger, globais, complexos e dinâmicos".

Nesta ordem de idéias, a Ecologização do Direito, conforme previamente vislumbrado, enseja pelo menos dois problemas centrais que obstaculizam a efetivação do Direito e a efetividade a organização estatal de todos a um "meio ambiente ecologicamente equilibrado", um de perspectiva externa e outro observável do ponto de vista interno. Em relação ao primeiro, demonstra-se a dificuldade de sua realização (utilização do Direito como instrumento de mudança social), em face da complexidade que envolve a Sociedade compartimentalizada em sistemas funcionalmente diferenciados e que atuam diante de racionalidades e lógicas específicas, sem qualquer possibilidade de intervenções recíprocas diretas ou que atuem sob programações fundadas sobre lógicas causais.

O segundo aspecto da dificuldade de instrumentalização da defesa jurídica da ecologia faz-se observável diante dos paradoxos instituídos pela auto-referência das relações internas ao Sistema do Direito, cujo paradigma tradicional ao mesmo tempo em que institui e possibilita formal ou tecnicamente a proteção jurídica do ambiente ecológico (através da instituição do Direito Ambiental), obstaculiza e apresenta uma relevante inaptidão em produzir ressonâncias estruturais significativas em relação às questões que envolvem os riscos (aspecto preventivo) e os danos (aspecto repressivo) ambientais. Pode-se concluir, por óbvio, que o Direito sofre uma crescente influência dos demais sistemas sociais em relação às necessidades ecológicas (extracomunicacionais). A economia contemporânea consiste num sistema social de natureza pós-industrial, produtor e generalizador de riscos globais de alta complexidade, isto permite que se constate a dimensão do problema que envolve a adequação estrutural do Direito (comunicacionalmente influenciado por esta economia) para garantir o Direito das presentes e futuras gerações ao meio ambiente ecologicamente equilibrado. Em suma, é por tudo isto que observamos a problemática dos novos Direitos (ecodemocracia) desde a oposição Policontexturalidade/Estado Ambiental, como condição para o desenvolvimento de metodologias e estratégias oriundas de um Direito reflexivo para decisões jurídicas em situações de risco ecológico e policontexturalidade.

Referências Bibliográficas

BACHELARD, Gaston. *Le Nouvel Esprit Scientifique*. Paris: Quadrige/PUF, 2006.

CANOTILHO, José Joaquim Gomes. "O tom e o dom na teoria jurídico-constitucional dos Direitos fundamentais". In: *Estudos sobre Direitos Fundamentais*. Coimbra: Editora Coimbra, 2004.

———. "Estado Constitucional Ecológico e Democracia Sustentada" In: Eros Roberto Grau e Sérgio Sérvulo da Cunha (coord.). *Estudos de Direito Constitucional*. São Paulo: Malheiros, 2003. p. 101-110.

CLAM, Jean. *Questões Fundamentais de uma Teoria da Sociedade*. Contingência, Paradoxo, Só-efetuação. São Leopoldo: Ed. Unisinos, 2006.

———.*Science du sens perspectives théoriques*. Paris: Presses Universitaries de Strasbourg, 2006.

DERRIDA, Jacques. Marges de la Philosophie. Paris: Les Éditions de Minuit, 1972.

GIDDENS, A. e TURNER, Jonathan (org.). Teoria Social Hoje. São Paulo: Unesp, 1999.

HABERMAS, Jürgen. *Teoria de la Acción Comunicativa.* 2 vol. Madrid: Taurus, 1987.

KELSEN, Hans. *Teoria Pura do Direito.* 4ª ed. Tradução de João Baptista Machado. Coimbra: Armênio Amado Editor, 1976.

LE-MOIGNE, Jean Louis. *Le Constructivisme.* Paris: Harmattan, 2002.

LUHMANN, Niklas. *Organizzazione e Decisione.* Traduzione di Giancarlo Corsi. Milano: Paravia Bruno Mondadori Editori, 2005.

———.*Soziale Systeme.* Grundisse einer Allgemeinen Theorie. Suhrkamp Verlag, 1984.

———.*Die Gesellschaft der Gesellschaft.* Surkamp Verlag, 1997.

———.*Das Recht der Gesellschaft.* Surkamp Verlag, 1993.

———.*El Derecho de la Sociedad.* México: Universidad Iberoamericana, 2002.

———.*Sistemas Sociales.* Lineamentos para una teoría general. México: Alianza Editorial/Universidad Iberoamericana, 1991.

———.*Teoria della societa.* 8. ed. Milano: Franco Angeli, 1996.

———.*La Sociedad de la Sociedad.* México: Editorial Herder, 2007.

MATURANA, Humberto; VARELA, Francisco. *El Árbol del Conocimiento:* las bases biológicas del entendimiento humano. Buenos Aires: Lumen, 2003.

OST, François. *Sade et la Loi.* Paris: Odile Jacob, 2005.

PARSONS, Talcott. *Os Sistemas das Sociedades Modernas.* São Paulo: Pioneira, 1974.

ROCHA, Leonel Severo; PEPE, A. M. B. *Genealogia da Crítica Jurídica:* de Bachelard a Foucault. Porto Alegre: Verbo Jurídico, 2007.

———; CARVALHO, Delton Winter de. Auto-referência, Circularidade e Paradoxos na Teoria do Direito. In: *Anuário do Programa de Pós-Graduação em Direito da Unisinos,* São Leopoldo, 2002. p. 235-253.

——— *et all. Introdução à Teoria do Sistema Autopoiético do Direito.* Porto Alegre: Livraria do Advogado, 2005.

SAUSSURE, Ferdinand de. *Cours de Linguistique Générale.* Publié par Charles Bally et Albert Sechehaye, avec la collaboration de Albert Riedlinger. Paris: Payot, 1985.

TEUBNER, Gunther. *Diritto Policontesturale:* Prospettive Giuridiche della Pluralizzazione dei Mondi Sociali. Napoli: Edizioni Città del Sole, 1999.

———.*Direito, Sistema e Policontexturalidade.* Piracicaba: Unimep, 2005.

WARAT, Luis Alberto. *O Direito e sua Linguagem.* Porto Alegre: SAFE, 1995.

WEBER, Max. *A Ética Protestante e o Espírito do Capitalismo.* São Paulo: Cia. das Letras, 2004.

———. *Economia y sociedad:* esbozo de sociología comprensiva. 2. ed. México: Fondo de Cultura Económica, 1969-1977. 2 v.

— X —

A superação do método jurídico positivista e o reencontro do direito com o direito

ANTÔNIO CARLOS NEDEL[1]

Sumário: Introdução; Parte I - O método jurídico positivista e a lógica redução técnica da aplicação do direito; Parte II - Para além do método jurídico positivista o problemático reencontro do direito com o direito; Considerações finais; Referências.

Introdução

Assim como a metafísica subjetividade da razão moderna conduziu a uma abstração do contexto da vida prática, também o método jurídico positivista, sintonizado com os critérios transcendentais do seu formalismo lógico-abstrato, desvinculou o direito da historicidade do mundo real e reduziu sua aplicação a uma operação silogística que procura subsumir o caso concreto ao sentido já *a priori* definido na norma, com a finalidade de garantir a sua concretização através de procedimentos lógico-dedutivos.

Tal atitude metódica, epistemologicamente amparada na neutralidade formal que a condição de ciência lhe atribui, anulou as conseqüências morais da decisão, imprimindo um tom meramente técnico ao operar judicativo, num contexto cultural em que o direito, com o sacrifício da sua autonomia, transforma-se em instrumento normativo ao serviço do finalismo ideológico do legislador político.

Dessa forma, a aplicação do direito sob o cânone metódico do positivismo jurídico promoveu um alheamento da realidade material que caracteriza o concreto problema jurídico, desproblematizando acriticamente a sua realização através de um dogmatismo lógico-formal que anula a possibilidade da emergência do seu verdadeiro sentido.

Dividido em duas partes, esse estudo propõe uma reflexão crítica sobre o método jurídico positivista. Na primeira parte, analisamos as contradições históricas derivadas da sua metódica que evidenciou a necessidade da sua superação. Já na segunda, para além do método jurídico positivista, procuramos refletir a possibilidade crítica e problemática de um reencontro do direito com o direito.

---

[1] Professor do Programa de Pós-Graduação em Direito da Universidade do Vale do Rio dos Sinos - Unisinos

Parte I - O método jurídico positivista e a lógica redução técnica da aplicação do direito

O projeto da modernidade, sob o signo da liberdade subjetiva, promoveu a emancipação do *logos* humano, desvinculando-o dos pressupostos teológicos da metafísica aristotélico-tomista. Por conseguinte, a totalidade que era da religião passa a ser da razão, derivando uma crença na verdade como expressão lógica da racionalidade subjetiva que evoluiu para a absolutização formal do pensamento calculador.

A nova racionalidade teve em Descartes o seu mais vigoroso pensador. O *logos* cartesiano, desconfiado das ilusórias sensações oferecidas pelo saber empírico, buscou conduzir a razão a procurar a verdade no universo científico através de uma metódica estruturação que, delimitado pela dedução, deve-se amparar numa verdade *a priori* definida, concluindo que não bastava suprimir ou reformar o campo geral das ciências, mas ajustá-las metodicamente segundo o cânone rigoroso da razão lógica; disciplinando o pensamento através de cadeias de dedução com a geométrica clareza que só as matemáticas proporcionam. Assim, partindo das evidências mais simples e subindo platonicamente pelos degraus metafísicos da certeza, pode o pensar alcançar os conhecimentos mais compostos, para, enfim, "fazer em tudo enumerações tão completas e revisões tão gerais, que eu tivesse certeza de nada omitir".[2]

O atingir de tal desiderato impõe ao espírito, em seus desdobramentos dialéticos, submissão às regras estabelecidas segundo os critérios rigorosos da razão lógica, cujos liames dogmaticamente conectados podem oferecer clareza e segurança na busca da verdade, logo: "El fin de los estúdios debe ser la dirección del espíritu para que emita juicios sólidos y verdaderos de todo lo que se le presente".[3]

Segundo Heidegger,[4] o elemento inovador introduzido pelo pensamento cartesiano surge com o conceito de representação que se distingue da mera semelhança com o objeto nos termos da formulação clássica *adaequatio intellectus et rei* mantida pela escolástica, e passa a exprimir a própria imagem das coisas objetivamente existentes; isto é, assume a condição de objetivação determinando que qualquer ente apenas adquira a condição de existente, quando é representado pelo pensamento que o coloca diante de si. Dessa forma, a verdade ganha foros de certeza, no ato de representar com exatidão os objetos segundo o rigor lógico-formal do cálculo matemático que os exime de quaisquer contornos dubitativos, assegurando ao homem como detentor do cogito, a condição de sujeito da história.

No âmbito redutor da indagação metafísica que passa a ser delimitada pelos critérios rigorosos do método, *o sum res cogitans* não quer dizer apenas que sou uma coisa que pensa, mas que sou um ente que manifesta seu modo de ser na

---

[2] DESCARTES, René. *Discurso do Método*, p.23.

[3] DESCARTES, René. *Reglas Para La Dirección Del Espíritu*, p.61.

[4] HEIDEGGER, Martin. *Ser e Tempo*, p.35 e ss.

representação e nela se expressa, ou seja, "el ser en cada caso es el hombre en cuanto tal, tiene su esencia en la representatividad y en la certeza que le corresponde".[5]

Nesse sentido, o método ideal de certeza e segurança propiciado pela dedução lógico-matemática introduzida pela metafísica cartesiana, hegemonizou-se como base paradigmática do pensamento moderno. Ele foi reafirmado por Leibniz, e atingiu a sua culminância com o criticismo idealista de Kant. Da mesma forma que em Descartes, na crítica do conhecimento Kantiano, a verdade exsurge filosófico-abstratamente, numa transcendência que define as bases do conhecimento num apriorismo lógico desvinculado da experiência empírica. Como se pode ver na *Crítica da Razão Pura*,[6] o princípio da unidade sistemática da apercepção constitui-se como o princípio supremo no exercício compreensivo do entendimento, isto quer dizer que, a partir de critérios definidos *a priori* pela consciência, é que se devem disciplinar as ações práticas.

Também o pensamento jurídico, identificado com a humana autonomia subjetiva do *logos* moderno, procurou desvincular o direito da pressuposta transcendência normativa do jusnaturalismo aristotélico-tomista de base teológico-racional e dogmático-metafísica, para constituir sistemas jurídicos derivados da autônoma racionalidade humana. Assim, o jusracionalismo moderno, embora ainda vinculado com a filosofia prática, emancipou-se dos pressupostos normativos de uma ordem natural transcendente, identificando o direito em perspectiva antropológica e axiomático-sistemática. Em termos kantianos, a razão jurídica é assumida como uma filosofia prática, axiomática e sistematicamente dedutiva, que encontraria a sua forma na lógica expressão de um sistema normativo, posteriormente consumado na codificação. Mutação que transformou a filosofia prática num programa político e reduziu a idéia de direito a uma dogmática identificação com a legalidade positiva oriunda do poder estadual.

Gestada a partir do humanismo renascentista e ganhando forma lógica com o rigor abstrato do racionalismo do século XVIII, a visão de mundo positivista, identificada com o êxito das ciências naturais, emergiu no século XIX, hegemonizando o paradigma epistemológico do empirismo. Em pouco tempo os pressupostos metódicos do seu cientificismo invadiram a seara das ciências sociais e também o conceito de direito dominado pelo novo paradigma transformou-se num positivismo jurídico, passando a partilhar com os pressupostos gerais da sua doutrina "da aversão à especulação metafísica e à procura das razões finais".[7] Isso determinou que a especulação do pensamento jurídico, não transcendesse os limites de um conhecimento "científico" do direito positivo e a aplicação concreta do direito na resolução dos problemas sociais deixou de ser um problema prático e se reduziu a uma operação formal, puramente lógico-dedutiva, desvinculada de

---

[5] HEIDEGGER, Martin. *Nietzsche*, p. 136.

[6] KANT, Emmanuel. *Crítica da Razão Pura*, p. 115.

[7] BODENHEIMER, Edgar. *Ciência do Direito*. p. 110.

fins e valores, no âmbito de um sistema jurídico dogmático e auto-subsistente na sua racionalidade.

Dessa forma, contrariando a tradição jurisprudencial de índole argumentativo-inverniendi, presente na tradição do direito ocidental, a função judicativa desvirtuou-se para uma rigorosa submissão dogmático-formal ao sistema normativo. Cabe-lhe apenas reproduzir sua vontade através de operações lógicas, de caráter silogístico-subjuntivo tendentes a adequar o caso concreto aos pressupostos normativos *a priori* definidos na norma jurídica positiva, devendo a interpretação restinguir-se a apenas evidenciar sua intenção prescrita de modo a garantir a integralidade do sistema; sub cujo cânone, como salientou Wieacker, é "Em princípio possível decidir corretamente todas as situações jurídicas apenas por meio de uma operação lógica que subsuma a situação real à valoração hipotética contida num princípio geral de caráter dogmático".[8]

Portanto, segundo o proceder metódico do positivismo dogmático, o direito só atinge a dignidade científica quando os resultados das suas operações manifestarem a mesma certeza apodíctica dos cálculos matemáticos. Nesse sentido, como acentuou Larenz,[9] para afirmar-se a partir de fatos indubitáveis, o positivismo jurídico procura abarcar a exterioridade do mundo empírico e a interioridade do mundo anímico, através de um determinismo que traduz, em consonância com o espírito da modernidade, uma visão de mundo causal e mecanicista. Também, a redução da idéia de direito ao âmbito dogmático da norma positiva permitiu, através da aplicação lógico-científico-neutral, a consagração do ideal de certeza e segurança jurídica, pois, como observou Gény, frente à vagueza de um direito que flotava indeciso e inconsciente, o dogmatismo possibilitou que o direito se convertesse em "precepto claro indiscutiblememnte obligatorio a virtud de la formula que la expresa y mediante el poder de la autoridad que le imprime su sello".[10]

Assim, ao dogmatizar neutralmente a aplicação do direito com os atributos metodológicos do discurso científico, sejam eles de teor físico-matemático ou empírico-naturalista, o método jurídico positivista suprimiu a autonomia do sentido teleológico do direito, e o transformou numa simples técnica de controle social ao serviço dos fins político-ideológicos. Igualmente o jurista, neste contesto metódico, foi reduzido à condição de simples técnico, e a um técnico nada mais se exige do que competência, no manejo da sua técnica, cingida à previsibilidade lógica do seu resultado. Como bem assinalou Sérgio Cotta "Da teorização oitocentista da école de exegese e da 'jurisprudência analítica' de John Austin à novecentista da 'doutrina pura' de Hans Kelsen, foi se delineando e precisando sempre com maior rigor e consciencialização, a figura do jurista como puro técnico".[11]

---

[8] WIEACKER, Franz. *História do Direito Privado Moderno*. p. 494.

[9] LARENZ, Karl. *Metodologia do Direito*. p. 47.

[10] GÉNY, François. *Método de Interpretación y Fuentes m Derecho Privado Positivo*. p.216.

[11] COTTA, Sérgio. *O Desafio Tecnológico*. p. 163.

Então, amparado na neutralidade formal que a condição de "ciência" lhe atribuiu, o aplicador do direito transformado em técnico desvinculou-se das conseqüências morais da sua decisão, num contesto metódico onde também o direito deixa de ser uma categoria ética e transforma-se lógico-epistemologicamente, num instrumento que a vontade do poder político, dogmaticamente, utiliza para o desiderato teleológico dos seus fins.

Parte II - Para além do método jurídico positivista o problemático reencontro do direito com o direito

Contrariando a racionalidade sistemática da modernidade, que procurou impor, lógico-metodologicamente, uma axiomático-dedutiva resolução dos problemas jurídicos, a aplicação concreta do direito revela uma índole essencialmente problemática. Razão pela qual ela evidencia na prática a necessidade de superação do monismo normativista no momento da concreção. Consciente de que a lei não é mais que um elemento que compõe o mundo do direito e salientando que justamente o problema entre lei e direito passou a ser a questão fulcral da reflexão metodológico-jurídica, Engish, diferindo de Kelsen, realça a necessidade de que em seu labor metodológico, o jurista também deve operar com os recursos supralegais e até suprajurídicos, que caracterizam as exigências morais da justiça e da eqüidade. Isso não ocorre pela via axiomática da dedução racional, mas através de um pensamento problemático, "de um pensamento tópico, que, sob múltiplos pontos de vista de natureza jurídica e extrajurídica, faz valer praticamente aqueles princípios em casos problemáticos".[12]

Também Esser, acentuando que no momento em que se desvanece a fé na autoridade dogmática do legislador, o centro de gravidade das decisões jurídicas, preocupadas em sanar as deformações formais, afasta-se do sistema codificado e move-se, crítico-argumentativamente, na perspectiva de uma casuística orientada por princípios translegais, que se corporificam numa multiplicidade de orientações normativas, não sistematizadas, que, na verdade, sempre constituíram a base prática da fundamentação jurisprudencial "y que si se negaban era sólo por el deseo de encasillar axiomaticamente todas las verdades jurídicas en un sistema lógico de conceptos".[13]

A negação material do caráter prático-problemático da aplicação concreta do direito exigiria, como observou Viehweg,[14] um sistema jurídico dotado de perfeição lógica, isto é, deveria pautar-se por um rigor axiomático absoluto, que viesse a proporcionar metodologicamente essa lógica exatidão sistêmica, apoiada na racionalidade formal do cálculo geométrico, a partir da fixação de axiomas jurídicos unívocos e inabaláveis, logicamente ajustados ao todo formal da perfeição do sistema.

---

[12] ENGISCH, Karl. *Introdução ao Pensamento Jurídico*. p. 321.

[13] ESSER, Josef. *Princípio y Norma Em La Elaboración Jurisprudencial Del Derecho Privado*. p. 32 e 33.

[14] VIEWEG, Theodor. *Tópica e Jurisprudência*. p. 39.

A constatação do equívoco prático dessa utopia formal levou Recaséns Siches a afirmar que "el pensamiento jurídico debe ser siempre un pensamiento sobre problemas y no aspirar nunca a un sistematismo el cual es imposible en el mundo del Derecho".[15]

No mesmo sentido crítico, a profunda reflexão de Castanheira Neves[16] evidencia que no âmbito da redução formal da metódica positivista prescinde-se de averiguar a índole problemática da questão jurídica, resultando por conseqüência, uma também abstração do próprio direito, que somente se revela problematicamente no momento judicativo da sua concreção, que, sendo um decidir normativo em concreto, transcende o plano lógico da dedução abstrata, exigindo uma síntese integradora para a qual devem convergir crítico-problematicamente o direito e o fato.

Portanto, é em imanência com a especificidade do problema jurídico concreto, e no âmbito metódico da sua judicativa resolução que o direito se revela enquanto direito. A constatação de que o direito se obtém apenas na sua concreção evidencia o equívoco da doutrina normativista que julga conhecê-lo a partir do conhecimento das pressupostas normas que compõem o sistema jurídico, eis que o objeto da sua ciência é apenas o direito positivo. Tal atitude epistemológica, ao abstrair-se do fundamento de validade do direito, desconsidera o próprio sentido normativo que caracteriza o direito como direito.

Do exposto, evidencia-se que o reencontro do direito com o direito no plano concreto da sua aplicação reivindica um proceder metódico não restrito à condição de simples técnica, determinada por regras destinadas a promoverem uma eficácia *a priori* definida pelos critérios generalizantes de uma lei universal, que só consegue impor a sua objetividade científica livre de valorações.

Se tal atitude metódica se justifica no plano lógico das ciências exatas, o mesmo não ocorre no plano prático-fenomenológico da experiência humano-cultural onde se insere o direito. Logo, a unidade entre o direito e o fato na síntese integradora da aplicação concreta não pode ser pensada em termos dogmáticos e reivindica a superação do método positivista, eis que, o sentido problemático-concreto que caracteriza a realização material do direito, embora tenha nas normas do direito positivo o seu critério imediato, evidencia na mediação judicativo-decisória, a inevitável concorrência transpositiva dos fundamentos axiológico-normativos que expressam a juridicidade da norma jurídica, ontológica e fenomenologicamente identificada com uma validade material.

Por tudo isso, o problema metodológico constitui hoje o ponto fulcral de todo o repensar do próprio direito, na medida em que o direito não existe antes da sua realização, isto quer dizer que ainda não temos o direito pelo fato de termos um sistema jurídico, representa apenas uma possibilidade ideal e abstrata do

---

[15] SICHES, Luis Recaséns. *Nueva Filosofia de la Interpretación del Derecho.* p. 290.

[16] CASTANHEIRA NEVES, Antônio. *Questão-de-Facto, Questão-de-Direito.* p.11.

direito que ainda não se manifestou, pois, como acentua Castanheira Neves, "o direito não é (não é direito) sem se manifestar na prática e como prática".[17]

A insofismável coerência desta constatação denuncia o equívoco kantiano e de toda a tradição normativista por ele instaurada, que sempre viu o direito como uma forma de ordenação da vida social, mas, no entanto, abstraída da fenomenologia da vida social, razão pela qual também o logicismo da sua metódica, ao desconsiderar a especificidade do problema jurídico concreto, iludiu o problema real do direito que sempre se manifestou e sempre se manifestará na resolução de uma controvérsia prática, que para ser jurídica, deverá fundamentar a decisão no concreto sentido prático-normativo.

Dessa forma, o sentido axiológico-normativo da tradição cultural donde advém a normatividade do sistema jurídico como expressão ampla da juridicidade cultural e da sua profunda axiologias, sempre transcende a objetivação lingüística da norma positiva, eis que funda suas raízes na histórica consciência axiológico-jurídico dos princípios fundamentas de uma determinada cultura.

Resta, portanto, evidente que o reencontro do direito com o direito reivindica uma compreensão do fenômeno jurídico enquanto validade axiológico-normativa que se realiza problematicamente em dimensão prático-jurisprudencial, cujo operar metódico, para além do enunciado formal das normas positivas, exige sempre uma criativa e crítica mediação judicativa na resolução dos problemas jurídicos concretos.

A validade axiológico-normativa da juridicidade que aqui vai referida como bem esclarece Castanheira Neves,[18] não se identifica com a validade onto-axiológica ou antropológico-axiológica do jusnaturalismo, nem tampouco com a validade da legalidade do positivismo jurídico, na medida em que ambos a visavam como objeto, e nesta objetificação teorética apagavam o seu verdadeiro sentido normativo.

Levavam incompreendido que uma validade normativa, enquanto validade normativa dialeticamente convoca a sua histórica realização concreta, num plano metódico que transcende as dogmáticas determinações dos enunciados lingüísticos da sua normatividade, eis que o direito ainda não está no apriorismo pressuposto das normas do sistema jurídico, mas exsurge *a posteriori* por obra de um autônomo e crítico pensamento jurídico judicativo que realiza o direito em imanência com o problema jurídico concreto.

É, portanto, no diálogo com a realidade concreta do caso decidindo que se revela o sentido específico da racionalidade jurídica, ou seja, é no momento da síntese realizanda da concretude judicativa, que o pensamento jurídico autonomamente assume como seu objetivo referencial e específico o direito, que somente se revela problemático-criticamente, como expressão da justiça material do caso concreto.

---

[17] CASTANHEIRA NEVES, António. *Metodologia Jurídica*. p. 25.

[18] CASTANHEIRA NEVES, António. *Metodologia Jurídica*. p. 71.

Assim sendo, se o direito reside na natureza do problema, incumbe ao pensamento jurídico, que tem a missão de revelá-lo, não ficar adstrito a uma transcendente e abstrata investigação epistemológica da estrutura sistêmica do direito positivo, intentando subsumir o caso à sua normatividade num operar lógico dedutivo, pois, para que aconteça o encontro do direito com o direito na sua metódica aplicação, o centro de gravidade da reflexão jurídica que o materializa, é o caso concreto e sua problemática individualidade, que tem por fundamento um princípio axiológico-normativo que sendo a expressão da validade global do direito, poderá ou não estar especificado numa norma positiva.

No âmbito metódico transpositivo que a realização material do direito exige, as normas jurídicas passam a ser apenas critérios normativos que o pensamento jurídico autonomamente utiliza para a concreção de um objetivo que as transcende, como explicita a síntese de Castanheira Neves "o direito positivo não é mais que ancilla de uma juridicidade que o transcende, tanto axiológicamente, como histórico-concretamente, e que apenas o pensamento jurídico, na sua autonomia intencional e metodológica pode constituir e exprimir".[19]

Cumpre ressaltar que a autonomia a que nos referimos, é a autonomia do pensamento jurídico judicativo que jurisprudencialmente realiza o objetivo axiológico-normativo do direito na síntese problemática da sua aplicação, e não a autonomia dogmática do sistema jurídico que independente do problema concreto, procura subsumi-lo lógico-metodologicamente ao pressuposto normativo da sua generalizante determinação, que reduz normativamente o direito ao plano lógico da sua delimitação conceitual, impedindo assim, a sua fática e problemática aparição material; pois, o sentido normativo do direito, que revela o direito como direito, necessita do problema jurídico concreto, em cuja resolução, a função normativo-jurídica, com crítica autonomia, mas sem discricionariedade, nem tampouco obedecendo a eventuais critérios aleatórios da subjetividade do julgador, realiza a juridicidade em imanência com a validade axiológico-normativa, não apenas do direito positivo, mas da consciência jurídica histórico-cultural donde ele promona, e que ao mesmo tempo o transcende e o fundamenta.

Logo, a validade de uma norma jurídica não decorre do fato de pertencer ao direito positivo, mas da axiológica e transpositiva normatividade do direito, como também não oferece o direito positivo os critérios metódicos exigidos pela normativa realização concreta do direito, pelo fato de sempre incidirem na sua concreção, dimensões normativas extra-textuais e transnormativas no contexto problemático e prático-normativo da decisão jurídica, critérios que remetem para além da contingente normatividade positiva, para os valores e princípios do *ethos* histórico-cultural da juridicidade, que, sendo metapositivos, validam a positividade.

Portanto, é no contínuo diálogo problemático-judicativo que jurisprudencialmente, com autonomia crítico-reflexiva, que o pensamento jurídico possibi-

---

[19] CASTANHEIRA NEVES, António. *Questão-de-Facto, Questão-de-Direito*, p.512.

lita, materialmente, na prática resolução dos concretos problemas jurídicos, um reencontro do direito com o direito.

Considerações finais

Procuramos ressaltar neste ensaio o equívoco teórico do positivismo jurídico que vê a totalidade do direito nas normas do sistema jurídico vigente. Tal atitude epistemológica desconsidera o fundamento axiológico-normativo que dá sentido jurídico à normatividade do direito resultando, por conseqüência, a aplicação prática do direito sob o cânone da sua metódica numa negação do sentido material do direito.

Levando em consideração que o direito é um fenômeno prático-normativo que não existe dissociado de um ético fundamento, a resolução dos concretos problemas jurídicos deve ter um cariz prático-problemático, e não lógico-dogmático-sistemático.

Isso quer dizer que o direito ainda não está no apriorismo pressuposto das normas do sistema jurídico vigente, mas se revela *a posteriori*, no enfrentamento com os concretos problemas jurídicos, cabendo ao pensamento jurídico-judicativo que tem a missão revelá-lo, embora em imanência com as normas do sistema, um obrar autônomo e crítico-criativo.

Referências

BODENHEIMER, Edgar. *Ciência do Direito*. Rio de Janeiro: Forense, 1966.

CASTANHEIRA NEVES, António. *Questão-de-Facto, Questão-de-Direito*. Coimbra: Almedina, 1967.

———. *Metodologia Jurídica*. Coimbra: Coimbra Editora, 1993.

COTTA, Sérgio. *O Desafio Tecnológico*. Coimbra: Arménio Ámado, 1971.

DESCARTES, René. *Discuro do Método*. São Paulo: Martins Fontes, 2001.

———. *Reglas Para La Direción Del Espírito*. Madrid: Alianza, 1984.

ENGISCH, Karl. *Introdução ao Pensamento Jurídico*. Lisboa: Fundação Calouste Gulbenkian, 1964.

ESSER, Josef. *Principio Y Norma En La Elaboración Del Derecho Privado*. Barcelona: Bosch, 1961.

GÉNY, François. *Método de Interpretación y Fuentes em Derecho Privado Positivo*. Madrid: Hijos de Réus, 1902.

HEIDEGGER, Martin. *Nietzsche*. Tradução de Juan Luis Vermal. Barcelona: Ediciones Destino, 2000, v. 2.

———. *Ser e Tempo*. Petrópolis: Vozes, 2001. V. I.

KANT, Emmanuel. *Crítica da Razão Pura*. São Paulo: Brasil, 1958.

LARENZ, Karl. *Metodologia do Direito*. Lisboa: Fundação Calouste Gulbenkian, 1997.

SICHES, Luis Recoséus. *Nueva Filosofia De La Interpretación Del Derecho*. México: Porrúa.

VIEWEG, Theodor. *Tópica e Jurisprudência*. Brasília: Departamento de Imprensa Nacional, 1979.

WIEACKER, Franz. *Histórico do Direito Privado Moderno*. Lisboa: Fundação Calouste Gulbenkian, 1993.

— XI —

A lei natural na moral e na política: a contribuição de Scotus

ALFREDO SANTIAGO CULLETON[1]

Sumário: 1 - A lei natural e a moral; O Decálogo; O ordenamento e a não contradição; Lei natural em sentido lato; A racionalidade do ordenamento; 2 – A lei natural e a política: dominium e ius naturae; Referências bibliográficas.

A teoria da lei natural é o coração da filosofia prática de Scotus. O que ocupa um lugar de destaque na ética de Scotus é o compromisso com a lei natural entendida como razão da verdade prática, e não como a adequação à finalidade natural como é manifesta nas éticas das virtudes.[2]

Diferentemente de outras abordagens da ética medieval, a estrutura da proposta de Scotus não é a da ética das virtudes. A filosofia prática de Scotus tem as suas raízes em duas fontes. Por um lado, ela parte da concepção de ciência de Aristóteles, que o motiva a pensar a teologia como ciência, e, por outro, como parte da tradição franciscana, é marcada pelo caráter prático da teologia.

Na tradição clássica, a lei natural é entendida como a natureza que não pode ser mudada pela ação humana, por isso, tem validade universal; e porque os próprios seres humanos pertencem à natureza, eles são, em princípio, capazes de conhecer a lei correspondente.

A tradição cristã entende a natureza como determinada pelo plano criador de Deus. Tomás, por exemplo, subordina esta criação à lei eterna, e a lei natural deverá ser entendida como uma participação na lei eterna, por isso universal. O que há de comum entre a lei eterna e o homem é a razão, o que, por sua vez, permite a comunicação entre ambas as ordens.

Que o ser humano não possa alterar a subordinação da lei natural à lei eterna parece necessário e óbvio. O problema que Scotus vem enfrentar é se o próprio Deus estaria igualmente subordinado.[3] Em última instância, a pergunta é se a lei natural admite exceções e, mais ao fundo ainda, subjaz a pergunta sobre a cone-

---

[1] PPG Direito – UNISINOS

[2] Cf. Gilson, Ètienne. (1952) p. 602-624.

[3] Cf. Cross, Richard. (1999).

xão entre os atos da vontade de Deus e a capacidade humana de conhecer a lei natural através da razão.[4] Dentre os comentadores do Doutor Subtilis, o sistema ético de Scotus pode ser entendido de três perspectivas distintas, quais sejam: a) aqueles que entendem que o acesso racional à ética teria ficado reduzido; b) aqueles que entendem que para Scotus o conhecimento moral só pode ser alcançado através da revelação divina; e c) aqueles que entendem um resíduo de naturalismo em Scotus que mais tarde será confrontado com um voluntarismo radical. Nós pretendemos evidenciar os elementos voluntaristas sem por isso desconsiderar as exigências de uma ética racional características de um filósofo do rigor de Duns Scotus. A sua doutrina da lei natural é a chave para entender o seu sistema ético e a sua originalidade política. Neste artigo, pretendemos retomar o tratamento dado por Scotus no *Ordinatio* à relação da lei natural, primeiramente com a moral, e em um segundo momento, com a política.

1 - A lei natural e a moral

O Decálogo

É no *Ordinatio* III, distinção 37[5] que Scotus, com maior clareza, desenvolve seu conceito de lei natural ao se perguntar se os mandamentos do Decálogo pertencem à lei natural. Começará por definir a lei natural dizendo que um mandamento pertence à lei natural em sentido estrito se for *conceitualmente necessário* que o mandamento seja válido, tendo como base, simplesmente, o conteúdo expresso no mandamento. Em nenhum momento Scotus faz referencia à lei eterna para definir a lei natural como faz Tomás de Aquino. A lei eterna não tem nenhuma importância no seu sistema ético.

À continuação, Scotus esclarece, que ele quer dizer com esta *necessidade conceitual*. Somente para estes princípios auto-evidentes, o que eles prescrevem é absolutamente necessário em ordem a alcançar o fim último. Este absolutamente necessário significa que é inconcebível que alguém pudesse repudiar a bondade prescrita nestes mandamentos sem ao mesmo tempo repudiar a bondade do próprio fim último.[6] Desde que o fim último de toda ação é alcançar o maior bem, e isto é idêntico a Deus, os únicos mandamentos que podem pertencer à lei natural em sentido estrito são aqueles que tem o próprio Deus como objeto. Em sentido estrito, somente os mandamentos da primeira pedra, pertencem à lei natural. Devemos esclarecer que o Decálogo tem sido historicamente apresentado como composto de duas pedras ou tabuleiros. O primeiro contempla as obrigações para com Deus e é composto de três mandamentos: *Eu sou o teu Deus e não*

---

[4] Cf. De Boni, Luis A. (2003) p. 255-282.

[5] Nos valeremos da edição Vives (1891-1896) para a paginação. Também encontramos estas passagens na língua inglesa na edição de Arthur Hyman e James Walsh (1983) e de Allan B. Wolter (1987) e (1997).

[6] Ord. III, d. 37. "non enim in his, que praecipiuntur ibi, est bonitas necessária ad bonitatem ultimi finis, convertens ad finem ultimum". p. 825.

terás outros deuses diante de mim, Não tomarás o Santo nome de Deus em vão e *Lémbrate do dia de Sabbat e santifica-lo*.[7]

Para Scotus, a seguinte proposição é *per se nota ex terminis*: Se Deus existe, logo deverá ser amado como Deus, e nenhuma outra coisa pode ser adorada como Deus e nenhuma irreverência pode ser cometida contra Ele. Dada esta definição de Deus, segue-se que se há um tal ser, ele deve ser amado e adorado, e nenhuma irreverência deve ser feita contra Ele. Porque estes mandamentos são auto-evidentes e analíticos, são necessariamente verdadeiros. Nem o próprio Deus pode torná-los falsos.

Os mandamentos da segunda pedra podem ser considerados como pertencentes à lei natural somente em sentido amplo. Unicamente os primeiros dois mandamentos – Scotus tem dúvidas sobre o terceiro – pertencem à lei natural em sentido estrito, dado que só eles têm Deus como objeto imediato. O conteúdo da lei natural, em sentido estrito, pode ser sintetizado na seguinte formulação: "Deus deve ser amado",[8] ou na sua formulação negativa, "Deus não deve ser odiado". Estes mandamentos vão de encontro ao critério formal de auto-evidência que em essência é a seguinte: "O que é melhor deve ser mais amado".[9] Torna-se óbvio que o mandamento de amar a Deus é um princípio prático auto-evidente e por isso encontra o critério formal para pertencer à lei natural.

Todos os outros mandamentos pertencem à lei natural em um sentido amplo. O critério pelo qual fazem parte da lei natural não é a *necessidade conceitual,* mas a sua *consonantia* com a lei natural em sentido estrito.[10] Scotus considera todos os mandamentos, tanto os que pertencem à lei natural estrito senso como aqueles no sentido mais amplo, como verdades práticas (*vera pratica)*: as primeiras porque são auto-evidentes e as segundas por seu acordo (*consonantia)* com os anteriores.

O ordenamento e a não contradição

Uma outra abordagem que pode ser considerada para entender a posição do Scotus a respeito da lei natural é a desenvolvida no *Ordinatio,* I, distinção 44 onde parece que se fundamenta a sua doutrina. Dirá ele que há mandamentos que podem ser obedecidos, transgredidos, ou substituídos por outros. Um mandamento é substituído por outro quando outro mandamento é colocado no lugar por um ato de alguém com autoridade para isso. Quando, por exemplo, Deus manda Abrão matar o seu filho Issac, a proibição original de matar é substituída por outro mandato correspondente a um ato divino. Agora, se um agente não tem o poder para formular mandamentos, ele pode somente obedecer ou transgredir

---

[7] Ex. 20, 2-4.

[8] Ord. III, d. 37. "quia sequitur necessario, si est Deus, est amandus, et quod nihil aliud est colendum tanquam Deus, nec Deo est facienda irreverentia". P. 826.

[9] Ord. III, d. 37. p. 826.

[10] Ord. III, d. 37. "quae explications consonant valde pricipio naturali universali". p. 827.

mandamentos existentes. Se alguém atua dentro dos limites da ordem estabelecida pela lei existente, essa pessoa atua por "poder ordinário" *(potentia ordinata)*; se alguém ou transgride a ordem existente ou substitui os mandamentos que constituem a ordem, essa pessoa atua por "poder absoluto" *(potentia absoluta)*. Todos os agentes revestidos com o poder do intelecto e da vontade têm a seu dispor a habilidade tanto de agir dentro dos limites de uma ordem existente ou de transgredir tal ordem, seja ordenadamente ou desordenadamente.

O único condicionamento para o poder absoluto de Deus é a exigência de estar livre de contradição. Em virtude desse poder infinito, Deus pode substituir qualquer ordem criada por outra, desde que não haja autocontradição nesta ação. Em termos de lei natural, isto significa que a lei natural em sentido estrito compreende todos os mandamentos que são tais que qualquer dispensa venha a implicar contradição. Tal é o caso do mandamento prescrevendo o amor a Deus, dado que exige que o maior bem seja amado sobre tudo. O caráter auto-contraditório de qualquer dispensa se deduz do conteúdo do conceito de "maior bem" e "amar sobre tudo". O que não implica contradição é em princípio sujeito à onipotência de Deus. E mesmo este poder não é completamente arbitrário. Deus pode substituir certa ordem existente por outra, mas em todos os casos é uma *determinada ordem* que é substituída por outra *determinada ordem*.[11]

O que é substituído em cada caso é um ordenamento, isto é, uma lei geral, conseqüentemente, haverá sobre ela um critério de coerência que vai reger a compatibilidade dos preceitos mais específicos. Esta exigência de coerência pode ser entendida como uma interpretação da *consonantia* que caracteriza os preceitos da lei natural em sentido amplo. Se os mandamentos estão de acordo com – ainda que não sejam deduzíveis de – os mandamentos da lei natural em sentido estrito, também sevem ser compatíveis entre eles.

Mesmo que estes mandamentos não possam ser derivados de *supermandamentos*, isto não quer dizer que não existam razões disponíveis à razão humana que indiquem que certos mandamentos são necessários ou, sobretudo, porque somente certos mandamentos podem coexistir em um sistema coerente. Certamente a validade dos mandamentos que pertencem à lei natural em sentido amplo não poderão ser explicados com relação à natureza humana dado que como criaturas os seres humanos são contingentes; mas por outro lado, é também verdade que o conhecimento acerca da relação entre os fatos pressupostos e os mandamentos válidos podem ser verificados argumentativamente. Este conhecimento não será puramente intuitivo nem dedutivo. A discussão de Scotus sobre os direitos de propriedade ajuda a clarificar isto.[12] Ele afirma que o direito à propriedade privada de nenhuma maneira pode ser derivada de um ordenamento racional que preceda à ação divina. A ação de Deus é irredutivelmente livre, e a sua criação é

---

[11] *Ord.* I, d, 44. "non quidem fieret ordinate secundum istum ordinem, sed fieret ordinate secundum alium ordinem, quem alium ordinem ita posset voluntas divina statuere, sicut aliter potest agree". p. 745.

[12] *Ord.* III, d. 37. P. 827.

radicalmente contingente. Como podem tais mandamentos ser evidenciados como racionalmente conhecíveis sem introduzir determinação na vontade de Deus?

Vejamos a articulação entre a necessidade racional e os ordenamentos. Por exemplo, Judas, supondo ser ele um pecador até o fim (*finaliter peccator*), em princípio pode ser salvo mas não em um ordenamento que contenha uma lei prescrevendo que os pecadores que não se arrependerem devem ser condenados. Uma vez que seja julgado que Judas é um tal pecador, sua salvação somente pode ter lugar se não tiver tal prescrição.[13]

Uma vez que aceitamos que o discurso da teoria da lei natural em Scotus tem esta consistência e rigor, perde sentido considerar os mandamentos da segunda pedra como dependentes da pura vontade de Deus. Do contrário, esta dependência como o elemento constitutivo da ética voluntarista de Scotus resulta simplista. A racionalidade não é limitada à pura formulação das leis, e às suas largas possibilidades de interpretação. A teoria da lei natural de Scotus oferece uma sofisticada estrutura argumentativa: ao lado dos primeiros princípios que são evidenciados por dedução formal, ele identifica outros princípios básicos. Estes são reconhecidos tanto pela sua relação, em termos de sentido, com os princípios mais gerais, como pelo seu mútuo equilíbrio e coerência; juntamente com isto, podem servir como justificativas para as intuições morais cotidianas que são manifestas nos nossos juízos morais particulares.

Lei natural em sentido lato

Mesmo que o objetivo específico da distinção 17 da *Ordinatio* III seja tratar um ponto do sacramento da penitência, Scotus faz uma distinção sobre o que pertence exatamente à lei natural e o que pode ser chamado de "lei natural" em sentido lato ou secundariamente. Ele afirma que uma proposição que expressa a lei natural em sentido próprio deve ser: a) auto-evidente ou analítica, isto é, conhecido de uma análise do sentido dos termos da preposição, ou b) uma conclusão que decorre logicamente de uma ou mais proposições analíticas auto-evidentes.

Em sentido lato, a lei natural será "uma verdade prática que é imediatamente reconhecida por todos como estando de acordo com tal lei". Podemos aqui tentar distinguir três modos de entender a expressão "reconhecida por todos": (1) Quando se refere unicamente aos aspectos mais gerais da lei moral, mais do que a detalhes mais específicos dela. Dirá Scotus, ao tratar da indisolubilidade matrimonial no *Ordinatio* IV,[14] que isto é algo que pertence à lei natural somente em

---

[13] *Ord.* I, d. 44. "Judam enim potest praescire salvandum de potential ordinate, sed non isto modo ordinate, sed absoluta isto modo, sed alio modo ordinate secundum aliquem alium ordinem, quia secundum ordinem alium tunc possibilem institui". P. 746.

[14] *Ord.* IV, dist. 26 n. 9. "Nuli obligarent se communi obligatione, saltem difficili, nisi ad hoc esset aliquid astringens, vel sicut lex humana, vel sicut lex positive vel humana. Lex enim naturae, etsi obliget ad indissolubilitatem vinculi praedicti, praemisso tali contractu, tamen non lex naturae evidentissima, sed secundo modo dicta. Illud autem quod non erit de lege naturae, nisi secundo modo, non est omnibus manifestum; ergo expedit necessitatem illius praecepti a lege positiva divina determinari". p. 136.

sentido lato e que "aquelas coisas que pertencem à lei natural neste sentido não são manifestas a todos, e, por isso, foi necessário que estes preceitos da lei natural fossem determinadas pela lei positiva divina, ou (2) pode também se referir aos homens em geral mais do que a cada um de todos os indivíduos. Finalmente, (3) pode-se referir à possibilidade, mais do que à atualidade, ou ao que pode ser reconhecido pela luz da razão natural, especialmente por alguém que não seja considerado "incapaz para questões intelectuais" e cuja habilidade para pensar objetivamente não tenha sido cegada por apegos emocionais ou não tenha se tornado tão corrupto que já não reconheça que a sua "luxúria vai contra a lei natural".

Por estas razões, Scotus entende que foi adequado da parte de Deus ter positivado os preceitos da lei natural, mesmo que os preceitos que pertencem à lei natural em sentido estrito, assim como os que o são em sentido lato, pudessem ser conhecidos naturalmente.

A racionalidade do ordenamento

No *Ordinatio* IV, distinção 33 Scotus discute a monogamia, e pode-se ver a maneira como os princípios se articulam com os juízos particulares que descrevem realidades contigentes. Scotus vai oferecer um princípio prático geral cuja validade não depende da sua aplicação a nenhum caso particular. Esses princípios oferecem por si mesmos nenhuma informação de se a monogamia ou a poligamia podem ser legítimas em um caso particular. Mesmo assim, esses princípios básicos servem como regras de procedimento racional que tornam possível uma decisão a respeito de um caso particular por referência às exigências de uma dada situação.[15]

São dois os aspectos na questão da monogamia e a sua abolição em favor da poligamia que exigem justificação: a justa reciprocidade mútua dos parceiros que estão ligados pelo contrato matrimonial, e as exigências para a dispensa da lei que obriga a monogamia. Scotus trata a questão do contrato matrimonial tendo como referência a justiça comutativa, por isso, se vale do princípio de que em toda troca deve haver a maior eqüidade possível entre aqueles que realizam a troca em vistas do propósito da própria troca. A legitimidade da monogamia ou da poligamia dependerá da finalidade que a troca se propõe e isso pode ser: a procriação do maior número de descendentes, ou a restrição da incontinência sexual. Se for o primeiro dos objetivos, a poligamia é lícita; se o segundo, a monogamia o será. De qualquer maneira, sempre haverá bases racionais a favor ou contra um mandamento, ou condições de observar a justiça.

No tratante à possibilidade de dispensar a monogamia, Scotus se vale igualmente de um amplo princípio racional qual seja: se algo é ordenado a duas finalidades, onde uma é mais importante que a outra, deve ser usado de tal maneira que

---

[15] Cf. Möhle, Hannes (2003) P. 322.

contribua mais ao bem mais fundamental, mesmo que seja ao custo de um bem subordinado.[16] Atuar desta maneira é atuar de acordo com a reta razão; depende também de um juízo racional paradigmático. O número da prole é um bem subordinado àquele de ter filhos. A finalidade de restringir a incontinência sexual está em oposição à poligamia. Neste ponto, Scotus não responde claramente à questão acerca da possibilidade de dispensar a monogamia, mas se preocupa mais em dar razões à vontade expressa no ordenamento legal e a estrutura que as sustenta.

Scotus não responde à questão original sobre a possibilidade de dispensa da monogamia pela simples referência aos insondáveis desígnios da vontade divina. Pelo contrário, ele apela às razões a favor e contra que possam ser oferecidas partido do suposto que um dado comando é vigente. São estas razões que autorizam a reconstruir a estrutura racional dos ordenamentos legais correspondentes.

Os princípios que subjazem às argumentações do *Ordinatio* I, d. 44 e do IV, d. 33 que acabamos de analisar na perspectiva da teoria da lei natural de Scotus, não fazer referência a nenhuma suposta teleologia da natureza humana. Pelo contrário, ele lida com princípios da argumentação que podem ser entendidos como princípios de consistência de qualquer ordenamento dado. A validade dos princípios da justiça comutativa, para tratar da auto-evidência dos primeiros mandamentos, e o peso dos bens que Scotus traz no tratamento da monogamia não são considerados passíveis de dispensa. Nem trata da dispensabilidade dos mandamentos individualmente. No seu lugar, os princípios são usados no sentido de evidenciar a estrutura coerente do ordenamento como um todo que, este sim, é passível de dispensa. Por esta razão, tais princípios de comparação podem ser usados numa argumentação racional sem colocar em questão o estatuto da liberdade divina. A estrutura argumentativa da ética scotista evidencia que estes mesmos princípios dão sustentação à racionalidade das ações divinas e garantem aos seres humanos conhecer a lei moral através da razão.

2 – A lei natural e a política: *dominium* e *ius naturae*

A reflexão de Duns Scotus acerca de temas como *dominium* e *ius naturae* se dá dentro do contexto do conflito epocal que opunha *sacerdotium* e *regnum*, durante a crise entre o poder papal, representado no momento por Bonifácio VIII, e o poder temporal, representado por Felipe o Belo. Scotus enfrenta a questão indiretamente ao discutir o problema da restituição do mal através de uma autêntica penitência.[17] O autor, depois de ter elencado seus usuais argumentos pró e contra a culpa no plano dos princípios, assegura que, dado que a restituição pressupõe a distinção entre *meum* e *teum*, é da origem desta distinção que se deve pensar.

---

[16] *Ord.*III, d. 33, n. 5. "quia quando est valde necessarius finis principalis, negligendus est finis minus principalis". p. 363.

[17] *Ord,* IV, d. 15, q. 4. p. 391-412.

O primeiro ponto referido por Scotus é que a distinção dos vários tipos de *dominia* não é atribuível ao *status innocentiae*. Nessa condição, o homem vivia segundo as prescrições do *ius naturae*: a convivência era pacífica e cada um usava do bem comum segundo a sua necessidade. Depois da queda, desencadeou-se a onda de apropriações na qual o homem se valeu de meios como a violência e o roubo até do que era o mínimo necessário para o sustento do outro. Ao descrever essa situação, refere a Nemrod, figura do capítulo 10 do Gênese, que é considerado o primeiro a exercer um domínio injusto e é considerado *hominum oppressor,*[18] que institui distinções para a propriedade. Nessa nova condição, em que o preceito da lei natural da comunidade dos bens deixa de vigorar, faz-se necessário, para garantir a convivência pacífica, introduzir uma distinção entre as várias *dominia*. Essa nova disposição não pode ser atribuída nem à *ius naturae* nem à *ius divinum*. Será chamada de *Tolle iura imperatorum* e quer demonstrar a origem exclusivamente humana e positiva da divisão dos *dominia*.[19]

Não há aqui nenhuma novidade sobre a tradição secular que negava a existência de propriedade no estado de inocência, mas distinguimos o fato de uma nova e maior atenção para o tema. O acento dado por Scotus está na insistência de que a divisão de *dominium* não é fruto da lei da natureza, dado que essa era regida pela comunhão dos bens. Alguns autores anteriores, como Alexandre de Hales e Boaventura, pensavam num direito natural que assumia duas formas distintas, uma antes e outra depois da queda: no estado de inocência a norma que regia o homem era a comunhão dos bens, enquanto depois do pecado se instaura a legitimidade da propriedade. Não é esse o caminho de Scotus para quem a divisão da *dominia* não pode ser reduzida à *ius naturae*.

A divisão do *dominia* pode ser somente razoável, mas ainda falta a fonte da sua legitimidade. Para Scotus, a *divisio dominiorum* não pode ser considerada *lex naturae* porque isso implicaria uma certa *determinatio ad oppossita,* o que seria um certo tipo de contradição. Nesse contexto da discussão, Scotus sustenta que a divisão dos bens responde ao princípio segundo o qual uma comunidade política deve viver em paz, e tal distinção de *dominia* é uma solução razoável, mas não necessária.[20] A identificação de distintas propriedades e a modificação

---

[18] *Ord,* IV, d. 15. p. 258.

[19] *Ord,* IV, d. 15. "Tertia conclusio est quod revocato isto praecepto legis naturae de habendo omnia communia, et per consequens concessa licentia appropriandi et distinguedi communia, non fiabat actualiter distinctio per legem naturae, nec per divinam". p. 259.

[20] *Ord,* III, d. 37. *Ista distinctio potest declarari in exemplo:nam supposito isto principio Iuris posititui, "pacifice esse viuendum in communitate, vel politia", ex hoc non sequiturnecessario: igitur quilibet debet habere possessionem distinctam a possessione alterius; posset enim stare pax in conuiuendo, etiamsi omnia essent eis communia. Nec etiam supposita infirmitate illorum qui conuiuunt, est necessária illa consequentia. Sed tamen possessiones esse distinctas pro personis infirmis valde consonat pacificae conuersationi: infirmi enim magis curant bona sibi própria, quam bona communia, et magis vellent appropriare sibi communia bona, quam communitati, et custodibus communitati et ita fieret lis, et turbatio et ita est fere in omnibus Iuribus positiuis, quod licet sit aliquod principium, quod est fundamentum in condendo alias leges, vel Iura, tamen ex illo principio non simpliciter sequuntur leges positivae; sed declarant, siue explicant illud principium quantum ad certas partículas; quae explicationes consonant valde principio naturali uniuersali. P. 827.*

do *ius naturae* não implicam a suspensão da validade do direito natural como tal. Esse princípio político, que exige viver em paz, não elimina o princípio segundo o qual, em caso de necessidade extrema, o sujeito tem o direito de apropriar-se do necessário para o sustento. Para corroborar essa posição, Scotus se vale do argumento da Bula papal *Exiit qui seminat,* pela qual o voto de pobreza dos franciscanos, e a sua pretensão de pobreza absoluta, não coloca em perigo as suas vidas, dado que em caso extremo contam com a legítima faculdade de usar do necessário. Trata-se de princípio reconhecido e muito usado por Boaventura e Olivi, resultando sintomático que Scotus se valha do *Exiit* para garantir o modo de vida franciscano fundado na base do *necessitas naturae.*

Resta saber qual a legitimidade para tal divisão da propriedade. Para Scotus, a distinção das diversas *dominia* está fundada na lei positiva; essa lei deriva a sua *auctoritas* daquela do legislador que a tem promulgado. Ainda depois da queda, de acordo com Scotus, o homem preservou a *prudentia* necessária para promulgar leis justas; mas a virtude da prudência não se identifica com a *auctoritas,* que é outra condição necessária para a existência duma lei. A *prudentia* será a habilidade de legislar de acordo com a reta razão. O legislador não deve promulgar leis para o seu próprio proveito, mas visando ao bem comum, que é a finalidade do legislador.

Scotus distingue dois grandes tipos de autoridade: a paterna e a política. A autoridade política tem a sua origem no encontro, em qualquer *communitas, terra ou civitas*, de pessoas não ligadas por vínculos de parentesco. Na base de mútuo consenso, visando a uma convivência pacífica, alguém é escolhido para o comando.[21] Essa autoridade pode assumir diversas formas, mas ao ser instituída devem se explicitar as *conditiones* da forma de governo. É o consenso que confere autoridade ao legislador que promulga a lei; essa origem é a que garante a *iustitia* à lei promulgada. A *divisio dominiorum* não é algo inscrito na lei natural, mas, antes, o fruto da lei que os homens se dão a si mesmos.

Para o Doctor Subtilis, a divisão da *dominia* não pode ser anterior à constituição de uma sociedade, mas nasce com esta, quando ela se dá a regra da própria convivência. Por isso, Scotus não reconhece uma inalienabilidade do direito de propriedade, mas atribui à *leges iustae,* que derivam do *consensus* da *communitas*, a faculdade de modificar o instituído em termos de propriedade. O homem que era chamado por Deus a ter em comum os bens do mundo não é *per natura* proprietário.

Podemos dizer que há, da parte de Duns Scotus, uma reinterpretação da doutrina da *lex naturae*. Devemos começar pela separação proposta por Scotus entre os mandamentos que são da lei natural, isto é, auto-evidentes, os pertencentes à primeira tábua, e os outros que dependem da iniciativa do direito divino positivo. As conseqüências disso para o campo ético-político se expandem mais

---

[21] *Ord,* IV, d. 15 "In ciuitate enim, vel terra, congregabantur primo multae gentes extraneae et diuersae, quarum nulla tenebatur alteri abedire, quia nullus habuit auctoritatem super alium, et tunc ex mutuo consensu omnium propter pacificam conseruationem inter se habendam potuerunt aligere unum ex eis principem..." p. 263.

ainda à iniciativa da reta razão, depois que alguns preceitos da *lex naturae* deixam de vigorar após a queda, e não se impõe às leis positivas a condição necessária de ser determinação ou derivação da lei natural. De fato, para Scotus apenas faz parte da *ius naturae* aquele princípio que possa ser derivado da necessidade lógica independente de qualquer pressuposição. Todas as outras normas não necessárias são chamadas de leis naturais de modo impróprio. Todas as outras regras são *positivae* e devem provir de uma autoridade. Devemos lembrar que para Scotus nem sempre vale o princípio segundo o qual em caso de oposição entre direito natural e direito positivo este último deve ceder. A *servitus* é, de per si, contrária ao *ius naturae*, mas em determinadas condições a autoridade do legislador permite a privação da liberdade de alguns indivíduos.[22]

Um outro ponto que distingue Scotus de seus pares e antecessores é o que diz respeito ao consenso. Bem antes de Scotus, era conhecido o adágio jurídico segundo o qual *"o que toca a todos deve ser aprovado por todos"*,[23] que foi de diversas maneiras formulado por Godfredo de Fontaines e João de Viterbo. A diferença é que para Scotus o consenso não é uma forma de legitimação política, mas a única e exclusiva forma de legitimação da autoridade. Ao considerar prescindível a autoridade paterna, Scotus não menciona nenhuma outra origem ou fonte para o poder. Cabe destacar que o valor do consenso como fonte do poder é necessária à virtude da prudência, que é uma das caraterísticas necessárias ao legislador para ser investido de *auctoritas*. Scotus insiste no fato de que a prudência é condição necessária mas não suficiente do bem moral, sendo também indispensável a vontade. Para traduzir em ato uma determinação moral, é necessária a vontade; da mesma maneira, nas ações políticas a consciência do que é bom não é suficiente para constituir uma lei justa, pois depende da autoridade que a institui e, em última instância, do consenso. A ação legislativa não se reduz ao reconhecimento de uma ordem já existente, como a lei natural, à qual deve-se conformar. *Mutatis mutandis,* na esfera política, como no mundo da moral individual, é a vontade que realiza a passagem do saber ao fazer. Com a diferença de que na política se trata do encontro de várias vontades, fazendo um consenso de vontades.

A justificação teórica da pobreza e do uso dos bens sem o seu domínio implica que a divisão da propriedade não pode ser considerada como existente já no estado de natureza. E muito menos se pode pensar em vincular o domínio dos bens à lei da natureza.

Referências bibliográficas

CROSS, Richard. (1999). Duns Scotus. Oxford: Oxford University Press. 250p.

DE BONI, Luis Alberto. (2003) *De Abelardo a Lutero. Estudos sobre filosofia prática na Idade Média.* Porto Alegre: EDIPUCRS. 384p.

---

[22] *Ord*, VI, d. 36 p. 447.

[23] "Quod omnes tangit, ab omnibus approbari debet".

DUNS SCOTUS, John. (1997) *Duns Scotus: on the will and morality*. Seleção e tradução com introdução de Allan B. Wolter: editado por William A. Frank. Washington, D.C.: The Catholic University Press. 340p.

DUNS SCOTI, Joannis. (1891-1896). Ordinatio I, III e IV. In *Opera omnia*. Paris: Ludovicum Vivés. Tomos X 784 p., XV 1104p., XVIII 830 p. e XIX 570 p.

GILSON, Étienne. (1952) *Jean Duns Scot. Introduction a ses positions fondamentales*. Paris Vrin. p. 602-624.

HYMAN, Arthur & WALHS, James. (1983) *Philosophy in the Middle Ages*. Segunda edição. Indiana/Cambridge: Hackett. 805p.

MÖHLE, Hannes. Scotus's Theory of Natural Law, in WILLIAMS, Thomas. *The Cambridge Companion to Duns Scotus*. Cambridge: Cambridge University Press. 2003. p. 312-331.

WOLTER, Allan B.,OFM. (1987) *Duns Scotus, Philosophical writings*. Indianapolis: Hackett Publishing Company. 198p.

— XII —

Democracia: liberdade, igualdade e poder

SANDRA REGINA MARTINI VIAL[1]

Sumário: Introdução; I – Democracia, liberdade e igualdade; II – A teoria da democracia de Luigi Ferrajoli; III – Democracia e Poder; Considerações finais; Bibliografia.

Introdução

O tema Democracia, embora de origem longínqua, abarca muito de contemporâneo em suas linhas definidoras. Assim, mesmo inserida em um anacronismo instigante, é válido e coerente falar-se nesta forma de governo onde o poder emana do povo. A democracia é justamente jurar um direito entre iguais sem decapitar a cabeça do rei, ou seja, sem violência. Este tipo de democracia é diferente daquele no qual decide a maioria. Falar sobre democracia significa percorrer as diversas correntes de pensamento que entremeiam a história da humanidade.

Para esta pesquisa, no entanto, opta-se, ao se falar em tema de tamanha amplitude e complexidade, por teóricos que não há muito enfrentam tal temática: Niklas Luhmann, Luigi Ferrajoli e Michel Foucault. Observa-se, de início, que optar por estes autores não significa excluir todos os outros. É apenas uma forma de orientar a pesquisa e o seu resultado, tornando-o mais pontual e franco. Perceber qual a relação entre democracia, liberdade e igualdade é o primeiro passo desta pesquisa, desenvolvida a partir do projeto de pesquisa desenvolvido desde 2007, intitulado "Democracia e Formas de Inclusão-Exclusão Política nos Sistemas Políticos Brasileiro, Mexicano e Italiano". Neste ano realiza-se a pesquisa empírica, na qual está proposta a entrevista de operadores do direito, operadores da política e operadores sociais – por meio de Organizações Não-Governamentais – nos três países pesquisados.

I – Democracia, liberdade e igualdade

O plano simbólico dos valores que a política vê como base para a idéia de democracia vem celebrado por excelência nas constituições modernas.[2] Ferrajoli

---

[1] Professora da graduação e pós-graduação em direito da Universidade do Vale do Rio dos Sinos. Também participam desta pesquisa os Professores Raúl Zamorano Farias – Universidade Autonoma do México; Giancarlo Corsi – Universidade de Modena; Virginia Zambrano – Universidade de Salerno. O projeto conta com os seguintes bolsistas: Fabrício Antônio da Silva, Gabrielle Kölling e Gisele Mabel Rodrigues Spessatto.

[2] FERRAJOLI, Luigi. *Principia iuris. Teoria del diritto e della democrazia 2. Teoria della democrazia*. Bari: Editori Laterza, 2007. Na obra, Ferrajoli enfatiza a visão domintante sobre democracia, mas adverte para a di-

propõe que as reflexões atuais sobre democracia devam, necessariamente, levar em conta o paradigma constitucional, pois assim poderemos observar o delineamento de um modelo normativo de democracia não só formal, mas também substancial. O autor afirma ainda que:

> (...) La democrazia costituzionale, infatti, è sempre un sistema nomodinamico, che include norme sulla produzione che del vigore e della validità formale e sustanziale di tutte le norme prodotte siano idonee a stabilire, grazie alla loro collocazione al vertice della gerarchia delle fonti e delle norme, i requisiti essenziali, sia di forma che di sostanza. Precisamente, la teoria del vigore e della validità formale è alla base della teoria di quella che ho chiamato democrazia formale; la teoria della validità sostanziale è alla base della teoria di quella che ho chiamto democrazia sostanziale.[3]

No contexto de constitucionalização de direitos, dois termos já universais que não podem faltar são *liberdade* e *igualdade*,[4] mesmo se, atualmente, insiste-se tanto em suas variáreis, como "os direitos do homem" e a "dignidade da pessoa humana". A sua universalidade, todavia, é um fato recente: liberdade e igualdade, da forma como são entendidas hoje, são formulações concebidas com a idade moderna, as quais constituíram uma reação à queda da estrutura social baseada na estratificação e reconstruíram política e juridicamente os pressupostos do relacionamento entre indivíduo e sociedade.[5] Assim, temos que a democracia só é possível porque existe uma sociedade diferenciada funcionalmente, ou seja, em cada sistema social opera-se somente a partir da sua própria estrutura. A sociedade estratificada não apresenta a diferença entre os vários sistemas; por isso, dificulta a democracia, já que a complexidade não é elevada e contínua. Sobre isso:

> Le società stratificate vanno comprese sostanzialmente a partire da questo meccanismo che non differenzia nettamente fra loro l'economia, la politica, il diritto, il linguaggio, la morale. Nei singoli

---

mensão da democracia formal e substancial. Como se pode ver: "Secondo la concezione largamente dominante, la democrazia consiste in un metodo di formazione delle decisione pubbliche: precisamente, nell' insieme delle regole che attribuiscono al popolo, o meglio alla maggioranza dei suoi membri, il potere, diretto o tramite rappresentanti, di assumere tali decisioni. La fonte di legitimazione del potere, in base ad essa, è l'*auto-nomia* , oussia la libertà positiva consistente nel 'governarsi da sé' e 'nel non far dipendere da altri che da se stessi la regolamentazione della propria condotta'" (p. 5). Tradução livre: De acordo com o conceito largamente dominante, a democracia consiste num método de formação das decisões públicas, ou seja, no conjunto de regras que são atribuídas ao povo, ou melhor, à maioria dos seus membros, o poder, diretamente ou através de representantes, tomar essas decisões. A fonte de legitimação do poder, de acordo com ele, é a *auto-nomia*, ou seja, a liberdade positiva, constituído por "governar-se" e "em não a depender de outros por si próprios regular a sua própria conduta" (p. 5).

[3] FERRAJOLI, Luigi. Op. cit. p. 14. Tradução livre: (...) A democracia constitucional, na verdade, é sempre um sistema nomodinâmico que inclui normas sobre a produção de força e de validade formal e substancial e em que todas as normas idôneas e estáveis sejam aptas para demonstrar, graças a sua colocação no vértice da hierarquia das fontes e das normas, os requisitos essenciais, seja de forma, seja de substância. Precisamente, a teoria da força e da validade formal é a base daquela que chamei de democracia substancial. Tradução Livre.

[4] Importante retomar que a fraternidade ficou excluída e/ou esquecida. A fraternidade é um conceito biopolítico por excelência, conservando nele todas as formas e paradoxos dos sistemas sociais contemporâneos. A fraternidade que foi *esquecida* retorna hoje com seu significado originário de compartilhar, de pacto entre iguais, de identidade comum, de mediação, é um direito jurado conjuntamente, é um direito livre da obsessão de uma identidade legitimadora. Este *esquecimento* foi retomado por Eligio Resta ao propor a metateoria do direito fraterno. RESTA, Eligio. *Il Diritto Fraterno*. Roma: Laterza, 2002.

[5] Parsons via, propriamente, na revolução democrática, a autonomia da política e da esfera da comunidade. PARSONS, Talcott. The Evolution of Societies. Englewood Cliffs (NJ), 1977.

ambiti, il sistema immunitario non protegge necessariamente le strutture concrete, bensì il fatto che il potenziale di mutamento resti concentrato al vertice. Il crollo del dominio domestico nel passaggio dal medievo all'era moderna ha privato questo ordinamento del suo sostegno decisivo imponendo una transforamzione del sistema politico e economico. Da allora in poi, l'individuo viene tutelato individualmente nel suo potere conflittuale.

(...)

La società moderna separa in modo più preciso di qualsiasi società precedente la formazione del proprio sistema dalle possibilità di interazione, rinunciando persino ad assegnare tutte le interazione ad uno o all'atro dei sottosistema sociali.[6]

Se nas sociedades antigas a complexidade era reduzida, na sociedade atual ela eleva-se, porquanto a diferenciação funcional está presente. É exatamente nesta sociedade que é possível lutar por mais democracia, por mais Direito e direitos, por mais educação, pois esta é a sociedade da inclusão universal – o que não significa a inexistência da exclusão –, é a sociedade fundada na sua própria paradoxalidade. A dificuldade está, pontualmente, na precisão e na definição das semânticas elencadas, bem como na delimitação de seus limites.

Diferentemente dos *direitos fundamentais* próprios da sociedade européia medieval tardia, os valores de igualdade e liberdade se caracterizam, primeiramente, pelo fato de não haver uma especificação concreta daquilo que entendem. Se antes era explícito quem era livre e porque, e quem era igual a quem (por exemplo, os proprietários de terra,[7] os nobres ou os cavaleiros), hoje as fórmulas constitucionais se limitam à afirmação do valor sem ulteriores indicações que não são aquelas de cidadão, ser humano ou indivíduo. Porquanto sejam incontestáveis os seus conteúdos de civilidade e, por isso, é sem sentido colocá-los em

---

[6] NIKLAS, Luhmann. *Sistema sociali – Fondamenti di una teoria generali.* Trad. Alberto Febbrajo. Bologna: Il Mulino, 1990. As sociedades estratificadas são compreendidas substancialmente a partir deste mecanismo que não difere significativamente entre a sua economia, a política, o direito, a língua e a moral. Em áreas individuais, o sistema imunológico não protege necessariamente as estruturas concretas, mas o fato de que o potencial de mudança continua concentrado no vértice. O colapso do domínio doméstico do medievo para a idade moderna privou o seu sustento decisivo impondo uma transformação do sistema político e econômico. De agora em diante, o indivíduo está protegido individualmente no seu poder de conflito. (...) A sociedade moderna separa de forma mais precisa de qualquer sociedade precedente a formação do próprio sistema de possibilidades de interação, renunciando inclusive de atribuir todas as interações a um ou a outro do subsistema social, p. 607 e 650.

[7] O problema, hoje, não é mais a liberdade de ser proprietário, mas o paradoxo do excesso e escassez. "Il paradosso della scarsità viene in certa misura inserito nel concetto di proprietà, di modo che diventa massimamente sensato poter acquisire, vendere, transferire tale proprietà. Così l'istituzione si adatta all'economia di mercato e sorge una racionalità specificamente economica che si riferisce alla forma avere\non avere proprietà di denaro o di beni e che controlla continuamente se stessa inriferimento a questa distinzione. A tal fine erano necessarie delle ristrutturazione del diritto, ma il risultato ponderato delle costruzioni giuridiche, ma la razionalità economica del senso di un immenso miglioramento delle proccíste per il futuro nel contesto del paradosso dell'eccesso e della scarsità". LUHMANN, Niklas. *Sociologia del rischio.* Traduzione Ginacarlo Corsi. Milano: Bruno Mondadori, 1996. p. 75-75. Tradução livre: "O paradoxo da escassez é, em certa medida, incluído no conceito de propriedade, de modo que se torna mais sensato para poder adquirir, vender, ou transferir tal propriedade. Assim, a instituição adapta-se a uma economia de mercado que suscita uma racionalidade especificamente econômica que se refere especificamente à forma ter\não ter dinheiro ou propriedade de bens, que se controla continuamente com referência a esta distinção. Para tal fim foram necessárias reestruturações do direito, mas o resultado ponderado das construções jurídicas, mas a racionalidade econômica do sentido de uma melhoria das perspectivas para o futuro, no contexto do paradoxo do excesso e da escassez".

discussão, esses valores não são, todavia, isentos de problema. Pode-se, de fato, entender a liberdade no sentido que os singulares podem decidir como crêem, naturalmente nos limites do direito, e que o sentido da sua decisão está no seu arbítrio, então, na autolegitimação da decisão. A igualdade, por sua parte, significa que as condições da possibilidade de decisão pela parte dos particulares não podem ser condicionadas pela decisão de outros, tanto menos pela política, senão – de novo – mediante instrumentos jurídicos.

Sobre esse ponto, vejam-se as seguintes decisões do Supremo Tribunal Federal:

> Princípio da insignificância – Identificação dos vetores cuja presença legitima o reconhecimento desse postulado de política criminal – Conseqüente descaracterização da tipicidade penal em seu aspecto material – Delito de furto simples, em sua modalidade tentada – Res furtiva no valor (ínfimo) de R$ 20,00 (equivalente a 5,26% do salário mínimo atualmente em vigor) – Doutrina – Considerações em torno da jurisprudência do STF – Pedido deferido. (...) O sistema jurídico há de considerar a relevantíssima circunstância de que a privação da liberdade e a restrição de direitos do indivíduo somente se justificam quando estritamente necessárias à própria proteção das pessoas, da sociedade e de outros bens jurídicos que lhes sejam essenciais, notadamente naqueles casos em que os valores penalmente tutelados se exponham a dano, efetivo ou potencial, impregnado de significativa lesividade. O direito penal não se deve ocupar de condutas que produzam resultado, cujo desvalor – por não importar em lesão significativa a bens jurídicos relevantes – não represente, por isso mesmo, prejuízo importante, seja ao titular do bem jurídico tutelado, seja à integridade da própria ordem social. (HC 92.463, Rel. Min. Celso de Mello, julgamento em 16-10-07, DJ de 31-10-07)

E ainda, sobre liberdade:

> ADPF – Adequação – Interrupção da gravidez – Feto anencéfalo – Política judiciária – Macroprocesso. Tanto quanto possível, há de ser dada seqüência a processo objetivo, chegando-se, de imediato, a pronunciamento do Supremo Tribunal Federal. Em jogo valores consagrados na Lei Fundamental – como o são os da dignidade da pessoa humana, da saúde, da liberdade e autonomia da manifestação da vontade e da legalidade –, considerados a interrupção da gravidez de feto anencéfalo e os enfoques diversificados sobre a configuração do crime de aborto, adequada surge a argüição de descumprimento de preceito fundamental. ADPF – Liminar – Anencefalia – Interrupção da gravidez – Glosa penal – Processos em curso – Suspensão. Pendente de julgamento a argüição de descumprimento de preceito fundamental, processos criminais em curso, em face da interrupção da gravidez no caso de anencefalia, devem ficar suspensos até o crivo final do Supremo Tribunal Federal. ADPF – Liminar – Anencefalia – Interrupção da gravidez – Glosa penal – Afastamento – Mitigação. Na dicção da ilustrada maioria, entendimento em relação ao qual guardo reserva, não prevalece, em argüição de descumprimento de preceito fundamental, liminar no sentido de afastar a glosa penal relativamente àqueles que venham a participar da interrupção da gravidez no caso de anencefalia. (ADPF 54-QO, Rel. Min. Marco Aurélio, julgamento em 27-4-05, DJ de 31-8-07)

Nestas formulações, podem-se relevar os problemas típicos da modernidade, e não se trata do fato incontestável de que os homens não são nem livres,[8] nem iguais. Como foi relevado, de fato, os princípios constitucionais de liberdade

---

[8] Aqui temos que ter atenção para os aspectos utilitaristas, fortes no contexto do direito racional dos sécs. XVII e XVIII, nos quais, segundo Luhmann: "El postualdo de la libertà es válido bajo la premissa de que existe un ámbito amplio del actuar en que el individuo puede perseguir su proprio provecho, siempre cuando no dañe a nadie. El actual análise económica del derecho se puede comprender como continuación de este concepto utilitarista, aunque ya toma en consideración las objeciones que actualmente se le hacen. El postulado de generalización de la filosofia transcendental eleva sete supuesto de libertad, de nuevo, a principio". LUHMANN, Niklas.

e igualdade funcionam somente se privados de conteúdo, ou seja, sem que seja especificada a aplicação concreta,[9] se a palavra *iguais* é usada no sentido que as diferenças entre os singulares podem ser aceitáveis somente se forem procedimentos juridicamente legítimos. Por exemplo: quando nos candidatamos a uma vaga de trabalho, quem é escolhido não é mais igual àquele desclassificado, mas, neste caso, a produção de desigualdade é legítima porque construída mediante um procedimento válido.

Da mesma forma, as limitações da liberdade só são aceitas se baseadas em critérios reconhecidos como, por exemplo, no caso dos menores ou dos presos, ou mais geralmente no caso das normas em forma de lei. Isso significa, além de tudo, que a modernidade produziu um potencial de desigualdade e de limitações da liberdade muito maior em relação à sociedade pré-moderna, como se pode notar também na enorme quantidade de polêmicas e dissensões que se registram cada vez que se variam as condições normativas das decisões de indivíduos e organizações. Isso deve-se ao fato de tal potencial não ter outras fontes de legitimação senão em si próprio – e, portanto, é praticamente ilimitado. Assim, ao refletir sobre a relação entre liberdade e iguadade com os direitos humanos, é oportuno considerar a seguinte observação:

> En una visión de conjunto acerca de la elaboración y desenvolvimiento de la teoria de los derechos humanos (...) se pone de manifiesto que lo que se trata es siempre del desarrolo de una paradoja fundamental, cuya determinación historica se da en la pregunta por la relación entre los individuos y el derecho. pg. 659 (...) Sólo puedo hablarse del caráter evidente de las vilociones con relación a la dignidad humana. Las restricciones delos derechos a la libertad y a la igualdad- considerados también como derechos humanos- son tan normales y necessarios que uno está obligado a conceder un campo de acción superior a los ordenamientos jurídicos estatales (*qua* "reserva legal"). En el fondo, de lo que se trata aquí no es en absoluto de la unidad de una norma(de una idea de valor), sino de las paradojas formales de las distinciones libertad\restricción e igualdad\desigualdad, que pueden luego ser desarolladas de diversas maneras en los ordenamientos jurídicos particulares. Dicho en otras palabras: se trata de perspectivas a futuro que convergen en lo indeterminable. Apesar de ello. Aquí también parecería darse una sensibilidad aplicable en el plano mundial.[10]

Do ponto de vista político, dever-se-ia, portanto, aceitar que os valores fundamentais modernos têm uma característica contrária em respeito às épocas

---

El derecho de la sociedad. Tradução Javier Torres Nafarrate. Mexico: Universidad Iberoamerica \ Colección Toría Social, 2002, p. 82.

[9] PODLECH, Adalbert. *Gehalt und Funktionen des allgemeinen verfassungsrechtlichen Gleichheitssatzes.* Berlin, 1971.

[10] LUHMANN, Niklas. Op. Cit., p.658-659. O autor destaca uma visão de conjunto sobre a elaboração e o desenvolvimento da teoria dos direitos humanos (...) evidenciando que se trata sempre do desenvolvimento de um paradoxo fundamental, cuja determinação histórica se dá na pergunta pela relação entre os indivíduos e o direito. P. 659 (...) só se pode falar do caráter evidente das violações com relação à dignidade humana. As restrições dos direitos à liberdade e à igualdade – considerados também como direitos humanos – são tão normais e necessários que se obriga a coceder um campo de ação superior aos ordenamentos jurídicos estatais (*qua* "reserva legal"). No fundo, trata aqui, não do absoluto, da unidade de uma norma (de uma idéia de valor), senão dos paradoxos formais das distinções liberdade/restrição e igualdade/desigualdade, que podem logo ser desenvolvidas de diversas maneiras nos ordenamentos jurídicos particulares. Dito de outra forma, tratam-se de perspectivas que convergem no indeterminável, apesar dele. Aqui também pareceria se dar uma sensibilidade aplicável no plano mundial. Tradução livre.

precedentes: ao contrário de garantir um passado que se supunha representar o sentido de presente e de cada possível futuro, eles projetam um futuro no qual não se pode prever quais as situações dadas que ainda serão neutras no que diz respeito aos valores. O passado vem construído como problemático; dessa forma, não é dito que tal ainda é normal ou legítimo o será no futuro.[11] A relação com o tempo é importante por diversas razões, mas é necessário entender o significado e os vínculos com o futuro quando se trata de direitos humanos e de democracia. Ou melhor, é preciso refletir sobre o *tempo do direito,* como demonstra OST:

> Com a chegada da democracia, o indecidível entra no campo político da mesma forma que o tempo do requestionamento se instala no centro de todos os dispositivos de poder.(...) A democracia é esse regime que, sem dúvida pela primeira vez na história, não se propõe eliminar os conflitos pelo contrário, ela torna-os visíveis instituindo a divisão social- esforçando-se apenas por lhe garantir um desfecho negociável com a ajuda de procedimentos aceites. A deliberação é, pois, o seu princípio, que nenhuma conclusão vem fechar. Nunca há uma conclusão, mas há sempre uma decisão, pois é preciso decidir, mesmo em situação de indicidiblidade. O princípio da maioria revela esse paradoxo que testemunha o facto de nos acomodarmos a um acordo apenas parcial – de resto muitas vezes revisível – sobre uma verdade aproximada.[12]

Assim como as questões da igualdade e da liberdade são fundamentais, é preciso retomar o que acontece agora com a idéia de dignidade da pessoa humana: quais as situações específicas que não são lesivas a esta? Não é que, em linha de princípio, dever-se-ia dizer que o viver social em si é pouco digno?

De qualquer modo, evoluirá essa tendência que de uma política democrática se espera atenção, senão centralização pelos valores. Desse modo, acaba-se por operar sobre um terreno em que a solidez do *decion making* político substitui rapidamente a *melmosita* obscura do moralismo e das contínuas polêmicas. E, sobretudo, acaba-se por esconder alguns problemas estruturais da política que mereceriam atenção particular.

Outro aspecto da política que caracteriza o lado democrático é aquele organizativo-burocrático e procedimental. Trata-se de conquistas que são já ligadas à idéia de democracia como, por exemplo, as eleições, as constituições, os parlamentos e as regras decisionais da justiça. O enorme aparato organizativo da política, que compreende também tudo aquilo que se move nas suas periferias, como partidos, associações, *lobbies*, etc., parece quase sempre representar o lado contraposto àquele dos valores: enquanto sobre esses últimos comunica-se sempre dando por definido que ninguém queira saber, quando se trata de aspectos organizativos as coisas mudam. Não por acaso: aqui se trata dos critérios nos quais os valores devem estar embasados e, depois, serem programados, e as decisões, feitas.

A programação das decisões provoca sempre contraste e discordância; se muda o valor da paz, por exemplo, o que se deveria esperar? A experiência ensina

---

[11] A difícil relação com o passado era clara já aos primeiros postuladores da democracia, a partir da convenção de que os *padri* não têm direito de condicionar os próprios *filhos.* Democracia é guerra contra do passado. (Thomas Pain, citando da Holmes 1998, p. 192-255.).

[12] OST, FRANÇOIS. *Tempo do Direito.* Tradução de Maria Fernanda Oliveira. Lisboa: Instituto Piaget, 1999, p. 332-333.

que é bom que se use a armadura – uma experiência antiga: *si vis pacem para bellum*. Não são: os valores produzem consenso não obstante esses mesmos não sejam sempre compatíveis entre si. Em outras palavras, os valores não dizem nada sobre como podem ser realizados, e talvez seja isso mesmo que explique o terreno da política: pode-se querer a liberdade e também a igualdade, mas quando se trata de decidir como produzir é que se atenta que realizar uma faz a outra impossível, o que se pode fazer? Política.

Ao falarmos em política, é importante resgatar as reflexões luhmannianas sobre poder organizado:

> En primeiro lugar, si el poder debe considerarse como un universal social, en la teoría del poder es necessario tomar el sistema de referencia, es decir, a la sociedad, como fundamento. En otras palabras, se debe comenzar por las funciones del poder para el sistema de la sociedad como un todo. Este sistema de referencia de ningún modo cambia si la política y la ley se incluyen en la perspectiva. Porque el sistema político y el sistema legal son subsistemas de la sociedad que están diferenciados para las funciones societales.[13]

Com efeito, em referência a esses aspectos problemáticos, vale a pena sublinhar que o modo usual em que vem descrita e valorizada a democracia não resulta sempre em justiça. Não é certa a referência ao povo ou ao colegiado das decisões ou à representação da sociedade nos parlamentos que fazem a democracia democrática. Historicamente, o aspecto que, talvez em absoluto, seja mais caracterizador da democracia é o modo como vem representado e organizado o vértice decisional: a política não é democrática quando toma decisões "justas", mas quando consente, ou melhor, quando impõe que se tenha oposição contra quem propõe as decisões.

II – A teoria da democracia de Luigi Ferrajoli

Antes de se falar sobre a teoria desenvolvida por Luigi Ferrajoli a respeito da democracia, é importante destacar que este renomado e mundialmente conhecido teórico italiano investiu grande parte de sua vida em estudo e pesquisa para publicar os três densos volumes do *Principia iuris*. No primeiro livro ele se ocupou da Teoria do Direito. Destacou que sua construção parte do método axiomático, para analisar o direito positivo e chegar na análise da democracia constitucional. O autor parte da metateoria do direito, onde reafirma o médoto axiomático:

> La teoria qui sviluppata è una teoria del diritto assiomatizzata. *Su che cosa si fonda, come si giustifica e come si construisce* una simili teoria, distinta dalle discipline giuridiche particolari in quanto diretta non già allo studio dei contenuti normativi di un dato ordinamento giuridico, ma unicamente all'analisi delle forme e delle strutture del diritto positivo?[14]

---

[13] LUHMANN, Niklas. *Poder*. Tradução de Luz Mónica Talbot. Barcelona: Anthropos Editorial del hombre, 1995, p. 137. Tradução livre: Em primeiro lugar, se deve considerar o poder como um universal social, na teoria do poder é necessário tomar o sistema de referência, ou seja, a sociedade, como fundamento. Em outras palavras, deve-se começar pelas funções do poder para o sistema da sociedade como um todo. Este sistema de referência, de forma nenhuma, muda se a política e a lei são incluídas na perspectiva, porque os sistemas político e legal são subsistemas da sociedade que estão diferenciados para as funções sociais.

[14] FERRAJOLI, Luigi. *Op. cit.*, p. 4. Tradução livre: A teoria aqui desenvolvida é uma teria do direito axiomatizada. *Sobre que coisa se fundamenta, como se justifica e como se constrói* uma similar teoria, distinta das

Parece que Ferrajoli retorna ao dilema fundante da ciência do direito, ou seja, como se funda, como se justifica e como se constrói esta ciência a partir da estrutura do direito positivo. As respostas vão aparecendo no decorrer do capítulo sempre com outros questionamentos. O método que o autor utiliza é circular, ou conforme o próprio *L´estensione della teoria del diritto se indentifica com quella degli ambiti di esperienza ai qualli essa può essere applicata e dai quali le sue tesi possono essere suffragate.*[15] Com isso deixa claro que a teoria que propõe é uma teoria do direito positivo moderno e das formas jurídicas da democracia, afirma ainda que uma teoria contemporânea do direito tem que levar em conta a crise causada pelo processo de globalização tanto no sistema do direito quanto no sistema da política, pois temos, como vem afirmando Bolzan, um *Estado em crise,* ou ainda, a crise em que vive o Estado-Nação.

O tema da crise atual do Estado e do Direito leva o autor a pensar em um novo paradigma, qual seja, o constitucionalismo global:

> Con riferimento a multi-livello del diritto e della democrazia, è peraltro necessario un ultimo sviluppo della teoria del teoria del diritto, imposto dalle profonde transformazioni subite negli ultimi decenni dalla struttura a gradi delle istituizioni politiche e degli ordinamenti giuridici. Questa struttura, sulla quale si basano le due dimensioni- quella formale e quella sostanziale- così della validità come della democrazia costituzionale, è oggi profondamente deformata e in gran parte travolta dalla crisi del sistema delle fonti conseguente alla crisi del Stato nazionale sovrano. Sul piano giuridico,infatti, questa crisi si manifesta nel venir meno del monopolio statale della produzione giuridica.[16]

É possível identificar que o sistema do direito é constantemente irritado por outros sistemas; e, mais do que isso, está em permanente evolução. Dessa forma, necessita constantemente reafirmar o seu fechamento operativo e sua abertura cognitiva. Os limites não mais existentes do Estado-Nação só reforçam a idéia de uma sociedade cosmopolita onde as limitações geográficas tornaram-se menos importantes, especialmente no mundo ocidental. É o que descreve com muita propriedade Habermas no texto "L´Occidente diviso".[17] Neste texto, Habermas

---

disciplinas jurídicas particulares enquanto direta não já ao estudo dos conteúdos normativos de um dado ordenamento jurídico, mas unicamente à análise das formas e das estruturas do direito positivo?

[15] FERRAJOLI, Luigi. *Op. cit.*, p. 5. Tradução livre: A extensão da teoria do direito identifica-se com aquela dos âmbitos de experiência dos quais essa pode ser aplicada e dos quais as suas teses podem ser comprovadas.

[16] FERRAJOLI, Luigi. *Op. cit.*, p. 937 – 938. Tradução livre: Em referência ao multi-nível do direito e da democracia é ainda necessário um último desenvolvimento da teoria do direito imposto pelas profundas transformações ocorridas nos últimos decênios pela estrutura em degraus das instituições políticas e dos ordenamentos jurídicos. Esta estrutura, sobre a qual se embasam as duas dimensões – aquela formal e aquela substancial-assim da validade como da democracia constitucional, é hoje profundamente deformada e em grande parte transformada pela crise do sistema das fontes conseguinte às crises do Estado nacional soberano. Sobre o plano jurídico, de fato, esta crise manifesta-se no vir menos do monopólio estatal da produção jurídica.

[17] "Dalla fine del bipolarismo mondiale, con l´ascesa degli Stati Uniti a potenza mondiale dominante, si va ora delineando un´alternativa alla prospectiva di sviluppo delle costituzione cosmopolita. È vero che un mondo dominato da Stati nazionali si trova ein una fase di transizione verso lo costellazione postnazionale di una società mondiale. Gli Stati perdono la loro autonomia nella misura in cui si impigliano nelle reti orizzontali di comunicazione de questa soceità globale. Ma in questa situazione il progetto kantiano di un ordine cosmopolitico incontra non più soltanto l´obiezione tradizionale dei realisti, che affermano il primato ontologico sociale del potere sul diritto. Oggi si presentano altri oppositori di un *ethos* liberale mondiale, che essi vorrebbero porre al posto del diritto. HABERMAS, Jürgen. *L´Occidente diviso.* Traduzione di Mario Carpitella. Laterza, Roma:

reúne várias declarações feitas em conferência e entrevistas sobre a política estadunidense que ignora o direito internacional e as soberanias nacionais. Afirma ser por isso que o *Ocidente está dividido*,[18] e não pelo perigo do terrorismo como muitos autores vêm afirmando.

Retomando às discussões apresentadas por Ferrajoli, ainda no primeiro volume, ele destaca fortemente a metateoria do direito, o objetivo de reconstruir a teoria do direito e fecha as primeiras oitenta páginas da Introdução tratando a linguagem e reforçando constantemente o método axiomático:

> Il metodo assiomatico, grazie ai vincoli imposti al linguaggio e al discorso teorico dalle regole di formazione e di transformazione stipulate, impone invece scelte univoche e informate alla massima economia nella formulazione dei postulati e delle definizioni, nonchè una rigorosa coeranza con gli uni e con le altre nello svolgimento dell'interno discorso.Le operazione più difficili e impegnative riguardano indubbiamente la scelta dei postulati e delle definizioni. Una definizione teorica, in particolare, deve stipulare con rigore le condizioni sia necessaria che sufficienti per l'uso del termini definito. Non è facile, per concetti particolarmente complessi, identificarne tutti i connotati necessari. Ma ancor più difficile è individuarne i requisiti sufficienti, anche perchè il vocabolario di cui si dispone, soprattutto nei primi passi della teoria, è assai elementare e limitato.[19]

A importância dada ao método é retomada constantemente durante os três volumes, pois é um potente instrumento de análise fundamentalmente porque impõe uma reflexão sobre o interior dos conceitos, dos temas e dos problemas da própria teoria. Oportuno, portanto, para a análise da sociedade complexa onde a redução da complexidade importa sempre no incremento da própria complexidade: quanto mais avançamos na efetivação da democracia, mais exigência de democracia há. Em um comparativo com o que fala Rudolf von Jering, quando

---

Bari, 2005, p. 107-108. Tradução livre: Desde o fim do bipolarismo mundial, com a ascensão da potência mundial dominante, se vai agora delineando uma alternativa à pespesctiva de desenvolvimento da constituição cosmopolita é verdade que um mundo dominado pelos EUA se encontra em uma fase de transforação em relação a constelação pós–nacional de uma sociedade mundial. Os estados perdem a sua autonomia na medida em que se empilham nas redes horizontais de comunicação desta sociedade global. Mas, nesta situação o projeto kantiano de uma ordem cosmopolitica encontra não somente a objeção tradicional dos realistas, que afiram o primado ontológico do poder sobre o direito . Hoje se apresentam outros opositores de um ethos liberal mundial, que estes seria colocado no lugar do direito.

[18] (...) Ma la scissione segna transversalmente l'Europa e l'America stessa. In Europa essa peroccupa soprattuto coloro che si sono identificati per tutta la vita con le migliori tradizioni dell'America – ossia la radici dell'Illuminismo politico attorno al 1800, la ricca corrente pragmatista e l'internazionalismo ripreso dopo il 1945. HABERMAS, Jürgen. *L'Ocidente diviso*. Traduzione di Mario Carpitella. Laterza, Roma: Bari, 2005, p. V. Tradução livre: Mas, a cisão assinala transversalmente a Europa e aprópria amerérica. Na europa esta preocupa sobretudo com aqueles que são identificadospor toda a vida como o melhor tradição na américa – ou sejam- a raiz do iluminismo político em torno a 1800, a rica corrente pragmatista e o internacionalismo retonado depois.

[19] FERRAJOLI, Luigi. *Op. cit.*, p. 55. Tradução livre: O método axiomático, graças aos vínculos impostos à linguagem e ao discurso teórico das regras de formação e de transformaçãoes estipuladas, impõe ao contrário, escolhas unívocas e informadas à máxima economia na formação dos postulados e das definições, ainda que uma rigoras coerência com uns e com as outras no desenvolvimento do discurso interior. Essas operações mais difíceis e trabalhosas resguardam indubitavelemente a escolha dos postulados e das definições. Uma definição teórica, em particular, deve estipular com rigor as condições seja necessária que suficiente para uso do termo definido. Não é fácil, para conceitos particularmente complexos, identificar todas as conotações necessárias. Mas, ainda mais difícil é individualizar os requisitos suficientes, ainda porque o vocabulário de que se dispõe sobretudo nos primeiros passos da teoria é muito elementar e limitado.

Democracia: liberdade, igualdade e poder

diz que o direito é constante luta pelo direito, a democracia é a constante e eterna luta pela democratização da própria democracia. Assim, quanto mais elevada a complexidade social, mais elevado é o nível de democracia.

Para analisar sociedades neste contexto são necessárias teorias fortes, ou melhor, que possam dar respostas mesmo que criando novas questões, pois o conhecimento implica imbircar-se com o próprio conhecimento:

> Conhecer é introduzir-se no processo do conhecimento, é entrar em seu interior, é ver, dentro e fora, o visível e o invisível. Ser árvore, ver a árvore, viver a árvore. Conhecer também é estabelecer uma distância entre o sujeito, os seres e as coisas. É respirar dentro de si mesmo e, no caso aparente de si mesmo e da matéria, fazer surgir e reconhecer a flor alquímica, a flor de ouro, a flor da beleza sublime.[20]

Beleza sublime é o que lemos no texto de Ferrajoli, que quanto mais desenvolve a teoria do direito, tanto mais aprofunda e testa sua própria teoria.[21] O termo foi utilizado porque, conforme as reflexões de Random, a *beleza* implica respeito pelo outro.

A profundidade do método e a forma com a qual é utilizado se faz presente também na segunda parte do primeiro volume, onde é tratada a questão dos deônticos e dos comportamentos. Para apresentá-los é utilizado um quadro onde as relações lógicas *che intercorrono tra proposizioni di forma soggetto-predicato, aventi il medesimo termine come soggetto e il medesimo termine come predicato e differenti tra loro solo per l'affermazione o la negazione dell'uno o dell'altro".[22]* As relações que estão em questão são: contraditoriedade ou de alternativa, desjunção ou sub-contrariedade, incompatibilidade ou de contrariedade e implicação ou sub-alternança. É todo um modelo lógico, é uma cadeia de silogismos. Este modelo servirá de base para a discussão seguinte de expectativas deônticas.

Na segunda parte do mesmo volume é apresentado o direito positivo através da discussão dos atos jurídicos, das situações jurídicas, dos sujeitos jurídicos, dos bens jurídicos e as normas jurídicas. Conclui esta segunda parte com a importante reflexão sobre direito e força, paz e direito:

> Il diritto è la negazione della guerra e perciò implica la pace, che a sua volta si realizza solo attraverso il diritto. La pace, infatti, non è assicurata solo dal non uso sregolato della forza, ma anche da quell'uso regolato che è la sanzione, prevista appunto "ne cives ad arma veniant" sotto forma di quello che ho

---

[20] RANDOM, Michel. *O belo.* In. NICOLUESCU, Basarab *et al.* Tradução Judite Vero, Maria F. de Mello e Américo Sommerman. Brasília: UNESCO, 2000, p.121.

[21] Il metodo assiomatico è insomma, essenzialmente, uno strumento del aragionamento, tanto più prezioso quanto più complesso ed esteso è il sistema teorico elaborato. In una teoria assiomatizzata tutti i nodi vengono al pettine e nessun problema può essere accantonato. FERRAJOLI, Luigi. *Op. cit.*, p. 59. Tradução livre: o método axiomático, é essencialmente, um instrumento de atualização, tanto mais preciso quanto mais complexo dele é o sistema teórico abordado. Uma teoria todos os nós estão evidentes e nenhum problema pode ser colocado de lado.

[22] Tradução livre: que intercorrem entre proposições de forma sujeito-predicado, tendo o mesmo termo como sujeito e o mesmo termo como predicado e diferentes entre eles somente pela afirmação ou negação um do outro.

chiamato "diritto penal minimo". Si trata di ina correlazione tanto essenziale quanto banale, affermata da Hobbes alle origini della civilità giuridica moderna.[23]

Destaco, por oportuno, que a atuação política de Ferrajoli sempre foi marcada pela defesa absoluta da paz e dos direitos fundamentais, tema de grande relevo em todas as publicações do autor. O direito como negação da guerra é sua bandeira de luta cotidiana. O tema dos direitos fundamentais é também muito discutido no texto *Direito e Razão*, entre outros. Outrossim, neste primeiro livro, o tema é tratado por meio da lógica e do método axiológico no capítulo décimo, intitulado *Poteri, Diritto e Garanzie,* onde anuncia o tema do capítulo seguinte, qual seja, *Diritti Fondamentali e Diritti Patrimoniali: Sfera Pubblica e Sfera Privata.*[24]

Nesses capítulos, o autor informa que a teoria do direito pode somente estipular uma definição o máximo possível clara e precisa do conceito de direitos fundamentais, a qual pode – para Ferrajoli – identificar os tratados formais e estruturais que são tutelados pelo direito positivo, apontando quais os interesses por estes reconhecidos e estabilizados como direitos fundamentais. Seguem as reflexões, ainda, tratando da universalidade destes direitos, a qual consiste na *moderna iguaglianza giuridica,* ou seja, são aqueles direitos que dizem respeito a todos enquanto pessoas naturais ou enquanto cidadãos. Também aqui o autor se utiliza de formas lógicas para explicar a fundamentalidade dos direitos fundamentais.

Adiante, aproximando-se do final do primeiro volume, aparece a discussão forte e oportuna sobre o paradigma do Estado Constitucional de Direito, onde é reforçada a idéia de que o direito é essencialmente linguagem, repleto de sinais e significados, os quais certamente estarão implicados nas decisões tomadas pelos operadores do direito:

> Se ne è dedotto che le decisioni, e più in generale gli atti formale, sono regolati da specifiche norme deontiche sulla loro produzione che ne vincolano forme e significati e che equivalgono ad altrettante regole del linguaggio e della comunicazione giuridica.
>
> Possiamo meglio chiarire, a questo punto, le differenze strutturali che distinguono il diritto dagli altri sistemi deontici, il diritto positivo moderno dal diritto premoderno, il diritto dello stato costituzionale e dal

---

[23] FERRAJOLI, Luigi. *Op. cit.*, p. 471. Tradução Livre: O direito é a negação da guerra e, por isso, implica a paz, que por sua vez, realiza-se somente através do direito. A paz, de fato, não é assegurada somente pelo uso não regulado da força, mas também por aquele uso regulado que é a sanção prevista "ne cives ad arma veniant" sob a forma daquele que chamei "direito penal mínimo". Trata-se de uma correlação tanto essencial quanto banal afirmada por Hobbes nas origens da civilição jurídica moderna.

[24] Aqui Ferrajoli propõe algumas questões como norteadoras do capítulo : "La definizione qui proposta sarà una definizione 'formale', come sono del resto tuttte le definizioni della teoria. Essa ci dirà *cosa sono* i diritti fundamenatali, o meglio cosa convegniamo d'intendere con questa espressione, e non certo *quali sono* i diritti fondamentali e quali classe di soggeti ne sono titolari. Queste sono questioni che dependano dal diritto positivo, e alle quali può quindi rispondere solo la dogmatica dei singoli ordinamenti guiridici, e non certo una teoria di ordinamento non guisnaturalistico ma guispositivistico:ciascuno ordinamento, infatti, può contenere cataloghi più o meno ampi did diritti fondamentali e perfino non contenere nessuno". FERRAJOLI, Luigi. *Op. cit.*, p. 725. Tradução livre: a definição aqui proposta será uma definição "formal" como são, de resto, todas as definições da teoria. Essa nos dirá o que são os direitos fundamentais, ou melhor, o que entendemos com esta expressão e não de fato quais são os direitos fundamentais e quais classes de sujeitos são titulares. Estas são questões que dependem do direitopositivo, e as quais pode então responder somente a dogmática dos singulares ordenamentos jurídicos e não por certo uma teoria de ordenamento não-jusnaturalista, mas juspositiva, cada ordenamento, de fato, pode ter catálogos mais ou menos amplos de direitos fundamentais, até não conter nenhum.

Democracia: liberdade, igualdade e poder

199

diritto dello stato legislativo di diritto. (...) tutti i sistema deontici, dalle regole giuridiche a quelle della morale o del costume, sono sistemi linguistici, cioè lingue e al tempo stesso linguaggi nei quali avviene la comunicazione in funzioni prescrittiva e daí qualle trai senso l´agire sociale. Ciò che caratterizza *il diritto* rispetto a tutti agli altri sistemi deontici è il fatto che i significati giuridici , sono "causati" – cioè prodotti come effetti, oltre che esperessi – da atti lingusitisci, riconoscibili come "giuridici" sulla base delle forme per essi predisposte, quali condizioni di appartenenza al linguaggio giuridico, da quelle regole d´uso della lingua giuridica che sono le norme giuridiche. (...)[25]

Ferrajoli segue até o final do primeiro volume nesta mesma linha de pensamento. Já no capítulo seguinte tratará do tema que interessa sobremaneira ao projeto de pesquisa do qual se origina este ensaio: a Teoria da Democracia. É sobre isso que trataremos nos parágrafos seguintes, pois servirá como base teórica para o desenvolvimento da pesquisa, especialmente como método de análise da parte empírica, na qual serão entrevistados operadores jurídicos, políticos e sociais.

A Teoria da Democracia seguirá utilizando o mesmo referencial teórico que a Teoria do Direito, ou seja, a teoria axiomática do direito, o sistema de limites e vínculos,

> di controlli e di sepazioni, imposto ai diversi tipi di potere dal paradigma costituzionele e, tuttavia, laragamente inattuato a causa della mancanza di adeguate garanzie. Sulla base di questo paradigma, essa delinea un modello normativo di democrazia non solo formale ma anche sostanziale, articolato nelle quattro dimensione – politica, civile, liberale e sociale- corrispondente ad altrettante classi di diritti costituzionalmente stabiliti.[26]

Com essa fundamentação, indicada na contracapa do segundo volume, o autor nos convida a percorrer as 713 páginas da sua teoria da democracia, que servirá de base principiológica e elementar para a pesquisa. Ele nos coloca diante de problemas novos com velhas soluções e, em outros momentos do texto, traz problemas velhos com novas soluções. Observa-se e encontra-se fundamental, para quem se aventurar a caminhar por estas páginas, ter presente a idéia de que é por meio do paradigma enunciado acima que vai sendo delineado um modelo normativo de democracia, não somente formal mas também substancial, obviamente articulado nas dimensões elencadas. Sua teoria aborda, outrossim, a crise de representação e de dissolução da legalidade, as muitas possibilidades no con-

---

[25] FERRAJOLI, Luigi. *Op. cit., p.* 846 – 847. Tradução livre: Se diz que as decisões, e mais em geral, os atos formais, são regulados por específicas normas deônticas sobre sua produção que viculam formas e significados e que equivalem a outra regras da linguagem e da comunicação jurídica. Podemos melhor esclarecer, neste ponto, as diferenças estruturais que distinguem o direito dos outros sistemas deônticos, o direito positivo moderno do direito pré-moderno, o direito do estado constitucional do direito do estado legislativo de direito (...) todos os sistemas deônticos, das regras jurídicas e aquelas da moral e dos costumes, são sistemas linguísticos, ou seja, linguas e ao mesmo tempo linguagens nas quais acontece a comunicação em função prescritiva e das quais traz sentido no agir social. Aquilo que caracteriza o direito com relação a todos os outros sistemas deônticos é o fato de que os significados jurídicos são "causados" – ou seja, produzidos como efeitos, mais do que expressos- por atos linguísticos, reconhecidos como "jurídicos" sobre base das formas para este predispostas, como condições de pertencer à linguagem jurídica, daquelas regras de uso da língua jurídica, que são normas jurídicas.

[26] FERRAJOLI, Luigi. *Op. cit.*, Vol. 2, contracapa. Tradução livre. De controle e de separação imposto aos diferentes tipos de poder do pradigma constitucional e, todavia , largamente não atuante por causa da falta de garantias adequadas. Sobre a base deste paradigma, essa delineia um modelo normativo de democracia não só formal mas também substancial, articulado nas quatro dimensões – política, civil, liberal e social – correspondente a tantas outras classes de direitos constitucionalmente estabelecidas.

fronto ao sistema econômico global, destacando que não se trata de uma utopia jurídica, *bensì della sola alternativa realistica e razionale, disegnata dalle vigenti costituizioni statali e savrastatali, a un futuro de guerra, di disuguaglianze e devastazioni in grado di minare le stesse già fragili democrazia nazionali.*[27]

Assim, Ferrajoli enfatiza a importância de vincular a sua teoria, inicial e fundamentalmente, como a filosofia. Sua atuação política em defesa constante dos direitos humanos, no entanto, faz com que ele trabalhe buscando sempre a realidade que pode e deve ser transformada. É o que se depreende quando ele coloca que não é uma utopia, mas é algo que pode e deve ocorrer, e que, apesar da fragilidade das nossas democracias, é preciso e urgente pensar em novas formas de enfrentar os problemas, não mais através das guerras, mas buscando na *paz* os fundamentos para a sociedade global. Caso contrário, existirão problemas tanto na democracia formal como na democracia substancial. Estes aspectos são tratados em todo o capítulo (16), onde se lê:

> La vicenda storica della sovranità degli Stati nazionali si conclude, sul piano normativo, nella prima metà del secolo scorso. L'assenza di limiti e di garanzie nei confornti dei supremi poteri di maggioranza, mentre negli ordinamenti interni dei paesi di più fragile democrazia è degenerata in regimi totalitari, nelle relazioni esterne di quasi tutti i paesi europei há finito con l'assecondare politiche di potenza, manifestatesi nelle colonizzazione di gran parte del pianeta e deflagrate nelle due guerre mondiali.[28]

Certamente, há muito a aprender com a história, mas, sobretudo precisamos entender que a história pode ser construída com outras bases de sustentação política, não podemos repetir modelos totalitários. A possibilidade da construção de uma sociedade cosmopolita, fundada na paz e não na guerra, é concreta e cada dia mais real. Entende-se que a democracia constitucional tem um custo, assim como os direitos fundamentais, mas esta é função do Estado, o qual não pode – em uma sociedade democrática – pensar em lucro: *la crescita economica e la produzione della ricchezza, pur essendo necessarie alle funzioni pubbliche ad esse assegnate, non ne rappresentano gli scopi e neppure i parametri di legittimità.*[29]

A teoria desenvolvida neste segundo volume será objeto de discussão para os próximos passos da pesquisa empírica, onde questionaremos com vários profissionais sobre os limites e possibilidades da efetivação da democracia nos três países onde a pesquisa está sendo realizada. Já o terceiro volume, intitulado *Principia iuris,* trata da *Sintassi del diritto,* onde o método é ainda mais evidencia-

---

[27] FERRAJOLI, Luigi. *Op. cit.*, Vol. 2, contracapa. Tradução livre. Mas sim da única alternativa realista e racional, desenhada pelas vigentes constituições estatais e sobre-estatais, a um futuro de guerra, desiguladade e devastação em grau de minar as mesmas já frágeis democarcias nacionais.

[28] FERRAJOLI, Luigi. *Op. cit.*, p. 489. Tradução livre: a história da soberania dos Estados-nação conclui-se, no plano das normas, na primeira metade do século passado. A ausência de limites e as garantias nos confrontos de poder supremo da maioria, enquanto nos sistemas internos dos países mais frágeis a democracia é degenerada em regimes totalitários, nas relações externas, de quase todos os países europeus acabou terminando com políticas de potências, têm surgido na maior parte da colonização do planeta e deflagram nas duas guerras mundiais.

[29] FERRAJOLI, Luigi. *Op. cit.*, p. 68. Tradução livre: O crescimento econômico e a produção de riqueza, apesar de funções públicas necessárias que lhes são atribuídas, não representam os objetivos nem os parâmetros legitimidade.

Democracia: liberdade, igualdade e poder

do através da linguagem e da lógica formal, ou melhor ainda, por meio dos vários *sinais* descritivos, subjetivos e predicativos. Com efeito, as 1.013 páginas são repletas de fórmulas e sinais, capazes de serem compreendidos através do primeiro e segundo volumes. O autor define este terceiro volume com sendo um *appendice:*

> Questa appendice, del resto, benchè contenga l´intera teoria, non è destinata ad essere letta, ma solo consultata. La sua pubblicazione ha lo scopo di mostrare la validità delle tesi dimostrate rispetto alle loro premesse, la coerenza interna dell´insieme delle tesi teoriche rispetto ai postulati e alle definizioni prescelte e perciò l´utilità e la fecondità del metodo adottato. A un primo livello di analisi essa vale ad esplicare il senso completo delle varie tesi (...) A un secondo livello di analisi, più approfondito, essa disegna la sintassi della teoria(...) A un terzo livello, infiene, essa consente di penetrare nella struttura della costruzione e del raggionamento teorico, esponendo al controllo di validità le demostrazioni dei 1679 teoremi (...) La sintassi del nostro linguaggio teorico è definita dai tre seguenti elementi: 1) i vocabolario...2) le regole di formazione...3) le regole di transformazione.[30]

Seguindo com as indagações sobre a possibilidade da democracia, incluir-se-ão as reflexões de Focault a respeito do tema.

III – Democracia e Poder

Se democracia é a forma de governo onde o poder emana do povo, ao mencioná-la importa analisar de que poder se está falando e qual povo o exerce.

A diferença das épocas pré-modernas, quando a discordância *versus* o príncipe era sinal de degradação moral ou de loucura, é que hoje isso representa o sentido próprio da comunicação política. A legitimação da oposição é a verdadeira novidade da política moderna até o ponto em que as decisões dos governos e dos parlamentos são de se considerar democráticas somente se precaverem esses mesmos, das alternativas de descartar, mas de qualquer forma legítimas. Mesmo a melhor das idéias deve ter uma alternativa, e isto esconde um paradoxo típico do poder e da política democrática: o detentor do poder deve ser colocado sob os vínculos que esses mesmos decidem; é um soberano que limita a própria soberania. A relação dominante-dominado vem neutralizada e escondida pela democracia, que se torna o *dominus sine domino* da modernidade;[31] no lugar do antigo soberano, que era legitimado pela sua superioridade moral e, por isso, poderia ser concebido como um mero decisor, *subentra* o povo como não-lugar da soberania democrática, não-responsável e não-imputável.

---

[30] FERRAJOLI, Luigi. *Op. cit.*, p. 4-5. Tradução livre: Este apêndice, de resto, se bem que contém toda a teoria, não se destina a ser lido, mas apenas consultado. Sua publicação tem por escopo demonstrar a validade dos argumentos demonstrados a respeito das premissas, a coerência interna da tese, em comparação com postulados e às definições selecionados e, por conseguinte, a utilidade e fecundidade do método a adotado. No primeiro nível de análise, ela explica o significado completo de várias teses (...) Num segundo nível de análise, de forma mais aprofundada, ela chama a sintaxe da teoria (...) Num terceiro nível, enfim, ela permite penetrar na estrutura da construção e do pensamento teórico, expondo o controlo de validade das demonstrações dos teoremas dos 1679 (...) A sintaxe da nossa língua teoria é definida pelos seguintes três elementos: 1) o vocabulário... 2) regras de formação... 3) as regras de transformação.

[31] LUMANN, Niklas. 2000, p. 357.

Michael Foucault esclareceu que poder não é um objeto, mas uma prática social.[32] Mais que repreender, o poder serve para gerenciar, controlar, fiscalizar. Ao entender-se que em um Estado Democrático de Direito o poder pertence ao povo, para se viver em uma democracia, esse mesmo povo deve criar mecanismos de controle e fiscalização do Estado e de si mesmo. Para tanto, deve construir o que é verdadeiro para si e para a comunidade na qual vive.

A relação entre poder e verdade, a qual está ligada aos sistemas de poder, é enfrentada por Foucault:

> (...) o importante é que a verdade não existe fora do poder ou sem poder (...). A verdade é deste mundo; ela é produzida nele graças a múltiplas coerções e nele produz efeitos regulamentados de poder. Cada sociedade tem seu regime de verdade, sua "política geral" de verdade: isto é, os tipos de discurso que ela acolhe e faz funcionar como verdadeiros; os mecanismos e as instâncias que permitem distinguir os enunciados verdadeiros dos falsos, a maneira como se sanciona uns e outros; as técnicas e os procedimentos que são valorizados para a obtenção da verdade; o estatuto daqueles que têm o encargo de dizer o que funciona como verdadeiro.[33]

Esclarece o autor, ainda, que na sociedade as múltiplas relações de poder perpassam, caracterizam e constituem o corpo social, não podendo se dissociar, tampouco se estabelecer ou funcionar sem uma produção, uma acumulação, uma circulação, um funcionamento do discurso verdadeiro. Para o autor, não existe exercício do poder sem uma certa economia dos discursos de verdade que funcionam nesse poder. Ainda, somos submetidos pelo poder à produção da verdade e só podemos exercer o poder mediante a produção da verdade.[34] Esta verdade torna-se norma, que veicula, que decide, que se impõe.

Foucault tentou mostrar não só como o direito é, de uma forma geral, um instrumento de dominação, mas também como, até onde e sob que forma o direito veicula e aplica relações que não são relações de soberania, mas relações de dominação que, aqui, indicam

> (...) múltiplas formas de dominação que podem se exercer no interior da sociedade: não, portanto, o rei em sua posição central, mas os súditos em suas relações recíprocas; não a soberania em seu edifício único, mas as múltiplas sujeições que ocorreram e funcionam no interior do corpo social.

O poder, para Foucault, deve ser analisado como algo que circula, que só funciona em cadeia. O poder funciona, afirma o autor, porquanto se exerce em rede, na qual não só os indivíduos circulam, mas estão sempre em posição de serem submetidos a esse poder e também de exercê-lo, ou seja, serão sempre intermediários do poder. Assim, "o poder transita pelos indivíduos, não se aplica a eles".[35]

Em uma democracia, não basta a informação ou declaração de que o poder emana do povo. É preciso que as pessoas, cada uma delas, sintam isso. Mais, é

---

[32] FOUCAULT, Michel. *Microfísica do Poder*. 16 ed. Rio de Janeiro: Graal, 2001, p. X.

[33] Idem, segundo capítulo.

[34] FOUCAULT, 1999, op. cit., p. 28.

[35] FOUCAULT, 1999, op. cit., p. 19.

necessário que se saiba que poder é esse e para onde se destina. Poder de decidir é também assumir responsabilidade e riscos. É isso o que se quer? Não seria esse um poder que assusta, mais que autoriza? Entende-se que a relação democracia e poder sintetiza-se no binômio poder-dever, no qual não só se pode fazer, mas se deve executar.

Considerações finais

O reconhecimento da complexidade das relações inerentes à democracia é a peça fundamental do quebra cabeça da teoria do direito contemporâneo que, perante o papel da Constituição, como fonte de legitimidade da atuação dos poderes do Estado, encontra nos direitos fundamentais a base para estabelecer expectativas normativas que possibilitem, ao mesmo tempo, a proteção dos direitos e a dinâmica nas relações sociais que constroem e instrumentalizam os valores concebidos ao longo da história.

Assim, os textos constitucionais, ao trazerem valores que por vezes parecem antagônicos entre si, estabeleceram uma nova lógica de atuação que estrutura-se nos direitos humanos como fonte inescusável de base para a sustentação de qualquer modelo de sociedade, onde a legitimidade somente se faz presente perante a observância dos direitos fundamentais que devem relacionar-se com toda atuação institucional no âmbito de um sistema democrático.

Pode-se dizer que o contrato social previsto nos textos constitucionais modernos está embasado na racionalidade da atuação estatal, a qual deve possibilitar a distribuição de poder como forma de constante legitimação. Sendo assim, a dinâmica das relações aparece como possibilidades de construção e constante aprimoramento da democracia.

Diante dessa realidade, as criações de redes de inclusão apresentam-se como o grande foco dos sistemas democráticos que pelo fato de reconhecerem as tensões sociais não se escusam de buscar resolvê-las criando novas alternativas que, sucessivamente, aumentam a complexidade e os pólos de tensionamento.

Todavia, a circulação do poder encontra limites nos direitos fundamentais, criando um aparato burocrático que por vezes faz com que este não seja devidamente distribuído, o que não torna ilegítima a figura do Estado e tampouco faz com que as relações sociais se tornem estáticas. Porém, diante dessa realidade, surgem ações que visam formas de inclusão que, paradoxalmente, geram também exclusão.

Assim, a estabilidade do sistema social necessita ser pensada a partir da lógica das contradições que somente a democracia permite, ou seja, a tão sonhada paz social idealizada pelo sistema jurídico ganha novas perspectivas perante a gama de conquistas reconhecidas pelos textos constitucionais que permitem situações as quais, não raramente, são conflitantes entre si.

Diante da realidade da sociedade hodierna, influenciada pela lógica das novas tecnologias, instabilidades e incertezas do sistema econômico, pode-se dizer que a manutenção e o aprimoramento da democracia, em seu sentido de razão de ser, somente é possível se houver bases racionais que se fundamentem nos direitos humanos e que garantam o exercício da cidadania acima de qualquer preço.

Dessa forma, não restam dúvidas de que o sistema democrático é o sistema caracterizado pelo reconhecimento das diferenças e contradições, onde liberdade e igualdade significam muito mais do que seus sentidos próprios, tendo em vista que simbolizam a complexidade e a necessária busca de sua redução. Porém, a busca pela redução da complexidade não pode ser a porta de entrada para situações que visem à redução do reconhecimento desta, uma vez que se corre o risco de se estabelecer discursos singulares e falaciosos, onde se diminui o sentido da democracia e conseqüentemente forma-se uma visão limitada do âmbito de abrangência das práticas democráticas.

Bibliografia

DURKHEIM, Emile. *Le forme elementari della vita religiosa*. Milano, 1963.

HOLMES, Stephen. *Passioni e vincoli. I fondamenti della democrazia liberale*. Torino, 1998.

FERRAJOLI, Luigi. *Principia iuris. Teoria del diritto e della democrazia. 2. Teoria della democrazia*. Volumes I e II. Bari, Editori Laterza, 2007

FOUCAULT, Michel. *Microfísica do Poder*. 16 ed. Rio de Janeiro: Graal, 2001.

LUHMANN, Niklas. *Die Politik der Gesellschaft*. Frankfurt, 2000.

———. *Poder*. Tradução Luz Mónica Talbot. Anthropos Editorial del hombre. Barcelona, 1995.

NEVES, Marcelo. *Verfassung und Positivität des Rechts in der peripheren Moderne: Eine theoretische Betrachtung und eine Interpretation des Falls Brasiliens*. Berlin, 1992.

———. *A constitutionalização simbólica*. São Paulo, 1994.

PARSONS, Talcott. *The Evolution of Societies*. Englewood Cliffs (NJ), 1977.

PODLECH, Adalbert. *Gehalt und Funktionen des allgemeinen verfassungsrechtlichen Gleichheitssatzes*. Berlin, 1971.

RANDOM, Michel. O belo. In. NICOLUESCU, Basarab et al. Tradução Judite Vero, Maria F. de Mello e Américo Sommerman. Brasília: UNESCO, 2000.

TOCQUEVILLE, Alexis de. *La democrazia in America*. Torino, 1991.

— XIII —
A fundamentação do direito na democracia: entre moralidade, utilidade e legislação

WLADIMIR BARRETO LISBOA[1]

Sumário: 1. Introdução; 2. Análise a partir de um caso. O julgamento da ADI nº 1.351-3 pelo STF; 3. Dworkin e a leitura moral da Constituição; 4. Herbert Hart: entre a utilidade e os direitos; 5. Dworkin e a premissa majoritária; 6. Jeremy Waldron e a dignidade da legislação; 7. MacCormick e a coerência do direito.

1. Introdução

Constitui uma exigência dos regimes políticos democráticos que o controle da constitucionalidade não esteja em contradição com a liberdade dos cidadãos, na medida em que, caso contrário, seu exercício reduziria substancialmente o princípio segundo o qual, na democracia, o povo governa a si próprio? Podem as decisões coletivas ser democráticas e, simultaneamente, não refletirem as preferências da maioria, isso é, não serem tomadas em condições tais que cada um tenha tido um peso igual na decisão?

Essas duas interrogações refletem, creio, um dos nós górdios das discussões contemporâneas acerca da natureza da democracia tal como a concebemos a partir da expressão corrente *Estado Democrático de Direito*. Não se trata de um problema acaciano destinado apenas a lustrar o pedante solipsismo da vulgata jurídica. O repositório das controvérsias juridicamente relevantes não repousa apenas em discussões que mobilizam temas globais. Problemas prosaicos geralmente excluídos dos holofotes da mídia acadêmica também envolvem questões jurídicas genuínas que exigem a mobilização de um aparato conceitual complexo acerca do significado, por exemplo, da expressão *concepção constitucional de democracia*. Diferentes autores têm aportado respostas divergentes acerca da natureza da democracia hoje. Independente das convicções que os diferentes atores do universo do direito acreditem ter, importa, previamente, situar, em parte, a natureza da discussão em sua maior clareza possível. Com esse propósito, analisarei os pontos de vista de alguns autores que divergem substancialmente acerca do significado da expressão corrente *democracia*. Analisarei esse tema à luz de um julgamento do STF sobre a constitucionalidade de Lei nº 9.096, que impunha certos limites ao funcionamento dos partidos políticos.

---

[1] CNPq, Doutor em Filosofia Política pela Université de Paris – I, Panthéon/Sorbonne, Professor da disciplina "Ética e Fundamentação dos Direitos" no PPG em Direito – Unisinos, Advogado.

Não é o propósito desse artigo tomar uma posição no debate, mas apenas apresentar, de um modo que pretendo didático, alguns dos argumentos de uma prolífica discussão que se estende já há anos na teoria do direito.

2. Análise a partir de um caso.
O julgamento da ADI nº 1.351-3 pelo STF

Em 07/12/2006, julgando a Ação Direta de Inconstitucionalidade n. 1.351-3/DF, que reivindicava a incompatibilidade do artigo 13 da Lei dos Partidos Políticos – Lei n. 9.096, de 19 de setembro de 1995 – com a Constituição Federal, o Supremo Tribunal Federal declarou, por unanimidade, a inconstitucionalidade do referido artigo. Diz ele: "art. 13 – Tem direito a funcionamento parlamentar, em todas as Casas Legislativas para as quais tenha elegido representante, o partido que, em cada eleição para a Câmara dos Deputados, obtenha o apoio de, no mínimo, cinco por cento dos votos apurados, não computados os brancos e os nulos, distribuídos em, pelo menos, um terço dos Estados, com o mínimo de dois por cento do total de cada um deles". Portanto, segundo o texto atacado, deveriam os partidos políticos obter cinco por cento dos votos válidos para a Câmara dos Deputados, considerada a votação em todo o território nacional, excluídos brancos e nulos, distribuição desse percentual mínimo em pelo menos um terço dos Estados brasileiros, obtenção, em cada um dos nove estados, da percentagem mínima de dois por cento. Os artigos 41 e 48 da mesma lei, igualmente objetos da controvérsia, conectam tais exigências à obtenção dos fundos partidários e ao tempo disponível para a propaganda partidária. Segundo suas redações, noventa e nove por cento do fundo partidário deveriam ser rateados entre os partidos políticos que atendessem às condições do art. 13 e, mais, a percentagem mínima de um por cento seria distribuída entre os partidos que possuíssem estatutos registrados no Tribunal Superior Eleitoral. Por fim, reservar-se-iam dois minutos de propaganda eleitoral nacional aos partidos que não preenchessem os referidos requisitos do artigo 13.

Em seu voto, o relator da ADI, Ministro Marco Aurélio, que tomamos aqui como expressando, no essencial, a posição do Tribunal, inicia por destacar que, observadas tais exigências, dos vinte e nove partidos existentes, apenas sete alcançariam o patamar de cinco por cento dos votos para a Câmara dos Deputados, obtendo, portanto, a possibilidade de desfrutar de funcionamento parlamentar, do rateio da quase totalidade do fundo partidário e de inserções semestrais em redes nacionais e regionais de oitenta minutos ao ano.

No substancial, o voto do Ministro-Relator sustenta a inconstitucionalidade dessas exigências sob os seguintes argumentos: a) O artigo 1º da Constituição Federal de 1988 estabelece como um dos fundamentos da República o pluralismo político (inciso V). Seu parágrafo único, por sua vez, afirma que todo poder emana do povo, que o exerce por meio de representantes eleitos ou diretamente. O artigo 17, a seu turno, capítulo V do Título II, que trata dos direitos e garantias fundamentais,[2] afirma a liberdade dos partidos políticos quanto a sua criação, fusão, incorporação e extinção, evidenciando a necessidade de se resguardar a soberania nacional, o regime democrático, o pluripartidarismo e os direitos fundamentais da pessoa humana. Vê-se aqui, segundo o Ministro, o relevo maior atribuído à multiplicidade política: como fundamento da República. Estabeleceu-se a necessidade do pluralismo político e, quanto aos partidos políticos, previu-se a livre criação, fazendo-se referência, de maneira clara, ao pluripartidarismo.

Em síntese,[3] argumenta o Ministro, as previsões constitucionais implicam a neutralização da *ditadura da maioria*, afastado do cenário nacional todo totalitarismo hegemônico. Tampouco se pode querer, continua o Ministro, que a referência do art. 17 à necessidade de lei para disciplinar o funcionamento parlamentar permita dispor sobre algo de fundamental relevância como o é a criação de partidos políticos cuja existência venha a depender de seu desempenho nas urnas. Enfim, conclui, não se pode admitir que lei inviabilize o funcionamento parlamentar, extinguindo as bancadas dos partidos minoritários.

Após analisar em detalhes a situação em que permaneceriam os partidos políticos e seus representantes eleitos caso fosse mantida a constitucionalidade da lei em questão, passa o relator, Ministro Marco Aurélio, a uma análise dos princípios que se encontram no fundamento de seus argumentos, tais como os de *estado democrático de direito* e *proteção das minorias*. Assim, afirma ele:

> Que fique ressaltado, em verdadeira profissão de fé, em verdadeiro alerta a desavisados, encontrar-se subjacente a toda esta discussão o ponto nevrálgico concernente à proteção dos direitos individuais e das minorias, que não se contrapõe aos princípios que regem o governo da maioria – cuja finalidade é o alcance do bem-estar público, a partir da vontade da maioria, desde que respeitados os direitos dos setores minoritários, não se constituindo, de forma alguma, em via de opressão destes últimos. No Estado Democrático de Direito, a nenhuma maioria, organizada em torno de qualquer ideário ou finalidade – por mais louvável que se mostre –, é dado tirar ou restringir os direitos e liber-

---

[2] Transcrevo aqui a totalidade do artigo 17 da Constituição Federal de 1988 (os grifos são meus): Art. 17. É livre a criação, fusão, incorporação e extinção de partidos políticos, resguardados a soberania nacional, o regime democrático, o pluripartidarismo, os direitos fundamentais da pessoa humana e observados os seguintes preceitos:
I - caráter nacional;
II - proibição de recebimento de recursos
financeiros de entidade ou governo estrangeiros ou de subordinação a estes;
III - prestação de contas à Justiça Eleitoral;
IV - funcionamento parlamentar *de acordo com a lei.*
§ 1º É assegurada aos partidos políticos
autonomia para definir sua estrutura interna, organização e funcionamento e para adotar os critérios de escolha e o regime de suas coligações eleitorais, sem obrigatoriedade de vinculação entre as candidaturas em âmbito nacional, estadual, distrital ou municipal, devendo seus estatutos estabelecer normas de disciplina e fidelidade partidária.
§ 2º Os partidos políticos, após adquirirem personalidade jurídica, na forma da lei civil, registrarão seus estatutos no Tribunal Superior Eleitoral.
§ 3º Os partidos políticos têm direito a recursos do fundo partidário e acesso gratuito ao rádio e à televisão, *na forma da lei.*
§ 4º É vedada a utilização pelos partidos políticos de organização paramilitar.

[3] Não tenho a pretensão aqui de reconstruir a totalidade dos fundamentos do voto do Ministro-Relator. Tento apenas articulá-los em função de meu argumento.

dades fundamentais dos grupos minoritários dentre os quais estão a liberdade de se expressar, de se organizar, de denunciar, de discordar e de se fazer representar nas decisões que influem nos destinos da sociedade como um todo, enfim, de participar plenamente da vida pública, inclusive fiscalizando os atos determinados pela maioria. Ao reverso, dos governos democráticos espera-se que resguardem as prerrogativas e a identidade própria daqueles que, até numericamente em desvantagem, porventura requeiram mais da força do Estado como anteparo para que lhe esteja preservada a identidade cultural ou, no limite, para que continue existindo.[4]

Inequívoca, portanto, a fundamentação do voto em uma concepção acerca da noção de tolerância como valor maior a sustentar a interpretação dos textos jurídicos objetos de controvérsia. Um regime democrático apenas subsiste com a manutenção das minorias, preservadas pelos direitos constitucionais assegurados constitucionalmente. "Democracia não é a ditadura da maioria !", conclui o Ministro.

A seguir, tentarei mostrar de que modo as concepções de base que fundamentam o voto acima exposto podem encontrar uma sistematização teórica complexa e articulada na teoria jurídica de Ronald Dworkin. Igual consideração e respeito, tolerância, defesa de determinadas minorias e repúdio ao utilitarismo são temas que concernem o centro mesmo de sua teoria. Analisarei a seguir de que modo os argumentos de Dworkin, em seu artigo intitulado *Rights as trumps,*[5] poderiam oferecer uma possível defesa dos argumentos do Supremo Tribunal Federal no julgamento da referida ADI.

3. Dworkin e a leitura moral da Constituição

Segundo Dworkin, a melhor maneira de compreender os direitos consiste em concebê-los como *trunfos* sobre certas justificações invocadas em apoio de decisões políticas que enunciam um objetivo para a comunidade em seu conjunto. Trunfo que deve proteger certos direitos mesmo que a sociedade esteja convencida de que estaria melhor sem eles.

O utilitarismo, ao contrário, sustentaria que a finalidade da política consiste em satisfazer uma proporção mais ampla possível dos objetivos que as pessoas atribuem a suas existências. Desse modo, uma comunidade estará em uma situação melhor se seus membros estiverem, em média, mais felizes, ou se um maior número de suas preferências estiver satisfeita. Suponhamos agora, prossegue Dworkin, que a supressão da pornografia satisfizesse esse critério porque, por sua interdição, os desejos e preferências de seus simpatizantes são menos potentes que os desejos e preferências da maioria, aí incluindo o modo como os demais deveriam viver.

Toda dificuldade de sustentar uma teoria aceitável que afirme o direito de alguns à independência moral repousa na estrutura igualitária em que se assenta

---

[4] BRASIL. Supremo Tribunal Federal. Ação Direta de Inconstitucionalidade n. 1.351-3. Partido Comunista do Brasil e Partido Democrático Trabalhista. Relator Ministro Marco Aurélio. Diário de Justiça 30.03.2007, p. 40-41.

[5] Dworkin, R. « Rights as Trumps ». In WALDRON, J. (ed.). *Theories of Rights*, Oxford, Oxford University Press, 1984, p. 153-167.

o utilitarismo: todos são tratados de igual modo na circunstância em que as preferências de cada um são avaliadas em relação a uma escala única, sem distinção das pessoas ou do mérito. Caso o utilitarismo sustentasse que as preferências de determinadas pessoas são menos importantes que as de outras no cálculo sobre a melhor maneira de satisfazer o conjunto das preferências (seja porque possuiriam um menor valor ou porque consideramos seus modos de vida desprezíveis), então, nessas circunstâncias, a teoria perderia todo seu caráter atrativo. Ora, a reivindicação da existência de direitos morais surge justamente quando uma decisão política que prejudica determinados indivíduos parece justificada pelo fato de que ela melhora a situação da comunidade em seu conjunto. Segundo Dworkin, ainda que o utilitarismo se preocupe com a prosperidade e o desenvolvimento das pessoas e com a satisfação de interesses amplamente disseminados em uma sociedade, uma decisão política que apela ao bem-estar da comunidade atribuiria uma atenção insuficiente no que diz respeito a seu impacto sobre as minorias.

Entretanto, apesar de seu caráter atraente, o utilitarismo corrompe-se sempre que não é imposta uma barreira de proteção ao *direito à independência moral*. Para ilustrar esse ponto, Dworkin propõe um exemplo:[6] suponhamos que uma comunidade composta de numerosos membros, aí incluída Sarah, esteja instituída sob a forma ordinária do utilitarismo. Suponhamos igualmente que nessa comunidade haja um número surpreendente de pessoas que admiram enormemente Sarah e que possuem, conseqüentemente, uma forte preferência pelas preferências de Sarah. Nessas circunstâncias, as preferências de Sarah contariam duas vezes, *i.e.*, as suas e a de seus admiradores, que, ao final, são também as suas próprias. Nessas circunstâncias, Sarah receberá uma parte maior de bens e vantagens. Mas isso justamente destruiria, segundo Dworkin, a estrutura igualitária e a aparente neutralidade de tal constituição fundada no utilitarismo: nas decisões concernentes às repartições mais suscetíveis de promover a utilidade, uma importância particular seria atribuída àqueles que sustentam justamente uma concepção contrária à neutralidade, a saber, aquela segundo a qual as preferências de alguns deveriam ser mais consideradas (ou contar mais) que as de outros. Entretanto, se o utilitarismo afirma que ninguém tem mais direito à satisfação de suas preferências e que o único motivo que justifica a não-satisfação do desejo de alguém é o de satisfazê-lo para um maior número, então toda questão consiste em saber se um governo que levasse em conta as preferências políticas dos admiradores de Sarah não estaria contradizendo, nesse momento, o argumento da neutralidade.

Para Dworkin, o único modo de integrar o utilitarismo a uma teoria política atrativa e funcional seria conceber os direitos como trunfos (*rights as trumps*) sobre um utilitarismo sem restrições. Uma tal teoria é preciosa sempre quando uma comunidade manifesta preconceito contra determinadas minorias ou quando sustenta convicções segundo as quais o modo de vida dessa minoria constitui uma ofensa às pessoas de "boa moral". Dworkin não está exortando, evidentemente,

---

[6] Dworkin, R. « Rights as Trumps ». In WALDRON, J. (ed.). *Theories of Rights*, Oxford, Oxford University Press, 1984, p. 155.

A fundamentação do direito na democracia:
entre moralidade, utilidade e legislação

que o processo político não imponha restrições às decisões, pois, nesse caso, estaria invalidando toda deliberação em favor de assistência social ou medidas conservadoras em favor das gerações futuras. A necessidade dos direitos como trunfo emerge quando uma decisão política prejudicando determinadas pessoas encontra sua justificação no fato de que melhora a situação da comunidade em seu conjunto porque contribui para o bem-estar da comunidade. O que importa objetar nesse caso é que tal decisão atribui uma atenção insuficiente quanto a seu impacto sobre a minoria e, conseqüentemente, não trata essas pessoas como iguais, tendo o direito de serem consideradas com igualdade em relação aos demais.

Paralelamente à definição do conceito de "direito de independência moral", Dworkin define o conceito de "direito de independência política": "um direito para cada um de não sofrer nenhuma desvantagem na repartição de bens e oportunidades sob o único pretexto de que outros pensam que ele deveria ter uma parcela menor em razão daquilo que ele é ou não é, ou sob o pretexto de que ele é objeto de consideração menor do que aquela que atribuem a outros".[7] Ganharemos em clareza se aproximarmos esse ponto da importante distinção entre preferências pessoais e preferências externas.[8] A preferência externa reflete a opinião de alguém acerca daquilo que os outros deverão fazer ou ter. As pessoais, por suas vez, refletem os interesses de alguém em fruir de certos bens e oportunidades. Os direitos como trunfos exigiriam, portanto, ser identificados e retirados do âmbito das instituições políticas majoritárias.

Finalmente, se analisarmos o voto do Ministro Marco Aurélio sumariamente exposto acima, poderemos notar uma clara semelhança com os argumentos de Dworkin: proteção dos direitos individuais e das minorias, rejeição da imposição das preferências externas no processo deliberativo e tolerância. Enfim, existem determinados direitos, podemos inferir do voto, que devem funcionar como trunfo.

Antes de analisarmos mais detidamente essas noções à luz de alguns críticos de Dworkin, exporemos a resposta que Herbert Hart dirige[9] à sua acusação de que o utilitarismo seria incapaz de apresentar uma teoria consistente cuja aplicação propiciasse uma igual consideração e respeito por todos.

4. Herbert Hart: entre a utilidade e os direitos

A importante distinção entre liberdades simples, que podem ser restringidas pelo interesse geral, e as liberdades preferenciais – direitos impossíveis de restringir, não são, lembra Hart, defendidas por Dworkin na base de uma suposta

---

[7] Dworkin, R. « Rights as Trumps ». In WALDRON, J. (ed.). *Theories of Rights*, Oxford, Oxford University Press, 1984, p. 158.

[8] Ver DWORKIN, R. *Uma questão de princípios*. São Paulo, Martins Fontes, 2000, p. 293-4, e DWORKIN, R. *Levando os direitos a sério*. Tradução e notas Nelson Boeira. São Paulo, Martins Fontes, 2002, p. 361 e seguintes.

[9] HART, Herbert L. A. "Between Utility and Rights", in RYAN, Alan (ed.), *The idea of Freedom*, Oxford, Oxford University Press, 1979, p. 88-94.

teoria acerca da natureza humana enquanto justificando, por exemplo, a essencialidade do direito ao culto, à liberdade de expressão etc. Diferentemente de Rawls, que sustentaria a existência de certas liberdades que não deveriam jamais entrar no cálculo de utilidade – a identificação de tais direitos sendo absolutamente independente de tal cálculo –, Dworkin sustenta, segundo Hart, que as liberdades a serem protegidas são aquelas que correm o risco de serem vencidas pelo cálculo utilitário que, levando em consideração as preferências externas, fracassa em tratar os homens como iguais. Para identificar as liberdades que deveriam ser elevadas ao estatuto de diretos, dever-se-ia antecipar os resultados prováveis das decisões majoritárias e dos cálculos utilitários.

Feitas essas observações gerais, Hart passa às respostas às objeções de Dworkin. Dois paradoxos parecem emergir dos argumentos de Dworkin. Por um lado, se os direitos morais encontram-se excluídos do processo majoritário, então, quanto mais uma sociedade for tolerante, tanto mais haverá uma extinção progressiva de tais direitos às liberdades e, conseqüentemente, menos teremos a ocasião de afirmá-los. Em segundo lugar, a teoria de Dworkin garantiria tais direitos apenas contra o cálculo utilitarista, mas não contra um governo tirânico que não fundasse sua legislação em considerações acerca do bem-estar geral. Ora, isso limitaria o alcance da argumentação proposta. Tal limitação evidenciaria, entretanto, um fracasso mais geral, uma vez que conclusões excessivas seriam retiradas a partir da idéia de uma "igual atenção e consideração por todos".

Por que razão, pergunta, um procedimento utilitarista que considerasse as preferências pessoais e externas fracassaria *per se*? Qual a razão para que a mera possibilidade antecipada de ameaça aos direitos morais devesse ser evitada? A simples consideração das preferências externas corromperia, segundo Dworkin, a argumentação utilitarista e os votos democráticos enquanto procedimentos de decisão. Todavia, devemos também considerar outros argumentos que os corromperiam, como é o caso da dupla contagem: por exemplo, o fato de um indivíduo contar duas vezes (um brâmine ou um branco, por exemplo), enquanto se contariam apenas uma vez os votos dos outros indivíduos (um intocável ou um negro). É claro que se, como resultado da dupla contagem, recusarmos uma liberdade a um intocável (por exemplo, a liberdade de culto) ou a um estudante negro (acesso ao ensino superior), evidentemente, nessas circunstâncias, essas duas pessoas não estariam sendo tratadas como iguais às demais. Entretanto, e esse é o ponto, o direito que essas duas pessoas necessitam para se proteger contra esse gênero de tratamento *não é um direito a uma liberdade específica, mas apenas um direito a ver seus votos contabilizados com igualdade em relação a um brâmine.*

Devemos interrogar, portanto, segundo Hart, por que a tomada em consideração das preferências externas é igual à dupla contagem. Tomemos um exemplo: suponhamos que se trata da liberdade de manter relações homossexuais. Suponhamos, além disso, que sejam as preferências externas desinteressadas formuladas pelos heterossexuais liberais em favor da permissão atribuída a esse gênero de relação homossexual que tenham pendido a balança, e isso em detri-

A fundamentação do direito na democracia:
entre moralidade, utilidade e legislação

mento das preferências externas de outros heterossexuais que teriam preferido recusar uma tal liberdade. De que modo, nessas circunstâncias, os opositores de tal liberdade poderiam lamentar que o procedimento se mostrou impotente para tratar as pessoas como iguais, sob o pretexto de que ele, o procedimento, levou em consideração preferências externas (dos partidários dessa liberdade e de seus adversários) na mesma proporção que as preferências pessoais dos homossexuais que desejavam uma tal liberdade para eles próprios? Por que, então, o fato de levar em consideração as preferências externas hostis deveria significar que o procedimento não trata as pessoas como iguais? Entretanto, supondo agora que haja uma recusa de liberdade fundada sob uma tomada em consideração das preferências externas, significaria isso que aqueles que recebem essa recusa não têm atenção e respeito iguais e que eles não são considerados iguais aos outros?

O ponto mais vulnerável do argumento, todavia, segundo Hart, reside na interpretação implícita segundo a qual a recusa de liberdade seria também *ipso facto* a recusa de uma atenção e respeito iguais, como no caso em que a recusa de liberdade resultante de um procedimento de decisão utilitária ou baseada no voto majoritário superou a preferência ou o voto em favor da liberdade da minoria vencida (todos equanimemente colocados na balança). Não se trata aqui de afirmar que as concepções derrotadas devem ser tomadas como inferiores, e que as minorias não tenham tido direito a uma consideração, atenção ou respeito iguais. Ao contrário, a mensagem que deveria ser transmitida em tais circunstâncias deveria, antes, ser a seguinte: "vocês e seus simpatizantes são pouco numerosos. Como todos os demais vocês contam por apenas uma pessoa. Sejam mais numerosos e suas concepções serão vitoriosas".[10] É claro que, em uma democracia, aqueles a quem, por via majoritária, se recusou a liberdade a qual aspiram, podem continuar a fazer valer suas concepções no debate público e procurar modificar a opinião de seus oponentes. Portanto, não é o caso que toda recusa de liberdade através do voto majoritário baseado em preferências externas consiste em um juízo que afirma o valor inferior da minoria vencida, que ela estaria sendo tratada como dotada de um valor inferior ou que ela não teria direito a ser trata com igualdade de atenção e respeito.

Enfim, argumenta Hart, a eqüidade procedimental de um sistema eleitoral ou de uma argumentação utilitarista que atribui igual peso às diferentes preferências e votos não garante que as exigências de eqüidade serão satisfeitas no funcionamento real do sistema. Nesse caso, os resultados podem ser efetivamente inaceitáveis de um ponto de vista moral, mas isso nada tem a ver com uma deficiência nos procedimentos de decisão que consideram as preferências externas, como se isso significasse uma dupla contagem.

Não existiriam razões, portanto, a seguir esse argumento, para condenar o processo majoritário como atentatório às minorias. O trunfo do direito consistiria,

---

[10] HART, Herbert L. A. "Between Utility and Rights", in RYAN, Alan (ed.), *The idea of Freedom*, Oxford, Oxford University Press, 1979, p 93.

antes, em reconhecer como inerente ao processo de discussão pública o fato da divergência quanto a quais direitos devem ser protegidos.

Mas afinal, de que minoria estaria falando o Ministro Marco Aurélio? Como se define uma minoria? Acaso aqueles que pagariam tributos sobre as grandes fortunas constituiriam uma minoria? Parece ser o caso que minorias, diferentemente dos detentores de grandes fortunas, são identificadas na medida em que reivindicam direitos culturais específicos porque se estimam desfavorecidas, em desigualdade em relação ao resto da comunidade, tal como pode ser o caso, por exemplo, de minorias autóctones, minorias provenientes de imigração ou mesmo aquelas que se organizam no interior dos Estados democráticos e buscam afirmar uma diferença particular, como é o caso de comunidades religiosas ou, por exemplo, dos homossexuais. Não se vê com clareza a quais grupos minoritários o Ministro estaria se referindo. Se não se trata de nenhuma minoria que reivindica um direito à existência ou coexistência com outras minorias e com a maioria no interior de um regime democrático, então quem são os sujeitos que estariam sendo ameaçados pela intolerância legislativa? Se os partidos políticos possuem caráter nacional e republicano, quais interesses têm uma minoria em ver sua reivindicação transformada em uma concepção pública de justiça?

5. Dworkin e a premissa majoritária

Segundo Dworkin, a única objeção substantiva à leitura moral da constituição é de que ela despreza a democracia. Toda questão volta-se, então, ao esclarecimento do valor ou objetivo fundamental da democracia.[11] A premissa majoritária afirma, segundo Dworkin, que a democracia significa o governo pelo povo. Mas, novamente, o que isso significa? Existem, segundo Dworkin, duas concepções diferentes acerca da natureza das ações coletivas e, portanto, acerca da noção de comunidade: a estatística e a comunitária. Uma ação coletiva é estatística quando aquilo que o grupo faz é função apenas do que os indivíduos individualmente realizam, sem nenhum sentido de grupo. A ação do mercado econômico, por exemplo, é o resultado do conjunto das ações individuais. Uma ação coletiva é comunitária, por sua vez, quando não pode ser reduzida à soma das ações individuais. Somente uma orquestra, exemplifica Dworkin, pode executar uma sinfonia, não os músicos tomados individualmente.[12] Na concepção de democracia majoritária, que aceita a premissa majoritária, as decisões políticas estabelecem-se segunda uma maioria de cidadãos tomados individualmente. Na democracia constitucional, que rejeita a premissa majoritária, as decisões são tomadas pelo povo enquanto tal, e não pelos indivíduos tomados um a um. Assim, para a existência de uma comunidade política, pressupõe-se a liberdade de mani-

---

[11] Cf. DWORKIN. R. *Freedom's Law. The moral reading of the american constitution.* Cambridge, Harvard University Press, 1996.

[12] Cf. DWORKIN. R. *Freedom's Law. The moral reading of the american constitution.* Cambridge, Harvard University Press, 1996, p. 20.

festação nos processos de autogoverno, igual consideração para com os interesses de todos os membros da comunidade e independência moral. Retomando o exemplo da orquestra para ilustrar esse último ponto, pode-se dizer que um músico nada sacrificaria de essencial no controle de sua vida e de seu auto-respeito, afirma Dworkin, quando aceita que o maestro decida como a orquestra interpretará uma partitura particular. Tal não seria o caso se, por exemplo, o maestro ditasse não apenas como o violinista deve tocar sob sua direção, mas também estabelecesse o gosto musical que o músico deveria cultivar.[13]

Um regime democrático, para Dworkin, é aquele em que as decisões coletivas tratam o conjunto dos cidadãos com igual respeito, atribuindo-lhes uma atenção igual na medida em que considera que nenhum indivíduo possui importância ou valor menor que os demais.

A democracia, em síntese, apenas requer procedimentos majoritários na circunstância em que sua efetivação constitua o meio mais adequado para tratar os indivíduos com igual respeito. Quando tal não se verifica, um procedimento não-majoritário passa a ser exigido pela democracia na medida em que será mais suscetível de alcançar resultados satisfatórios no que diz respeito à satisfação da condição por ela exigida, a saber, a de igual respeito. É o que se verifica, por exemplo, em questões onde preconceitos de uma maioria ameaçam conduzir a decisões discriminatórias aos adeptos de modos de vida e de valores minoritários. Existem, portanto, conclui Dworkin, normas de direito fundamental independentes de todo procedimento majoritário. O Poder Legislativo, enfim, não se mostra como a via mais adequada para a proteção de direitos de grupos menos populares.[14]

Após havermos analisado o libelo de Dworkin a favor de uma garantia moral de grupos e indivíduos em relação às preferências externas eventualmente impostas pelo processo legislativo majoritário, passemos à análise de um teórico do direito e da filosofia política que se notabilizou pela defesa da legitimidade política da legislação e pelas agudas críticas às teses de Ronald Dworkin.

6. Jeremy Waldron e a dignidade da legislação

Segundo Waldron, a discordância dos seres humanos no campo da justiça e da política é irredutível. A persistência da discórdia é mesmo uma das condições elementares da política moderna.[15] Toda tentativa de transformar um mundo irredutivelmente dilacerado quanto às formas e projetos de vida dos diferentes indivíduos, que constroem seu reconhecimento e identidade a partir de diferentes narrativas, mitos e histórias, conduziu apenas à burocracia, opressão e servidão.

---

[13] Cf. DWORKIN. R. *Freedom's Law. The moral reading of the american constitution.* Cambridge, Harvard University Press, 1996, p. 25-26.

[14] Cf. DWORKIN. R. *Freedom's Law. The moral reading of the american constitution.* Cambridge, Harvard University Press, 1996, p. 34.

[15] Cf. WALDRON, J. *A Dignidade da legislação.* São Paulo, ed. Martins Fontes, 2003, p. 186.

De modo análogo às *circunstâncias da justiça* de John Rawls, Waldron reivindica as *circunstâncias da política*. Ela consiste na discordância entre os cidadãos quanto ao que se deve fazer enquanto corpo político. Assim, imaginar poder eliminar a persistência da discordância é como pretender eliminar a escassez em uma exposição acerca da justiça distributiva. Seja qual for o ideal de vida boa que imaginemos, o fato de que compartilhamos a existência com muitos outros com os quais não existe a menor perspectiva de uma visão comum acerca da justiça, dos direitos ou da moralidade política, não pode ser simplesmente eliminado. Desse modo, uma visão comum da justiça deve ser encontrada justamente no âmbito da discórdia, e não na suposição de um consenso existente apenas idealmente.

Diante disso, por que então haveria arbitrariedade em relação à legislação majoritária? O primeiro fundamento da dignidade da legislação consiste em que, diante das circunstâncias da vida moderna, as circunstâncias da política, sejamos ainda capazes de uma ação "concertada, cooperativa, coordenada e coletiva".[16] É porque há discórdia sobre o que deve ser considerado como resultado substantivamente respeitoso que venha a atribuir igual consideração e respeito pelos indivíduos (seus direitos morais), que precisamos do processo majoritário, isso é, do respeito às diferenças de opinião quanto à justiça e ao bem comum. O respeito, em síntese, está relacionado "ao modo como tratamos as *crenças* dos outros a respeito da justiça em circunstâncias em que nenhuma delas atesta a si mesma".[17]

Portanto, não é o caso que as decisões coletivas sejam sempre e apenas a expressão da soma dos interesses individuais agregados[18] e que seja impossível aos cidadãos voltarem-se coletivamente à questão do que é bom para o conjunto da comunidade. É o que se evidencia em um regime político, afirma Jeremy Waldron, em que atos políticos estabelecem princípios, como é o caso da declaração de direitos. Os processos democráticos são, pois, perfeitamente capazes de atribuir atenção ao direito dos indivíduos, o que se prova pelo fato de existirem atos políticos (que emanam da maioria ou da ação coletiva) que definem e estabelecem direitos a indivíduos e minorias.

Finalmente, se afirmamos que é função do direito funcionar como trunfo sobre decisões majoritárias, devemos ainda oferecer alguma base a partir da qual se possa resolver o desacordo dos indivíduos acerca da natureza de seus direitos. Se o fazemos valer como trunfo, encontramo-nos na mesma situação descrita por Hobbes através do jogo de cartas: "[é intolerável] empregar como trunfo, em uma partida de cartas, após já havermos escolhido a cor que servirá de trunfo, a cor da qual estamos mais bem munidos".[19] Quando os homens se julgam mais sábios do

---

[16] Cf. WALDRON, J. *A Dignidade da legislação*. São Paulo, ed. Martins Fontes, 2003, p. 190.

[17] Cf. WALDRON, J. *A Dignidade da legislação*. São Paulo, ed. Martins Fontes, 2003, p. 193.

[18] Para uma análise do modelo de Bentham acerca da tomada de decisão democrática, ver WALDRON, J. "Rights and majorities: Rousseau revisited", in WALDRON, J. *Liberal Rights*, Cambridge, Cambridge University Press, 1997, p. 398-400.

[19] WALDRON, J. Law and Disagreement. Oxford, Oxford University Press, 2004, p. 14. A passagem citada do Leviatã é a seguinte: "And when men that think themselves wiser than all others, clamour and demand right

que os demais, escreve Hobbes nessa mesma passagem do capítulo V do *Leviatã*, reivindicam aos gritos a reta razão por juiz, mas têm por único objetivo que as coisas não sejam regradas pela razão de nenhum outro, senão pela sua própria.

7. MacCormick e a coerência do direito

Em *Legal reasoning and Legal Theory*,[20] MacCormick parte da tese de que existem casos que podem ser resolvidos por um simples processo de subsunção. Esses são os "casos fáceis", *easy cases*, que não exigem mais do que o conhecimento das proposições normativas e dos fatos concretos. Nenhum processo mental além de processos dedutivos é chamado a ajudar na resolução desses casos.

Além de casos fáceis, existem os casos difíceis onde se torna necessário algum recurso a argumentos não meramente formais. Nos casos difíceis não fica claro qual regra deve reger o caso concreto. MacCormick propõe então que alguns tipos de argumento substancial fazem parte da prática da argumentação jurídica. Esses argumentos tomam a forma de testes pelos quais a norma para reger o caso deve passar. O primeiro é o argumento de universalizabilidade (*Universalizability*). As regras propostas para reger o caso devem ser universais, em oposição a regras particulares ou, dito de outro modo, uma decisão justificada requer uma decisão desde um ponto de vista genérico: quem decidir o que constitui o *razoável* em um caso deve se esforçar por decidir o que é razoável em *todos os casos*. O segundo é o argumento de consistência: a norma proposta não pode contradizer especificamente nenhuma das outras regras pertencentes ao sistema. Finalmente, o argumento de coerência: uma série de regras, ou uma regra, é coerente se pode ser subsumida sob uma série de princípios gerais ou de valores que, por sua vez, sejam aceitáveis, no sentido de que configurem – quando tomados conjuntamente – uma forma de vida satisfatória. A diferença entre regras e princípios proposta por Dworkin toma, então, a seguinte forma em MacCormick: regras tendem a garantir um fim valioso, enquanto princípios exprimem o próprio fim valioso. O valor justificatório dos princípios, que são argumentos de coerência, decorre fundamentalmente da pressuposição de que o direito é um empreendimento racional e da necessidade de certeza no direito

A justificação dos princípios, entretanto, decorre justamente da racionalização das regras do sistema jurídico, e não de um empreendimento racional independente. É a diferença entre *concepção de justiça* e *conceito de justiça*. O conceito de justiça impõe exigências formais de justiça, como, por exemplo, tratar casos semelhantes de modo semelhante e casos diferentes de modo diferente

---

reason for judge, yet seek no more, but that things should be determined, by no other men's reason but their own, it is as intolerable in the society of men, as it is in play after trump is turned, to use for trump on every occasion, that suite whereof they have most in their hand. For they do nothing else, that will have every of their passions, as it comes to bear sway in them, to be taken for right reason, and that in their own controversies: bewraying their want of right reason, by the claim they lay to it". In HOBBES, T. *Leviathan*, ed. MacPherson, Harmondsworth, Penguin Books, 1968, p. 111.

[20] MACCORMICK, N. *Argumentação jurídica e teoria do direito*. São Paulo, Martins Fontes, 2006.

ou, outro exemplo, dar a cada um o que lhe é devido. Assim, a questão interessante que surge consiste em saber como pode a argumentação jurídica avançar quando existe um esgotamento das regras, isso é, quando as próprias regras não são claras, quando a classificação dos fatos sob disputa é questionável ou mesmo se existe uma controvérsia acerca da real existência de um fundamento legal para a questão? O importante aqui, segundo MacCormick, é que a justificação das decisões jurídicas faça sentido no *contexto* do sistema jurídico. Isso significa que há limites para a esfera de ação da atividade judicial legítima: os juízes devem fazer justiça de acordo com a lei, e não legislar segundo aquilo que pareça a seus olhos uma forma de sociedade idealmente justa.[21] Portanto, por mais aceitável que seja uma decisão em termos de sua capacidade de universalizabilidade, deve estar respaldada pelo conjunto das regras existentes. O juiz, portanto, deve levar a sério a concepção de justiça que a legislação encarna. Um argumento baseado exclusivamente na razão e na justiça de algum princípio inédito não é, desse ponto de vista, adequado, pois se faz necessário algum fundamento a partir do sistema jurídico. A argumentação conseqüencialista não tem como avançar, segundo MacCormick, a menos que se apresente um princípio geral que racionalize todas as situações que a lei exige. Nesse sentido, explicar os princípios é racionalizar as regras, e os esforços para formulá-los adequadamente devem funcionar como uma tentativa de justificar a extensão da lei. Trata-se de fazer com que a lei tenha sentido. A questão, portanto, não consiste em afirmar-se que se têm regras porque se têm princípios. Um princípio jurídico que se apresenta como desejável não é, por isso, um princípio do direito. O que transforma um princípio em um princípio do direito é que ele pode ser adotado como lei por meio de uma legislação adequada ou pela criação de um conjunto de regras que dêem ao princípio forma e força legal e concreta.

MacCormick pretende ter apresentado uma concepção mais rica da prática jurídica: o argumento de coerência, por exemplo, vem *de dentro do sistema*, não sendo propriamente um argumento moral. É parte da prática atual do direito.

Deveríamos então, em face desses argumentos, indagar de que modo o Ministro-Relator articula os princípios constitucionais do pluripartidarismo e dos direitos fundamentais da pessoa humana com as regras estabelecidas pelo Poder Legislativo. Em que direção legislativa articulam-se os princípios acima elencados? Se, como afirma o Ministro, todo poder emana do povo, não deveríamos ao menos ser mais temerários em afirmar peremptoriamente a inconstitucionalidade da referida lei sob o argumento de que ela viola o direito das minorias?

Havendo exposto alguns dos argumentos que norteiam o debate acerca do conflito entre direitos morais, utilidade e legislação na determinação do conteúdo substancial da noção de democracia, podemos perceber o alcance da discussão. Ainda que se encontrem sólidos argumentos na teoria dos direitos de Dworkin e no voto do Ministro Marco Aurélio, não se pode deixar de analisar, ponderar e eventualmente refutar os fundamentos daqueles que lhes são contrários.

---

[21] MACCORMICK, N. *Argumentação jurídica e teoria do direito*. São Paulo, Martins Fontes, 2006, p. 136.

— XIV —

Os campos sociais e as dinâmicas jurídica, política e midiática[1]

ÁLVARO FILIPE OXLEY DA ROCHA[2]

Sumário: Introdução; 1. Os campos sociais e o "habitus"; 2. A objetivação dinâmica dos campos jurídico, político e jornalístico; Conclusão.

Introdução

O presente trabalho, além de procurar contribuir para a apropriação de alguns instrumentos sociológicos de análise, pelos agentes do Direito, procura expor alguns aspectos fundamentais para a apreensão dos conceitos de "sistema simbólico", "campo social", "habitus", e as delimitações específicas dos conceitos de "campo jurídico", "campo político" e "campo da mídia", ou "campo jornalístico", fundamentais para o estudo a que nos propomos. Observamos, porém, que para a boa compreensão e utilização adequada, o conhecimento sintético dessas noções *não exime* do estudo aprofundado da obra de Pierre Bourdieu, visto não ter sido este instrumental teórico desenvolvido pelo autor para o caso brasileiro, e sim especificamente para o caso da França. Nesse sentido é que o mesmo é apresentado de modo referencial, como um modelo de extrema utilidade, mas cuja utilização deve se dar com conhecimento e grande cautela.[3]

A obra desse autor,[4] filósofo e sociólogo de grande notoriedade, são autoreferidas e bastante complexas, tornando, portanto, impossível utilização superficial de seus conceitos. Desse modo é que buscamos, cuidadosamente, alinhavar

---

[1] Esse trabalho é parte integrante dos resultados parciais do projeto de pesquisa que vem sendo desenvolvido pelo autor no Programa de Pós-Graduação em Direito da UNISINOS.

[2] Doutor em Direito do Estado (UFPR), Mestre em Ciência Política (UFRGS), Professor e Pesquisador do PPG em Direito da UNISINOS.

[3] Sobre esse ponto, ver CORADINI, Odaci L., "O referencial teórico de Bourdieu e as condições para sua aprendizagem e utilização". In *VERITAS* - PUCRS, v.41, n° 162 (jun/96) 1996 p.207/220.1996.

[4] Para uma aproximação inicial da obra desse autor, hoje um dos mais citados na pesquisa em ciências sociais nos EUA e Europa, são indicados as obras "Coisas Ditas" (Bourdieu, 1990) e "Questões de Sociologia" (Bourdieu, 1983). Trata-se de entrevistas com o autor (por outros filósofos e sociólogos) a respeito de sua obra, nas quais o mesmo fornece definições menos formais, e mais sintéticas, de seus instrumentos conceituais. Para boas avaliações críticas, ver PINTO, Louis, *Pierre Bourdieu e a Teoria do Mundo Social*. Rio de Janeiro: Ed. FGV, 2000, e SHUSTERMAN, Richard. *Bourdieu: a critical reader*. Oxford: Blackwell, 1999. A maior parte de sua obra já se encontra editada em português.

alguns instrumentos conceituais e observações que reputamos úteis para os necessários estudos sociojurídicos ulteriores sobre o tema, a partir de uma caracterização dos atores sociais em seus campos específicos. Essa opção se justifica em razão da natureza da abordagem sociológica desse autor, que não restringe suas observações apenas ao campo[5] jurídico, mas procura definir seus limites e suas relações com os demais subcampos do campo do Estado.

Inicialmente, buscaremos apresentar e analisar os conceitos de campo jurídico e campo político, que se inserem no campo do Estado, na dinâmica da luta pelo exercício e a manutenção do poder simbólico[6] creditado aos agentes. Essa apresentação é realizada no sentido de possibilitar uma melhor compreensão do modelo analítico sociológico aplicável à ação dos agentes, de modo a identificar as estratégias pessoais e coletivas utilizadas pelos mesmos, em conformidade com seus objetivos na discussão em torno das ações diretas de inconstitucionalidade. Entretanto, é necessário observar, preliminarmente, que a plena realidade do campo estatal é muito mais ampla do que é possível expor em um único trabalho, o que ensejará posterior desenvolvimento em novos artigos. Além disso, seria necessária a existência de estudos sociológicos e metodológicos específicos sobre esse problema, ou seja, como foi adaptado o modelo ocidental de Estado no caso brasileiro, nos quais se estabeleceriam referências taxionômicas e dinâmicas mais precisas. Tais trabalhos encontram-se ainda por realizar. Porém, malgrado tais dificuldades, e para que se possa avançar nesse conhecimento, é fundamental o aporte dos conceitos instrumentais da sociologia.

1. Os campos sociais e o "habitus"

A idéia de "habitus" nasce da necessidade, descrita por Pierre Bourdieu, de romper com o paradigma estruturalista[7] sem recair na velha filosofia do sujeito ou da consciência, ligada à economia clássica e seu conceito de *homo oeconomicus*. O autor retoma a noção de "hexis" aristotélica, como revisada pela antiga escolástica, e então rebatizada de "habitus". Procura, desse modo, reagir contra a idéia do indivíduo como mero suporte da estrutura. Assim, seria possível evidenciar as características criadoras, ativas e inventivas do "habitus" individual, as quais não são descritas pelo sentido tradicional da palavra "hábito".

Deve-se, portanto, destacar que a noção de "habitus" procura induzir não a idéia de um "espírito universal", de uma natureza ou razão humanas, mas um

---

[5] Gostaríamos de destacar que a noção de "campo", aqui utilizada, é a desenvolvida por Pierre Bourdieu, a qual *em nada* se assemelha à desenvolvida por Niklas Luhman, em sua obra. Para esse conceito, além do presente artigo, ver BOURDIEU, Pierre. *O Poder Simbólico*. Lisboa: DIFEL, 1980.

[6] O poder "simbólico" é o que decorre da crença dos agentes em sua existência, derivando daí sua submissão e o efeito de reconhecimento dos agentes que o assumem. Para maiores detalhes, ver BOURDIEU, Pierre "Sobre o Poder Simbólico", in *O Poder Simbólico,*. op. cit., p. 7.

[7] Designação genérica de diversas correntes de pensamento sociológico que se fundam sobre o conceito teórico marxista de "estrutura", e no pressuposto metodológico de que a análise dessas estruturas é mais importante do que a descrição ou a interpretação dos fenômenos, em termos funcionais.

conhecimento adquirido e um *bem*; um capital havido pelo indivíduo, tornado desse modo *um agente em ação*. É assim que surge o primado da razão prática, no sentido estabelecido por Kant.[8] O autor procura resgatar o "lado ativo" do conhecimento prático, que a tradição materialista marxista tinha abandonado. A utilização original do conceito de "habitus" aproxima-se assim da presente, pois contém a intenção teórica de sair da filosofia da consciência sem anular o agente em sua realidade de operador prático na construção de objetos. Instrumentaliza-se com esse termo a dimensão corporal contida numa postura social, inserida no funcionamento sistemático do agente como corpo socializado. Nesse sentido, o conceito de "habitus" é assim descrito:

> O *habitus*, como diz a palavra, é aquilo que se adquiriu, que se encarnou no corpo de forma durável, sob a forma de disposições[9] permanentes. (...) o *habitus* é um produto dos condicionamentos que tende a reproduzir a lógica objetiva dos condicionamentos, mas introduzindo neles uma transformação: é uma espécie de máquina transformadora que faz com que nós *reproduzamos* as condições sociais de nossa própria produção, mas de uma maneira relativamente imprevisível, de uma maneira tal que não se pode passar simplesmente e mecanicamente do conhecimento das condições de produção ao conhecimento dos produtos.[10]

A dinâmica do "habitus" permite a *naturalização* dos comportamentos e, desse modo, a aceitação do convencionado como se fosse o único comportamento e ponto de vista possíveis. No entanto, dentro dessa dinâmica deve existir espaço para alguma imprevisibilidade nos comportamentos dos agentes, cuja aceitação posterior possa justificar que esses agentes venham a ocupar espaços no campo sem produzir modificações que possam comprometer a manutenção do campo, as posições ocupadas por agentes mais antigos e o sistema de distribuição das compensações advindas da aceitação no campo. A construção do campo, entretanto, tem bases sociais profundas:

> Se bem que esta capacidade de engendramento de práticas de discursos ou de obras não tenha nada de inato, que ela seja historicamente constituída, ela não é completamente redutível às suas condições de produção, sobretudo no sentido de que ela funciona de maneira sistemática. Não se pode falar de habitus lingüístico, por exemplo, a não ser sob a condição de não esquecer que ele é apenas uma dimensão do habitus como sistema de esquemas geradores de práticas e de esquemas de percepção das práticas, e de evitar autonomizar a produção de palavras em relação à produção de escolhas estéticas, ou de gestos, ou de qualquer prática possível.[11]

O "habitus" é historicamente construído e não se mantém inativo, renovando-se pelas práticas dos agentes, e sempre encontrando novas formas de reforço a suas convicções, referidas ao grupo. O "habitus" dispõe de uma grande capacidade de adaptação, sem que seus princípios fundamentais sejam de fato atingidos, como exemplifica o autor.

---

[8] Ver KANT, Immanuel, *Crítica da Razão Prática*. Trad. Artur Mourão. Lisboa-Rio de Janeiro: Edições 70, 1989.

[9] O termo francês "disposition", no original, pode também ser traduzido por "atitude".

[10] Ver BOURDIEU, Pierre. *Questões de Sociologia*, 1983, p. 105.

[11] Idem nota 9, p. 105.

Pode-se pensá-lo [o "habitus"] por analogia a um programa de computador (analogia perigosa, porque mecanicista), mas um programa autocorrigível. É constituído por um conjunto sistemático de princípios simples e parcialmente substituíveis, a partir dos quais uma infinidade de soluções podem ser inventadas, soluções que não se deduzem diretamente de suas condições de produção. Princípio de uma autonomia real em relação às determinações imediatas da "situação", o "habitus" não é por isto uma espécie de essência a-histórica, cuja existência seria o seu desenvolvimento, enfim um destino definido uma vez por todas. Os ajustamentos que são incessantemente impostos pelas necessidades de adaptação às situações novas e imprevistas podem determinar transformações duráveis do habitus, mas dentro de certos limites: entre outras razões porque o habitus define a percepção da situação que o determina. A "situação" é, de certa maneira, a condição que permite a realização do "habitus".[12]

Entretanto, o "habitus" produz resistência, conduzindo a forte carga de ressentimento nos agentes que são impedidos por qualquer razão de assumi-lo na realidade objetiva, o que pode levá-los a buscar recursos externos ao seu campo, como os recursos da mídia, de modo a atingir o campo, ou produzir efeitos que não são possíveis pelos canais oficiais, como descreve o autor:

Quando as condições objetivas da realização não são dadas, o habitus contrariado, e de forma contínua pela situação, pode ser o lugar de forças explosivas (ressentimento) que podem esperar (ou melhor, espreitar) a ocasião para se exercerem e que se exprimem no momento em que as condições objetivas (posição de poder do pequeno chefe) se apresentam. O mundo social é um imenso reservatório de violência acumulada que se revela ao encontrar as condições de sua realização.[13]

Esta noção é de extrema utilidade para se compreender a mecânica da resistência de todos os juristas, e especialmente dos magistrados, às mudanças impostas eventualmente ao campo, cuja existência e manutenção a formação do seu "habitus" induz, quer dizer, o treinamento dos juristas, em especial dos juízes para sua ação no subcampo judicial do campo jurídico, deve fazê-los *acreditar* na possibilidade de existência de um espaço social e mental onde se efetive uma postura neutra, que denominam "imparcialidade", aonde não chegariam as pressões sociais externas. Como conjunto de disposições pessoais, reforçadas durante sua graduação em Direito, muitas vezes já marcada por uma trajetória de vida ligada às carreiras jurídicas de familiares, e solidificada nos primeiros anos da carreira, surgem as condições que levam os juristas a desenvolver, profundamente, um "habitus", que envolve toda uma visão do mundo através de categorias jurídicas, e a crença na existência de um espaço social autônomo, fechado às pressões externas, e imune a quaisquer questionamentos, que passam a ver como ilegítimos, em razão de sua origem, fora do campo jurídico, por refletirem interesses e lógicas estranhos, próprios aos demais campos sociais.

Assumir o "habitus" relativo ao campo jurídico implica aceitar e pois, *impor* um marcado distanciamento em relação aos demais campos (como o político e o jornalístico). Esse mecanismo é, portanto, fundamental para a consolidação do campo, pois faz com que seus agentes, principalmente os juízes, avaliem as necessidades da lógica política, derivada em grande parte da lógica eleitoral, e suas relações com o jornalismo, como inconsistentes, pouco sérias e até mesmo

---

[12] Idem nota 9, p. 106.
[13] Idem nota 9, p. 106.

absurdas. Para o jurista, a discussão da lei está centrada em seu cumprimento pela interpretação objetiva, o que freqüentemente é feito, em grande parte inconscientemente, nos moldes da velha interpretação exegética, bíblica, como se ainda se tratasse de interpretar as Sagradas Escrituras, consideradas a palavra de Deus. Observe-se, entretanto, que para o agente político, a lei é matéria informe, a ser definida[14] e, pois, objeto de negociação, acordos, alterações e redefinições constantes, baseadas nos interesses fortemente contraditórios que circulam no campo político, muitas vezes impostas a partir do campo jornalístico, com reflexos diretos em seus interesses, ditados pela lógica eleitoral. O conjunto destas circunstâncias não permitem ao agente político, portanto, sobrepor à discussão política os posteriores problemas do Judiciário, quanto a coerência, constitucionalidade[15] e problemas de interpretação.

A noção geral de campo dá o sentido dinâmico do "habitus" no grupo social. Ao introduzir-se essa noção, preliminarmente, é necessário separá-la das acepções tradicionais, como as da Física, segundo a qual campo é uma região do espaço onde se exerce um força determinada, ou da psicologia social, onde campo é um conjunto de processos psíquicos que constituem um sistema dinâmico, para chegar à noção de campo em sociologia. Para esta última ciência, entretanto, deve-se ter presente que esse termo adquire um significado muito extenso e deixa, assim, de ser preciso; costuma ser associado aos sentidos de "domínio" e de "sistema".[16] Para a maioria dos sociólogos, mantém-se uma idéia básica de dinâmica das forças sociais, relacionadas com um aspecto de disputa entre os agentes. Touraine,[17] por exemplo, apresenta sua noção de campo de historicidade como um conjunto formado por um sistema de ação histórica e pelas relações de classes por meio das quais a historicidade se transforma em orientações da atividade social, estabelecendo, assim, seu domínio sobre a produção da sociedade. Desse modo, o autor assimila por exemplo, "campo político" à noção de "sistema político", o que não contribui para maior clareza do tema.

Pierre Bourdieu, entretanto, elabora ao longo de sua obra[18] uma consistente teoria dos campos sociais, na qual busca expor os mecanismos que geram tais campos, descrevendo sua estrutura e suas propriedades. Evitando o tratamento residual e pouco objetivo dado a essa noção pela maioria de seus antecessores, o autor procura explicitá-la de maneira mais precisa, como segue:

> Um campo (...) se define entre outras coisas através da definição dos objetos de disputas e dos interesses específicos que são irredutíveis aos objetos de disputas e aos interesses próprios de outros campos (não se poderia motivar um filósofo com as questões próprias dos geógrafos) e que não são

---

[14] É corrente nos meios legislativos o dito segundo o qual "as pessoas que gostam de leis e de embutidos nunca deveriam ver como eles são feitos".

[15] Ver MORAIS, José Luis Bolzan. *As Crises do Estado e da Constituição e a transformação espacial dos Direitos Humanos*. Porto Alegre: Livraria do Advogado, 2002.

[16] Reiteramos, nesse ponto, o exposto na nota n°4. Em artigo posterior, tratar-se-á desse tema.

[17] Ver TOURAINE, Alan. *Production de La Societé*, Paris, Le Seuil, 1973.

[18] Ver PINTO, Louis, *Pierre Bourdieu e a Teoria do Mundo Social*. Rio de Janeiro, Ed. FGV, 2000.

percebidos por quem não foi formado para entrar nesse campo (cada categoria de interesses implica a indiferença em relação a outros interesses, a outros investimentos, destinados assim a serem percebidos como absurdos, insensatos, ou nobres, desinteressados). Para que um campo funcione, é preciso que haja objetos de disputas, e pessoas prontas para disputar o jogo, dotadas de "habitus" que impliquem o conhecimento e o reconhecimento das leis imanentes do jogo, dos objetos de disputas[19] (Bourdieu, 1983, p. 89-94).

A estrutura interna de cada campo estabelece os valores e as metas a serem considerados como objeto de disputa entre os agentes, pelos padrões de pensamento e formação desses agentes, e não há como reduzir os valores de um campo aos valores de outro campo, em função do treinamento recebido pelos agentes para que possam encontrar orientação dentro do campo, conhecer e reconhecer os agentes acima e abaixo de si na hierarquia e dominar os mecanismos de mobilidade internos ao campo. Bourdieu esclarece que os investimentos para a inserção no campo com freqüência independem do agente, sendo definidos muitas vezes desde a origem, pela família. Entretanto, não se trata apenas de investimentos em capital econômico, mas também em outros capitais, como o capital cultural,[20] que depende muito mais de investimentos em tempo de dedicação para sua aquisição, e de um capital social, que depende muito mais da origem familiar do agente, e pressupõe a posse dos anteriores, a partir do que se poderá, muitas vezes por cuidadosas manobras, estabelecer "naturalmente" contatos sociais, tendo acesso a pessoas, oportunidades, eventos, negócios, etc., durante os quais o agente deverá ser percebido como um igual, se for aprovado nas verificações muitas vezes "informais" feitas por outros agentes, igualmente interessados em possíveis contatos e oportunidades, trazidas em potencial pelo novo integrante do campo. Desse somatório resulta que a formação de um "habitus",[21] ou um sistema interno de referências, é o que permitirá ao agente inserir-se nas disputas internas do campo, com razoável probabilidade de sucesso. Dentro dessa noção deve constar a capacidade de avaliar a correlação de forças estabelecida no campo, definindo os procedimentos a adotar, avaliando o retorno de investimentos nas diversas formas de capital e projetando desse modo os lucros a auferir. Nas palavras do autor:

A estrutura do campo é um estado da relação de força entre os agentes ou as instituições engajadas na luta ou, se preferirmos, da distribuição do capital específico que, acumulado no curso das lutas anteriores, orienta estratégias ulteriores. Esta estrutura, que está na origem das estratégias destinadas a transformá-la, também está sempre em jogo: as lutas cujo espaço é o campo tem por objeto o monopólio da violência legítima (autoridade específica) que é característica do campo considerado, isto é, em definitivo, a conservação ou a subversão da estrutura da distribuição do capital específico.[22]

O autor aponta a situação específica de cada campo abordado, identificando-a com a orientação dos agentes que ocupam as posições mais altas na hierarquia do campo, e que surge claramente ao se indicar as instituições envolvidas.

---

[19] Ver nota 9, p. 89-94.

[20] Idem, nota 9, p. 108.

[21] Ver a noção de campo jurídico.

[22] Ver nota 9, p. 103.

Mas há que se destacar também as estratégias adotadas por esses agentes para a realização de seus objetivos, ligados aos objetivos oficiais do campo. A adoção de estratégias mais ou menos rígidas, mais ou menos flexíveis em relação às demais instituições e seus agentes, relacionada à identidade entre os mesmos, em geral forjada em lutas anteriores, possibilita o estabelecimento ou não de novas estratégias, visando à manutenção do campo com o equilíbrio dos interesses dos agentes, o que pode determinar ações e lutas abertas ou silenciosas entre os grupos de agentes. Desse modo é que *a estrutura do campo está sempre em disputa*, pois o êxito das ações empreendidas determina a nova distribuição do capital específico associado ao campo, e assim estabelece as possibilidades de ascensão ou decadência de carreiras, projetos, pretensões, etc., sustentados por agentes ou grupos específicos. O monopólio da violência legítima associada a cada campo, e em especial ao campo jurídico dentro do campo estatal, não é questionado pelos agentes, pois é tido como definitivo. Obter e utilizar externamente instrumentos de pressão ou mesmo de abalo das hierarquias internas ao campo (o que é possível, por escândalo jornalístico) significa ser o agente excluído pelos demais, interessados em conservar os mecanismos conhecidos e para eles acessíveis, de distribuição do capital do campo. No caso do campo jurídico, a intromissão de pressões externas do campo político, freqüentemente veiculadas via mídia, por exemplo, tende a ser ignorada pelos agentes, pois o acesso ao campo não está disponível aos agentes que não apresentem as condições exigidas pela lógica interna, para fins de produzir o efeito de reconhecimento e conseqüente interação, o que significa que deve o "candidato" a integrante do campo submeter-se aos interesses e à avaliação dos agente que já o integram. Entretanto, essa indiferença à ação da mídia não pode ocorrer no campo político. As ações do campo jornalístico são consideradas legítimas pelos agentes do campo político, pois esta, em sua crença, representa uma "opinião pública", cuja existência não questionam,[23] avaliando seus resultados pela lógica eleitoral, pois a manutenção desses agentes em suas posições depende da legitimação externa, submetida periodicamente a processos eleitorais, fortemente influenciados pela mídia.[24]

A posição dos agentes dominantes dentro do campo, entretanto, é apenas relativamente tranqüila, pois a luta constante por espaço e pelos lucros advindos da distribuição do capital específico do campo procura desestabilizar os elementos de sua conservação, levando-os a reafirmar suas posições pelo discurso associado à posição específica e abrindo espaço à crítica, que se constitui em poderoso instrumento de transformação, que, entretanto, como descreve o autor, não chega (e não poderia chegar) a comprometer a existência do campo:

> Aqueles que, num estado determinado da relação de força, monopolizam (mais ou menos completamente) o capital específico, fundamento do poder ou da autoridade específica característica de um campo, tendem a estratégias de conservação – aquelas que nos campos da produção de bens

---

[23] Ver BOURDIEU, Pierre. A opinião pública não existe. In *Questões de sociologia*. Rio de Janeiro: Marco Zero, 1983, p. 173.

[24] Ver BOURDIEU, Pierre, *Sobre a Televisão*, Rio de Janeiro: Jorge Zahar Ed., 1997. Op. cit., p.99.

culturais tendem à defesa da ortodoxia – enquanto os que possuem menos capital (que freqüentemente também são os recém-chegados e portanto, na maioria das vezes, os mais jovens) tendem às estratégias de subversão – as de heresia. É a heresia, a heterodoxia, enquanto ruptura crítica, freqüentemente ligada à crise, juntamente com a *doxa*,[25] que faz com que os dominantes saiam de seu silêncio, impondo-lhes a produção do discurso defensivo da ortodoxia, pensamento "direito" e de direita, visando a restaurar o equivalente da adesão silenciosa da *doxa*.[26]

O senso comum observa a atitude dos agentes que ocupam os postos mais altos das hierarquias sociais, normalmente conservadora, sem explicar, entretanto, o que justifica essa tendência. A ocupação desses postos significa o engajamento na tarefa de sustentar: manter e valorizar a força do campo social específico. Desse modo, esses agentes não devem ser pessoalmente acessíveis, e suas manifestações serão raras, ambíguas e lacunosas. A defesa do capital cultural específico, decorrente da produção de um bem cultural determinado, enseja, assim, um discurso fortemente ortodoxo, capaz de atingir o objetivo tanto quanto à conservação dessa forma de capital como quanto à manutenção das posições de seus agentes emissores no campo. As lutas em torno desse capital e os procedimentos utilizados em sua distribuição, porém, fazem surgir a necessidade de abrir algum espaço para o discurso de legitimação de novos agentes. Para aumentar suas chances de consagração junto aos futuros pares, esses agentes deverão mostrar ser dignos de confiança, mas também, e principalmente, ser capazes de apresentar propostas novas, reformadoras, originais, que atestem domínio da linguagem específica e capacidade de superação dos limites culturais relativos à forma específica de capital em disputa; mas, ainda assim, o novo agente deve continuar mostrando-se previsível e submisso ao controle desses pares.

É preciso destacar que essa mecânica estabelece condições para a ascensão de novos agentes, mas o aspecto que mais nos interessa é o de que *ela estabelece também as condições para a transformação do próprio campo*. Nesse sentido, as estratégias de desenvolvimento pessoal dos candidatos se mostram profundamente ligadas às estratégias de transformação do campo, em razão de não estarem os novos agentes ainda diretamente comprometidos com a estabilização institucional e, pois, com o discurso da ortodoxia conservadora. Produzem-se, desse modo, as condições para o que o autor chama de "ruptura crítica". Pelo discurso crítico, podem surgir elementos inquietantes e mesmo capazes de subverter a ordem de manutenção sustentada pelos agentes já estabelecidos no campo, mas também surgem elementos úteis às modificações consideradas pelos mesmos agentes como oportunas e até mesmo necessárias. É nesse sentido que as manifestações dos agentes da ortodoxia produzem, diante do discurso crítico, um discurso de defesa interessado, visto em especial no campo político como discurso "de direita" ou "do direito", na acepção jurídica do correto, ou do mais adequado. E não poderia ser diferente, uma vez que, da posição do agente no campo jurídico, em contraposição às soluções sugeridas

---

[25] O autor utiliza como referência a terminologia platônica: *doxa,* como "opinião", em oposição a *episteme,* como "conhecimento".

[26] Idem nota 17, p. 109.

por seu "habitus",[27] só é possível emitir esse discurso. O jogo dentro de cada campo social inclui o risco de sua subversão, mas se mantém sob controle, pois a manutenção do jogo representa o interesse de *todos* os agentes envolvidos. A natural animosidade surgida internamente, e com freqüência exposta externamente, surge como parte da legitimação dos agentes junto aos profanos[28] e, freqüentemente, é assumida pelos iniciados (quando se trata de pessoas cultas) como um verdadeiro teatro. Para os profanos, a manutenção desse estranho equilíbrio é exibida como uma necessidade, que só pode ser apropriada oficialmente (mas não explicada), pelo discurso da "ética profissional" de cada campo. As modificações no campo, entretanto, não podem ultrapassar determinados limites, ou os agentes não poderão manter a sua existência. Assim, mesmo que de forma inconsciente, todos os agentes trabalham para esse resultado, como a seguir aponta o autor.

> Todas as pessoas que estão engajadas num campo têm um certo número de interesses fundamentais em comum, a saber, tudo aquilo que está ligado à própria existência do campo: daí a cumplicidade objetiva subjacente a todos os antagonismos. Esquece-se que a luta pressupõe um acordo entre os antagonistas sobre o que merece ser disputado, fato escondido por detrás da aparência do óbvio, deixada em estado de doxa, ou seja, tudo aquilo que constitui o próprio campo, o jogo, os objetos de disputas, todos os pressupostos que são tacitamente aceitos, mesmo sem que se saiba, pelo simples fato de jogar, de entrar no jogo. Os que participam da luta contribuem para a reprodução do jogo contribuindo (mais ou menos completamente, dependendo do campo) para produzir a crença no valor do que está sendo disputado. Os recém-chegados devem pagar um direito de entrada que consiste no reconhecimento do valor do jogo (a seleção e a cooptação dão sempre muita atenção aos índices de adesão ao jogo, de investimento) e no conhecimento (prática) dos princípios de funcionamento do jogo. Eles são levados às estratégias de subversão que, no entanto, sob pena de exclusão, permanecem dentro de certos limites. E de fato, as revoluções parciais que ocorrem continuamente nos campos não colocam em questão os próprios fundamentos do jogo, sua axiomática fundamental, o pedestal das crenças últimas sobre as quais repousa o jogo inteiro.[29]

Desse modo, *não há jogo* se os participantes não concordam com os seus limites, suas regras e objetivos, o que implica que deve existir uma referência cultural comum[30] a todos, elevada à altura de outro capital, o capital cultural, para fornecer os elementos do jogo e, principalmente, legitimá-lo, tanto para os próprios agentes como para os profanos. Esse capital engendra em grande parte a "cumplicidade objetiva" citada pelo autor, a cuja adesão também estão expostos os agentes, sob pena de não serem aceitos entre os pares. Essa compreensão, quando inexistente, faz com que os eventuais atritos entre agentes sejam levados às últimas conseqüências, o que pode levar à áspera exclusão do menos capitalizado ou mesmo à inviabilização de carreiras ou projetos de inclusão nas hierar-

---

[27] Cfe. BOURDIEU, Pierre. "A força do Direito", in *O Poder Simbólico*, p. 212.

[28] *Profano* como estranho ao campo (qualquer campo). O campo jurídico é *decalcado* do campo religioso, que manteve (após a queda de Roma) e ocupou por séculos, no Ocidente europeu, o espaço hoje assumido pelo campo estatal. Aplicam-se, por homologia, aos "não iniciados", as idéias de não pertencimento à religião, ignorante do respeito devido às coisas sagradas, secular, leigo e/ou estranho ou alheio às idéias ou conhecimentos sobre assuntos determinados. (Ver. *Sobre a Televisão*, Rio de Janeiro: Jorge Zahar Ed., 1997, e Bourdieu, Pierre, "Gênese e estrutura do campo religioso", in *A Economia das Trocas Simbólicas*, 1992).

[29] Ver nota 9, p. 111.

[30] No caso dos agentes do campo jurídico, trata-se do certificado de graduação universitária em Direito.

quias internas do campo. A adesão a esse acordo não verbal deverá ser medida e controlada pelos agentes estabelecidos e permanecerá em nível superficial, opinativo ou "doxa", como define o autor, de modo a inferir também a capacidade demonstrada pelo agente de avaliar a correlação de forças diante de si e orientar-se dentro do campo com segurança e objetividade. Ao mesmo tempo, o agente deve declarar publicamente o fato de valorizar o jogo e demonstrar possuir o domínio do capital cultural[31] necessário para ser incluído.

As estratégias para a aceitação final, entretanto, incluem a apresentação de *avanços* sobre os limites do jogo, cujo surgimento leva ao que o autor denomina "revoluções parciais", que muito mais chamam a atenção para o seu autor no sentido de sua legitimação como candidato "digno" do campo, do que para o conteúdo do "novo" produto. Por esses meios pode o novo agente demonstrar suas capacidades e merecimento, sem ameaçar o campo. Não há, entretanto, apenas uma visão egoística na movimentação dos agentes, como esclarece o autor:

> (...) O princípio das estratégias filosóficas (ou literárias, etc.)[32] não é o cálculo cínico, a procura consciente da maximização do lucro específico, mas uma relação inconsciente entre um habitus e um campo. As estratégias de que falo são ações objetivamente orientadas em relação a fins que podem não ser os fins subjetivamente almejados. E a teoria do habitus visa a fundar a possibilidade de uma ciência das práticas que escape à alternativa do finalismo ou do mecanicismo.[33]

O autor não credita apenas à ânsia de lucros materiais e/ou simbólicos o móvel das ações dos agentes, mas também à relação entre o "habitus", ou sistema mental interno de referências de cada agente, e as condições encontradas em cada campo específico, na maior parte das vezes realizada de modo inconsciente. A relação entre o que o agente almeja objetivamente e o que almeja subjetivamente é muitas vezes bastante afastada, havendo espaço para idealismo real. O autor destaca, porém, é que não há possibilidade de ação ou interesse externo desconectado do móvel interno de interesse, quer haja ou não consciência ou adequação mútua nessas estratégias. Sua intenção, declaradamente, é escapar às estreitas alternativas do finalismo, que aponta para uma pouco provável coerência e constância absolutas na consciência dos agentes em relação ao campo, e do mecanicismo, que aponta para a não existência dessa consciência, dependendo o agente inteiramente de influências externas. Passamos, a seguir, a uma descrição dos campos jurídico e político, de modo a ter uma idéia mais objetiva de suas dinâmicas específicas, e modos de interação.

2. A objetivação dinâmica dos campos jurídico, político e jornalístico

Procuramos inicialmente, estabelecer os pressupostos de uma abordagem sociológica sobre a interação dos agentes do campo jurídico, político e jornalísti-

---

[31] O que é feito pela utilização do vocabulário específico do campo, no caso a linguagem jurídica.

[32] Incluem-se aqui as estratégias adotadas por *todos* os agentes do campo jurídico, e também as de todos os agentes do campo político e jornalístico.

[33] Idem, nota 9, p. 112.

co. Para tanto, iniciamoscom uma idéia do terreno onde se movem os agentes do campo jurídico, os quais também denominaremos genericamente de "juristas", e como se adaptam os mesmos às mudanças decorrentes dessa interação, sem necessariamente alterar suas convicções. Deste modo, vejamos uma conceituação sintética de campo jurídico, nas palavras do seu autor:

> (...) O campo jurídico é o lugar de concorrência pelo monopólio de dizer o direito, quer dizer, a boa distribuição (nomos) ou a boa ordem, no qual se defrontam agentes investidos de competência ao mesmo tempo social e técnica que consiste essencialmente na capacidade reconhecida de interpretar (de maneira mais ou menos livre ou autorizada) um corpus de textos que consagram a visão legítima, justa, do mundo social. É com esta condição que se podem dar as razões quer da autonomia relativa do direito, quer do efeito propriamente simbólico de desconhecimento, que resulta da *ilusão* da sua autonomia absoluta em relação às pressões externas.[34] (grifo nosso).

O efeito de monopólio é essencial para a compreensão do campo jurídico, e dele decorre a sua força; somente o campo jurídico pode dizer o direito, e por essa razão não é estranho que magistrados de diferentes correntes se unam em torno desse monopólio.[35] O confronto interno entre os agentes do campo jurídico é real, e muitas vezes envolve altos níveis de agressividade, na disputa pela imposição das interpretações[36] da lei pelos interessados. Mas na realidade, por trás dessa animosidade existe, com grau maior ou menor de compreensão e de aceitação por parte dos envolvidos, um arranjo de sobrevivência, ou de manutenção de ambas as posições, pelo conhecimento e reconhecimento dos agentes quanto à referência cultural comum a todos, o conhecimento jurídico. Este estabelece as visões de mundo impostas pelos dominantes no grupo social, e que passam a ser "naturalizadas" pelo trabalho desses agentes, que desse modo podem fixar as fronteiras do campo, e criar a sua autonomia, baseada essencialmente na crença da "neutralidade" dos magistrados. A partir dessa crença básica, aliada ao monopólio do conhecimento e da interpretação das leis, a autonomia do campo jurídico se torna de tal modo forte, que pode o mesmo, para os seus integrantes, assumir o papel de todo-poderoso criador e modificador de todas as realidades,[37] materializando desse modo a crença no Estado. Reafirmamos, nesse ponto, o exposto no início do trabalho, a respeito da não existência de uma "ponte" teórica para a aplicação deste aparato conceitual ao caso brasileiro, e as dificuldade que esse fato acarreta: o que se pode distinguir numa primeira aproximação, entretanto, é o modo pelo qual se estrutura o campo jurídico, quando o autor cita a concorrência pelo monopólio de dizer o direito. Entre nós, o campo se estrutura também em

---

[34] Ver BOURDIEU, Pierre. *O Poder Simbólico*, op. cit., p. 212.

[35] Ver ROCHA, Álvaro, *Sociologia do Direito: a magistratura no espelho*. São Leopoldo, Ed. da UNISINOS, 2002, p. 48. Em um dos pontos pesquisados para esse trabalho, foram entrevistados juízes "alternativos" e "tradicionais", constatando-se que ambos os grupos, diferenças à parte, defenderam com veemência o princípio da jurisdição, ou *monopólio da magistratura* para julgar: *todos* os entrevistados, independentemente de sua orientação, se posicionaram abertamente contrários à instituição da arbitragem. Observe-se que a mesma não vingou entre nós, embora não somente por esse motivo.

[36] Para o enriquecimento dessa noção, ver STRECK, Lenio. *Jurisdição Constitucional e Hermenêutica: uma nova crítica do Direito*. Porto Alegre, Livraria do Advogado, 2002.

[37] Ver BOURDIEU, Pierre, "A Força do Direito", in *O Poder Simbólico*. Op. cit., p. 225.

torno desta concorrência, que legitima seu objeto em relação aos concorrentes, na medida em que eles se inter-reconhecem, estabelecendo relações de competição em torno de qual interpretação da lei será declarada válida no caso concreto, em razão do monopólio específico do campo jurídico de dizer o direito. Os agentes, nesse embate, se desgastam, entram em atrito, mas nenhum deles coloca em cheque a validade e a existência do campo, visto que da existência deste depende muitas vezes a própria existência (ou sobrevivência) do agente. Assim é que a existência do campo pressupõe oposições internas entre seus agentes, algumas bastante fortes e consagradas na visão popular, mas que do ponto de vista oficial, não apresentam nenhum suporte teórico ou mesmo fático consistente.

No caso brasileiro,[38] entretanto, as relações assim organizadas, decorrentes da lógica impessoal própria do modelo de Estado europeu, estão perpassadas por lógicas sociais imbricadas a questões pessoais dos agentes do campo, em especial à lógica da sobrevivência e da reprodução[39] social, dinamizadas por uma lógica da reciprocidade, inerente à socialização do agente, não superada pelo "habitus" jurídico, adquirido muito posteriormente. Essa dinâmica surge em conseqüência da colonização portuguesa e pois, da concepção de Estado própria ao século XVI, cujas categorias lógicas orientam a atuação dos nossos agentes estatais. No contexto do modelo de Estado europeu, a lógica do trabalho do campo jurídico se insere na *lógica da conservação*, e dessa forma, constitui um dos mais importantes elementos fundadores da ordem simbólica, fundadora da ordem social. A sistematização e a racionalização às quais estão submetidas as normas jurídicas e a hierarquia de normas utilizadas para a sua justificativa reforça o efeito dessa lógica, ao fazer considerar-se universal o ponto de vista dos agentes dominantes. Por esse efeito, é possível uniformizar as práticas, marcando o tecido social com características interessadas tornadas universais. O discurso do Direito representa, em grande parte, a opção por uma visão de mundo: a dos grupos sociais dominantes, a qual passa a se inscrever e a ser absorvida nas lógicas sociais, de tal sorte que *não mais é questionada*, tornando-se "natural". As leis, mesmo que inicialmente sofram resistência, com o tempo acabam por ser reconhecidas como úteis, e assim, passam a fazer parte do patrimônio cultural da coletividade. As leis são inicialmente apresentadas pelos agentes do campo político, mas só se efetivam na realidade como instituições jurídicas, a partir do que passam a ser exigidas como tal por seus destinatários (os "profanos"), que as assumem como referência "natural". Nas grandes sociedades complexas, esse mecanismo de universalização, a cargo do discurso jurídico, é um dos meios mais poderosos pelos quais a dominação simbólica é levada a efeito, criando na realidade a imposição legítima da ordem social. Surge o efeito de *normalização*, (ou "normatização" na linguagem jurídica) a qual fornece autoridade social, que permite aos seus detentores obter

---

[38] Ver BEZERRA, Marcos O. *Corrupção: um estudo sobre poder público e relações pessoais no Brasil*, Rio de Janeiro: Relume-Dumará: ANPOCS,1995.

[39] Ver BOURDIEU e PASSERON, *A Reprodução. Elementos para uma teoria do sistema de ensino*. São Paulo: Francisco Alves, 1975.

plena eficácia prática da coerção jurídica. Desse modo, a regularidade, ou aquilo que se faz regularmente, é transformada em regra (aquilo que se faz de regra). Em conseqüência, as instituições naturais ao grupo são transformadas em instituições jurídicas, e juntamente com os interesses dos dominantes, "naturalizadas".

O jurista, nessa mecânica, fica submisso ao corpo das leis elaboradas para justificar a dominação estabelecida, e a necessidade de sua atuação. Surge daí uma concorrência entre os agentes do campo jurídico que, sob a aparência de antagonismo, na verdade trocam vantagens entre si. O corpo da lei é, desse ponto de vista, uma espécie de reservatório central de autoridade, que garante a força dos atos jurídicos singulares. É desse modo que se compreende que os juristas se inclinem comumente ao ceticismo, e os magistrados, em especial, justifiquem-se como intérpretes oficiais, apoiados apenas na lei, como se fosse possível a neutralidade. Entretanto, para aplicar a lei o juiz precisa criar, ainda que pouco, mas procura sempre a dissimular esse ato sob um discurso técnico "neutro", pois segundo a crença desses agentes, a lógica prevalecente deve pertencer ao Estado, já que somente a autoridade abstrata deste, ao final, não será contestada. Os magistrados detém, inclusive legalmente, a posição de supremacia no campo jurídico, e tal fato determina a existência de uma espécie de subcampo judicial, cujos contornos em relação ao campo jurídico, entretanto, são imprecisos, devido à necessidade incontornável de todos os agentes de compartilhar crenças (ou dogmas) comuns, entre os quais, em especial, a da existência possível de um lugar de neutralidade (o Judiciário) na ação do Estado. Os juristas, ainda que extra-oficialmente declarem o contrário, se dispõem a declarar oficialmente a crença na neutralidade ou, em linguagem jurídica, na "imparcialidade" do magistrado. Mesmo vista com ceticismo, a crença na neutralidade é difundida externamente aos profanos, pois é fundamental para sua expectativa de manutenção do campo. Se os profanos fossem levados a descrer na imparcialidade dos julgados, a própria existência do campo estaria comprometida, e com ela as vantagens econômicas e simbólicas decorrentes, para seus integrantes. Por essa razão, os magistrados detém um lugar de primazia no campo, e essa definição da neutralidade é deixada para a doxa, já que sua exploração epistemológica se revela inútil e perigosa, pois se tal fosse realizado, somente se poderia inutilizá-la como pressuposto fundamental de legitimação para todos os atos dos agentes de Estado, a começar pelos agentes do campo jurídico.

Inversamente ao que ocorre no campo jurídico, que vive e se mantém em torno de uma noção de relativa "autonomia" quanto aos demais campos, decorrente de métodos internos de recrutamento e seleção de magistrados, advogados, procuradores etc., o campo político depende diretamente da *legitimação externa*: ao final de mandatos limitados no tempo, os parlamentares deverão, obrigatoriamente, submeter-se novamente ao processo eleitoral, para tentar continuar inseridos no campo. A constante preocupação dos agentes com a sua legitimação para obter a recondução à posição no campo, por reeleição introduz a "lógica eleitoral", o elemento mais importante para a orientação de suas ações. Nesse

Os campos sociais e as dinâmicas jurídica, política e midiática sentido é de se observar que o Judiciário pode, em contrário, ignorar oficialmente as pressões da mídia em torno de uma "imagem" de seus integrantes em relação à "opinião pública", pois a nomeação ou consagração de seus integrantes, e sua manutenção ou eventual exclusão é inteiramente referida a parâmetros internos do campo jurídico; para os juízes *não há* legitimação externa por via eleitoral. Desde a seleção, passando pelas promoções (e os critérios de antigüidade e merecimento), a ocupação de cargos estratégicos da hierarquia interna (Presidência, Corregedoria etc.) e promoção externa (porta-voz etc.) até o modo como se dá a aposentadoria, tudo é controlado pelas instâncias superiores do próprio Judiciário. O recurso a meios externos de consagração, como a mídia, que podem beneficiar alguns agentes do campo jurídico, como advogados por exemplo, resulta em efeito inverso no interior do campo jurídico quantos aos agentes do Judiciário, pois permite ao agente escapar, ainda que temporariamente, ao rígido controle interno, desautorizando a hierarquização e pois arriscando sua estabilidade: esse comportamento mais cedo ou mais tarde levará o agente a expor-se a sanções internas, produzindo efeitos negativos em sua carreira. Tal, porém, não ocorre no campo político, onde a seleção do agente já se dá por meio externo ao campo, o processo eleitoral. Pouco espaço existe para as manipulações eleitorais, como a transferência de votos de um candidato a outro, pois não há como garanti-la, embora no caso brasileiro essa regra tenha sido muitas vezes burlada. A relação com os eleitores não pode ser levada oficialmente para o campo, pois a sua existência como campo também depende da exclusão dos representados. Sobre esses pontos, se manifesta o autor:

> (...) O campo político, entendido ao mesmo tempo como campo de forças e como campo das lutas que têm em vista transformar a relação de forças que confere a este campo a sua estrutura em dado momento, não é um império: os efeitos das necessidades externas fazem-se sentir nele por intermédio sobretudo da relação que os mandantes, em conseqüência da sua distância diferencial em relação aos instrumentos de produção política, mantém com seus mandatários e da relação que estes últimos, em conseqüência das suas atitudes, mantém com as suas organizações. O que faz com que a vida política possa ser descrita na lógica da oferta e da procura é a desigual distribuição dos instrumentos de produção de uma representação do mundo social explicitamente formulada: o campo político é o lugar em que se geram, na concorrência entre os agentes que nele se acham envolvidos, produtos políticos, problemas, programas, análises, comentários, conceitos, acontecimentos, entre os quais os cidadãos comuns, reduzidos ao estatuto de "consumidores", devem escolher, com probabilidades de mal-entendido tanto maiores quanto mais afastados estão do lugar de produção.[40]

Os agentes que integram o campo político se encontram, desse modo, em posição mais delicada em relação aos destinatários de seus serviços do que os agentes do Judiciário. E ao contrário da crença externa corrente, o seu acesso e a obtenção de efeitos oferece dificuldades muito maiores do que as próprias ao campo jurídico. Por exemplo, não há como o campo político agir em determinado sentido, sem que as demandas que são encaminhadas até seus agentes sejam preliminarmente transpostas para seus códigos internos de referência, não determinados necessariamente por lei mas, antes de tudo, por uma agenda ide-

---

[40] Ver BOURDIEU, Pierre, "A Representação Política", in *O Poder Simbólico*, op. cit. p. 163.

ológica, decorrente da proposição, características e estratégias próprias de cada partido.[41] Em meio a proposições pouco claras e interesses bem diversificados, o "eleitor-consumidor" deve escolher, e a probabilidade de fazê-lo mal, isto é, sem nenhum proveito para si ou para a comunidade, ou mesmo com risco de eleger alguém incompatível ou mesmo nocivo politicamente, ou ajudar a tornar reais proposições de administração sem nenhuma perspectiva de realização, se torna uma perspectiva muito provável.

A relação entre os dois campos até aqui vistos (jurídico e político) é mediada informalmente pelo discurso midiático, oriundo do campo da mídia, ou campo jornaístico. Para uma noção desse campo, adequada ao exíguo espaço de um artigo, podemos afirmar que o mesmo ocupa uma posição peculiar em relação aos demais, dado o domínio dos instrumentos de produção do seu discurso, em especial no caso da televisão. Sua estruturação lógica se dá em torno de uma oposição formada basicamente pelo reconhecimento interno dos pares jornalistas num pólo, e o reconhecimento externo no outro, representado pelo número apurado de leitores, ouvintes ou telespectadores, que está condicionado necessariamente a uma resposta de mercado típica de atividade comercial, o lucro financeiro.[42] No passado anterior ao rádio e à televisão, esta oposição se dava entre os jornais ditos "sensacionalistas" e os jornais dedicados aos comentários, legitimados na noção de "objetividade", durante o séc. XIX, onde se originou o campo como hoje conhecemos, principalmente na Inglaterra.[43] O campo jornalístico, ou da mídia, supõe, internamente, uma oposição entre um pólo dito "cultural", cujos padrões são formados e impostos pelos jornalistas mais experientes, e um pólo "comercial", formado por novatos inexperientes e dispostos a assumir riscos, o qual na verdade é visto, dentro do campo, como mais importante que o primeiro, dados os interesses financeiros das empresas de mídia. Como representa este a legitimação externa, e a sustentação financeira pelos patrocinadores, que se move através do reconhecimento indireto da pontuação das pesquisas de audiência, a tendência é que o primeiro se curve às exigências do segundo. Deste modo, os jornalistas mais experientes, em cargos de decisão, acabam adotando, muitas vezes contrariamente aos seus colegas novatos, os critérios que levam a uma melhor resposta nos referidos índices, de modo a manter ou aumentar os lucros. Daí sua preocupação em "nivelar por baixo" os textos que serão divulgados na imprensa escrita, radiofônica ou televisiva, simplificando e encurtando as mensagens,

---

[41] Nesse sentido, um exemplo muito claro é o surgimento e a manutenção de movimentos nacionais, como o MST (Movimento dos Trabalhadores Sem Terra). Embora a reforma agrária seja problema secular entre nós, somente com o advento do Partido dos Trabalhadores (PT), no campo político, o discurso do MST encontrou um canal de expressão, a partir de uma agenda partidária repleta de reivindicações de natureza assemelhada, e pois, passível de incluir suas demandas; surgiu entre agentes políticos a disposição de traduzir suas demandas para a linguagem específica de seu campo, e encaminhá-las, como estratégia de identificação "à esquerda", situação que, com a conquista do Executivo nacional pelo PT, e a conseqüente necessidade de acordos para a sua manutenção no poder, hoje se reverteu.

[42] Ver BOURDIEU, Pierre. *Sobre a Televisão*. Rio de janeiro: Jorge Zahar Ed., 1997.

[43] Ver BRIGGS, Asa e BURKE, Peter. *Uma história social da mídia: de Gutenberg à internet.* [Trad. Maria Carmelita Pádua Dias] Rio de Janeiro: Jorge Zahar Ed., 2004.

agregando imagens de apelo fácil, e outros recursos do gênero. Em razão da perseguição de bons índices de audiência, a atividade jornalística é em grande parte impulsionada por uma "pressão" criada e mantida pelos próprios jornalistas, que se traduz na busca da prioridade da notícia, que será divulgada em primeira mão por este ou por aquele órgão específico, Na linguagem interna do campo jornalístico, o fenômeno se chama "furo", ou ainda, as diversas variações do escândalo (político, econômico e sexual).[44] Esta característica parece estar inscrita também na lógica da "credibilidade" jornalística, com a qual se busca conquistar a confiança e a fidelidade dos receptores, mas a tendência, no caso do "furo", é que seja o mesmo realmente importante apenas internamente ao campo, permitindo reconhecimento e premiação, embora não represente um dado importante para os destinatários, externamente. Externamente, entretanto, aparece a lógica da busca do novo, especialmente o escandaloso, como fator de controle: a velocidade na obtenção da notícia seria a preliminar para ser "atualizado", para "não ficar para trás", o que leva antes de tudo à superficialidade na avaliação dos fatos e do conhecimento, com permanente esquecimento do fato "velho", em troca da idolatria do desconhecido ou mesmo do chocante, pelo critério único de ser o mesmo "novidade".[45] Em razão disso, também surge a disputa em torno da busca de renovação, ou "variedade", contribui antes de tudo para que uniformizem as opções oferecidas ao consumidor pela imitação mútua das fórmulas "de sucesso", em termos de peças de mídia (formato de programas de TV e rádio, assunto e destaques em jornais e revistas). No que se refere ao caso brasileiro, deve-se relembrar que muitas das características da conceituação acima apenas começam a ser devidamente trabalhadas cientificamente no país,[46] não se devendo tomar como definitiva tal apropriação.

Conclusão

Procuramos apresentar o referencial teórico de pesquisa que nos permite tentar compreender a complexa dinâmica de luta entre os campos sociais abordados. A dinâmica de cada campo social apresenta características próprias, mas que têm, entre si, muitas aproximações. Compreender essa dinâmica significa entrever as razões das dificuldades de diálogo entre os agentes dos referidos campos, dadas as disparidades entre suas referências discursivas de campo, e as lutas internas e externas que se refletem sobre a capacidade ou não de cada ator social realizar seus objetivos não declarados de legitimação, e os declarados de realização do interesse público e da cidadania. É o caminho pelo qual se pode tentar compreender por que os temas relativos aos "novos direitos" também refletem a luta eleitoral própria ao campo político, mas também a tendência de divulgar a

---

[44] Ver THOMPSON, J. B. *O escândalo político:* poder e visibilidade na era da mídia. Petrópolis, Vozes, 2002.

[45] BOURDIEU, Pierre. O que falar quer dizer. In: *A Economia das Trocas Lingüísticas*. São Paulo: Edusp, 1998.

[46] Ver PORTO, Mauro. Muito além da informação: mídia, cidadania e o dilema democrático. In *São Paulo em Perspectiva*. São Paulo, v.12 nº4 out/dez 1998.

novidade, da mídia, a qual acaba por impor a pauta da discussão na política, o que é especialmente problemático no Judiciário, pois implica o problema de nem todos os "novos direitos" poderem ser destaque, e ainda o risco de poderem ser, os mesmos, facilmente esquecidos, e prontamente substituídos na pauta por outra novidade, refletindo-se esse esquecimento entre os juízes, e os demais agentes do campo jurídico. Os desdobramentos dessa perspectiva, entretanto, compõem o objeto do trabalho em elaboração, a ser publicado futuramente.

— XV —

A expansão do Direito Penal: uma aproximação à tipificação do crime organizado

ANDRÉ LUÍS CALLEGARI[1]

Sumário: 1. O paradigma da segurança; 2. Novas tendências da Política Criminal; 3. Organizações criminosas; 4. Delimitação e alcance da figura típica do crime organizado. Crime organizado, concurso de pessoas ou formação de quadrilha?; 5. Tipos abertos como modelo de configuração.

1. O paradigma da segurança

A nova sociedade globalizada e moderna propiciou o aparecimento de novos riscos e sentimentos de insegurança, fatores estes que se devem ao desenvolvimento acelerado das grandes cidades, da migração de pessoas, dos avanços tecnológicos, da ausência de fronteiras e da versatilidade do fluxo de capitais circulante no mundo, dentre outros fatores. Em contrapartida, como política de segurança, estabelecem-se rapidamente políticas claramente repressivas vinculadas aos temas de segurança (terrorismo, crime organizado, tráfico de drogas, violência doméstica), o que abre um amplo debate sobre a necessidade ou eficácia destas políticas legislativas criadoras de novas figuras penais ou restritivas de direitos e garantias individuais conquistadas após longos anos.

Neste contexto, desenvolvem-se e legitimam-se campanhas político-normativas de *Law and Order*, recorrentes nos Estados Unidos desde a década de 80, que se fundamentam na hipersensibilidade de alarmes sociais específicos. Trata-se de políticas baseadas na repressão férrea aplicadas a certos cidadãos, a dureza das sanções, uma certa permissividade à rudeza policial e na busca da eficácia fundada em princípios de repressão/reactividade.[2]

Estas políticas demonstram que a diferença entre políticas de segurança autoritárias e democráticas radica em que enquanto estas últimas estão orientadas a lograr a confiança dos cidadãos, as políticas de segurança autoritárias estão dirigi-

---

[1] Doutor em Direito Penal pela Universidade Autónoma de Madrid – Doutor *honoris causa* pela Universidade Autónoma de Tlaxcala – México – Doutor *honoris causa* pelo Centro Universitário del Valle de Teotihuacán – México – Professor do PPG da Unisinos – Coordenador Executivo do Curso de Direito da Unisinsos – Pesquisador do Ministério da Justiça.

[2] PÉREZ CEPEDA, Ana Isabel. *La seguridad como fundamento de la deriva del Derecho penal postmoderno*. Madrid: iustel, 2007, p. 50.

das a conseguir a adesão dos cidadãos, utilizando para isso mecanismos populistas cujo objetivo é canalizar em proveito de determinadas pessoas ou partidos políticos sentimentos, medos ou reações sociais. O discurso do medo destinado a produzir obediência, ou em outros casos a estabelecer uma cortina de fumaça ante erros ou desacertos dos poderes públicos em outros âmbitos de sua gestão, quando nem a liberdade nem a segurança, como a paz autêntica, são possíveis desde o medo. O medo, afastado de sua atividade primária, não gera senão ânsia de segurança.

2. Novas tendências da Política Criminal

A tendência da política criminal atualmente é no sentido de superar o modelo de garantias penais e processuais penais, adquiridas após anos de muito debate e esforço, e substituí-lo por outro de segurança do cidadão[3] ou, ao menos que demonstre esta suposta segurança.

Isso pode ser visto claramente nos discursos dos políticos e nos debates sobre segurança pública. Também se revela na hora da aprovação de novas leis penais imbuídas de caráter repressivo com supressão de garantias ou ampliação das condutas típicas. Dito de outro modo, a revelação dessa nova legislação muitas vezes de imediato não demonstra este viés, porém, nunca se viu uma abertura tão grande nos tipos penais, onde o princípio da taxatividade que norteava o Direito Penal foi olvidado.

Assim, se de um lado aparecem cada vez mais lei penais no sentido de "frear" a crescente criminalidade, de outro, aparecem leis simbólicas, que visam mais a uma resposta social ou cultural a determinados problemas do que propriamente à solução deles. A política criminal se "rearma": o Direito Penal e as penas se expandem. O Direito Processual Penal está se adaptando as elevadas exigências que resultam disso. A execução da pena favorece cada dia mais a mera custódia e a "custódia de segurança" que havia quase sido esquecida, experimentando um inesperado renascimento. Repressão e punitivismo são os nomes das idéias diretrizes da nova política criminal.[4]

Diante deste contexto, este novo modelo de Direito Penal, isto é, Direito Penal que confere maior segurança à sociedade,[5] mostrou uma habilidade para integrar suas análises e propostas de intervenção num debate previamente existente

---

[3] Nesse sentido, DÍEZ RIPOLLÉS, José Luis. De la sociedad del riesgo a la seguridad ciudadana: un debate desenfocado, *Derecho Penal y Política Transnacional*. Barcelona: Atelier Libros Jurídicos, 2005, p. 243.

[4] PRITTWITZ, Cornelius. La desigual competencia entre seguridad y libertad. In: *Política Criminal, Estado e Democracia*. Rio de Janeiro: Lúmen Juris, 2007, p. 41.

[5] Nesse sentido, GARLAND, David. *La cultura del control*. Traducción de Máximo Sozzo. Barcelona: Editorial Gedisa, 2005, p. 34, assinala que os últimos desenvolvimentos em matéria de controle do delito e justiça penal produzem perplexidade porque parecem compreender uma repentina e surpreendente reversão do padrão histórico preestabelecido. Apresentam uma marcada descontinuidade que deve ser explicada. Os processos de modernização que até pouco tempo pareciam bem consolidados neste âmbito, principalmente as tendências de longo prazo à "racionalização" e à "civilização", parecem agora começar a sofrer um revés. A reaparição na política oficial de sentimentos punitivos e gestos expressivos que parecem extraordinariamente arcaicos e francamente anti-modernos tende a confundir as teorias atuais sobre o castigo e seu desenvolvimento histórico.

sobre a política criminal e a conveniência de estender as intervenções penais aos âmbitos sociais até o momento fora do raio de sua ação.[6]

3. Organizações criminosas

As organizações criminais transformaram um mercado de ingressos ilegais organizados de forma artesanal em um mercado ilícito empresarial gerenciado internacionalmente. Os avanços tecnológicos nos sistemas de comunicação, de transmissão de informação e de transporte foram fundamentais para determinadas atividades do crime organizado. De fato, com os meios, as estruturas e *know how* implicados, as organizações criminais transnacionais obtêm rápidos e ingentes benefícios sem precedentes, seja pelo elevado número de clientes, seja pelos escassos custos econômicos e penais a respeito daquelas atividades tradicionais.[7]

A delinqüência organizada deixou de ser o arquétipo das grandes e complexas organizações criminais, com capacidade para afetar a cerca socioeconômica e institucional de nossas sociedades, para passar a ser objeto de atenção preferente às manifestações associativas ligadas à delinqüência tradicional, como grupos de assaltantes ou seqüestradores, estruturas de tráfico ilícito de média importância, redes de pornografia infantil e as organizações terroristas.[8]

Portanto, uma das características do Direito Penal moderno é a evolução de uma criminalidade associada ao indivíduo isolado até uma criminalidade desenvolvida por estruturas de modelo empresarial. Dentro desta evolução, a criminalidade organizada se dirige fundamentalmente à obtenção de importantes benefícios econômicos. A expansão internacional da atividade econômica e a abertura ou globalização dos mercados são acompanhados da correlativa expansão ou globalização da criminalidade, que freqüentemente apresenta um caráter transnacional, podendo-se afirmar que a criminalidade organizada é a da globalização.[9]

Cancio Meliá assinala que os delitos relacionados com as *associações ilícitas* – e, dentro destas, de modo específico as infrações de pertencer a uma organização terrorista – estão hoje num momento de franca expansão, ao menos em toda a Europa. Esta evolução tem lugar em um marco geral em que uma legislação puramente simbólica e impulsos punitivistas se potencializam mutuamente cada vez com maior intensidade, desembocando em uma expansão quantitativa e qualitativa do Direito Penal.[10]

---

[6] DÍEZ RIPOLLÉS, José Luis, op. cit., p. 244.

[7] PÉREZ CEPEDA, Ana Isabel. *La seguridad como fundamento de la deriva del Derecho penal postmoderno.* Madrid: iustel, 2007, p. 94.

[8] PÉREZ CEPEDA, Ana Isabel , ob. cit., p. 95.

[9] CHOCLÁN MONTALVO, José Antonio. *La organización criminal. Tratamiento penal y procesal.* Madrid: Dykinson, 2000, p. 1; IGLESIAS RÍO, Miguel Angel. "Criminalidad organizada y delincuencia económica". Aproximación a su incidencia global. *Criminalidad Organizada y Delincuencia Económica.* Bogotá: Ediciones Jurídicas Gustavo Ibañez Ltda, 2002, p. 15

[10] CANCIO MELIÁ, Manuel. El injusto de los delitos de organización: peligro y significado, em *Política Criminal, Estado e Democracia.* Rio de Janeiro: Lúmen Juris, 2007, p. 150.

Neste contexto, um dos fenômenos que mais produziu comentários e discussões foi o da criminalidade organizada ou por grupos organizados que praticam determinados delitos. Assim, houve uma crescente preocupação da sociedade a respeito deste tipo de delinqüência, sobretudo pela violência e pelos sofisticados meios utilizados na comissão de diferentes delitos, fato este que se refletiu em novas medidas de prevenção e repressão para a delinqüência organizada.[11]

De um lado, poderíamos colocar a questão de que se o fenômeno da delinqüência organizada é uma nova preocupação social, é dizer, se pode ser considerado como um novo risco na sociedade, ou, pelo contrário, se se trata de um tipo de fenômeno criminal que sempre existiu e que não obstante, atualmente, sofreu um desenvolvimento extraordinário como conseqüência das novas tecnologias, avanços tecnológicos em informática e telecomunicações, a liberação dos mercados, o relaxamente do controle de fronteiras, etc. Por outro lado, poderia considerar-se que todos estes fatores configuram a delinqüência organizada como um novo fenômeno.[12]

Apesar destas considerações, é possível verificar que não só houve uma mudança na comissão dos delitos antes praticados, como também houve um incremento qualitativo na forma da comissão de outros delitos. Isso significa que passamos de uma fase de comissão de delitos denominados clássicos para outra de delitos mais complexos ou não-tradicionais. Não que não exista ainda a comissão dos delitos clássicos como homicídio, lesões, furto, estelionato etc. O que ocorreu é que além destes delitos houve um aumento significativo na comissão de outros delitos antes não incriminados ou sem a devida significância na esfera penal.

Ainda que tivéssemos uma legislação já direcionada para repressão de delitos praticados por organizações criminosas, somente na década de noventa é que os processos criminais e novas normas penais orientadas a repressão deste tipo de delito começam a aparecer. A própria Justiça Federal, por força constitucional, competente para o processo e julgamento da maioria dos delitos que envolvem este tipo de criminalidade tem um papel importante na sua reestruturação e organização para julgar estes delitos, fenômeno que se verifica também na década de noventa com a criação de varas especializadas e uma nova estrutura na esfera federal.

Porém, ainda que se tenha uma organização da esfera de combate e prevenção ao crime organizado, atualmente um dos principais focos de insegurança na sociedade tem origem neste tipo de criminalidade. Entretanto, ao analisarmos a evolução das leis e as tendências político-criminais neste campo, custa discernir que estas respondam às novas necessidades objetivas de proteção ou se são fruto de uma demanda social desmesurada e irracional de punição, gerada por um

---

[11] PLANET ROBLES, Sílvia. Políticas de seguridad y prevención en el Estado español en matéria de delincuencia organizada. *La seguridad en la sociedad del riesgo. Un debate abierto.* Barcelona: Atelier, 2003, p. 155.

[12] PLANET ROBLES, Sílvia, ob. cit., p. 155/156.

poder político que se vê apertado para gerir empiricamente o desafio de novas formas de criminalidade.[13]

De um lado, parece claro que em matéria de criminalidade organizada é necessária a adaptação a um problema novo, real e em expansão. Sem dúvida, a criminalidade se encontra imersa em um profundo processo de organização, acompanhando fenômenos como a globalização da economia ou a aparição de novas zonas sumidas na anomia, fruto da imposição do bloqueio soviético. Entretanto, não se deve esquecer que, sendo um problema real, é objeto de intensa instrumentalização. Com efeito, até o súbito reaparecimento do novo terrorismo internacional, o crime organizado (em especial o narcotráfico), foi apresentado como a principal ameaça coletiva, substituindo os desaparecidos medos da guerra fria. E, depois dos atentados terroristas de Nova Iorque e Madri, tem sido um discreto, mas fiel acompanhante do terrorismo na justificação de medidas adotadas.[14]

De outro lado, as manifestações da criminalidade organizada que acentuam a vivência subjetiva de insegurança da população se centram em aspectos da criminalidade quotidiana (pequena delinqüência patrimonial, violência de rua, distribuição de drogas) atribuíveis também a formas de delinqüência menos estruturadas, mas que constituem um inimigo menos formidável que o crime organizado para justificar a adoção de medidas contundentes na luta contra o delito. Em câmbio, as expressões mais características e perigosas desde um ponto de vista coletivo (deterioração do tecido econômico e social e das instituições do Estado) são menos percebíveis e suscitam uma demanda social de punição menor. Assim mesmo, em certos âmbitos específicos, por exemplo, os fenômenos migratórios, as organizações criminais são apresentadas como um dos fatores essenciais do problema e, portanto, se convertem no objetivo primordial de uma legislação penal simbólica destinada a resolver problemas que na realidade transbordam.[15]

Em países latino-americanos como o Brasil, a criminalidade organizada é percebida como um fenômeno importado ("máfias estrangeiras", traficantes internacionais com associação no país, contrabandistas, traficantes do morro, milícias armadas etc.), que, de um certo modo, facilita uma reação punitiva extrema. Assim, as receitas drásticas que se reclamam se dirigem contra os sujeitos com os quais não se identifica a maioria social, que está obcecada pela possibilidade de ser vítima do delito e que não teme, em câmbio, os eventuais abusos do Estado no exercício de seu poder punitivo, posto que tais excessos, em qualquer caso, recairiam sobre elementos alheios ao corpo social "nacional".[16]

---

[13] SILVA-SÁNCHEZ, Jesús-María; FELIP I SABORIT, David; ROBLES PLANAS, Ricardo; PASTOR MUÑOZ, Nuria. La ideologia de la seguridad en la legislación penal española presente y futura. *La seguridad en la sociedad del riesgo. Un debate abierto.* Barcelona: Atelier, 2003, p. 128.

[14] SILVA-SÁNCHEZ, Jesús-María; FELIP I SABORIT, David; ROBLES PLANAS, Ricardo; PASTOR MUÑOZ, Nuria, ob. cit., p. 128.

[15] SILVA-SÁNCHEZ, Jesús-María; FELIP I SABORIT, David; ROBLES PLANAS, Ricardo; PASTOR MUÑOZ, Nuria, ob. cit., p. 129.

[16] Nesse sentido, ver SILVA-SÁNCHEZ, Jesús-María; FELIP I SABORIT, David; ROBLES PLANAS, Ricardo; PASTOR MUÑOZ, Nuria, ob. cit., p. 129.

Diante deste panorama, é fácil compreender que as medidas penais e processuais penais de supressão de garantias são reclamadas pelas camadas sociais mais altas, tendo em vista que se sentem vítima dos delitos expostos como geradores de insegurança, além de não se sentirem como autores dos delitos englobados por estas medidas. De outro lado, é possível verificar que estas medidas trazem um forte caráter simbólico[17] e publicitário em que a mensagem é a de passar tranqüilidade à população. Porém, o que se verifica é que não há eficácia nas medidas, embora ocorra um recrudescimento embutido nessa nova legislação.

Por isso, a criminalidade organizada é um fator objetivo gerador de insegurança, mas o estado psicológico e social que disso se deriva é imediatamente retro-alimentado pelos meios de comunicação e o poder político encarregado da repressão da criminalidade para legitimar assim mais facilmente as suas políticas.

A verdade é que o ganho político destas medidas é incomensurável, pois estamos diante de um tema que atinge a todos e qualquer proposta de uma possível solução sempre é atraente, ainda que nela venha disfarçada toda uma legislação de exceção.

Assim, as características do populismo punitivo são guiadas por três assunções: que as penas mais altas podem reduzir o delito; que as penas ajudam a reforçar o consenso moral existente na sociedade; e que há ganhos eleitorais que são produto deste uso.[18] Também o populismo punitivo pode ser definido como aquela situação em que as considerações eleitorais primam sobre as considerações de efetividade. Acrescentando-se como marco deste populismo que as decisões de política criminal se adotam com desconhecimento da evidência e baseiam-se em assunções simplistas de uma opinião pública não informada.[19]

Como assevera Albrecht, as leis penais não servem somente para os fins instrumentais da efetiva persecução penal, mas devem fortalecer os valores e as normas sociais. A discussão política, mediante a atenção a grupos de interesses, aterrissa no âmbito da legislação. Inclusive os "interesses abstratos do próprio Estado" se encontram nos caminhos da atividade legislativa. Poder e influência pugnam na luta pelo Direito. As reformas da criminalização são apreciadas em todos os campos políticos como meio de reafirmação simbólica de valores.[20]

Isso ocorre também nos movimentos politicamente alternativos que no princípio mostravam pouca confiança no Estado e na lei e hoje figuram entre os propagandistas do Direito Penal e entre os produtores ativos de leis.[21]

---

[17] Sobre o tema, CANCIO MELIÁ, Manuel. *Direito Penal do Inimigo*. 2ª. ed. Tradução de André Luís Callegari e Nereu José Giacomolli. Porto Alegre: Livraria do Advogado Editora, 2007, p. 57 e ss.

[18] LARRAURI PIJOAN, Elena. Populismo punitivo y penas alternativas a la prisión, em *Derecho penal y la política transnacional*. Barcelona: 2005, p. 284.

[19] LARRAURI PIJOAN, Elena, ob. cit, p. 285.

[20] ALBRECHT, Peter-Alexis. El derecho penal en la intervención de la política populista, em *La insostenible situación del derecho penal*. Granada: Editorial Comares, 2000, p. 478.

[21] A esquerda também tem o seu viés punitivo e muitos daqueles que discordavam da intervenção do Direito Penal hoje propõem medidas intervencionistas de cunho popular. Veja-se por exemplo a possibilidade do fiscal de trânsito fazer prova da embriaguez do condutor.

Assim, a qualquer momento surgem novas normas penais e, independentemente da própria situação no jogo das maiorias parlamentares, estas se colocam a caminho legislativo ou publicitário. Não só a normativa penal efetiva, mas também a proposta de criminalização apresentada no parlamento ou discutida fora do parlamento indicam quais são as valorações sociais especialmente significativas e suscetíveis de proteção.[22]

O *uso político* do Direito Penal se apresenta como um *instrumento de comunicação*. O Direito Penal permite trasladar os problemas e conflitos sociais a um tipo de análise específico. Esse emprego político do Direito Penal não requer necessariamente a sanção ou a separação simbólica como meio instrumental de disciplina; nem sequer a ampliação ou endurecimento efetivo da lei estão unidos forçosamente à utilização do Direito Penal como meio de comunicação política. A lógica da utilização política se apóia na função analítica e categorial característica do discurso penal, posto que o cumprimento desta função não requer mais que a demonstração exemplar da atividade da práxis legislativa e da justiça penal.[23]

Esse fato fica demonstrado através do aumento de projetos apresentados em matéria de leis penais e processuais penais, cujo discurso é sempre o de melhorar o sistema já existente. Assim, estaria justificado o uso político do Direito Penal, porque há vários deputados e senadores trabalhando para uma suposta melhoria na segurança pública e na proteção de bens jurídicos, ainda que isto não seja verificado na prática.

O discurso político quase nunca reflete as medidas necessárias,[24] embora aparentemente demonstre aos cidadãos certa tranqüilidade que poderá advir das aprovações das medidas propostas. Esse discurso de cunho populista tem um efeito mágico sobre a população que pugna por medidas mais duras, olvidando-se, no futuro próximo, que será a destinatária das mesmas.

A resposta dos legisladores e a insegurança gerada pelas organizações criminais não se limitou ao tradicional incremento de penas, mas está supondo uma importante transformação no Direito Penal, na linha de consolidar um estabelecimento de um "Direito Penal do inimigo".[25] Assim, no Direito Penal substantivo, uma das manifestações mais características deste combate é a tipificação das condutas de "pertencer ou colaborar com uma organização delitiva" como delito in-

---

[22] ALBRECHT, Peter-Alexis. El derecho penal en la intervención de la política populista, em *La insostenible situación del derecho penal*. Granada: Editorial Comares, 2000, p. 478.

[23] Idem, p. 479.

[24] HASSEMER, Winfried. *Persona, mundo y responsabilidad*. Valencia: Tirant lo blanch alternativa, 1999, p. 90, assevera que quando os efeitos reais e afirmados não são os esperados, o legislador obtém, pelo menos, o ganho político de haver respondido aos meios sociais e às grandes catástrofes com prontidão e com meios radicais que são os jurídico-penais.

[25] Ver sobre o tema, JAKOBS, Günther; MELIÁ, Manuel Cancio. *Direito Penal do Inimigo. Noções Críticas*. Tradução de André Luís Callegari e Nereu José Giacomolli. 1. ed. Porto Alegre: Livraria do Advogado, 2005. p. 25-30; CALLEGARI, André Luís, REINDOLFF DA MOTTA, Cristina. *Estado e Política Criminal: a contaminação do Direito Penal ordinário pelo Direito Penal do Inimigo ou a terceira velocidade do Direito Penal*. 2007, p. 24. (no prelo); DONINI, Massimo. El Derecho Penal Frente al "Enemigo". *Drecho Penal del Enemigo. El discurso penal de la exclusión*. V. 1. Buenos Aires: B de F, 2006, p. 605/606.

dependente dos fatos puníveis que tenha como finalidade a organização.[26] Nesse sentido, basta confrontar as principais iniciativas internacionais nesta matéria para detectar também que o fato básico na luta contra a criminalidade organizada (incluída a cooperação judicial e policial) é a harmonização das distintas legislações a partir da tipificação autônoma da associação criminal.[27]

Os problemas desta tendência da nova política criminal recaem em dois aspectos na hora de configuração dos tipos penais. Em primeiro lugar, em face dos problemas para tornar concreto legislativamente o conceito de "organização criminosa",[28] opta-se por definições abertas,[29] com traços próximos ao do crime habitual ou da formação de quadrilha. Em segundo lugar, mediante estas figuras delitivas, está se impondo na doutrina e na legislação um modelo de transferência da responsabilidade de um coletivo a cada um dos membros da organização, que se afasta dos critérios dogmáticos de imputação individual de responsabilidade que vigem normalmente para o Direto Penal.[30]

O primeiro problema assinalado consiste no fato de que em face das dificuldades para caracterizar, ainda que criminologicamente, um fenômeno tão complexo nas propostas de incriminação autônoma das organizações delitivas se optou por uma definição típica paupérrima das mesmas.[31] Assim, via de regra, para a existência de uma organização criminosa bastaria o acordo estável de uns poucos indivíduos (duas ou três pessoas) para cometer delitos graves, de maneira que a tênue divisória entre a criminalidade organizada e a criminalidade em grupo ou a profissional fica praticamente eliminada. Com efeito, a partir de tais formulações o arquétipo de organização se aproxima as manifestações associativas da pequena delinqüência habitual ou profissional, quando, o modelo que legitimaria uma intervenção deste calibre é o das grandes organizações criminais, de grande complexidade tanto por sua estrutura como pelo número e a substituição de seus integrantes.[32]

---

[26] No Código Penal brasileiro há a tipificação independente do delito de formação de quadrilha ou bando, previsto no art. 288 do CP.

[27] SILVA-SÁNCHEZ, Jesús-María; FELIP I SABORIT, David; ROBLES PLANAS, Ricardo; PASTOR MUÑOZ, Nuria, ob. cit., p. 130.

[28] No Brasil, não há previsão legal do que seja uma organização criminosa, ou seja, embora exista o *nomem júris* da figura típica não existe a definição da conduta incriminada, portanto, incabível sua aplicação. O Conselho Nacional de Justiça, através da Recomendação nº. e, de 30 de maio de 2006, recomendou a adoção do conceito de crime organizado estabelecido na Convenção de Palermo. Sobre crime organizado, CALLEGARI, André Luís. *Direito Penal Econômico e Lavagem de Dinheiro*. Porto Alegre: Livraria do Advogado Editora, 2003, p. 161.

[29] Sobre o tema, ver CALLEGARI, André Luís. Legitimidade Constitucional do Direito Penal Econômico: uma Crítica aos Tipos Penais Abertos. São Paulo: Revista dos Tribunais, ano 95, v. 851, 2006, p. 439; RODRÍGUEZ MOURULLO, Gonzalo. *Derecho penal*. Madrid: Civitas, 1978, p. 287; JESCHEK, Hans-Heinrich. *Tratado de Derecho Penal. Parte General*. 4ª. ed. Traducción de José Luis Manzanares Samaniego. Granada: Editorial Comares, 1993, p. 223. Ver sobre o tema, ROXIN, Claus. *Derecho Penal. Parte General. Tomo I*. Traducción de Diego-Manuel Luzón Peña, Miguel Díaz y García Conlledo y Javier de Vicente Remesal. Madrid: Civitas, 1997, p. 298 e ss.

[30] SILVA-SÁNCHEZ, Jesús-María; FELIP I SABORIT, David; ROBLES PLANAS, Ricardo; PASTOR MUÑOZ, Nuria, ob. cit., p. 130.

[31] Nesse sentido ver a Lei n. 9.613/98, que trata dos delitos de lavagem de dinheiro e, dentre um dos crimes antecedentes ao de lavagem, trás o de organização criminosa, sem, entretanto, mencionar o que seja dita organização.

[32] SILVA-SÁNCHEZ, Jesús-María; FELIP I SABORIT, David; ROBLES PLANAS, Ricardo; PASTOR MUÑOZ, Nuria, ob. cit., p. 130/131.

Assim, nas propostas legislativas atuais, inclusive abarcadas por alguns setores da doutrina e da jurisprudência, os meros indícios de uma organização criminal[33] (e não seus traços essenciais) foram elevados a uma categoria de elementos definidores da figura delitiva, de maneira que esta se assemelha perigosamente aos "delitos de suspeita".[34] De acordo com isso, não só se tenta deixar de lado problemas probatórios, mas também se produz uma modificação básica na função do tipo delitivo. Esta já não consistiria na delimitação da conduta proibida (em atenção a sua lesividade ou perigosidade) com o objeto de impor uma pena, mas passaria a ser principalmente a base para a adoção de medidas de investigação, cautelares, penitenciárias, etc.[35]

Este problema pode ser observado particularmente nas iniciativas internacionais que respondem à necessidade (real) de harmonizar legislações com o fim de melhorar a cooperação frente às manifestações transnacionais do problema. Se geralmente nestes processos a tendência é a convergência a legislações mais rigorosas (harmonizar não se compadece com descriminalizar), no caso do crime organizado se corre o risco de que as necessidades de repressão local acabem sendo generalizadas e que o estabelecimento de figuras delitivas disfarçadas para satisfazer as necessidades de cooperação internacional tenham como efeito colateral inevitável uma ampliação de comportamentos puníveis e das penas.[36] De acordo com isso, o que pode ocorrer é que enquanto seguimos sem poder dar uma resposta jurídico-penal eficiente à criminalidade organizada, estende-se a aplicação destas medidas a pequenas manifestações de delinqüência marginal,[37] ou ainda, amplie-se demasiadamente a utilização deste conceito tão amplo a uma série de delitos em concurso material para aumentar as penas, quando, de fato, não se está diante de uma organização para cometer delitos.

---

[33] GIACOMOLLI, Nereu José. *Legalidade, Oportunidade e Consenso no Processo Penal nas perspectivas das garantias constitucionais.* Porto Alegre: Livraria do Advogado, 2006, p. 92/93, assinala que é reprovável a concepção de ocultar-se, sob o manto da repressão dos delitos de maior gravidade, como o terrorismo, o narcotráfico, os praticados por organizações criminosas, uma normatividade geral de limitação indiscriminada dos direitos fundamentais. Com a escusa de dar segurança jurídica, atenta-se contra a liberdade.

[34] Essa tendência é comum nos delitos econômicos ou nos de lavagem de dinheiro, onde cada vez mais se utilizam fatores indiciários para incriminar os sujeitos, principalmente para a decretação de medidas cautelares em busca da prova.

[35] SILVA-SÁNCHEZ, Jesús-María; FELIP I SABORIT, David; ROBLES PLANAS, Ricardo; PASTOR MUÑOZ, Nuria, ob. cit., p. 131; Ver sobre a nova tendência da política criminal, CALLEGARI, André Luís e MOTTA, Cristina Reindolff. Estado e Política Criminal: a expansão do Direito Penal como forma simbólica de controle social, *Política Criminal, Estado e Democracia,* Rio de Janeiro: Lúmen Juris, 2007, p.00.

[36] Nesse sentido, ver a Recomendação N° 3, de 30 de maio de 2006 do Conselho Nacional de Justiça, onde consta: 2. Para os fins desta recomendação, sugere-se: a) a adoção do conceito de crime organizado estabelecido na Convenção das Nações Unidas sobre Crime Organizado Transnacional, de 15 de novembro de 2000 (Convenção de Palermo), aprovada pelo Decreto Legislativo n° 231, de 29 de maio de 2003 e promulgada pelo Decreto n° 5.015, de 12 de março de 2004, ou seja, considerando o "grupo criminoso organizado" aquele estruturado, de três ou mais pessoas, existente há algum tempo e atuando concertadamente com o propósito de cometer uma ou mais infrações graves ou enunciadas na Convenção das Nações Unidas sobre o Crime Organizado Transnacional, com a intenção de obter, direta ou indiretamente, um benefício econômico ou outro benefício material.

[37] SILVA-SÁNCHEZ, Jesús-María; FELIP I SABORIT, David; ROBLES PLANAS, Ricardo; PASTOR MUÑOZ, Nuria, ob. cit., p. 131.

O segundo aspecto digno de ressaltar desde uma perspectiva do Direito Penal material é que mediante os tipos de organização criminal se assentam, no pensamento e na legislação, modelos de atribuição de responsabilidade penal que se afastam do princípio da culpabilidade (em especial a responsabilidade pelo fato próprio) e da proporcionalidade.[38]

Em relação ao princípio da culpabilidade, não se pode olvidar que em respeito às regras constitucionais de um Estado democrático, vige o princípio da culpabilidade pelo fato, isto é, o fato praticado é que deve ser reprovado, e não o autor do fato (direito penal do autor).

O exemplo legislativo mais recente é a criação do regime disciplinar diferenciado, onde o legislador não se preocupou em relação ao fato praticado, mas à tendência de vida do autor, porque, qualquer pessoa que se inclua nos delitos previstos de organização criminosa já estaria incluída no regime de exclusão. Além disso, a lei somente faz referência a suspeita de pertencer a uma organização, isto é, não se faz necessário qualquer prova nesse sentido.

Importante aqui mencionar que essa característica da lei que regula o regime disciplinar diferenciado de incriminar o sujeito pela tendência de vida[39] contraria o princípio da responsabilidade pelo fato praticado, critério esse que norteia o Direito Penal da culpabilidade no Estado Democrático de Direito.

Nesse sentido, um dos subprincípios decorrentes do princípio da responsabilidade pelo fato praticado é o da impunidade pelo plano de vida. Portanto, somente se podem cobrar dos sujeitos os comportamentos concretos, delimitados espacial e temporalmente, e não por haver escolhido um determinado plano de vida ou modo de existência.[40]

Por outro lado, também não se deve olvidar que o princípio da proporcionalidade deve limitar a sanção aplicada ao fato cometido,[41] isto é, a pena deve

---

[38] SILVA-SÁNCHEZ, Jesús-María; FELIP I SABORIT, David; ROBLES PLANAS, Ricardo; PASTOR MUÑOZ, Nuria, ob. cit., p. 131.

[39] AMBOS, Kai. Derecho Penal del Enemigo. *Derecho Penal del Enemigo. El discurso de la exclusión*. Buenos Aires: B de F, 2006, p. 152, assinala que o Direito Penal do Inimigo não é Direito e uma de suas causas é que conduz a um câmbio do Direito Penal do fato para o Direito Penal do autor.

[40] DÍEZ RIPOLLÉZ, José Luis. *La racionalidad de las leyes penales*. Madrid: Editorial Trotta, 2003, p. 148, segue dizendo que a fundamentação ética deste subprincípio e a proteção diante de comportamentos que afetam a convivência social externa e está fundado no objetivo de garantir interações sociais que possibilitem na maior medida possível o livre desenvolvimento da auto-realização pessoal de acordo com as opções que cada cidadão estime conveniente. Não resulta conseqüente com isso pedir satisfação pela eleição de certos planos vitais, por mais que possam estimar-se na prática incompatível com a manutenção dessa convivência externa, enquanto tal incompatibilidade não se concretize na efetiva realização de condutas contrárias àquela. De outro lado, a pretensão de que os cidadãos renunciem desde o princípio a adotar determinados planos de vida, devendo responder penalmente em caso contrário, caracteriza uma sociedade totalitária, que pretende garantir a ordem social básica mediante a privação aos cidadãos daquelas possibilidades existenciais que justificam precisamente a manutenção dessa ordem social.

[41] CARBONELL MATEU, Juan Carlos. *Derecho penal: concepto y principios fundamentales*. 3ª. ed. Valencia: Tirant lo blanch, 1999, p. 210; CALLEGARI, André Luís. A concretização dos direitos constitucionais: uma leitura dos princípios da ofensividade e da proporcionalidade nos delitos sexuais. *Direito Penal em Tempos de Crise*. Porto Alegre: Livraria do Advogado Editora, 2007, p138 e ss.

guardar proporcionalidade em relação à conduta delitiva, e o risco que se corre ao inserirmos uma série de condutas como sendo de organização criminosa é o de não só aumentar a pena em relação ao fato, mas, aumentá-la ainda mais quando se estabelece o concurso de crimes. Neste caso específico não se estaria guardando qualquer proporcionalidade com o fato praticado e a utilização seria mais de reforço ou política judicial do que qualquer outra coisa.[42]

De acordo com tudo o que foi referido, pode-se afirmar que uma organização criminosa constitui uma estrutura criminógena que favorece a comissão reiterada de delitos (facilitando sua execução, potencializando seus efeitos e impedindo sua persecução) de maneira permanente (já que a fungibilidade de seus membros permite substituir os seus integrantes). Em conseqüência, é possível que sua mera existência suponha um perigo para os bens jurídicos protegidos pelas figuras delitivas que serão praticadas pelo grupo e, portanto, constitui um injusto autônomo, um "estado de coisas" antijurídico que ameaça a paz pública.[43]

4. Delimitação e alcance da figura típica do crime organizado. Crime organizado, concurso de pessoas ou formação de quadrilha?

O problema é a delimitação ou o alcance desta figura típica, pois ainda que mereça uma penalização mais grave esta organização criminal, deve-se ter cautela para não se incorrer no erro de esta figura abarcar toda e qualquer colaboração de pessoas para o cometimento de delitos, fato este que já se encontra regulado no concurso de agentes. Ademais, existem normas específicas para o aumento de pena para o organizador ou para aquele que comanda a atividade criminosa dos demais (art. 62, CP). Portanto, desnecessário, na maioria das vezes, uma figura autônoma e de duvidosa validade para incriminação de atividades cometidas por um grupo de pessoas.

A configuração de uma suposta organização criminal muitas vezes recai no tradicional concurso de pessoas, onde existe uma imaginada organização para comissão de delitos, porém, ausentes os elementos configuradores de uma verdadeira organização.

Neste marco, parece que houve uma mescla de conceitos para que se alcançasse, em algumas hipóteses, a configuração de uma organização criminal. Equivocadamente, utiliza-se a reunião esporádica de pessoas para o cometimento do delito. Noutros casos, ainda que dita reunião seja habitual, faltam os outros pressupostos configuradores da organização criminal.

Além disso, diante de uma interpretação elástica da teoria do domínio do fato, transforma-se o organizador de um grupo em "chefe" de uma "organização

---

[42] Veja-se, por exemplo, o aumento de pena previsto na Lei n. 9.613/98, que determina o aumento de pena quando o autor pertencer a uma organização criminosa.

[43] SILVA-SÁNCHEZ, Jesús-María; FELIP I SABORIT, David; ROBLES PLANAS, Ricardo; PASTOR MUÑOZ, Nuria, ob. cit., p. 132.

criminal". Os dois conceitos mostram-se equivocados. A simples distribuição de papéis ou determinação de tarefas, por si só, não pode implicar chefia do grupo ou da organização. E os que recebem ditas tarefas tampouco estão submetidos, na maioria das vezes, às regras de hierarquia e subordinação atinentes a uma estrutura organizada.

A regra do concurso de pessoas está pensada para a reunião eventual de agentes que buscam a realização da mesma infração penal, isto é, unem esforços entre si, com o mesmo objetivo típico. Não há, em princípio, qualquer regra de estruturação hierárquica ou organização entre os membros, embora ela possa aparecer em vários casos através de um membro que se destaca por sua liderança. Mesmo que ocorra o cometimento reiterado de infrações penais pelo grupo, não se pode transformá-lo em organização criminosa.

Também se deve recordar que a norma de extensão possibilita trazer para a esfera de punibilidade as colaborações que inicialmente não se traduzem em atividade típica, possibilitando, assim, a incriminação do auxílio material ou psicológico para o cometimento do crime. Mas este auxílio não é fundamental para o êxito da empreitada criminosa, pois se tratam de contribuições acessórias, isto é, não sustentam o fato como um todo (caso contrário, estaríamos diante da co-autoria, isto é divisão funcional de tarefas). Portanto, o concurso de pessoas representa um *minus* em relação à organização criminosa, pois nesta haverá uma valoração maior das tarefas e da estrutura organizacional, enquanto naquele os papéis podem representar colaboração que nem será utilizada (participação).

Dito de outro modo, as intervenções no concurso são distintas em relação às de uma organização. Enquanto no concurso a divisão de tarefas entre as pessoas não importa necessariamente uma colaboração fundamental para o êxito final do delito, pois nem sempre as colaborações são imprescindíveis para que isto ocorra, na organização criminal parece-nos que os papéis desempenhados são mais fortes e necessários para que o fato criminoso possa ser praticado. Funciona como uma engrenagem, isto é, uma verdadeira estrutura de peças, onde, a falha de uma pode implicar a falha total.

O que foi dito nas linhas acima vale também para o crime de formação de quadrilha ou bando, isto é, não se pode confundir uma reunião estável para o cometimento de crimes com uma organização criminosa. Inicialmente cabe referir que substancialmente o que diferencia o crime de quadrilha ou bando do concurso de pessoas é que naquele há um caráter duradouro da associação, enquanto neste a reunião dos integrantes é eventual.

Mesmo com um *plus* em relação ao concurso de pessoas no sentido de exigir um número determinado e a estabilidade associativa, não se pode confundir tal delito com uma organização criminosa. Como já referimos, a organização possui um caráter empresarial, de organização e hierarquia similar à de uma empresa legalmente constituída, onde cada membro tem suas funções determinadas e deve ser relevante para a configuração dos planos elaborados. A formação de quadrilha não guarda toda esta expectativa organizacional e normalmente esta destinada para a prática de delitos comuns.

De acordo com isso, deve-se acrescentar que a organização criminosa está pensada, em matéria de tipicidade, para delitos que requerem uma estrutura sofisticada de atuação, embora não seja a regra, é o que se verifica na maioria dos casos em que a organização pratica determinados delitos que, para sua comissão, necessariamente requerem a intervenção de pessoas especializadas em várias áreas.

Saliente-se que podemos ter uma organização criminosa praticando crimes tradicionais, já foi dito que tal fato não é impossível, porém, acreditamos que as estruturas que se apresentam em determinados crimes indicam uma especialização cada vez maior dos seus integrantes de uma organização criminosa, o que não ocorrerá na maioria das vezes quando se tratar da tipificação da formação de quadrilha.

5. Tipos abertos como modelo de configuração

Sempre que emprestamos validade a tipos penais abertos ou sem o devido respeito à taxatividade, incorremos no risco de ampliação desmesurada de ações puníveis na esfera criminal, o que se reverterá em um futuro próximo na antinomia de um Direito Penal liberal e de garantias.

De acordo com isso, pode-se constatar que a política criminal atual se libertou sem complexos dos princípios garantistas do Direito Penal substantivo que aparentemente dominava o panorama político-criminal e dogmático durante boa parte do século XX na Europa e no Brasil. Agora parece que está triunfando o predomino anglo-saxão. O crime organizado passou a engrossar este Direito Penal excepcional, acabando por contaminar o conjunto do sistema. A legislação brasileira vem seguindo as tendências mundiais de emergência: o tratamento da criminalidade organizada como um inimigo a se bater. Trata-se de um Direito Penal *ad hoc* para a luta contra o crime organizado, que frente as dúvidas de legitimidade que apresenta opõe critérios de necessidade e eficácia, justificando sua exceção no caráter de desestabilizador do sistema tanto político como econômico deste tipo de delinqüência.[44]

Este tipo de resposta de emergência ou excepcional se aproxima à política criminal contra o terrorismo de alguns países, assimilando-se o tratamento penal da criminalidade organizada ao do terrorismo, como se não importasse nada que a eficácia na repressão possa comportar a perda de eficácia do pacto social. A questão é se é legítimo aceitar erosões ao Estado de Direito impostas pela normativa particular da criminalidade organizada para combater fenômenos criminais que não são dominados por grupos complexos e estruturados, mas que podem ultrapassar os confins da microcriminalidade, igualmente difusa. Existe o risco de que

---

[44] PÉREZ CEPEDA, Ana Isabel. *La seguridad como fundamento de la deriva del Derecho penal postmoderno.* Madrid: iustel, 2007, p. 106.

a legislação dirigida especificamente ao crime organizado se transforme em um "cavalo de Troya" capaz de anular os princípios do Direito Penal liberal.[45]

Não há um programa de política criminal específico frente a este tipo de criminalidade organizada para realizar colocações apropriadas de prevenção segundo suas particulares características. A realidade demonstra que o problema reside, pois, em que é justamente frente à criminalidade organizada que provém da exclusão social e os tráficos proibidos contra a que o Estado de exceção atua com toda sua força. Por isso, a reação criminal não passa por estruturar mecanismos de imputação compreendendo a violência coletiva, a responsabilidade organizativa, a atitude criminal do grupo. Esta opção implica o risco de aplicarmos toda a legislação excepcional prevista para a delinqüência organizada a pequenas associações de delinqüentes profissionais ou a grupos juvenis.[46]

Novamente voltamos ao erro da política criminal atual de abarcar em uma só figura típica todos os comportamentos colaborativos de pequenos grupos de delinqüentes, fato este que permite a incriminação fácil de várias práticas delitivas, ainda que não propriamente organizadas. A abertura desmesurada de uma figura típica como esta, sem precedentes no Estado de Direito, acarreta injustiças na hora da imputação do fato delitivo, ferindo-se as garantias individuais conquistadas.

Assim, caminha-se para um novo fenômeno na hora da descrição das condutas praticadas, invocando-se sempre uma organização associativa organizada como figura autônoma, merecedora de mais reprimenda penal, somada, evidentemente, aos outros delitos praticados pelos membros de dita organização (concurso material), fato este que responde ao novo estado de segurança da coletividade.

Portanto, a figura autônoma do crime organizado assume participação de relevo numa época de descontrole do Estado, onde é mais fácil demonstrar que os problemas se solucionam com a efetividade de um rigoroso Direito Penal do que políticas sociais que demandam grandes investimentos. A utilização do Direito Penal não demanda custos, mas, tão-somente a aprovação e publicização de medidas duras, estampadas nos principais veículos de comunicação, demonstrando como age o Poder Público nas demandas de emergência ou "aumento de criminalidade".

Infelizmente, este caminho vem sendo trilhado por diversos governos, sem a menor preocupação da real efetividade das medidas propostas, porém, o ganho político e o reforço da falsa sensação de segurança são palpáveis quando se apresentam os "pacotes de segurança" apresentados com forte apelo emocional. Olvidam-se os nossos representantes políticos de avisarem ao povo que o Direito Penal nunca solucionou o problema da violência e sempre foi apregoado como *ultima ratio*, porém, o povo não merece toda a verdade.

---

[45] PÉREZ CEPEDA, Ana Isabel, ob. cit., p. 107.
[46] PÉREZ CEPEDA, Ana Isabel, ob. cit., p. 107.

— XVI —

A repersonalização do Direito Civil a partir do pensamento de Charles Taylor: algumas projeções para os direitos de personalidade*

JOSÉ CARLOS MOREIRA DA SILVA FILHO**

Sumário: A antropologia filosófica de Charles Taylor; A dignidade da pessoa humana e a questão do bem; Pensando o "sujeito concreto" da Repersonalização do Direito Civil; Direitos de Personalidade: para além da autonomia privada; Considerações Finais.

Charles Taylor revela-se um grande crítico da idéia de que existam formas sociais e instituições neutras a partir das quais, de modo inexorável, tenhamos de derivar as nossas ações e as nossas políticas. É equivocado, segundo ele, pensar a sociedade, bem como as alternativas políticas e jurídicas, a partir de uma naturalização do mercado e do Estado.

A tese de Taylor, a partir da qual irá justificar a afirmação feita acima, é de que as ações humanas só podem ser compreendidas quando percebidas a partir de formas de identidade situadas historicamente em uma dada cultura. Toda forma de subjetividade, toda identidade, até mesmo aquela que se fecha na noção de uma suposta neutralidade e instrumentalidade da razão humana, se apóia desde sempre em fontes morais que lhe dão sentido e propiciam a sua emergência.

O intento deste artigo é explorar os termos da tese tayloriana com o objetivo de iluminar alguns aspectos importantes, mas nem sempre bem percebidos, da assim chamada repersonalização do direito civil, debruçando-se de modo mais específico no tema dos direitos de personalidade.

A antropologia filosófica de Charles Taylor

O pensamento de Charles Taylor se sustenta em uma antropologia filosófica na qual o papel da linguagem é constitutivo.[1] As configurações morais são dadas

---

* Este artigo é resultado parcial do projeto de pesquisa "Pessoa Humana e Sujeito de Direito nas Relações Jurídico-Privadas: identidade e alteridade", coordenado pelo Prof. Dr. José Carlos Moreira da Silva Filho e financiado pela UNISINOS. Este artigo foi apresentado no XVII Congresso Nacional do CONPEDI, ocorrido em Brasília entre os dias 20 a 22 de novembro de 2008.

** Doutor em Direito das Relações Sociais pela UFPR; Mestre em Teoria e Filosofia do Direito pela UFSC; Bacharel em Direito pela UnB; Professor Titular da UNISINOS (Programa de Pós-graduação em Direito e da Graduação em Direito); Conselheiro da Comissão de Anistia do Ministério da Justiça.

[1] Assumir tal condição aproxima claramente o autor dos pensadores inseridos no movimento designado de *virada lingüística*, especialmente de Heidegger, um dos principais pilares do pensamento tayloriano.

através da linguagem, isto é, a linguagem possibilita a formação da subjetividade e da identidade, estando assim em uma função que ultrapassa a mera designação de objetos. Daí por que Taylor destaca a importância dos movimentos expressivistas da linguagem na tradição romântica.[2] Para esta, a linguagem não parte simplesmente de cada indivíduo como uma espécie de habilidade instrumental com a qual todos os homens teriam nascido para assim poderem designar as coisas do mundo. Os românticos entendiam que o indivíduo só poderia ser introduzido na linguagem a partir de uma comunidade lingüística preexistente, e que a linguagem leva à expressão algo que transcende o próprio indivíduo que a utiliza.[3]

A concepção expressivista da linguagem, além de indicar o caráter da linguagem como formadora de mundo, também considera o caráter inexoravelmente situado e pragmático da ação humana. Antes que qualquer ação seja empreendida por um indivíduo, ela se acha motivada e sustentada pelo envolvimento do agente. Este envolvimento implica, fundamentalmente, uma incorporação (*embodiement*) na qual estão presentes os sentimentos e os desejos.[4] A reflexão é derivada

---

[2] Taylor contrapõe às concepções designativas da linguagem, inspiradas em Locke, as concepções expressivistas, invocando, para tanto, um dos autores que constitue outro pilar do seu pensamento: Herder. Ver: TAYLOR, Charles. A importância de Herder. In: TAYLOR, Charles. *Argumentos filosóficos*. São Paulo: Loyola, 2000. p.93-114. Considerando-se ainda a grande influência de Hegel, é possível dizer que a filosofia moral de Charles Taylor se apóia, fundamentalmente nos " três H's": Hegel, Herder e Heidegger, haurindo ainda nítidas influências de Wittgenstein e de Merleau-Ponty. Patrícia Mattos indica, com argúcia, que o que há de comum nos três últimos pensadores citados "é a idéia tema de que o sujeito só pode ser compreendido *em situação*, ou seja, fugindo-se do hábito intelectualista de imaginá-lo como possuidor de representações abstratas e deslocado de suas necessidades corporais e práticas, como na tradição dominante de Descartes até Kant" (grifos da autora) (MATTOS, Patrícia. *A sociologia política do reconhecimento*: as contribuições de Charles Taylor, Axel Honneth e Nancy Fraser. São Paulo: Annablume, 2006. p.39-40).

[3] Este é o dado que interessa reter, independentemente do fato de que o romantismo apontava para Deus ou para a natureza como sendo essa instância superadora do eu que a linguagem visava expressar. Veremos que Taylor direciona esse poder expressivo da linguagem para as configurações morais que sustentam as práticas de cada indivíduo e que podem ser conhecidas pela reflexão e por ela rearticuladas. Enfatizando e explicando com clareza a noção expressivista de linguagem identificada na tradição romântica está o livro de Paulo Roberto Araújo: ARAÚJO, Paulo Roberto Monteiro de. *Charles Taylor: para uma ética do reconhecimento*. São Paulo: Loyola, 2004. p.26-27.

[4] Embora este aspecto não tenha sido ressaltado por dois importantes comentadores nacionais da obra de Charles Taylor, Paulo Roberto Araújo e Patrícia Mattos, é possível aproximar o papel determinante e pré-reflexivo das emoções e sentimentos em Taylor à concepção do *estado de ânimo* em Heidegger como um existencial do *Dasein*, que também sempre aparece associado ao existencial da *compreensão*. Eis uma breve explicação dos conceitos referidos, a bem do esclarecimento do leitor: "A compreensão (*Verstehen*), tratada no § 31 de *Ser e Tempo*, não diz respeito a alguma noção consciente, racional e teórica, mas sim ao sentido que os entes assumem a partir da nossa experiência pragmática e pré-reflexiva. É claro que as noções e conceitos produzidos pelo esforço teórico e pela ciência de um modo geral acabam por fecundar esta esfera pré-reflexiva, produzindo sentidos que são assumidos sem que se tenha, muitas vezes, consciência da sua origem teórica e científica. Parte-se sempre, portanto, de alguma compreensão, que é responsável pela abertura de sentido. (...) Juntando-se à compreensão perfila-se o *estado de ânimo* (*Befindlichkeit*) na qualidade de um dos aspectos do *ser-em*. Este, por sua vez, indica um estado de familiaridade com o mundo. A noção de *ser-em* tenta nos explicar de que modo *somos-no-mundo*, de que maneira se configura este dado inicial e incontornável de que já somos, desde sempre, no *mundo*. Nessa direção, sobressaem-se quatro aspectos que estruturam este *ser-em*: a *compreensão*, o *estado-de-ânimo*, o *discurso* (*Rede*) e a *decaída* (*Verfallen*). O estado de ânimo, tratado no § 29 de *Ser e Tempo*, indica que cada ente é percebido não somente a partir de um sentido que ele assume em relação à pragmática experiência de finalidades que orienta nossas ações e pensamentos, mas também em relação a algum *humor* (Stimmung) ou *ânimo* que sempre acompanha este sentido e interfere na interpretação do ente em uma dada situação, a depender do fim para o qual se tende" (SILVA FILHO, José Carlos Moreira da. A Repersonalização do Direito Civil em uma sociedade de indivíduos: o exemplo da questão indígena no Brasil. In: *XVI Encontro Nacional do*

sempre de um estado inicial de envolvimento no qual todo e qualquer sentido provém de uma experiência pré-reflexiva e encarnada.

Por mais que se tente assumir o controle e o conhecimento completo dessa esfera pré-reflexiva, não se consegue. O pano de fundo sempre se esquiva de um domínio completo, afinal a própria ação voltada para este domínio já se estrutura nele. Seria como, para utilizar uma conhecida imagem, tentar construir o barco ao mesmo tempo em que ele já vai sendo utilizado para navegar. Por outro lado, os indivíduos não são meros reféns dessa dimensão antecipadora, afinal o pano de fundo influencia, motiva e constitui, mas também pode ser mudado.[5] Nesse quadro, o papel da reflexão é duplo: resgatar os valores e as fontes morais que estruturam as práticas do indivíduo, tornando mais claro ao sujeito quais são as configurações morais que motivam suas ações;[6] e possibilitar através da articulação daquilo que subjaz de modo desarticulado a realização de mudanças nessas mesmas configurações.[7]

Percebe-se aqui, portanto, que é essencial o ponto de vista interno do agente para que se possa entender suas ações. O homem age e avalia sua ação, e esta avaliação repercute tanto na sua ação quanto no seu conhecimento. Não é possível compreender adequadamente as ações humanas sem que elas sejam inseridas a partir do pano de fundo no qual o agente está desde sempre mergulhado, assim como também não é possível direcionar-se a um modo de vida responsável e coerente sem que as configurações morais sejam articuladas. É preciso que o sujeito construa uma narrativa da sua própria vida.[8]

Nesse processo de auto-avaliação das ações, Taylor realiza uma classificação central: a que divide a *avaliação forte* da *avaliação fraca*.[9] Nesta última,

---

Conselho Nacional de Pesquisa e Pós-Graduação em Direito - CONPEDI, 2007, Belo Horizonte-MG. Anais do XVI Encontro Nacional do CONPEDI. Florianópolis-SC : Fundação Boiteux, 2007. v. 1. p. 2780).

[5] Para Charles Taylor, devemos ver "a linguagem como um padrão de atividade mediante o qual exprimimos/ realizamos um certo modo de ser no mundo, aquele que define a dimensão lingüística; mas esse padrão só pode ser apresentado contra um pano de fundo que nunca podemos dominar por inteiro. É também um pano de fundo pelo qual nunca estamos plenamente dominados, visto que o remoldamos constantemente. Remoldá-lo sem dominá-lo, ou ser capaz de supervisá-lo, significa que nunca sabemos de modo integral o que fazemos com ele. No que se refere à linguagem, somos tanto construtores como construídos". (TAYLOR, *op.cit.*, p.111).

[6] Nesse ponto, Paulo Roberto Araújo identifica claramente a influência de Hegel em Taylor, pois naquele encontra-se o mote de que o agente precisa conscientizar-se de sua ação para torná-la clara para ele mesmo, e, assim, tornar o pensamento seguro de si mesmo. Do mesmo modo, em Taylor quando o agente não articula suas fontes morais tende a identificar os objetivos de suas ações de forma superficial e inautêntica, o que termina por causar uma ação inadequada e confusa (ARAÚJO, *op.cit.*, p.59-66). Outra clara influência de Hegel, assinalada por Paulo Roberto Araújo, está também na idéia de que o homem se mostra na unidade, sem que se deva separar o corporal e o instintivo do racional. Taylor considera Hegel a segunda geração expressivista depois de Herder (*Ibid.*, p.74). Por fim, é de se notar ainda a influência de Hegel na idéia de que a comunidade preexiste o indivíduo e sustenta a sua formação.

[7] Na medida em que novas formas de expressão são criadas, seja como fruto de novas experiências seja também como resultado do esforço reflexivo de articular as fontes morais, novas formas de sentimento também surgem. Esta constatação Taylor traz diretamente de Herder (TAYLOR, *op.cit*; MATTOS, *op.cit.*, p.33).

[8] Neste ponto, é possível perceber algo de análogo ao processo da psicanálise, pelo qual o analisado vai construindo uma narrativa da sua própria vida na medida em que, com a ajuda do psicanalista, realiza uma análise de si mesmo e de suas experiências. Em Taylor, na articulação e rearticulação das fontes morais o agente avalia e direciona constantemente suas ações por meio da narração da sua história moral (ARAÚJO, *op.cit.*, p.152).

[9] Esta classificação é desenvolvida especialmente no texto: TAYLOR, Charles. What is human agency? In: TAYLOR, Charles. *Human agency and language*: Philosophical papers I. Cambridge: Cambridge University Press, 1996.

o agente escolhe a sua ação baseando-se no desejo momentâneo e contingente, ou seja, para que uma opção de conduta seja escolhida basta que a ela se vincule a existência de um desejo. O agente se restringe, assim, àquilo que em um dado momento sente gostar, descartando as outras opções existentes. O problema com as avaliações fracas é que elas não distinguem desejos de valores. Estes não têm nenhuma importância consciente na escolha da ação. É o que acontece, por exemplo, com a perspectiva utilitarista. O utilitarismo não se importa com o valor que há nos sentimentos, ele apenas os calcula quantitativamente. Tanto faz se a motivação do desejo aponta para fontes morais articuladas ou desarticuladas, o importante, na perspectiva utilitária, é que o agente faça a sua escolha, independente da qualidade desta escolha.

Na avaliação forte, por sua vez, penetra-se em um nível mais profundo, no qual o entrelaçamento entre moralidade e identidade é perceptível.[10] Ao realizar uma avaliação forte, o agente ultrapassa o nível superficial, contingente e desarticulado dos gostos momentâneos e analisa os valores que estruturam os diferentes desejos, sendo capaz de realizar uma leitura qualitativa desses desejos, o que é feito por meio de contrastes entre os valores, permitindo ao agente clarificar e alterar sua hierarquia axiológica.

Para Taylor, a noção de identidade se estrutura a partir da capacidade de se avaliar fortemente. Isto não quer dizer, é claro, que alguém que não faça a articulação de suas configurações morais não esteja sendo influenciado por elas, mas apenas que está muito mais propenso a agir de modo confuso e, inclusive, em flagrante contradição com tais configurações. Em outras palavras, a reflexão, quando voltada para esse auto-conhecimento, também sempre propenso a revisões e alterações, pode proporcionar uma vida qualitativamente superior. Afinal, percebe-se que os conflitos entre os desejos não dependem das circunstâncias contingentes que envolvem a escolha, mas sim das determinações valorativas do agente. E em tal terreno a perspectiva utilitarista não adentra.

Ao indicar o nível das avaliações fortes, Taylor está trazendo para o debate moral contemporâneo, por vias arraigadas à faticidade humana, o velho tema aristotélico da vida boa, isto é, o questionamento sobre o que é bom, sobre o bem, e não simplesmente sobre o que é correto de acordo com padrões normativos assumidos universalmente e não-questionados.[11]

---

[10] Afirma Taylor que: "a individualidade e o bem, ou, em outras palavras, a identidade e a moralidade, apresentam-se como temas inextricavelmente entrelaçados". Esclarecendo o que pretende com o tema da avaliação forte, Taylor diz: "desejo analisar nosso sentido do que está na base de nossa própria dignidade, ou questões acerca do que torna nossa vida significativa ou satisfatória. (...) Referem-se [tais questões] antes ao que torna a vida digna de ser vivida. O que elas têm em comum com questões morais (...) é o fato de todas envolverem o que denominei alhures 'avaliação forte', isto é, envolvem discriminações acerca do certo ou errado, melhor ou pior, mais elevado ou menos elevado, que são validadas por nossos desejos, inclinações ou escolhas, mas existem independentemente destes e oferecem padrões pelos quais podem ser julgados" (TAYLOR, Charles. *As fontes do self*: a construção da identidade moderna. São Paulo: Loyola, 1997. p.15-17).

[11] Taylor explicita claramente este ponto logo no início de *As fontes do self*: "Boa parte da filosofia moral contemporânea, particularmente mas não apenas no mundo de língua inglesa, tem abordado a moralidade de maneira tão estreita que algumas das conexões cruciais que desejo esboçar aqui são incompreensíveis em seus

Taylor busca dar nova roupagem à idéia que Aristóteles, logo no início da *Ética a Nicômaco*, demarcou: a de que todas as atividades humanas visam a um bem.[12] As fontes morais são, assim, formas de bem que se evidenciam hierarquicamente nas avaliações fortes e na identidade narrativa construída através do esforço constante de articulação e rearticulação dessas fontes. Já para o naturalismo e para o utilitarismo a questão do bem é irrelevante. No primeiro caso, porque o ponto de vista interno do agente não é considerado como causa das suas ações, visto que estas estão atreladas a motivos externos naturalizados, sejam eles identificáveis nos processos neurológicos do indivíduo ou nas instituições sociais naturalizadas em normas universais. No utilitarismo, por sua vez, o bem só é levado em conta na medida em que é tido como algo que venha a satisfazer algum desejo, seja ele qual for, tornando-se assim desnecessária qualquer análise qualitativa do bem. Quando a escolha é indiferente o objeto sobre o qual tal escolha recai torna-se irrelevante.

A dignidade da pessoa humana e a questão do bem

A noção de dignidade humana, para Taylor, precisa, portanto, levar em conta a capacidade do agente de buscar suas configurações morais e associar as suas ações a elas. Daí por que a compreensão da pessoa quanto às determinações da sua identidade, bem como das mudanças promovidas a partir daí, torna-se de fundamental importância para a realização da dignidade humana. É nesse sentido que o agente orienta suas ações para o bem. A dignidade, portanto, está diretamente relacionada à orientação ética do *self*.[13]

É com base nesta idéia de dignidade humana que Taylor situa também o seu pensamento político. Ora, se a realização da dignidade se encontra na afirmação da identidade da pessoa, associada por sua vez às suas configurações morais, o não reconhecimento desta identidade nas interações sociais revela-se uma forma de opressão. E isso é tanto mais evidente quando constatamos o recrudescimento de sociedades multiculturais.[14]

---

termos. Essa filosofia moral tendeu a se concentrar mais no que é certo fazer do que no que é bom ser, antes da definição do conteúdo da obrigação do que na natureza do bem viver; e não há nela espaço conceitual para a noção do bem como o objeto de nosso amor ou lealdade (...). Essa filosofia sancionou uma concepção defeituosa e truncada da moralidade num sentido estreito, bem como de toda a gama de questões envolvidas na tentativa de levar a melhor vida possível, e isso não só para filósofos profissionais como para um público mais amplo" (TAYLOR, *As fontes do self*, p.15-16).

[12] ARISTÓTELES. Ética a Nicômaco. In: *Os pensadores*. São Paulo: Nova Cultural, 1996. p.118.

[13] ARAÚJO, *op.cit.*, p.149.

[14] Taylor observa isto logo no início do seu influente texto *A política de reconhecimento*. Diz ele que a "tese consiste no facto de a nossa identidade ser formada, em parte, pela existência ou inexistência de reconhecimento e, muitas vezes, pelo reconhecimento *incorrecto* dos outros, podendo uma pessoa ou grupo de pessoas serem realmente prejudicadas, serem alvo de uma verdadeira distorção, se aqueles que o rodeiam reflectirem uma imagem limitativa, de inferioridade ou de desprezo por eles mesmos. O não reconhecimento ou o reconhecimento incorrecto podem afectar negativamente, podem ser uma forma de agressão, reduzindo a pessoa a uma maneira de ser falsa, distorcida, que a restringe" (grifos do autor) (TAYLOR, Charles. A política de reconhecimento. In: *In:* TAYLOR, Charles, APPIAH, K. Anthony *et al. Multiculturalismo*. Lisboa: Piaget, 1998. p.45). Importa

Ademais, o fato de que alguém consiga afirmar a sua identidade por meio de uma autocompreensão voltada às suas fontes morais é imprescindível não só para a afirmação da identidade de si, mas também o é para perceber a mesma possibilidade nos outros, isto é, que existem diferentes identidades que demarcam diferenças essenciais e inerentes à dignidade de cada pessoa. Daí a grande diversidade de culturas e de vocabulários significativos. Assim, para que se tenha um espaço público adequado, no qual tais diferenças possam respirar, é fundamental que os sujeitos que compõem tal espaço tenham clareza das suas identidades, pois isto possibilita não só a afirmação da própria dignidade, mas também a dos outros.

O grande problema, porém, é que nas sociedades ocidentais a constituição do *self* moderno acabou se consolidando em um formato que é refratário ao reconhecimento do sujeito a partir do seu envolvimento corporificado e expressivo, identificando na razão instrumental e desprendida um dado *a priori* naturalizado e inquestionável. Para comprovar e sustentar essa afirmação, Taylor realiza em sua obra *As fontes do self* uma análise histórica da formação do *self* ocidental,[15] necessária para complementar sua antropologia filosófica e pautar o seu pensamento político.

Em suma, o filósofo canadense indica na formação da identidade moderna um crescente movimento rumo à interiorização das verdades no próprio

ressaltar que a necessidade do reconhecimento continua a existir mesmo no interior de uma mesma cultura ou tradição.

[15] Como bem ressalta Jessé Souza, o foco de Taylor ao realizar esta genealogia do *self* moderno ocidental recai muito mais sobre a eficácia que essas idéias tiveram na conformação das fontes morais modernas e na sustentação do próprio modo de vida das pessoas comuns. Ele não está, pois, interessado em descrever o conteúdo dessas idéias de modo completo, abordando a totalidade dos autores e das correntes de pensamento modernos (SOUZA, Jessé. *A construção social da subcidadania*: para uma sociologia política da modernidade periférica. Belo Horizonte: UFMG; Rio de Janeiro: IUPERJ, 2003. p.68). De todo modo, penso ser pertinente a ressalva feita por Enrique Dussel de que na genealogia de Taylor faltou fazer referência ao papel da periferia do mundo europeu para que a civilização ocidental moderna e o seu self pudessem emergir. Segundo Enrique Dussel, uma história do sujeito moderno que não leve em conta o contexto periférico no qual surgiu é, no mínimo incompleta e parcial. Referindo-se à obra *As fontes do self*, Dussel afirma que "está escrita com maestria, com conhecimentos, com criadora maneira de obter novos resultados, mas é só uma exploração 'intrafilosófica' à qual falta uma história, uma economia e uma política. Esta limitação metodológica impedirá que o autor chegue a resultados mais críticos. Parece que o capitalismo, o colonialismo, a contínua utilização da violência ou a agressão militar não tem nenhuma importância." (DUSSEL, Enrique. *Ética da libertação* – na idade da globalização e da exclusão. Petrópolis: Vozes, 2000. p.67). Assim, considerar tão-somente o contexto interno da Europa e os termos dos seus pensadores centrais para identificar as fontes do sujeito, aplicando suas conclusões de modo universal é um procedimento chamado pelo autor de "eurocentrismo". "O 'eurocentrismo' consiste exatamente em constituir como *universalidade abstrata humana em geral* momentos da *particularidade* européia, a primeira particularidade de fato mundial (quer dizer, a primeira universalidade humana concreta). A cultura, a civilização, a filosofia, a subjetividade, etc. *moderno*-européias foram tomadas como a cultura, a civilização, a filosofia, a subjetividade, etc. *sem mais* (humano universal abstrata). Grande parte dos ganhos da modernidade não foram criatividade exclusiva do europeu, mas de uma contínua dialética de impacto e contra-impacto, efeito e contra-efeito, da Europa-centro e sua periferia, até no que poderíamos chamar de a própria constituição da subjetividade moderna enquanto tal." (grifos do autor) (*Ibid.*, p. 69). Há de se convir, contudo, que em Taylor não se encontra esse tipo de eurocentrismo, visto que o que ele pretende é justamente evidenciar que o *self* moderno não é uma noção universal e abstrata, mas sim a expressão de uma série de idéias e transformações pertinentes ao contexto europeu moderno. Creio que o alerta de Dussel deve ser admitido para que se reconheça o papel determinante da constituição de uma nova periferia mundial (o "novo mundo") no protagonismo que a Europa passou a ter desde então (incluindo o plano das idéias), visto que antes das grandes navegações, como afirma Dussel, a Europa estava mais para uma periferia do mundo mulçumano.

258

José Carlos Moreira da Silva Filho

homem.[16] Este movimento vai desembocar em duas tradições conflitantes: o instrumentalismo iluminista e a expressividade romântica. No primeiro caso, o *self* se identifica com uma razão descolada das experiências contextuais e do mundo, uma capacidade de tornar tudo objeto e instrumento a partir de uma disciplina apoiada na eficiência e no autocontrole. É a sacramentalização da separação entre sujeito e objeto, a construção de um *self* autofundante, sem dimensões geométricas, um *self pontual*.[17]

Já a tradição expressivista enfatiza menos o aspecto instrumental do *self* e se concentra mais na idéia de que cada indivíduo possui profundezas interiores que demarcam a sua singularidade e originalidade. A ênfase em que cada qual possui um jeito particular de ser que deve ser expresso, de que cada pessoa possui uma "voz interior" que deve ser ouvida, é feita, segundo Taylor, a partir de Rousseau (o "sentimento da existência") e de Herder (cada pessoa tem sua própria "medida").[18]

O objetivo de Taylor, assim, não é apenas mostrar que a desarticulação das fontes morais modernas é fruto do predomínio de um *self pontual*, que acaba por transformar a sua própria história em um dado naturalizado, mas também mostrar como a partir do esclarecimento dessas fontes é possível resgatar um ideal moral que reatualize a busca por um espaço público melhor ou pela vida boa. O autor identifica, pois, nas raízes da subjetividade ocidental o ideal da autenticidade.

Essa autenticidade, entendida como a busca e o reconhecimento da própria identidade, não precisa necessariamente descambar em uma sociedade atomista, individualista e fragmentada, na qual cada um se preocupa com seus próprios interesses e pouco se importa com a sorte dos outros ou com o espaço público. Na sua obra *The ethics of autenticity*, Taylor mostra que ser autêntico significa reconhecer não só que o indivíduo se forma como sujeito a partir do seu envolvimento corporificado e das configurações morais daí advindas, mas também que ele se forma a partir de um horizonte dialógico,[19] e que uma sociedade melhor necessita empreender políticas de reconhecimento, capazes de superar a insensibilidade atomista.

---

[16] TAYLOR, Charles. *As fontes do self,* p. 149-270.

[17] Para uma explicação com mais detalhes sobre a formação e o sentido do conceito de *self pontual* tal qual exposto por Charles Taylor (que atribui os créditos da noção especialmente ao filósofo inglês John Locke quando segue na senda aberta por Descartes), ver: SILVA FILHO, José Carlos Moreira da. Pessoa humana e boa-fé objetiva nas relações contratuais: a alteridade que emerge da ipseidade. In: SILVA FILHO, José Carlos Moreira da. PEZZELLA, Maria Cristina Cereser (orgs.). *Mitos e rupturas no direito civil contemporâneo.* Rio de Janeiro: Lúmen Júris, 2008. p.304-306.

[18] TAYLOR, Charles. *The ethics of authenticity.* Cambridge: Harvard University, 2000. p.27-28. Taylor também importa de Herder a possibilidade de se pensar na originalidade e na autenticidade não só de um indivíduo mas também de uma coletividade ou até mesmo de um povo ou sociedade (TAYLOR, *A importância de Herder*, p.245).

[19] Ibidem, p.31-41. Tal aspecto ficou evidente quando se tratou acima da questão da linguagem. Para maiores detalhes sobre a dimensão dialógica como constitutiva da própria individualidade e como dado importante para pensar a realidade política e fazer frente às tendências de atomismo e fragmentação, ver: SILVA FILHO, José Carlos Moreira da. Multiculturalismo e movimentos sociais: o privado preocupado com o público. In: *Notícia do direito brasileiro,* Brasília, n.12, 2006. p.221-233.

Tais políticas indicam praticamente duas direções que devem se complementar: a política do reconhecimento de igual dignidade e a política do reconhecimento da diferença. A primeira direção foi a que logrou maior aceitação e desenvolvimento no seio da modernidade, ao menos nas sociedades de capitalismo avançado, estabelecendo que a dignidade humana deve ser respeitada naquilo que torna todos os homens iguais. Quando tal igualdade, assumida como condição ontológica do homem, não se verificar, surge a necessidade de políticas públicas que a promovam. Tal é a perspectiva que, segundo Taylor, pode ser colhida a partir de Kant e Rousseau.[20] Os homens devem ser respeitados em sua dignidade por aquilo que os torna iguais: o seu estatuto de sujeitos racionais, mesmo quando essa racionalidade não pode se manifestar em ato (como os doentes em coma, por exemplo). O problema, alerta Taylor, é que essa política de reconhecimento tende a ignorar as diferenças, induzindo todos a se encaixarem em um único molde. Este, contudo, está longe de ser neutro, sendo, na verdade, o reflexo de uma cultura hegemônica.[21]

Já a política do reconhecimento da diferença, de certo modo, também assume um potencial universal, mas de uma maneira tal que obtém resultados muito distintos da política de igual dignidade. Tal potencial é o relativo à condição de cada pessoa de ter formada a sua identidade e poder articulá-la e rearticulá-la. Eis o espaço da autenticidade. A partir daí, é claro, a igualdade dá lugar à diferença e à necessidade de ela ser respeitada e reconhecida a partir de si mesma. Em seus escritos, o filósofo canadense dá maior espaço a esta espécie de política de reconhecimento, adotando-a como parâmetro para discutir o tema do multiculturalismo e para pautar o debate entre liberais e comunitaristas.[22]

É possível constatar que Taylor não se preocupa tanto com o problema da ausência de efetivação da primeira política de reconhecimento pelo simples fato de que nos países de capitalismo desenvolvido, nos quais ele vive (deslocando-se entre a América do Norte e a Europa), tal questão foi até certo ponto contornada pelas políticas implementadas pelo Estado do Bem-Estar Social, ainda que esta tendência possa estar experimentando alguns refluxos, especialmente a partir de uma certa globalização da miséria e aumento da imigração para tais localidades. Já em países como o Brasil, o problema da desigualdade ainda é imenso e galopante. Mas isto não quer dizer que nesses lugares se possa descartar a necessidade do reconhecimento da diferença.

---

[20] O conceito rousseauniano de *vontade geral* indica que todos os cidadãos virtuosos são honrados de forma igual, e a maior liberdade é a de seguir a vontade uníssona e harmônica que emerge desse acordo e dessa reciprocidade social. Taylor percebe aí o grande risco totalitário do argumento, na medida em que a unidade de objetivos imaginados para a sociedade igualitária é refratária a qualquer diferenciação (TAYLOR, *A política de reconhecimento*, p.64-71).

[21] Taylor situa os liberalismos tradicionais nessa direção, na medida em que estes pressupõem sempre o universalismo de alguns princípios a partir dos quais a sociedade deve se guiar. Há discussão sobre quais princípios seriam esses, contudo em todas as variantes do modelo, entre os quais Taylor inclui Dworkin, Rawls e Habermas, acredita-se que o princípio exista (*Ibidem*, p.57-64).

[22] Sobre o debate relativo ao multiculturalismo e às diferenças entre liberais e comunitários, ver: SILVA FILHO, *Multiculturalismo e movimentos sociais*, p.221-233; TAYLOR, Charles. Propósitos entrelaçados: o debate liberal-comunitário. In: TAYLOR, Charles. *Argumentos filosóficos*, p.197-220; e TAYLOR, *A política de reconhecimento*, p.45-94.

A par do problema da desigualdade, temos claramente um problema de não-reconhecimento das diferenças culturais, por exemplo, entre as diferentes etnias que compõem o povo brasileiro. O caso dos indígenas[23] e dos quilombolas revela claramente este ponto. As diferenças se estruturam ainda nas distâncias e peculiaridades regionais, bem como nos diferentes estratos econômicos que compõem a sociedade brasileira, envolvendo ainda outras diferenciações de grupo que não se restringem à questão de classe tão-somente.[24]

Como assinala com acuidade o sociólogo Jessé Souza, no Brasil o problema da desigualdade ou da subcidadania está diretamente relacionado com o problema do desrespeito às diferenças. A desigualdade no Brasil é algo assumido de modo não reflexivo, profundamente arraigado nas fontes morais que estruturam o imaginário da sociedade brasileira de um modo geral.[25] Mesmo os membros da classe média que se revelam bem intencionados em sua ação política voltada para os excluídos ou subcidadãos incorporam esses sinais e reproduzem distinções que tendem a alargar o fosso entre cidadãos e subcidadãos.

De todo modo, o que se percebe é que tomar a pessoa apenas a partir da idéia de um *self pontual*, calculador e instrumentalizador, desconectado do seu envolvimento encarnado e expressivo, e conseqüentemente de suas fontes morais, é algo que contribui para perpetuar a opacidade das configurações que legitimam e estruturam tanto as desigualdades quanto as discriminações. Urge, portanto, pensar a pessoa a partir da sua identidade, das suas hierarquias valorativas, sem as quais ela não pode orientar a sua ação nem se compreender. O próprio sujeito apodítico da racionalidade instrumental só foi possível a partir de eventos históricos e configurações morais específicas, ainda que tal aspecto tenha sido ocultado pela sua inerente tendência à naturalização.

Pensando o "sujeito concreto" da Repersonalização do Direito Civil

Quando pensamos na repersonalização do direito civil, estamos às voltas com a proposta de fazer com que o conceito de pessoa deixe de ser apenas um mero sinônimo da noção de capacidade ou de personalidade jurídica e assuma

---

[23] Para situar a questão indígena como um exemplo privilegiado para repensar a questão da repersonalização do direito civil e do problema da subjetividade jurídica de um modo geral, ver: SILVA FILHO, José Carlos Moreira da. *A Repersonalização do Direito Civil em uma sociedade de indivíduos*, p.2769-2789.

[24] Os novos movimentos sociais em sociedades periféricas, ainda que fundamentalmente voltados para as questões tradicionais de classe, agregam à sua forma de fazer política a afirmação da sua identidade singular no plano público. Assim, os temas da igual dignidade e da autenticidade aparecem entrelaçados, ainda que em sociedades como a brasileira este entrelaçamento se dê de modo diferente em relação às sociedades de capitalismo desenvolvido, nas quais estas questões (desigualdade e desrespeito à diferença) costumam apresentar-se de modo mais separado.Ver: SILVA FILHO, *Multiculturalismo e novos movimentos sociais*, p.225-226.

[25] Em seu livro, Jessé Souza indica, em apurado estudo histórico e sociológico, a identificação de uma ralé brasileira, marginal à sociedade produtiva e eficiente. Argumenta o autor que a sociedade brasileira internalizou e naturalizou um corte entre cidadãos de primeira linha, que se constituem em referência ao modelo do homem racional e europeizado, e cidadãos de segunda classe que se afastam desse modelo. O recurso à teoria de Taylor, na obra de Jessé, é fundamental para desnaturalizar as redes opacas de dominação social que produzem em série as categorias de subcidadania (Ver: SOUZA, *passim*).

novamente o seu lugar fundante na construção científica e filosófica do direito.[26] Contudo, esse retorno da noção de pessoa como princípio fundante, claramente evidenciada no que se convencionou chamar de *novo constitucionalismo*,[27] não pode simplesmente repisar as conclusões do período iluminista, sob pena de incorrer nas mesmas armadilhas impessoais e abstratas que acabaram por demonstrar toda a sua insuficiência diante do crescimento das desigualdades sociais e, especialmente, das guerras e regimes totalitários do século XX.[28] Por esta razão, alguns autores do direito civil[29] têm preferido apontar para uma "repersonalização" e têm enfatizado a idéia da "pessoa concreta".

Quando nos deparamos, todavia, com os escritos doutrinários que desenvolvem a noção de dignidade da pessoa humana como fundamento do direito civil repersonalizado, normalmente, o que se vê são as mesmas referências teóricas iluministas que pautaram o pensamento jurídico oitocentista, em especial a ética kantiana. Acredito que se realmente queremos empreender um deslocamento conceitual rumo à "pessoa concreta" precisamos ir além. Que fique aqui bem claro que não estou descurando das significativas contribuições iluministas para o tema da dignidade.[30] Apenas entendo que hoje já temos o desenvolvimento de perspectivas teóricas que nos permitem avançar no tema, adaptando-o à contemporaneidade e aos fenômenos que hoje constituem nossa compreensão da realidade. Penso, por exemplo, que Kant foi fundamental para abrir o caminho transcendental, pelo qual filósofos como Heidegger, Merleau-Ponty e o próprio Charles Taylor puderam adentrar.[31]

---

[26] Sobre isto ver: FACHIN, Luiz Edson. *Teoria crítica do Direito Civil*. Rio de Janeiro: Renovar, 2000; CARVALHO, Orlando de. *A teoria geral da relação jurídica – seu sentido e limites*. 2.ed. Coimbra: Centelha, 1981; HATTENHAUER, Hans. *Conceptos fundamentales del Derecho Civil* – introducción histórico-dogmática. Barcelona: Ariel, 1987; e SILVA FILHO, *Pessoa humana e boa-fé objetiva no direito contratual*, p. 293-296.

[27] O novo constitucionalismo demarca a superação da clássica dicotomia entre direito público e privado, situando a Constituição acima de qualquer enciclopédica jurídica e projetando seus valores, princípios e normas para todos os ramos do Direito, inclusive para o privado. O marco histórico desse novo papel para a Constituição foi o segundo pós-guerra, na tentativa de construir mecanismos jurídicos que pudessem evitar ou dificultar nova ocorrência de fenômenos semelhantes aos que deixaram o mundo perplexo durante os regimes totalitários e as guerras da primeira metade do século XX. No Brasil, tal influxo só se fez realmente sentir após a Constituição de 1988 e tão logo a sociedade brasileira conseguiu emergir do período funesto das ditaduras civis-militares do Cone-Sul.

[28] Em artigo escrito para o III Simpósio da Cátedra Unesco–Unisinos Direitos Humanos e violência, governo e governança., no Painel "Justiça e memória. O esquecimento das vítimas, uma segunda injustica", ocorrido no dia 19 de maio de 2008 no Auditório Central da UNISINOS-RS, procura-se, com apoio na filosofia da história de Walter Benjamin, denunciar a barbárie que se aloja na base da sociedade ocidental e promove a exclusão e o esquecimento das vítimas. O artigo indica o papel político da memória na construção da democracia e no resgate da dignidade humana, reconhecida a partir da alteridade evidenciada no sofrimento, seguindo mais de perto a experiência das ditaduras latino-americanas, em especial, a da ditadura civil-militar brasileira. Ver: SILVA FILHO, José Carlos Moreira da. O anjo da história e a memória das vítimas: o caso d a ditadura militar no Brasil. In: RUIZ, Castor Bartolomé (org.). *Justiça e memória*: por uma crítica ética da violência. São Leopoldo: UNISINOS, 2008. *no prelo*.

[29] Entre os quais destaco especialmente Orlando de Carvalho (op.cit.), Luiz Edson Fachin (op.cit.) e Paulo Luiz Neto Lobo (Constitucionalização do direito civil. In: *Revista de Informação Legislativa*, Brasília, a. 36, n. 141, p. 99-109, jan./mar. 1999).

[30] Tal ponto está firmado, inclusive, em outro texto, especialmente no tocante à indispensável perspectiva kantiana da dignidade da pessoa humana. Ver: SILVA FILHO, *Pessoa humana e boa-fé objetiva nas relações contratuais*, p.307-309.

[31] Como o próprio Charles Taylor assinala, pela porta aberta pelos argumentos transcendentais kantianos adentraram igualmente as análises de Heidegger e Merleau-Ponty (Ver TAYLOR, Charles. A validade dos argumentos

Creio que a compreensão teórica do conceito de pessoa deve agregar esses avanços, e que deles podemos colher resultados que repercutam diretamente nas categorias científicas do direito e, conseqüentemente, na sua dimensão prática. Tenho me dedicado, particularmente, a indicar essas conexões e a desenvolver essas perspectivas voltadas ao tema da subjetividade jurídica. Nessa direção resta delimitada, por exemplo, uma dimensão existencial da pessoa que vamos encontrar desenvolvida em autores como Heidegger[32] e que repercute visivelmente na construção de outros autores mais contemporâneos que também se voltam para o tema, como Paul Ricoeur[33] e Charles Taylor, cuja filosofia moral e a noção apriorística de um *self* encarnado e expressivo é objeto mais direto deste artigo.[34]

Penso ainda que a essas balizas teóricas deve-se agregar o que podemos chamar de filosofia da alteridade. A meu ver, a noção do *self* expressivo e en-

---

transcendentais. In: TAYLOR, Charles. *Argumentos filosóficos*. p.34). Os argumentos transcendentais partem de alguma característica da experiência humana considerada inquestionável e indubitável. Para Kant, a experiência só pode ser percebida enquanto tal porque os homens possuem categorias universais prévias para percebê-la (os juízos sintéticos a priori). As condições do conhecimento objetivo independem da experiência mesma, elas já são dadas *a priori*. O problema é que Kant não dá espaço suficiente ao papel da expressão corporificada do agente como dado incontornável e constitutivo. "Desse modo, o objeto continua fora do âmbito de expressividade do sujeito, pois este se limita a fazer uma 'descrição completa' daquele. A relação entre sujeito e objeto permanece numa instância de exterioridade. É esse caráter de exterioridade que inviabiliza ao agente humano compreender a expressividade do seu agir no mundo. Os argumentos transcendentais apesar de nos dar (sic) regras reguladoras para nos mover no pensamento, não possibilitam, como diz Taylor, compreender a necessidade de estarmos corporificados como condição para que as nossas experiências tenham determinadas características expressivas" (ARAÚJO, *op.cit*., p.80-81). O próprio Taylor esclarece, reportando-se explicitamente à fenomenologia da percepção de Merleau-Ponty que "nossa percepção do mundo como agentes corporificados não é um fato contingente que possamos descobrir empiricamente, mas, em vez disso, nosso sentido de nós mesmos como agentes corporificados é constitutivo de nossa experiência" (TAYLOR, *A validade dos argumentos transcendentais*, p.38).

[32] Para mais detalhes desta dimensão, ver: SILVA FILHO, *A repersonalização do direito civil em uma sociedade de indivíduos*, p.2779-2783. O jurista peruano Carlos Fernández Sessarego, em sua obra dedicada ao "direito à identidade pessoal", assinala claramente a importância dessa dimensão existencial para pensar o conceito de pessoa, referindo-se explicitamente a Heidegger: "El tiempo es, para Heidegger, aquello desde lo cual el 'ser-ahí' comprende e interpreta, en general, lo que se mienta como 'ser'. El tiempo se constituye, así, en 'el genuíno horizonte de toda comprensión y de toda interpretación del ser'. (...) La temporalidad es uma estructura esencial de la existencia. (...) La filosofia existencial se presenta, de este modo, como un vasto movimiento filosófico que coloca en un primer plano la reflexión sobre el sentido de la existencia humana. Esta corriente de pensamiento es el producto de un estado de crisis que envuelve al mundo contemporáneo, originado por el desencadenamiento de la violencia y la consiguiente degradación del valor de la persona humana. Ella se yergue como una explicable reacción frente a un proceso de disolución de la persona, constituyéndose en la respuesta a un creciente proceso de 'despersonalización' que se advierte en nuestro tiempo" (SESSAREGO, Carlos Fernández. *Derecho a la identidad personal*. Buenos Aires: Astrea, 1992. p.9-10).

[33] A singular contribuição de Paul Ricoeur se volta para o enfrentamento da pergunta pelo "quem", convergindo em muitos pontos com o diagnóstico também construído por Charles Taylor e identificando a especial dimensão da *ipseidade*. A referência ao pensamento de Paul Ricoeur é mais desenvolvida no artigo: SILVA FILHO, *Pessoa humana e boa-fé objetiva nas relações contratuais*, p.306-315.

[34] A influência de Heidegger sobre Charles Taylor é patente, como já foi assinalado. Não apenas o tema da linguagem como formadora de mundo, mas igualmente a crítica às explicações científicas e técnicas mediante uma linguagem designativa e descritiva; o conceito de técnica; o caráter constitutivo do sentimento e dos estados de ânimo; a noção do homem como um animal que se auto-interpreta (especificamente tratada no texto: *Self interpreting animals*. In: TAYLOR, Charles. *Human agency and language* – philosophical papers 1. Cambridge: Cambridge University Press, 1997); a ênfase na dimensão pré-ontológica; a própria noção do *Dasein* associada à construção e reconstrução da identidade; o caráter projetante do *Dasein*, indicado por Taylor na noção do *self* como projeto, e o seu envolvimento constante com suas possibilidades; e, enfim, a noção de autenticidade, que em Taylor guarda muitas proximidades com o enfoque heideggeriano.

carnado que se compreende a partir de uma articulação e rearticulação das suas fontes morais rumo a um projeto de vida boa ainda não faz jus à questão da alteridade. De acordo com os autores que desenvolveram o tema da alteridade mais a fundo,[35] o outro não pode ser objeto de uma pretensão de total entendimento ou assimilação. O outro sempre será a delimitação do limite no qual esbarra o *logos* e o seu esforço de enunciação.[36] Diante do outro, é preciso cultivar uma capacidade de deixá-lo ser sem que a sua realidade possa ser inteiramente compreendida. É o reconhecimento de uma diferença que não pode ser captada nos seus termos próprios e muito menos nos próprios termos do sujeito que com ela se defronta, mas que mesmo assim deve ser acolhida (e não simplesmente tolerada). É o reconhecimento de que a falta nos é constitutiva, de que não há palavra ou formulação que possa substituir o rosto do outro, e de que, mesmo assim, devemos atender ao seu apelo e assumir nossa responsabilidade diante da sua exposição.

Taylor deixa entrever em seu pensamento, especialmente quando trata do tema do multiculturalismo, que devemos buscar compreender o outro sem distorções, invocando neste particular a figura gadameriana da fusão de horizontes.[37] É claro que uma abertura às pretensões de verdade e às interpretações do mundo de uma outra cultura, por exemplo, é algo importante e que pode transformar a compreensão do sujeito, mas o decisivo é que sempre permanecerá uma ausência de sentido diante do outro, uma inesgotabilidade da enunciação da identidade que, todavia, não deve ser empecilho para o seu reconhecimento. O importante é que esforços como este sejam sempre conscientes das suas limitações, da sua finitude. Creio que ao reconhecimento da diferença, indicado por Taylor, deveria ser agregado um reconhecimento da alteridade, ou seja, da inesgotabilidade de sentido e do limite que o outro representa à apreensão logocêntrica, e de como esta falta é constitutiva da própria identidade do *self*.[38] De todo modo, este passo na análise que faço sobre a repersonalização fica apenas indicado e será objeto de futuros estudos.

Creio que o referencial teórico desenvolvido por Charles Taylor é especialmente importante para iluminar um aspecto do discurso de repersonalização do direito civil que, em muitos casos, não é percebido por este mesmo discurso, e que, ao meu ver, deveria ser identificado com clareza para fazer face às ten-

---

[35] Entre os quais eu citaria especialmente Emmanuel Levinas e Ricardo Timm de Souza, mas sem esquecer das fundamentais contribuições de Walter Benjamin, Theodor Adorno e Enrique Dussel.

[36] Vejo, assim, como altamente problemática a frase que Paulo Roberto Araújo enuncia quando explica que "conforme Taylor, o objetivo do Espírito é o de reconhecimento de si no outro e não o de abolir simplesmente a alteridade" (ARAÚJO, *op.cit.*, p.62). Ora, penso que um dos maiores problemas da civilização ocidental é exatamente o de querer se ver no outro, impedindo que a especificidade que dele emerge possa se apresentar a partir de si mesma, o que, ao meu ver, torna impossível o reconhecimento da alteridade.

[37] TAYLOR, *A política de reconhecimento*, p.87-91.

[38] A dimensão da alteridade não nos remete apenas às outras pessoas. Há uma alteridade diante de nossa própria consciência e da nossa condição existencial, visto que ambas não são instauradas por nós mesmos, pois já nos encontramos, desde sempre, nelas. Ver: SILVA FILHO, José Carlos Moreira da. Criminologia e alteridade: o problema da criminalização dos movimentos sociais no Brasil. In: *Revista de Estudos Criminais,* Porto Alegre, n.28, p.60. jan.-mar/2008.

dências restritivas, quanto à noção de pessoa e à sua importância, que também assomam no seio do direito civil, em especial nas leituras e análises econômicas do direito.[39]

Como foi comentado, as perspectivas utilitárias e quantitativas simplesmente excluem qualquer consideração acerca do nível que Taylor designou de *avaliação forte*. Para tais correntes, o nível público da interação social não necessita do reconhecimento das configurações morais que estruturam o modo de vida dos indivíduos e dos grupos nos quais se encontram. Tal questão fica, assim, relegada ao âmbito privado, entendido no sentido mais restrito da palavra, ou seja, de acordo com a tradicional dicotomia entre público e privado.[40]

Quando a questão moral fica aprisionada no âmbito privado tradicional, perde-se de vista o fato de que as práticas culturais assentadas sobre as configurações morais que ganham corpo no espaço da interação social estão também presentes no nível institucional.[41] As instituições, tanto as localizadas no mercado quanto no Estado, não são neutras. Elas reproduzem e se constituem sobre determinadas concepções do bem, especialmente aquelas que se disfarçam de neutras.[42] O grande *leitmotiv* da filosofia tayloriana é, portanto, que não há instâncias

---

[39] Importante deixar bem consignado que reconheço a importância da análise econômica do direito, no sentido de chamar a atenção dos juristas para os processos e lógicas inerentes ao funcionamento do mercado e da economia capitalista, atenção e conhecimento que devem fazer parte da atividade profissional dos atores do direito. O meu ponto de discórdia reside no querer fazer da lógica do mercado e do seu raciocínio instrumental de custo-benefício o grande fundamento a partir do qual deve o direito operar. Entendo que este argumento padece das naturalizações denunciadas por Taylor e da vedação de qualquer espaço ou papel decisivo para as questões morais.

[40] Sobre este ponto, Patrícia Mattos nota com muita precisão que a dicotomia "entre público e privado é um compromisso de nossa civilização: ela garante um espaço para o utilitarismo, que deve cuidar do bem-estar dos negócios públicos, deixando o expressivismo tornado subjetivo e politicamente improdutivo. Intelectualmente, defende Taylor (...), esse compromisso é autodestrutivo. Ele reduz o expressivismo a um sentimentalismo sem forma e impede o florescimento de qualquer dimensão que ultrapasse o subjetivismo" (MATTOS, *op.cit.*, p.51). Por óbvio, o termo "subjetivismo" aqui remete à idéia de uma dimensão irracional inerente a cada indivíduo que, todavia, deve ser permitida, desde que se atenha aos limites privados e não venha a prejudicar terceiros de modo inadmissível, não devendo ter maiores expressões no plano público.

[41] MATTOS, *op.cit.*, p.57.

[42] Jessé Souza comenta que em *As fontes do self*, Taylor preocupa-se especialmente em indicar o ancoramento institucional das novas configurações morais que foram, com base no pensamento moderno, alastrando-se mais e mais intensamente no bojo das instituições e do próprio modo de vida da sociedade. Isto fica muito claro na terceira parte de *As fontes do self* intitulada *A afirmação da vida cotidiana*, na qual seguindo a trilha aberta por Max Weber, Taylor identifica no protestantismo a popularização de um modo se ser antes apenas reservado a alguns religiosos virtuosos, especialmente no tocante à autodisciplina e ao autocontrole. A religião passa a exigir que as pessoas sejam eficientes no palco dos seus afazeres habituais e cotidianos. O protestantismo, portanto, foi um passo decisivo rumo ao predomínio de uma razão instrumental, depois secularizada, e que encontra o seu ninho nos mecanismos impessoais e burocráticos do Estado e no cálculo custo-benefício do mercado (TAYLOR, *As fontes do self*, p.273-391). "O novo aparato institucional coercitivo e disciplinador do mundo moderno, antes de tudo representado pelo complexo formado por mercado e Estado, é percebido como incorporando um princípio formal de adequação meio-fim medido por critérios de eficiência instrumental. (...) Para Taylor, ao contrário, esse tipo de interpretação equivale a duplicar, na dimensão conceitual, a 'naturalização' que a ideologia espontânea do capitalismo produz a partir da eficácia e do modo de funcionamento de suas instituições fundamentais. A estratégia genealógica de Taylor (...) pretende precisamente recapturar um acesso simbólico e valorativo que retira a neutralidade e a ingenuidade dessas instituições fundamentais que determinam nosso comportamento social em todas as suas dimensões. Nessa reconstrução, o que vem a baila é o 'retorno do reprimido', ou seja, do sentido normativo, contingente, culturalmente constituído e de modo

neutras e despidas de configurações morais. O argumento liberal de que as regras do mercado e da democracia, fundadas na separação entre Estado e sociedade e no estabelecimento da meta social de maximização dos interesses pessoais e do respeito aos direitos individuais, são neutras e universais é falacioso e ingênuo. Por esse viés liberal tradicional, qualquer tentativa de situar outras concepções de bem, que envolvam o reconhecimento substantivo da identidade de certos grupos ou segmentos sociais, é vista como uma restrição de um princípio que se imagina neutro e universal, daí por que a esfera moral fica aprisionada no âmbito privado entendido de modo restrito. É por isto que no projeto político liberal o desvio ao individualismo narcísico e a pouca importância dada às questões que envolvem mobilização social, reconhecimento intersubjetivo e inserção comunitária são moeda corrente.

Ora, tal enfoque repercute no direito civil de maneira muito visível. Valorizar a pessoa, invariavelmente, acaba sendo identificado com o respeito à autonomia privada e à liberdade de disposição e não com o reconhecimento qualitativo das suas fontes morais. Essa dificuldade, ao meu ver, continua a existir mesmo no bojo do discurso da repersonalização do direito civil, como pretendo indicar a seguir ao tratar dos direitos de personalidade e da polêmica quanto à relativa disponibilidade sobre eles.

Creio ser de vital importância perceber que não há Estado nem mercado neutro, que a razão instrumental esconde por trás de sua aparente neutralidade uma configuração moral específica que contribui para reproduzir classificações sociais naturalizadas e que estranhamente não se chocam com o pressuposto de igualdade entre todos os sujeitos, assumido por este mesmo enfoque. É como afirma Jessé Souza em seu estudo: naturaliza-se um corte entre cidadãos de primeira e de segunda classe.[43]

---

algum neutro que habita o núcleo mesmo de funcionamento dessas instituições" (SOUZA, *op.cit.*, p.69-70). Este "retorno do reprimido" mencionado por Jessé Souza é o tema central desenvolvido em importante obra escrita por Franz J. Hinkelammert, que afirma: "Celebramos la racionalidad y la eficiência, sin embargo, estamos destruyendo las bases de nuestra vida sin que este hecho nos haga reflexionar acerca de los conceptos de racionalidad correspondientes. Estamos como dos competidores que están sentados cada uno sobre la rama de un árbol, cortándola. El más eficiente será aquel que logre cortar la rama sobre la cual se halla sentado con más rapidez. Caerá primero, no obstante, habrá ganado la carrera por la eficiencia. Esta eficiencia, es eficiente? Esta racionalidad económica, es racional? El interior de nuestras casas es cada vez más limpio, en tanto que sus alrededores son más sucios. (...) Una cultura humana que no produce competitividad tiene que desaparecer. Niños que previsiblemente no podrán hacer un trabajo competitivo, no deben nacer. Emancipaciones humanas que no aumenten la competitividad, no deben realizarse. El dominio de la competitividad no admite acciones frente a los efectos destructores que ella produce. Es más, impide siquiera verlos. Esta es la irracionalidad de lo racionalizado, que es, a la vez, la ineficiencia de la eficiencia" (HINKELAMMERT, Franz J. *El sujeto y la lei*: el retorno del sujeto reprimido. Heredia, CR: EUNA, 2003. p.31-32).

[43] Em seu livro, Jessé Souza desenvolve um estudo sobre a naturalização da subcidadania em sociedades periféricas, dando maior atenção ao Brasil. Para o seu projeto, o autor assume explicitamente o pensamento de Charles Taylor como uma importante referência na desmitificação das instituições neutras e da razão instrumental. Sobre isto é muito claro e preciso em seu texto: "A gênese do *self* pontual em Taylor é passível de ser interpretada como a pré-história das práticas sociais disciplinadoras, das quais o mercado e o Estado são as mais importantes, fruto de escolhas culturais contingentes e que, de forma implícita e intransparente, mas de nenhum modo neutra, impõe tanto um modelo singular de comportamento humano definido como exemplar quanto uma hierarquia que decide acerca do valor diferencial dos seres humanos. É este modelo implícito e singular

Direitos de Personalidade: para além da autonomia privada

Os direitos de personalidade se apresentam hoje como uma das grandes novidades do Código Civil de 2002,[44] muito embora esse já seja um tema bem presente pelo menos desde o segundo pós-guerra, tanto no Brasil como em outros países. Tais direitos são, em suma, aqueles que decorrem diretamente da personalidade de cada pessoa, compreendendo direitos que são inerentes à sua individualidade e à sua condição de ser humano, tais como: o direito à vida, à integridade física e psíquica, ao próprio corpo, à privacidade e intimidade, ao nome, à imagem, à honra, à voz, à propriedade intelectual, entre outros.

Importante salientar que tais direitos não são concebidos como categorias legais estanques, mas sim como condições indispensáveis à própria existência digna do ser humano,[45] daí por que a sua enunciação legal casuística e particular não pode esgotá-lo, justificando, portanto, a existência de uma cláusula geral de tutela da personalidade.[46]

Além disso, é palpável a ligação estreita entre direitos de personalidade e direitos fundamentais. De fato, somente o respeito ao amplo catálogo de direitos fundamentais insculpido no texto constitucional, incluindo-se aí, por óbvio, os direitos econômicos, sociais e culturais, bem como aqueles que vierem a ser acrescentados pela via do princípio do catálogo aberto (art. 5º, § 2º), pode garantir o livre desenvolvimento da personalidade.

---

que irá, crescentemente, a partir do seu ancoramento institucional, premiar em termos de prestígio relativo, salário e status ocupacional os indivíduos e classes que dele mais se aproximam e castigar os desviantes. (...) Às gerações que já nascem sob a égide das práticas disciplinadoras consolidadas institucionalmente, esse modelo contingente assume a forma naturalizada de uma realidade auto-evidente que dispensa justificação. Responder aos imperativos empíricos de Estado e mercado passa a ser tão óbvio quanto respirar ou andar. Não conhecemos nenhuma outra forma de ser e desde a mais tenra infância fomos feitos e continuamente remodelados e aperfeiçoados para atender a estes imperativos. É essa realidade que permite e confere credibilidade às concepções científicas que desconhecem à lógica normativa contingente desses 'subsistemas'. Ela assume a forma de qualquer outra limitação natural da existência, como a lei de gravidade, por exemplo, contra a qual nada podemos fazer" (SOUZA, *op.cit.*, p.72-73).

[44] O Código Civil de 2002 prevê no Livro I, *Das Pessoas*, o Capítulo II, *Dos direitos de personalidade*, distribuído do artigo 11 ao 21.

[45] PERLINGIERI, Pietro. *Perfis do direito civil*: introdução ao direito civil constitucional. Rio de Janeiro: Renovar. 1997. p.155.

[46] Tal cláusula, contudo, não está presente de modo inquestionável no texto do Código Civil, o que justifica ainda mais a indissociabilidade entre Constituição e Código Civil, visto que naquela a proteção e promoção da dignidade da pessoa humana protagoniza com folga este papel (art.1º, III). A este respeito, importa registrar opinião firmada em importante trabalho de pós-graduação recentemente defendido em nível de mestrado e escrito por Fernanda Borghetti Cantali, e com a qual concordo inteiramente neste particular: "Ainda que a inserção do capítulo destinado a tutelar os direitos de personalidade no Código Civil não seja algo inovador diante do sistema constitucional vigente, [é] de [se] ressaltar o caráter pedagógico da previsão, como forma de orientar o intérprete sobre a opção axiológica patrimonialista do Direito Civil clássico, apontando para a sua repersonalização (...). Embora reconhecido tal caráter pedagógico, há que se ter em mente (...) que do ponto de vista técnico o novo Código nasce obsoleto, e um dos exemplos é a própria disciplina dos direitos de personalidade, os quais foram regulados de maneira tímida e tipificadora conforme a doutrina da década de sessenta que não conhecia a cláusula geral de proteção da pessoa, que veio a ser consagrada na Constituição de 1988" (CANTALI, Fernanda Borghetti. *Direitos de personalidade*: disponibilidade relativa, autonomia privada e dignidade humana. 2008. 271 f [Dissertação de mestrado] – Curso de Pós-Graduação em Direito da Pontifícia Universidade Católica do Rio Grande do Sul, Porto Alegre, 2008. p.84-85).

De toda sorte, a previsão dos direitos de personalidade no novo Código Civil, além de representar um claro sinalizador de que a proteção da pessoa humana é o cerne a ser focado após décadas de fundamentação patrimonialista, significa o afastamento de qualquer possível dúvida, até para os juristas mais renitentes e apegados aos termos clássicos da *summa divisio*, de que os direitos de personalidade devem ser respeitados não só pelo poder público, mas também por todos os membros da sociedade civil, fato que também pode ser afirmado pela via da eficácia dos direitos fundamentais entre particulares, especialmente quando o que está em jogo é a dignidade da pessoa humana.

O tema dos direitos de personalidade tem sido cada vez mais objeto de importantes estudos e análises. Não é objetivo deste artigo, porém, fazer uma exposição minuciosa do assunto,[47] mas tão-somente trazer à baila, à luz do referencial teórico desenvolvido acima, a polêmica sobre a indisponibilidade absoluta ou relativa dos direitos de personalidade.

É praticamente consensual entre os juristas que tratam do tema, dizer que os direitos de personalidade são extrapatrimoniais, indisponíveis, inalienáveis, irrenunciáveis, vitalícios, intransmissíveis, absolutos, inatos, impenhoráveis, imprescritíveis, necessários, entre algumas outras características. Dentre estas, causa um certo desconforto entre os autores a defesa da indisponibilidade, e das características que lhe são próximas, como a inalienabilidade, a instransmissibilidade, a irrenunciabilidade e a extrapatrimonialidade, afinal, é visível, comum e aceitável que em inúmeras situações essas barreiras ao modo de exercício dos direitos de personalidade sejam relativizadas. Creio que o exemplo mais visível disto é o exercício do direito à imagem,[48] cada vez mais ensejador de repercussão econômica em uma sociedade crescentemente guiada pela imagem das telas, seja da televisão, do computador ou do cinema, e pela imagem impressa, nas revistas, jornais e demais meios de comunicação de massa.

Diante de tal contradição, costuma-se dizer que, muito embora tais direitos sejam insuscetíveis de avaliação patrimonial, nada impede que eles possam figurar como objeto de negócio jurídico oneroso, desde que isto não venha a prejudicar terceiros ou atentar contra a ordem pública e os bons costumes. Alguns

---

[47] O tema pode ser investigado em uma série de obras já existentes no país, dentre as quais destaco: ARAUJO, Luiz Alberto David. *A proeteção constitucional do transexual*. São Paulo: Saraiva, 2000; BITTAR, Carlos Alberto. *Os direitos da personalidade*. 7.ed. Rio de Janeiro: Forense Universitária, 2004; BORGES, Roxana Cardoso Brasileiro. *Direitos de personalidade e autonomia privada*. 2.ed. São Paulo: Saraiva, 2007; CANTALI, Fernanda Borghetti. *Direitos de personalidade*: disponibilidade relativa, autonomia privada e dignidade humana. 2008. 271 f [Dissertação de mestrado] – Curso de Pós-Graduação em Direito da Pontifícia Universidade Católica do Rio Grande do Sul, Porto Alegre, 2008; SCHEIBE, Elisa. *Direitos de personalidade e transexualidade*: a promoção da dignidade da pessoa humana em uma perspectiva plural. 2008. 195 f. [Dissertação de mestrado] – Curso de Pós-Graduação em Direito da Universidade do Vale do Rio dos Sinos, São Leopoldo, 2008; SZANIAWSKI, Elimar. *Direitos de personalidade e sua tutela*. 2.ed. São Paulo: RT, 2005.

[48] O direito ao corpo também traz na prática uma relativização de sua indisponibilidade, muito embora traga proibições mais explícitas em relação a certas situações, como a vedação de comércio de órgãos, por exemplo. No artigo 14, o Código Civil autoriza a disposição gratuita para a doação de órgãos após a morte, mas há que se reconhecer também a possibilidade de doações em vida de partes do corpo, como sangue, esperma, óvulo, rim, etc.

autores vão mais longe e afirmam que a relativa disponibilidade dos direitos de personalidade é algo necessário para que o fundamento destes mesmos direitos sejam respeitados. A isto chamam de tutela positiva dos direitos de personalidade, identificando aí um necessário espaço de exercício da autonomia privada do titular.[49]

O problema, a meu ver, está na defesa de que promover a dignidade da pessoa humana, no que toca aos direitos de personalidade, encontra o seu fundamento tão-somente no exercício da autonomia privada. Como vimos, em Charles Taylor a promoção da dignidade de uma pessoa está diretamente relacionada à articulação e à rearticulação das suas fontes morais a partir de uma avaliação forte, ou seja, obter clareza quanto às próprias configurações morais permite que o sujeito afirme a sua identidade e pleiteie o seu respeito e o seu reconhecimento, núcleo mesmo do respeito à sua dignidade. Ora, uma pessoa que se guie apenas por avaliações fracas, realizadas ao sabor das conveniências e desejos momentâneos, estimuladas pela lógica utilitarista fortemente arraigada nas instituições do Estado e do mercado, está longe, na verdade, de afirmar sua própria dignidade. É claro que isto também não significa, e nem estou aqui a querer afirmar isso, que devemos eleger alguma instância exterior ao próprio indivíduo para avaliar se o seu ato de disposição se baseou ou não em alguma avaliação forte e condicionar sua autorização a esta análise. Concordo com a necessidade de se respeitar uma certa margem de disposição, ainda que ela seja usada pelo titular do direito, até mesmo, em sentido contrário à proteção da própria dignidade. Contudo, penso também que não podemos afirmar que tudo o que a pessoa fizer dentro dessa margem de liberdade deva ser designado como promoção da sua dignidade.

Considerações Finais

Sabemos que por detrás do discurso da liberdade de todos e do respeito à diversidade encontra-se, na verdade, uma grande padronização no valor quantitativo e monetário e uma espécie de pouca importância dada às opções qualitativas ou concepções de bem que os membros e grupos da sociedade tenham ou façam. Como disse Bauman, hoje se pode ter todas as opções, menos a opção de não se ir às compras.[50] A diversidade se encontra nas prateleiras e *outdoors*, não no reconhecimento das configurações morais que estruturam os diferentes grupos e indivíduos que compõem a sociedade. A disposição dos direitos de personalidade, em muitos casos, acaba veiculando tais direitos como mais um item quantitativo nesse contexto, como pode ser comprovado, por exemplo, nos *reality shows* e no mundo publicitário.

---

[49] Destacam-se neste argumento Carlos Alberto Bittar (*op.cit.*, p.12), Fernanda Borghetti Cantali (*op.cit.*, p.146-161) e, especialmente, Roxana Cardoso Brasileiro Borges, que dedicou sua tese de doutorado ao tema (BORGES, *op.cit.*, p.114-127).

[50] BAUMAN, Zygmunt. *Modernidade líquida*. Rio de Janeiro: Jorge Zahar, 2001..p.87.

A presunção de que o exercício da autonomia com relação aos direitos de personalidade, por si só, favorece o reconhecimento e a promoção da dignidade da pessoa humana, ao meu ver, dificulta a construção de uma sociedade menos fragmentada na qual certas concepções de bem venham a ser protegidas e implementadas por políticas públicas e respeitadas pelos diferentes setores da sociedade. Por outro lado, como podemos tratar do livre desenvolvimento à personalidade sem que existam as mínimas condições existenciais para isto?[51] Creio que não podemos simplesmente desvincular os direitos de personalidade, por exemplo, do respeito aos direitos sociais. Como alguém desenvolverá livremente sua personalidade se está, na verdade, fadado à condição de subcidadão, aquém da eficiência das políticas de reconhecimento de igual dignidade das quais nos fala Taylor? Assim como é discutível localizarmos a dignidade de alguém na simples condição de poder ser consumidor e dar expressão econômica aos seus direitos personalíssimos, muito mais discutível é podermos falar da dignidade de alguém que nem essa liberdade tem ou que mal consegue chegar a ela.

Ao centrar seu argumento apenas no fundamento da autonomia privada, sem levar em consideração o reconhecimento das fontes morais, a defesa da disponibilidade dos direitos de personalidade não se previne contra a leitura promovida pela análise econômica do Direito, que reproduz as naturalizações do mercado e da racionalidade instrumental (que em sua longa história tem promovido efeitos colaterais particularmente perversos em sociedades periféricas como a brasileira). A autonomia individual vincula-se a um pano de fundo moral que sustenta a sociedade civil. Nenhum indivíduo é a partir de si mesmo, ele sempre é a partir de um horizonte lingüístico e dialógico que o constitui e o transforma. As identidades são construídas coletivamente e suas opções axiológicas e escalas hierárquicas de valores têm direito também a discutir as opções valorativas escondidas por trás da opacidade institucional do Estado e do mercado, visto que não existe instância neutra ou despida de configurações morais. Creio que situar os direitos de personalidade em um plano privado tradicional no qual a escolha se torna indiferente é um modo de reforçar as cisões sociais e as naturalizações arraigadas na sociedade brasileira.

---

[51] Este ponto é claramente reconhecido por Roxana Cardoso Borges, quando conclusivamente afirma que em seu trabalho verificou-se "na investigação da autonomia privada sobre os direitos de personalidade, que esse debate pressupõe a garantia do mínimo existencial para as pessoas, sem o qual se diminui sua liberdade de agir, uma vez que estarão mais condicionadas pela necessidade do que no exercício de sua autodeterminação" (BORGES, *op.cit.*, p.245).

Impressão:
Evangraf
Rua Waldomiro Schapke, 77 - P. Alegre, RS
Fone: (51) 3336.2466 - Fax: (51) 3336.0422
E-mail: evangraf.adm@terra.com.br